로저 프라이

일러두기

* 이 책은 Virginia Woolf, *Roger Fry: A Biography* (New York: Harcourt, Brace & Company, 1940)를 옮긴 것이다.
* 외래어 표기는 국립국어원의 외래어 표기법을 준용하되, 일부는 관용적으로 통용되는 표기를 따랐다.
* 원서의 주석은 내용 끝에 '—원주'로 표시했으며, 그 외의 주석은 옮긴이의 것이다.
* 대괄호 [ ]는 저자가 덧붙인 것이다.
* 단행본과 연속 간행물은 『』로, 논문과 단편은 「」로, 전시회는 《》로, 연극과 음악, 미술작품은 〈〉로 구분했다.

로저 프라이

시대의 예술,
세기의 우정

버지니아 울프 지음

박병화 옮김

차례

1장 별개의 종족—유년 시절

I

나는 태어나서 여섯 살까지 하이게이트의 그로브 6번지에 있는 18세기 양식의 작은 집에서 살았다. 지금도 책을 읽다가 '정원'이라는 말이 나오면 그 시절 그로브 가든의 풍경이 떠오른다.

로저 프라이의 자서전은 이렇게 시작된다. 여기서 잠시, 하이게이트에 있는 그 작은 집을 살펴보기 전에 우리가 로저 프라이에 대해 알 만한 것이 있는지 생각해보자. "오래된 사과나무의 기묘하게 말라비틀어지고 검게 그을려 갈라진 가지 사이로" 몸을 내미는 뱀, 그리고 "개인적이고 특별한 의미가 담긴 정원"에서 "축복 같은 우연으로" 피어난 양귀비가 로저 프라이의 의식 속에 자리 잡기 전의 역사에 대해 말이다.

로저 프라이는 1866년 12월 14일, 토머스 호지킨의 딸인 마리아벨라 Mariabella Hodgkin Fry*와 에드워드 프라이 Edward Fry 경 사이에서 둘째 아들로 태어났다. 두 사람 모두 퀘이커교도였다. 친가 쪽으로 족보를 거슬러올라가면 처음으로 퀘이커교도가 된 제퍼나이

---

* 모든 족보 기록에 따르면 토머스 호지킨은 마리아벨라의 오빠이다. 저자의 착오로 보인다. 마리아벨라의 아버지는 존 호지킨이다.

어 Zephaniah Fry가 8대조이다. 월트셔에 있는 그의 집에서는 조지 폭스*가 "무척이나 축복받은 집회"를 열고 있었다. "경찰이 해산을 목적으로 오고 있다는 소식에도 제퍼나이어는 차분하게 집회를 진행했다. 하지만 경찰은 도착하기도 전에 어떤 집에 도둑이 들었다는 신고를 받아 이내 돌아갔다." 1663년에 일어난 사건으로, 프라이 집안은 이때부터 퀘이커 신앙을 유지하며 생각이나 옷차림에 있어 특이한 관습을 지켜나갔다. 이런 배경으로 볼 때 퀘이커 신앙이 자리 잡던 초창기에 프라이 집안은 몹시 심한 박해를 견딜 수밖에 없었을 것이다. 가문의 퀘이커교도 1세대인 제퍼나이어는 충성 맹세 Oath of allegiance를 거부한 죄로 3개월간 옥살이를 했다. 시간이 지나면서 박해는 누그러졌지만 "이들과 같은 계급의 조롱과 냉소"는 무엇보다 견디기 힘들었다. 프라이 집안은 온갖 시련에도 굴하지 않고 신앙을 계속 지켜나갔다.

"맹세하지 말지니"†라는 가르침은 어떠한 맹세도 해서는 안 된다는 의미였기 때문에 퀘이커교도들은 여러 직종에서 취업의 길이 막혔다. 프라이 집안의 일부는 기존 규범에 그들 나름의 윤리관을 더하기도 했다. 제퍼나이어의 손자인 조지프는 제약 분야의 직업 또한 싫어했다. "자신이 제조한 약물의 물값까지 받는 것이 마음에 걸렸기" 때문이다. 에드워드 경이 "옷차림이나 호칭에 관한 하찮은 문제"라고 불렀던 그 윤리관은 이들을 공공연한 조롱

---

*   1624~1691. 흔히 '퀘이커교' 또는 '친우회 Religious Society of Friends'로 불리는 종교를 설립한 영국의 종교 지도자.

†   「마태복음」 5장 33~37절의 산상수훈에 나오는 말.

의 대상으로 만들기도 하며 심약한 교도들을 고통스럽게 했다. 이들은 두 세계 사이에서 머뭇거렸다. 처음에는 옷에 문장紋章을 장식했지만 시간이 지나면서 떼어냈고, 고운 마직을 주문해서 재단해 입었다. 존 엘리엇이라는 사람은 수염을 기르는 것이 18세기 풍습에 어긋난다는 생각 때문에 전전긍긍했다. 직업뿐 아니라 예술활동도 허용 범위를 벗어나는 것이었다. 연극은 물론, 음악과 춤도 금지 대상이었다. "스케치와 수채화는 용인되었고 때로 권장되기도 했다"고는 하지만 그마저도 미온적이었다. 왜냐하면 몇몇 예외를 제외하고 19세기까지만 해도 퀘이커교도 집안에 걸린 그림이라곤 훗날 로저 프라이가 혐오스럽다고 말했던 판화 〈인디언들과 평화 조약을 맺는 윌리엄 펜Penn's Treaty with the Indians〉이 고작이었기 때문이다.

어느 퀘이커교도가 기록한 대로, 이들 사회가 "사고방식이 아주 편협했고 관심사가 제한적이었으며 구성원에게 중산계급의 가치를 요구했다"는 것은 의심할 여지가 없다. 하지만 이런 한계 속에서 엄청난 에너지를 쏟을 때는 놀라운 결실이 나오게 마련이다. 조지프 프라이의 이야기는 프라이 가문의 전형적인 사례다. 자신의 윤리관 때문에 제약 분야의 일을 할 수 없었던 그는 "사업 분야로 진출했고 사업체를 설립하거나 그에 가담했다. 이 중 유력했던 다섯 가지 사업은 양심 때문에 포기한 직업보다 훨씬 더 벌이가 좋았던 것으로 보인다." 이렇게 해서 세속에서 가장 멀리 떨어진 사람들이 세속의 재화로 충만한 은총을 받는, 흥미롭고 이례적인 현상이 생겨났다. 브리스틀이나 바살러뮤 클로스에 있는 자기 점포 위층에 사는 상인이 콘월이나 윌트셔에 넓은 토지를 소유한 대지주이기도 했던 것이다. 하지만 조지프는 지방의 지주치고는 특이한 인물이었다. 그는 십일조 내기를 거부했고, 사냥이나 총 쏘기도 하지 않았다. 이웃들과 옷차림새도 달랐던 그는 자신과 같은 퀘이커교도와 결혼했다. 이런 식으로 프라이 가문과 엘리엇 가문, 하워드 가문과 호지킨 가문은 이웃들과 다르게 살았을 뿐만 아니라 말투와 옷차림에서도 차이를 보였다. 그리고 집단 내에서 가문 간의 혼인이 수없이 이루어졌기 때문에 이런 차이는 점점 더 두드러졌다. "집단 밖의 가문"과 결혼한 어느 퀘이커교도는 의절을 당하는 수모를 겪었다.

이런 식으로 한 퀘이커 집안의 아들이 다른 퀘이커 집안의 딸과 혼인하는 전통이 대대로 이어졌다. 로저 프라이의 모친인 마리아벨라 호지킨 역시 남편인 에드워드 경과 신체적으로나 정신적으로 똑같은 전통을 가진 집안 출신이었다. 그는 프라이 가문과 마찬가지로 17세기부터 퀘이커교도였던 엘리엇 가문의 후손이었다. 엘리엇 집안도 공적 생활을 삼가고 팰머스에서 상업에 종사했는데, 처음에는 "베네치아로 정어리와 통조림을 수출하는 사업을 하며" 많은 재산을 축적했다. 이후에는 런던으로 거처를 옮겨 바살러뮤 클로스에 대저택을 소유했다. 이들은 같은 퀘이커교도이자 양철 제조업을 하는 하워드 가문과 혼인을 맺었다. 올드 스트리트에서 양철 제조업을 하던 로버트의 아들인 루크 하워드가 마리아벨라 엘리엇과 결혼함으로써 로저 프라이가 방대한 가문의 역사 중 유일하게 관심을 가졌던 두 이름이 그의 가문에 속하게 된다.

로저 프라이의 외증조부인 루크 하워드는 "똑똑하지만 좀 유별
난 천재"였으며, 친우회의 많은 구성원처럼 다른 길이 막혀 있었
기 때문에 과학에 관심을 쏟았다. 루크 하워드는 「구름의 분류와
명명에 대한 제언 Proposing a Classification and Nomenclature of the Clouds」이라
는 논문의 저자였는데, 괴테는 이 논문에 주목해 이를 주제로 시
를 썼을 뿐 아니라 하워드와 서신으로 교류하기까지 했다. 마리아
벨라는 자신의 할아버지를 기억했다. 마리아벨라의 기록에 따르
면 루크 하워드는 "항상 아주 먼 곳에 있는 것을 생각하는 것 같았
고 오랫동안 창가에 서서 꿈에 잠긴 시선으로 하늘을 바라보는"
것처럼 보였다. 그리고 일부 후손들이 그러했듯 "도구 사용에 능
숙했고" 자신의 작업장에서 손자들에게 에어 펌프와 전기 기계를
다루는 방법을 가르쳤다. 로저 프라이는 가문의 역사에 관심을 보
이지 않았지만 독창적인 상상력의 소유자였던 이 조상에 대해서
는 더 알고 싶어했다. 로저 프라이가 보기에 "관찰을 통해 완전히
입증"되지도 않은 추측으로 사람들의 마음을 움직였던 하워드의
재능은, 그와 자신이 혈통뿐 아니라 기질 면에서도 닮은 구석이
있음을 보여주는 것이었다.

이유는 달랐지만 로저 프라이가 좋아했던 다른 하나의 이름은
'마리아벨라'였다. 이 이름은 17세기에 처음으로 판버러 가문에
시집간 블레이크 가문의 딸에게 붙여졌다. 판버러 가문의 딸은 브
리긴스 가문과 혼인했고, 브리긴스 가문의 딸은 엘리엇 가문과 혼
인했다. 마리아벨라라는 이름에는 무언가 신비로운 분위기가 감

돌았다. "분명히 이탈리아나 스페인에 기원을 둔" 이름이었기 때문이다. 로저 프라이는 엘리엇 가문이 세인트 저먼스 항구의 엘리엇 가문과 연관이 있을 가능성, 그리고 웨스턴 가문이 포틀랜드 백작인 웨스턴 경의 후손일 희박한 가능성에는 전혀 흥미를 보이시 않았시만, 사신의 가문에서 처음으로 마리아벨라라고 불린 그의 조상이 이름으로 보아 남부와 연관이 있지 않을까 생각하면 기분이 좋았다. 로저는 수많은 퀘이커교도 조상의 조용하고 점잖은 기질에 좀더 뜨거운 피가 섞였길 바랐다. 하지만 그것은 단지 희망에 지나지 않았다. 엘리엇 가문은 200년이 넘는 역사에서 단 한 건의 스캔들도 일으키지 않았기 때문이다. 가문에서 일곱 번째로 그 이름을 가진 로저의 어머니 마리아벨라 호지킨은 나머지 집안 사람들과 마찬가지로 순수 혈통의 퀘이커교도였다. 마리아벨라는 1859년 4월, 구름 한 점 없이 맑은 봄날에 루이스에 있는 '친우회 만남의 집'에서 에드워드 경과 결혼한 뒤 하이게이트에 있는 작은 집으로 들어갔다.

에드워드 경은 이 집*을 다음과 같이 묘사했다. "그곳에서는 런던 시가지 주택의 지붕 너머로 홀리 로지에 있는 미스 버뎃쿠츠의 정원이 보였다. 널찍한 이웃집의 나무들 쪽으로 비탈져 있었고, 작은 정원이 딸려 있었다. 한쪽 모퉁이에 너도밤나무가 있던 그 정원은 그 시절 우리에게 아주 소중한 공간이었다. 이 자그마한 터전은 '소란한 세상에 완전히 속하지도, 그렇다고 그 너머에 있

---

* 그로브 6번지. 이후 에드워드 경은 옆에 있는 5번지 집도 사들였다. ―원주

하이게이트의 그로브 5~6번지, © British History Online.

지도 않았다." 내려다보이던 대도시의 소음이 간혹 이 구릉지까지 올라와 우리가 도심과 얼마나 가깝게 사는지 일깨워주었다." 그의 아홉 자녀는 바로 이 집에서 태어났다. 그리고 그의 아들 로저가 처음으로 열정을 품은 곳, 또 처음으로 커다란 실망을 맛본 곳도 바로 이 정원이었다. 로저 프라이의 기록을 보자.

지금도 책을 읽다가 '정원'이라는 말이 나오면 그 시절 그로브 가든의 풍경이 떠오른다. 선악과나무에서 이브를 바라보듯, 잔디 위로 우뚝 솟은 오래된 사과나무의 기묘하게 말라비틀어지고 검게 그을려 갈라진 가지 사이로 뱀이 몸을 내밀던 기억이 난다. 이 밖에도 내 마음을 사로잡았던 많은 일이 그 아담한 교외 지역 내에서 일어났다. 그곳은 내게 강렬한 두 가지 감정—처음 느낀 열정과 실망—의 무대이기도 했다. 내가 최초로 열정을 쏟은 대상은 우연한 축복으로 피어난, 빨간색의 커다란 관엽식물인 양귀비였다. 양귀비가 자라던 네모난 화단은 내 몫으로 할당된 땅이었기 때문에 나 개인의 특별한 정원이나 다름없었다. 나는 씨를 사 와서 물뿌리개와 배양토를 조합해 만든 진흙땅에 심었다. 그 씨앗들은 내 기대에 미치지 못했고 사실 대부분 아예 자라지도 않았다. 하지만 양귀비만큼은 늘 내가 가장 거창하게 꿈꾼 것보다 아름다웠다. 그 붉음은 내가 머릿속으로만 떠올린 것보다 언제나 더 붉었다. 나는 빨간색을 전반적으로 좋아했는데, 여기에 기관차에 대

* 앨프리드 테니슨의 시 「정원사의 딸The Gardener's Daughter」.

한 애착까지 더해지자 내가 언젠가 "완전히 빨간색인 기차"를 본 적이 있다고 믿게 됐었다. 여하튼 양귀비는 내게 "온유한 예수님"† 보다 훨씬 더 진실한 숭배의 대상이었으며, 아버지를 제외하면 가장 크게 애착을 느낀 대상이었다. 꽃받침의 갈라진 틈 사이로 구겨진 비단 같은 주홍빛 조각을 단 도톰한 녹색 꽃봉오리가 화단 가득히 맺혀 있던 기억이 난다. 그중 몇 송이는 벌써 꽃으로 피어나 있었다. 초록색 주머니에서 빨간 꽃송이가 피어나는 모습을 지켜보는 것보다 더 짜릿한 기분은 없을 듯했다. 나는 꽃은 한순간에 피어나는 것이며, 그 순간을 지켜보려면 끈기 있게 기다려야 한다고 생각했다. 어느 날 아침에 나는 몇 시간만 있으면 피어날 것 같은 꽃봉오리를 바라보고 있었는데, 아무리 기다려도 꽃이 나오지 않자 그만 지루해져서 의자라도 가지고 나오려고 서둘러 집 안으로 들어갔다. 그 사이에도 꽃이 피는 순간을 놓칠까봐 불안했기 때문이다. 그러고 나서도 끝없이 긴 시간이 흐른 것 같았지만 아마 30분 정도 더 기다렸을 것이다. 이런 내 모습을 본 누나는 깔깔대며 웃었고 어른들 모두가 이 이야기를 알게 되었다. 모든 열정, 심지어 빨간 양귀비에 대한 열정조차도 사람을 조롱의 대상으로 만들 수 있었다.

더 비참한 사건도 있었다. 정의는 최우선이 아니며, 결백은 보호책이 아니라는 끔찍한 사실을 발견한 경험이었다. 이 일도 어느

---

†   찰스 웨슬리의 노래 〈온유한 예수님, 겸손하고 부드러운 예수님 Gentle Jejus, Meek and Mild〉.

여름날 아침에 일어났는데, 나는 어머니의 무릎에 기대어 있었고 어머니는 나지막한 등의자에 앉아 나에게 식물의 기초를 가르치고 있었다. 말씀의 어떤 부분을 보충하기 위해서인 듯 어머니는 내가 '애지중지하는' 양귀비의 꽃봉오리 하나를 따오라고 말했다. 적어도 나는 그 말을 그렇게 알아들었다. 해서는 안 될 짓이라는 느낌을 받긴 했지만 이미 절대복종에 단련되어 있었던 나는 시키는 대로 했다. (…)

이 대목에서 미완성 유고는 중단된다. 하지만 그 결과는 알려져 있다. 로저 프라이가 양귀비를 꺾어갔고 그 행위로 어머니께 심한 질책을 들었다는 것이다. 그는 이때 큰 깨달음을 얻었다. 로저에게는 남을 쉽게 믿고 감정에 휘말리는 동시에 "절대복종에 단련된" 일면도 있었다. 그의 모친은 그에게 처음으로 순종을 요구한 사람이자 순종의 대가로 벌을 준 사람이었다. 이 혼란스러운 경험의 충격은 50년이 지나도 아릿하게 남을 정도였다. 비슷한 경험은 이후에도 숱하게 있었다. 그가 "처음 겪은 커다란 깨달음"이 어머니와 연관되어 있다는 사실은 그 인상이 유독 신랄했고 오래 남았던 이유를 설명해주는지도 모른다. 프라이 부인은 식물에 대해 가르친 이후에도, 감수성이 풍부하고 민감한 동시에 아주 논리적이고 독립적이었던 그 아이에게 오래도록 영향을 미쳤다. 사진에서 보이듯 프라이 부인은 강한 인상을 주는 여성이었다. 단정한 외모, 굳게 다문 입술, 강건한 신체……. 전해지는 말에 따르면 그는 어렸을 때 기개 있는 소녀였고, 퀘이커교도로서 절제된 생활을 했

어머니 마리아벨라 호지킨 프라이.

마리아벨라 프라이가 그린 로저 프라이의 초상화.

으며, 당시 호지킨 가문의 일상복이었던 퀘이커 복장을 했음에도 불구하고 명랑해서 주위의 찬사를 들었다고 한다.

97세까지 산 프라이 부인은 말년에 "어린 시절 내 주위에 없었던 것과 있었던 것"의 목록을 작성해놓았다. 많은 것을 시사하는 목록이다. 그는 "없었던 것"으로 마찰식 성냥, 핫팩, 야간 조명, 크리스마스트리, 포스터가 붙은 광고판, 아네모네, 스프링 매트리스, 그리고 치과용 마취 가스를 꼽았다. "있었던 것"으로는 부싯돌과 강철, 골풀 양초, 변비 완화를 위한 말린 자두와 센나, 나막신과 덧신, 교회 관리인과 마차, 숄과 소매가 붙어 있는 옷, 코담배갑, 그리고 차티스트* 운동가들을 꼽았다. 마리아벨라가 여기서 어떤 결론을 낸 것은 아니지만 우리는 퀘이커 집안의 어린 소녀에게 즐거움보다 금기가, 사치보다 절제가 더 많았음을 추측할 수 있다. 그가 어린 시절에 대해 들려준 다음의 일화 한 토막은 이런 인상이 틀리지 않았음을 보여준다. "[네 살 무렵 아팠던] 이때 친절한 숙부 한 분이 예쁜 다기 세트 상자를 가지고 오더니(이 다기는 지금도 가지고 있다) 소아용 침대에 앉아 있는 나에게 주는 것이었다. 갖고 싶은 생각은 간절했지만 단호한 태도로 눈을 질끈 감고 아무리 어르고 달래도 열어보지 않았다. 숙부는 떠났고 당연히 다기 세트도 도로 가져갔다. 나는 이런 상황에서 불만을 표시할 수 없었다. 은밀히 억제하는 습관은 내 유년기의 한 단면을 보여준다. 수줍음을 많이 타서 그랬던 것일지도 모른다." 이 밖에도 특별

---

* 19세기 영국에서 벌어진 노동계급 참정권운동.

히 퀘이커교도로서 어린 시절에 주어진 금기 사항이 있었다. 프라이 부인은 부친이 당시 유행했던 꼭 끼는 소매를 옷에서 떼어내고 유행에 떨어지는 품이 넓은 소매를 달라고 명령한 일, 그래서 길거리를 걸어갈 때 남자아이들이 "꽥! 꽥!" 오리 흉내를 내며 자신을 놀려 대던 일을 말년까지도 기억했다. 수줍고 민감했던 마리아벨라에게 훈육의 영향은 오랫동안 지속되었다. 그는 언제나 두 세계의 틈바구니에서 살면서 어느 세계에도 속하지 못한 것처럼 보였다. 이런 배경으로 볼 때, 그가 자신의 둘째 아들이 어릴 적 "'온유한 예수님'보다 훨씬 더 진실한 숭배의 대상"으로 삼았던 붉은 양귀비와 빨간색 기관차, 꽃받침 틈새로 진홍빛 비단 조각을 슬며시 내보이는 푸른 꽃봉오리들을 단호하면서도 조금은 불안하게 외면한 것은 이상한 일이 아니다. 그래도 로저 프라이는 어머니를 존경했다. "절대복종에 단련된" 아이였으니까.

로저가 식물의 기초에 대해 처음으로 수업을 받은 정원은 다른 정원에 둘러싸여 있었다. 그 밑으로는 당시 맨스필드 경의 소유였던 켄우드 숲이 있었다. 이후 켄우드는 햄프스테드 고지대와 합쳐졌다. 당시만 해도 하이게이트는 하나의 독립된 마을이었고, 에드워드 경이 말한 대로 런던 시내의 소음이 간혹 언덕까지 올라오기는 했지만 도심에 접근하는 것은 쉽지 않았다. 두 지역을 연결해주는 수단이라곤 "이따금 운행되는 승합 마차"밖에 없었다. '마을 주민들'은 여전히 스스로를 우월하다고 여기며 고립된 생활을 하고 있었다. 이들은 자신을 별개의 종족으로 여겼다. 로저가 어렸을 때, 콜리지 Samuel Taylor Coleridge의 머리를 깎아주었던 늙은 이발사가 아직 이발을 하고 있었는데 그는 이 시인이 수다 떨던 것을 기억했다. "콜리지는 이야기를 많이 했네!"라고 이발사는 주장했지만 정작 무슨 이야기를 했는지는 말하지 못했다. 지역 사회는 자연스럽게 그들끼리 어울렸다. 체스 모임도 있었고 문학 모임도 있었고 과학 토론 모임도 있었다. 독서 모임에서는 "3주에 한 번씩 모여 선정작품을 큰 소리로 낭독했다. 7시 무렵에 차를 마셨고 10시쯤에는 샌드위치와 과일이 나왔다. (…) 어떤 불운한 여자가 무지하거나 주의 깊지 못해 저녁 식탁에 젤리나 크림을 올리기라도 하면, 어김없이 규범을 어겼다는 가벼운 질책을 받곤 했다."

이 모임은 이따금 프라이의 집에서 열릴 때도 있었다. 지도자는 왕립학회 회원인 찰스 톰린슨이었다. 지칠 줄 모르는 박학다식한 신사였던 그는 『식염의 자연 사The Natural History of Common Salt』라는 저서를 비롯해 단테와 괴테의 번역본과 체스, 기체역학, 음향학에 대한 글, 그리고 『북극의 겨울Winter in the Arctic Regions』에 이르기까지 다수의 출간작을 갖고 있었다. 그는 어느 일요일 저녁, 프라이의 집에 들렀다가 에드워드 경이 아이들에게 책을 읽어주는 소리를 들었다. 『실낙원Paradise Lost』이나 『조지 폭스의 일기The Journals of Goerge Fox』, 또는 딘 스탠리의 저서 같은 것이었다. 낭독이 끝나자 톰린슨은 흐뭇한 표정을 지으며 아이들에게 이해가 되었냐고 물었다. 그러고는 아버지와 함께 자신의 집으로 놀러오라고 말했다. 그 집을 방문하자 톰린슨은 자신의 밀실에 있는 희귀한 물건들을 보여주었다. 주인의 취미에 어울리는 가지각색의 물건들을 모아놓은 작은 방이었는데, 전기로 작동하는 기계나 글라스 하프 등 신기한 것들로 가득 차 있었다. 모래를 이용한 발명품인 클라드니 판이라는 것도 있었는데 바이올린을 연주하면 판 위의 모래가 아름다운 도형을 그리는 장치였다. 로저가 평생 과학 실험을 통해 큰 기쁨을 맛본 것은 분명 이런 자극의 결과였을 것이다. 그러나 과학이 가풍의 일부였던 반면, 예술은 "제자리에 갇혀서" 피어나지 못했다. 왕립 미술 아카데미를 의무적으로 드나들고, 여름휴가의 풍경을 충실하게 재현한 풍경화를 예의상 구입하는 정도였다. 로저는 톰린슨을 통해 처음으로 미학적인 문제를 인식하게 되었고 차츰 그에 친숙해졌다. 『손기술 백과Cyclopaedia of Useful Arts』의 저자인 톰린슨에게는 자유롭게 출입할 수 있는 공장들이 있었는데, 프라이 집안의 아이들을 데리고 프라이스의 양초 공장이나 파월의 유리 세공 공장, 또는 클러큰웰에 있는 다이아몬드 세공 공장을 방문하고는 했다. 로저의 여동생인 애그니스의 기록을 보자. "이런 공장에 견학가서 새로 나온 제품을 보다보면 궁금증이 일었다. 훌륭한 솜씨와 서툰 솜씨가 어디에서 비롯되는 것인지, 장식은 왜 필요한 것인지, 다이아몬드는 목걸이보다 기계에 사용할 때 더 쓸모 있는 것이 아닌지 하는 의문이었다. 로저는 브로치는 쓸모 있을지도 모르지만 로켓*은 흉물이라고 강하게 주장했다." 훌륭한 솜씨와 서툰 솜씨가 어디에서 비롯되는 것인지에 대한 로저의 의견은 아쉽게도 기록에 나와 있지 않다. 어쨌든 프라이 집안의 아이들이 해마다 봄이면 엄연한 사유지인 맨스필드 경의 숲으로 산책을 나갈

---

*   사진 등을 넣어 목걸이에 다는 작은 갑.

수 있었던 것도 그곳의 수석 정원사와 친분이 있는 톰린슨 덕분이었다. 애그니스는 켄우드를 "우리 집 정원에서 내내 볼 수 있었던 지상낙원이었고, 거의 매일 산책길에 지나치던 곳이었으며, 5월 어느 즐거운 아침나절에는 마치 우리 것인 양 느껴졌던" 숲이라고 묘사했다. 미완성 자서전의 다른 대목을 보면 켄우드는 로저의 기억에도 흔적을 남겼다. 다만 그는 봄날에 산책하던 것이 아니라 겨울에 스케이트 타던 것을 기억했다. 로저가 기록한 바에 따르면, 1929년 1월 어느 날 꾸벅꾸벅 졸던 그는……

갑자기 아버지가 스케이트를 타던 모습이 생생하게 떠올랐다. 1874년이던가, 아무튼 1870년대 언저리로 기억하는데 장소는 맨스필드 경의 공원에 있는 연못 중 한 군데였다. 지금은 공유지로 변했지만 당시에는 사유지였다. 연못이 얼면 우리 같은 하이게이트 특권층 가족들은 입장권을 받고 이용할 수 있었다. 연못 뒤로 너도밤나무 숲이 펼쳐진 아름다운 곳이었다. 그리고 그해 겨울에는 삐죽삐죽 솟은 서리꽃이 나지막한 겨울 햇살을 받으며 온통 장밋빛으로 반짝이고 있었다. 그곳에 한물간 스케이트화를 신고 스케이트를 타는 아버지가 있었다. 길이가 낮은 목제 스케이트화였는데 밑에 달린 긴 날은 앞쪽으로 멋지게 휘어져 있었다. 네덜란드 사진첩에 나오는 것과 똑같은 것이었다. 우리는 촌스럽게 생겼다는 이유로 그것을 얕보면서도 아버지의 것이기 때문에 함부로 무시하지는 못했다. 아버지는 스케이팅을 정말 좋아했다. 사실 아버지가 취미를 붙인 스포츠는 스케이팅이 유일했다. 그렇지만 실력은 서툴렀고 폼은 엉성했다. 아니, 아예 폼이랄 것도 없었다. 양 팔을 흔들며 두 다리로 얼음을 지칠 때 코트 자락은 사방으로 휘날렸고 머리 위에는 어김없이 모자가 얹혀 있었다. 아버지는 스케이트를 너무나도 좋아해서, 일이 많은 왕실 고문 변호사였음에도 가끔은 주중에 오후 휴가를 썼다. 토요일이 되기 전에 추위가 풀려 얼음이 녹을까봐 두려웠던 것이다. 방해가 되는 것은 틀에 박힌 일과밖에 없었다.

이런 생활 속에서 우리 아이들, 누이들과 나, 멋쟁이였던 여섯 살 위의 포티 형 등은 엉금엉금 기면서 스케이트를 배웠고 시간이 지나면서 차츰 자신감을 붙였다. 아버지는 연못을 두세 바퀴 돈 다음이면 우리에게로 와서 어느 정도 숙달된 아이들에게 손을 내밀었고, 우리가 타는 것을 즐거운 표정으로 거들었다. 스케이트를 타는 시간에 아버지는 항상 명랑했고 평소보다 친절했다. 생기가 넘쳤고 말수도 많아졌으며, 우리를 혼내는 일도 별로 없었다. 그러다가 우리가 나이를 먹으면서 각자 개성을 찾아 제멋대로 지내고 빅토리아시대의 엄격한 가풍에 고분고분 따르지 않자 경고를 보내는 일이 많아졌다. 하지만 당시만큼은 웃음을 그치지 않았고 활기찼으며, 평소처럼 알 수 없는 이유로 우리를 갑자기 윤리적인 죄책감에 빠지게 할 위험도 없어 보였다. 사실 집안의 윤리 규율은 엄청나게 복잡했기 때문에 언제 어디서 대수롭지 않게 내뱉은 철없는 말이나 행동으로 질책을 받을지 전혀 예측할 수 없었다. 두려울 정도로 무게가 실린 아버지의 음성은 단번에 우리를 깊은 자책감과 수치심 속으로 움츠러뜨렸다.

그 기억 중에는 어둡고 찜찜한 부분이 하나 있는데, 스케이트화와 관련된 것이다. 우리 집은 대가족이었고 나처럼 형제들 중 중간 나이인 아이들은 윗사람이 타다 버린 스케이트화를 고쳐 쓰는 것이 보통이었다. 당시는 목제 스케이트화에서 쇠로 된 날을 떼어 부츠 뒤꿈치에 작은 나사로 고정시켜서 사용했는데 강철로 된 날은 미덥지가 못했다. 나사는 대개 홈의 줄이 마모되어서 경주를 하거나 8자를 그리며 좌우 회전을 할 때는 갑자기 빠지기 일쑤였다. 이렇게 엉성한 것을 쓰다가 운이 나쁘면 최후의 수단으로 연못 주변에 의자를 비치해놓고 스케이트화를 조립해주는 사람들을 찾았다. 이들을 상대하는 것은 불편하고 짜증나는 일이었다. 정규직에 종사하지 않거나 높은 봉급을 받지 않는 사람들에게 윤리적으로 문제가 있다고 확신하는 환경에서 자랐기 때문이다. 우리는 세상이 부와 미덕이 정확하게 비례하게끔 만들어졌다고 믿고 있었다. 다만 빠른 시간에 벼락출세를 하고 졸부가 된 사람들 때문에 이런 생각이 빛을 바래는 경우도 있었다. 당시 새로 세운 켄우드성의 주인이 바로 그런 사람이었다. 그는 정원에서 보이던 우리 집 전용 풍경 한가운데 겉만 번지르르한 고딕식 벽돌 건물을 전망대처럼 우뚝 세워놓았고, 그리하여 찬란한 켄우드 하우스와 경쟁이라도 벌이고 싶은 것 같았다. 고색창연한 위엄이 깃들어 있던 켄우드 하우스는 맨스필드 경이 상속받은 것이었다. 맨스필드 경은 우리가 자신의 연못에서 스케이트를 탈 수 있도록 허락해준 바로 그 인물이기도 했다. 아무튼 돈과 미덕이 공통 인수라는 이론 때문에 빨간 코에 빨간 목도리를 두르고 연못 주위에서 어슬렁거리며 입김으로 더러운 손을 녹이던 그 사람들은 모두 우리와는 아주 먼 낯선 종족으로, 간혹 듣는 범죄형 인간으로 보였다.

우리가 자라온 환경에 기본적인 인간미가 얼마나 결여되어 있었는지 아무리 과장해도 지나치지 않을 것이다. 그 결핍이 '자선에 대한 의무'와 얼마나 밀접하게 연관되어 있었는지도 설명하기 쉽지 않다. 일을 하려 애쓰는 가난한 이들에게 정당한 팁을 주는 것조차 부도덕에 굴복하는 일로 취급되었다. 본질적으로 부도덕한 일용직 노동자들에게 돈을 주는 것은 부도덕을 부추기는 꼴이라는 이유에서였다. 나의 형은 이런 일에 유난히 엄격했고, 어쩌다가 영웅심에서 벌인 행위 때문에 형에게 거세게 비난을 받았던 우리 동생들은 그런 일에서 손을 떼고 형의 원칙에 맞추며 지냈다.

미완성 단장은 여기서 다시 끝난다. 그가 과거를 돌이켜 보며 일곱 살 때 받은 인상에 무언가를 덧붙이려 한 것은 분명해 보인다. 이 글은 저명한 빅토리아시대의 인물들을 존경하기보다는 우스꽝스럽게 여기던 친구들을 위해 쓰였기 때문에 예상 독자들의 기질이 감안되어 있음에는 의심할 여지가 없다. 좌우간 이 집 아이들이 당시 아주 생생하면서도 혼란스러운 인상을 받았음은 분명하다. 로저는 "웃음을 그치지 않았고 활기찼으며" 코트 자락을 휘날리면서 얼음을 지치던 아버지와, 어느 한 순간 "두려울 정도로 무게가 실린" 음성으로 정확한 이유도 모른 채 어쨌든 윤리적인 탈선을 저질렀다는 생각에 깊은 수치심에 빠지도록 했던 아버지 사이에서 큰 차이를 느꼈다.

실제로 에드워드 경이 자기 자신을 묘사한 자서전을 보면 프라이가 어린 시절 받았던 인상은 충분히 근거가 있는 것이었다. 그가 왜 아들이 애착, 두려움, 그리고 당혹감이 뒤섞인 감정을 느끼도록 만들었는지에 대해서는 이유가 충분하다. 그것은 에드워드가 감성적이고 내면에 갈등이 많은 사람이었기 때문이다. "나는 인간의 내면에서 서로 싸우는 두 가지 본성, 즉 비천한 본성과 고귀한 본성이 어느 누구에게서도 내 안에서처럼 이토록 대립하며 우위를 차지하려고 치열하게 다툰 적이 없을 것이라고 종종 생각했다"라는 말을 보면 단서가 잡힌다. 또 "신에 대해서는 의심이 생기고 판단하기 어려울 때가 있다. 명성이라는 것도 모호하고 목적이 분명치 않아 필연적으로 충족될 수 없는 법이다. 미래에 대한 정신적·육체적 불안, 세계의 불가해함, 시시함으로 가득 찬 평범한 삶, 사람들의 성격과 습관에 대한 반감, 적절하지 못한 언행에 대한 후회, 특히 언제나 나의 오만에서 비롯되는 분노, 이뿐만 아니라 다양한 이유로 폭발하는 나의 기질은 나를 종종 서글프게 만들었고, 고통스러운 생각에 잠기게 했다"라는 말을 보면 이유는 조금 더 분명해진다. 이것이 에드워드 경이 묘사한 젊은 시절 자신의 성격이다.

"필연적으로 충족되지 못할" 욕망 중 하나는 과학자로서의 삶을 향한 것이었다. 에드워드 경은 본래 과학적인 성향이 강했다. 브리스틀에서 소년기를 보냈을 때 그는 동물원에서 나오는 동물 사체를 사서 집에서 해부를 하는 데 용돈을 썼다. 그가 처음으로 발표한 논문은 「활동적인 긴팔원숭이의 골해부학Osteology of the Active

아버지 에드워드 프라이 경.

Gibbon」이었고, 두 번째는 「빈치류와 파충류의 관계On the Relation of the Edentata to the Reptiles」였다. 설탕 무역 중개인의 사무실에 앉아 서기 일을 하는 것보다 동물 뼈와 암석, 식물, 이끼를 관찰하는 일이 훨씬 더 취미에 맞았다. 아마 명문 대학 중 한 곳에서 과학 교수로 사는 것이 그에게는 더할 나위 없이 어울렸을 것이다. 하지만 퀘이커교도였던 그에게 옥스퍼드나 케임브리지는 접근이 "사실상 차단된" 곳이었다. 그는 법학을 선택했는데, 법학에 대해 "아무런 선호"도 없었지만, 그것이 "대학에 진학할 정당한 명분"을 주었기 때문이다. 그가 택한 UCL은 옥스퍼드나 케임브리지는 아니었지만 대학에 못 들어간 것보다는 어쨌든 나았다. 그러므로 뼛속 깊이 퀘이커교도였고 평생 퀘이커교도로 살았음에도 이 종파에 불만이 많은 것은 자연스러운 일이었다.

에드워드 경은 퀘이커교의 "유별난" 습관에 반감을 드러낸 1세대 중 한 명이었다. 그리고 노년에는 "옷차림이나 호칭에 관한 하찮은 문제와 정통 신앙을 둘러싼 분쟁으로 인해 나와 조직적인 퀘이커 교리 사이에 감정적인 단절이 생겼고, 나는 그 간극을 결코 극복하지 못했다"라고 쓰기도 했다. 그는 기질상 수줍음을 탔고 의기소침했으며 "인간의 평범한 문제에 거의 관심이 없는" 인물이었다. 하지만 동시에 원기왕성한 비판적 지성의 소유자이기도 했다. 그는 "병적인 것, 감상적이거나 야단스러운 것"을 경멸했고 부정확한 것에는 무자비할 정도로 냉정한 반응을 보였다. 또 노년에도 기억력이 정확했으며 죽음에 임박할 때까지 하루 이상 아파본 적이 거의 없이 아흔이 넘도록 살았다. 그는 "영국 해협의 정확한 범위나 동물의 지리적 분포, 단어의 철자"에 대해 한 치의 오차도 없는 정보를 제공했다. 법률가가 그가 선택한 직업은 아니었지만, 이런 재능은 자연스럽게 그에게 명성을 안겨주었다. 처음에는 지루한 기다림의 시간을 보내며 "발밑의 광장에서 오가는 의뢰인들의 물결을 보며 더 많은 고객과 애정"을 기대하기도 했고, 그와 동시에 멀리 떨어진 햄프스테드 언덕 지대의 링컨 주점을 바라보며 시골에서 건초 냄새를 맡는 생활을 고대하기도 했다. 그러다 마침내 그에게도 사건이 들어오기 시작했고, 그의 업무는 꾸준히 늘어갔다.

하지만 그가 성공적인 변호사 생활에 만족한 것은 결코 아니었다. 이 뒤로 곧 판사가 된 그는 법원 서기에게 연금 수혜자가 되면 은퇴할 것이라는 말을 하고는 했다. 그리고 동료들이 놀라움과 아쉬움을 표하는 가운데 실제로 자신의 약속을 지켰다. 전성기에, 하지만 본격적으로 과학자가 되기에는 늦은 나이에 은퇴했고 시골로 가서 늘 이상으로 간직한 "경작의 혜택을 누리는 단순한 삶의 조화"를 만끽했다. 그리고 조상들처럼 그 역시 특이한 시골 유지로 살았다. 담배는 절대 피우지 않았다. 하는 게임이라곤 볼링과 핼머*밖에 없었고 딱히 손재주도 없었다. 그는 아이들에게 책을 읽어주었고 정원을 가꾸었으며 때로는 헤이그와 법정에서 국제 분쟁 조정자 역할을 하며 국가를 위해 봉사하기도 했다. 서재에는 책이 가지런히 꽂혀 있었고 위인들의 흉상이 장식되어 있기는 했

---

* 서양장기의 일종.

지만 그는 예술작품에 일체 관심이 없었다. 그가 그림작품에 대해 남긴 것 중 유일하게 기록되어 있는 평가는 호의적이지 않았는데, "[초상화 속] 여인은 아름답지만 (⋯) 성격에 문제가 있다"는 것이 이유였다. 한편 털깃털이끼, 꼬인이이끼, 철사이끼 등 이끼들은 그에게 인간이 주지 못한 만족을 안겨주었다.

직접 말했듯이 그는 자신의 능력에 대해서는 자신감이 부족했고 "미래를 절망적으로 보는 태도"를 갖고 있었지만, 판사석이나 집안에서는 결단력이 있었다. 그가 고안한 "빅토리아시대식 가풍"은 엄격했다. 윤리적인 규율은 어린 소년에게는 "매우 복잡"했을지 몰라도 사실 아주 명확한 것이었다. 그가 그의 자녀들, 특히 딸들에게 깊은 존경을 받았던 것은 사실이지만 아이들은 "언제나 넘어서는 안 될 선이 있음을 알고 있었다". 아마 아이들이 그 선을 넘으려고 했어도 그는 개의치 않았을 것이다. 그는 그의 아들만큼이나 자신의 "위압감"을, 그들이 나이가 들고 아들이 개성을 키워가면서 점점 더 서로를 멀어지게 만든 그것을 애석하게 여겼을지도 모른다. 하여튼 에드워드 경은 깊이 외로움을 느꼈다. 노년에 그는 자신이 이제껏 큰 행복을 누렸고 친구도 많았다고 기록했다. "하지만 이 모든 것에도 불구하고 고독하다. 친구들과 멀리 떨어져 있다는 생각이 나를 평생 따라다녔고, 돌이켜 보면 동료들과 지낸 모든 시간에 고독이 배어 있었던 것 같다. 나와 어울린 동료들 중 나를 진정으로 이해한 사람이 과연 몇이나 될까! 나를 일부는 변호사로, 또 일부는 식물학자 혹은 이런저런 존재로 생각하겠지만 나의 진정한 모습을 알아보는 이는 드물다. (⋯) 혼자 태어나 혼자 죽을 수밖에 없다. 가정과 사랑이라는 달콤한 인연에도 불구하고(이를 마음껏 누린 것에 대해서는 신께 감사를 드린다) 어떤 의미에서 나는 혼자 살아야 하는 존재다."

물론 일곱 살배기 아이가 이런 고독의 울타리로 들어갈 수는 없는 노릇이었다. 대신 켄우드 연못에서 보낸 어느 겨울날에 대한 회상에서 알 수 있듯, 로저는 아버지의 상반된 모습을 느낄 수 있었다. 스케이팅에 대한 열정으로 내내 웃으며 활기찼던 모습과 크고 밝은 눈을 갑자기 흐리며 두려울 만큼 무게가 실린 목소리로 이해할 수 없는 잘못을 꾸짖던 모습의 대조를 말이다. 아이들의 마음을 어지럽힐 만큼 상반된 그의 모습은 이 밖에도 더 있었다. 그러나 아버지의 윤리적 신념이 어떻든, 아이들은 하이게이트의 작은 집에서 아주 안락한 생활을 했다. 체면과 전통의 세계와는 끊임없이 타협하며 살아갔다. 그의 부친은 링컨 주점에 갈 때면 쌍두마차를 이용했다. 재산권이 보호되고 계급이 분명히 구분되던 시대였다. "빨간 목도리를 두르고 입김으로 더러운 손을 녹이던" 연못의 부랑자들은 동정보다는 비난을 받았다. 로저는 부모의 양육 방식에 "기본적인 인간미가 결여"되어 있다고 느꼈다. 로저는 부모를, 특히 부친을 존경했지만 그들은 로저를 두렵게 만들었다. 그들의 생활 방식에는 로저를 당혹스럽게 하는 부분이 많았다.

이런 인상은 평생 지속되었고 많은 갈등을 유발할 만큼 강렬한 것이기는 했지만, 사실 순간적이고 예외적인 것이기도 했다. 전반적으로 볼 때 당황하거나 두려워할 만한 일은 거의 없었다. "까

로저 프라이, 1872.

만 암탉이 여전히 알을 품고 있다. 오늘 아침 카펜터네 여자아이가 와서 하얀 아기 고양이를 데려갔다. 토요일에는 포티 형이 맵과 키지와 나에게 구구단과 지리, 라틴어를 테스트했다. 이어 맵과 키지에게 산수 문제 몇 개를 내주고 나에게는 프랑스어 문제를 냈다." 1870년대 하이게이트 일상생활의 전형적인 한 장면이다.

로저의 일과에서 큰 부분을 차지했던 것은 온실과 정원사가 딸린 정원이었다. 로저는 자신만의 정원을 갖고 있었고, 거기서 자라는 백합을 루이스에 있는 할아버지에게 연필로 그려드리기도 했다. 함께 놀 누이들이 있었지만 그들에게 독재자처럼 굴었고 절대 자신의 장난감을 빌려주지 않았다. 숙부, 숙모, 사촌과의 왕래가 잦은 집이어서 서로 생일을 축하해주며 선물을 주고받았는데, 과학을 좋아하는 집안이었기 때문에 광물이나 식물 선물이 흔했다. 로저는 침대에 장난감을 갖고 올라가지 않았지만 할머니가 준 수정만큼은 예외였다. 그의 사촌인 R. M. 프라이가 쓴 편지를 보면 "닭의난초*Epipactis*에 대한 답례로 괭이밥 표본을 보내주는 게 어때?"라는 말이 나온다. 아홉 살배기 남자아이 로저는 답장을 보낼 때면 언제나 신중하게 정확한 과학 명칭을 사용했다. 이미 클리프턴의 학교에 다니고 있던 그의 형 포츠머스는 다른 일에서도 로저를 가르치며 영향을 주었다.˙

---

* 포츠머스 프라이는 총명한 청소년기를 지낸 후 병에 걸려 평생 병약하게 지냈다.
  —원주

봉투에는 매의 머리를 한 신상 그림이 있었는데 이름은 기억이 나지 않지만 그는 왼손에 생식, 즉 생명의 상징인 '앙크'를 들고 있었다. 그 신상은 잘생긴 신의 모습이라고 할 수는 없었지만 아주 힘이 넘치는, 다시 말해 무척이나 위엄이 있는 모습이었다. (…) 나는 그리스인이 로마인보다 더 훌륭한 세계를 세웠다는 의견에 반대하며 그 골자를 적어 보냈다. (…) 할아버지는 다시 두툼한 내 손을 보며 일하기에 좋은 손이라고 말했다. 할아버지의 손은 가냘프고 주름져 있었다.

그의 부친은 순회 재판 중에도 잊지 않고 그에게 편지를 보냈다. "네가 잘 지낸다는 말을 들으니 기쁘구나. 착하게 굴면 행복해지고, 말썽을 부리면 기분도 안 좋아져"라고 훈계를 하기도 했지만 사자 그림을 보내주기도 했다. 용담을 한 송이 꺾어 보냈고, 웰시 숲에서 다람쥐를 보았을 때는 하이게이트에 있는 로저도 그와 함께 볼 수 있었으면 하고 바랐다.

II

　하지만 하이게이트의 정원에는 곧 변화가 찾아오는데 이는 집안의 중요한 사건, 곧 그의 부친이 판사로 임명된 일과 연결되어 있었다. 로저 프라이는 이 일을 다음과 같이 묘사했다.

　내가 열 살이나 열한 살 무렵이었을 것이다. 우리가 수업을 받고 있을 때 아래층에 계신 어머니로부터 당장 내려오라는 전갈이 왔다. 우리는 무슨 일인가 걱정하며 식당으로 뛰어 내려갔다. 수업을 중단할 정도면 무언가 중대한 일이 벌어진 게 틀림없었고 어쩌면 아이들 중 누군가 사고를 쳤을지도 몰랐다. 우리 집안의 윤리 규율은 특이할 정도로 복잡해서 큰 잘못을 저질러놓고 정작 본인은 그걸 모르고 있을 수도 있었으니까. 어머니는 침통한 표정으로 앉아 있었고 우리는 도무지 영문을 알 수 없었는데, 사고를 친 건 아닌 것 같고, 엄숙한 분위기지만 눈 밖에 난 행동 때문 같지도 않았다. 우리가 얼굴에 담긴 의미를 읽어내는 법을 얼마나 빠르고 확실하게 배웠던가! 엄숙하기는 했지만 분명 완전히 불쾌한 표정은 아니었다.
　그리고 우리는 아버지께서 판사가 되셨다는 말을 들었다. 그것은 대단한 영예였고 자랑스러운 일이었지만, 아버지는 이제 그전만큼 돈을 벌지 못할 것이었고, 우리는 이때까지 누려왔던 수많은 사치와 안락을 기꺼이 희생할 각오를 해야 했다. 높은 지위에 따르는 당연한 희생이었기 때문이다. 그리고 아버지가 작위를 받아 큰 명예를 얻겠지만—아버지는 에드워드 프라이 경이 되었다— 우리가 그에 대해서 자만해서는 안 되었다. 물론 형제간에 모이면 훨씬 높으면서도 묘한 '판사님'이라는 호칭 때문에 서로 은밀한 만족감을 맛보기는 하겠지만 말이다. 우리는 이 소식을 듣고 따로 특별히 할 말은 없었지만 이 상황에 요구되는 반응, 흔히 감탄하거나 순종하는 태도로 한마디 해야 한다는 것은 알았다. 우리는 앞으로 우리에게 닥칠 궁핍을 스파르타 정신으로 견뎌내자고 서로 격려하면서 그 자리에서 벗어났다. 아버지는 그때까지 1년에 1만 파운드는 분명히 벌었고, 내 추측으로 교외의 작은 집에 들어가는 집세도 연간 50파운드 정도밖에 되지 않았다. 접대라고 해봤자 격식 있는 만찬이 드물게 열려 몇 달 치를 한 번에 청산하는 정도였고, 아버지께 값비싼 취미나 나쁜 습관이 있는 것도 아니었기 때문에 나는 아버지의 연봉이 고작 5000파운드로 줄어든다고 해도 집안 살림이 유지될 것이라 믿어 의심치 않았다. 그리고 다행히도 실제로 그랬다. 아버지가 그 위대한 빅토리아시대의 악습인 절약에 빠져 있지 않았다면 나는 이 자리에 있지도 못했을 것이다. 그래도 우리는 생활 방식에서 큰 변화를 느끼진 못했다. 일요일 메뉴인 소고기 등심은 계속 식탁에 올라왔다. 차도 과자와 함께 나왔고, 평일의 식사에서도 사치를 억제한다는 낌새는 눈치채기 힘들었다. 하지만 여름이 되자 희생을 요하는 분위기를 느꼈다.

아버지는 소장 판사였기 때문에 법원 휴가 기간에도 법정에 나가야 했다. 아버지가 매일 일하느라 틈이 나지 않았기 때문에, 혹은 적어도 틈을 낼 수 없다고 생각했기 때문에 해마다 바닷가로 온 가족이 놀러가는 식의 휴가는 보낼 수가 없었다. 부모님은 웨지우드 가문의 나이 든 두 자매가 소유하고 있는 리스 힐 부근의 집을 임대했다. 휴가 기간 동안 아버지는 여기부터 애빙거역까지 차를 몰고 가서 기차를 타고 시간에 맞춰 판사실로 출근한 다음, 다시 오후 늦게 돌아오는 일과를 반복했다. 그 집에는 우리 집보다 더 고상한 취향의 가구들이 비치되어 있었는데, 나는 은연 중에 그런 것에 민감했던 모양이다. 그 기억이 내 인생에서 유독 행복했던 시간으로 남아 있기 때문이다. 또 정원은 큼직한 데다 그 집에 속한 수목 우거진 계곡으로 곧장 이어져 있어서 마음껏 뛰어다닐 수 있었다. 그러므로 우리가 아버지의 명예를 대가로 치른 희생이란 사실상 없었던 셈이고, 바닷가의 썰렁한 숙소에서 보낸 평소의 휴가보다 이 집에서 보낸 휴가가 훨씬 즐거웠다.

아버지는 나에게 관심을 갖기 시작했다. 그다지 공손한 태도를 보이지 않고도 말할 수 있는 나이가 된 나는 아버지와 함께 종종 리스 힐이나 동네로 오랫동안 산책을 나갔다. 러시아-튀르키예 전쟁이 절정에 달했던 1877년이었다. 아버지는 러시아가 이기기를 바랄 뿐만 아니라 분명히 승전할 것이라 믿는다고 말했던 것 같다. 하느님이 기독교 국가가 이슬람 국가에 패전하는 것을 허용하지 않을 것이라는 이유에서였다. 아버지처럼 역사와 과학에 두루 해박한 사람이 그런 말을 했다는 사실이 얼마나 충격적인 것인지 깨닫기까지는 한참이 걸렸다. 국가 간 갈등의 옳고 그름에 대해 아무런 지식도 없었던 나는 그 말이 아주 자연스럽게 들렸고, 결국 열렬한 러시아 찬양자가 되었다. 그로부터 한두 달 후 서닝힐의 예비학교*에 들어가서도 나는 이 신념을 적극 변호했는데, 항상 즉석에서 만들어낸 논리로 논쟁을 했기 때문에 아이들에게 아주 인기가 없었다. 어떤 이유에서인지 생각이 올바른 친구들은 모두 반대편에 서 있는 것 같았다. 그 문제에 대한 진짜 쟁점은 디즈와 글래드스턴 중 누구를 지지하느냐†였던 것 같다. 심지어 아버지에게조차 말이다.

다행스럽게도 리스 힐에서 즐거운 여름을 보내던 나는 다가오는 운명에 대해 아는 바가 없었다. 그래서 어느 날 스니드키너슬리 Herbert William Sneyd-Kynnersley라는 목사가 점심 식사를 하러 왔을 때도 손님이 거의 없는 우리 집에 새로운 인물이 나타난 이유를 궁금해하지 않았다. 점심 식사가 끝나자 그가 동네를 한 바퀴 돌아보고 싶다고 해서 내가 안내를 맡게 되었다. 그는 함께 걷는 동안 나에게 말을 시키려는 것 같았지만 나는 그에게 별 관심이 없었다. 세상 물정을 모르던 순진한 나는 그저 불쑥 찾아온 손님을 정중하게 안내해야 한다는 생각만 했을 뿐, 그가 무슨 말을 하든 귀 기울이지 않았다. 그는 이내 떠났고 나는 부모님과의 면담에 불려갔다. 그

---

* 인문계 중등학교에 입학하기 전의 사립 초등학교로, 영국에서는 대개 퍼블릭 스쿨에 들어가기 전의 과정.
† 19세기에 영국 재상을 역임한 보수당의 벤저민 디즈레일리와 자유당의 윌리엄 글래드스턴 간의 자본주의 및 제국주의를 둘러싼 이념의 차이.

리고 갑자기 스니드키너슬리 씨의 학교에 가는 게 어떻겠냐는 질문이 번개처럼 떨어졌다. 그는 애스콧에 있는 아늑한 시골 저택에 신설 학교를 열려던 참이었는데, 그 건물은 나의 이모부인 앨프리드 워터하우스가 지은 것이라고 했다. 아무 상관도 없고 얼굴도 모르는 건축가가 지은 곳보다 그곳이 지내기에 더 편안할 것이라는 이유가 유난히 강조되었다. 내가 이모부의 시골 저택에서 종종 지내보았기 때문에 곳곳에 깔려 있을 신성한 리기다소나무 마루, 그리고 화장실에도 어김없이 달려 있을 고딕식 스테인드글라스 유리창을 보면 기뻐할 거라는 이야기였다. 스니드키너슬리 선생은 아이들을 무척이나 좋아하고 벌도 주지 않는다고 했다. 나는 어디든 학교를 가고 싶은 마음이 전혀 없었지만 부모님의 기대에 맞춰 그 낯선 목사가 있는 학교에 가면 참 좋을 것 같다고 대답했다. 과연 9월이 되자 아버지가 주신 은시계를 손목에 차고, 어머니가 주신 검은 가죽 장정의 성서를 들고 학교에 들어가게 되었다. 물론 잘못을 저지르지 말라는 근엄한 훈계가 거듭되었고 성서가 언제나 난관을 극복하도록 도와줄 것이라는 말도 빠지지 않았다.

이제 프라이 부인은 학생이 된 아들에게 편지를 받으면 그것을 예쁘게 묶어 간직하기 시작했다. 로저가 어머니에게 보낸 편지 중에는 야생화의 꽃물로 얼룩진 것이 많았고 그가 산책길에 딴 꽃봉오리가 시든 채로 들어 있기도 했다. 또 토끼 사냥 놀이*나 학교 음

---

*　한 사람이 종이쪽지를 흘리며 도망가면 다른 사람들이 추적하는 놀이.

악회(로저는 〈뱃사람의 이별곡The Tar's Farewell〉을 부른 적이 있다), 크리켓이나 풋볼 경기에 대한 설명도 있었고 선교단이 방문한 이야기도 들어 있었다. "스티어 주교 스쿨에서 흑인 아이 한 명을 후원하기로 했어요. 1년에 60파운드는 들 거예요. (…) 대부분 잘 해내고 있지만 성격은 그저 그런 것 같아요." 이런 기록들을 보면 로저는 학교생활이 즐거웠던 것으로 보인다. 물론 집에서처럼 본인의 정원을 가꿀 수는 없었지만 동물은 키울 수 있었다. 로저는 위험해 보이는 뱀을 두 마리 키웠다. 학과 수업도 잘 따라가서 입학하고 얼마 지나지 않아 수석을 차지했다.

하지만 편지에는 부모를 불안하게 만드는 문장도 있었다. 그중에는 물론 괴롭힘이 있었다. 로저는 해리슨이라는 아이와 퍼거슨이라는 아이가 "틈만 나면 괴롭혀요. 귀찮게 놀릴 때도 있고 때릴 때도 있어요. 제일 단골로 써먹는 수법은 미역 감을 때 저를 물속에 밀어넣는 거예요"라고 했다. 하지만 대부분의 아이들과는 잘 지냈고 놀이도, 공부도 좋아했다. 걱정스러운 내용은 교사들에 관한 것이 많았다. 스니드키너슬리 선생은 체벌을 주는 일은 없을 것이라고 프라이 가족을 안심시켰다. 하지만 로저의 기록을 보면 그렇지 않았다. "어제는 두 명이 회초리를 맞았어요. 그리고 내일 또 한 명이 맞을 거예요. 저녁 식사 시간에 다른 아이와 장난만 쳤거든요." "얼굴이 둥근 아이"는 벽에 물을 뿌렸다는 이유로 회초리를 맞기도 했다. 이런 내용도 있었다. "어젯밤에는 웬일인지 퍼거슨이 키너슬리 선생님 방으로 불려갔어요. 제가 옷을 입고 교장실로 가니 그 방에 퍼거슨이 있더라고요. 너무 말썽을 피워서 홈스 선생님께 따끔한 벌을 받을 수밖에 없었던 거예요." 로저는 반장으로서 아이들이 회초리를 맞는 자리에 참석해야 했다. 그는 그것을 매우 싫어했다. "아이들에게 매질을 하지 말아달라고 요청할 생각이에요. 체벌이 싫거든요"라고 어머니에게 말했지만, 교장은 "그건 학교장의 소관이네. 나도 매질을 하고 싶지는 않아"라고 말했다. 스니드키너슬리 선생이 자기가 한 말을 지키지 않았다는 사실이 분명히 드러났음에도 로저의 부모는 적절한 항의를 하지 못했다. 그래도 로저는 서닝힐 하우스에서의 생활이 꽤 견딜 만했다는 듯 기뻤던 일이나 토끼 사냥 놀이를 한 일, 홍역이나 동상에 걸린 일, 춉햄 공원 Chobham Common 을 걸어 다니며 식물 채집을 한 일 등에 대해 계속해서 편지에 기록해나간다. 하지만 여러 해가 지난 후 로저는 부모에게 다 들려주지 못했던 학교생활에 대해 아주 상세히 기록했다. 이 기록은 스니드키너슬리 선생의 모습에 대한 묘사로 시작된다.

스니드키너슬리 선생은 귀족들과 폭넓게 교류했다. 두 개의 성씨로 연결된 그의 이름은 두 가문—스니드와 키너슬리—의 정교한 문장紋章 덕분에 더욱 인상적으로 느껴졌다. 이 문장은 학교 어디에서나 흔히 볼 수 있었고 상으로 주는 책의 표지에도 금박으로 찍혀 있었다. 그는 큰 키에 동작이 유연했고 매부리코에 마른 편이었다. 멋쟁이 같은 일면도 있었다. 그를 성직자로 보이게 하는 거라곤 까만 옷에 하얀 넥타이가 전부였고 성직자용 칼라가 달린 코트는 입지 않았다. 그는 축 늘어진 두 뺨 위로 박쥐 날개처럼 물결치는 구레나룻을 아주 자랑스럽게 여겼다. 수업 시간에 쉴 새 없이 쓰다듬는 것을 보면 얼마나 만족스러워하는지가 분명히 드러났다. 그는 세속적이라 할 만큼 세상 물정을 잘 아는 신사로서의 면모가 강했지만 동시에 고교회파*이기도 했다. 성직자로서의 존엄에 대해 열변을 토하는가 하면 자신에게 주어진 성직자라는 신분에 깊이 우월감을 갖기도 했다. 그는 분명 허영심이 강했다. 그의 지적 성취는 케임브리지 재학 시절 디킨슨 협회에 몸담았던 게 전부였다. 이 협회는 그 위인을 극도로 찬탄하며 그가 쓴 소설의 내용으로 서로를 시험하곤 했는데, 스니드키너슬리 선생은 그때 쓴 문제들을 우리에게 자주 인용했다. 매일 밤 취침 시간 전에 전교생을 상대로 디킨스의 작품을 낭독했지만『픽윅 클럽 여행기 The Pickwick Papers』와『올리버 트위스트 The Adventures of Oliver Twist』외에는 생각나는 것이 없다. 그의 지도를 받던 시절, 그에게 소개를 받은 책이라고는 디킨스의 작품들을 제외하면 키블의『그리스도교 교회력 The Christian Year』밖에 없었던 것 같다. 그가 독서를 제대로 했었는지 의심스럽다. 편협하고 무지한 고교회파 보수당원이 되는 것을 막아줄 정도의 독서량은 없었던 게 확실하다.

하지만 그는 아이들을 정말 좋아했고 아이들과 어울리는 것을 즐겼다. 그는 늘 야외활동을 계획하곤 했다. 추운 겨울에는 상급반 아이들을 데리고 베이징스토크 운하에 가서 긴 오후 시간 동안 스케이트를 타게 했고, 여름이면 이튼으로 가서 차와 딸기, 아이스

---

* 가톨릭주의 전통을 강조하는 성공회의 신학조류.

크림을 곁들인 음식을 마음껏 먹게 했다. 꽤나 비싼 비용이 드는 것 같았지만 모든 것이 깔끔했고 식사도 집에서 먹는 것보다 훨씬 더 나았다. 아이들은 대개 귀족 출신이어서 이후 퍼블릭 스쿨*에서 만난 아이들보다 더 쉽게 어울릴 수 있었다. 품위 있게 행동해야 한다는 생각에 매여 있지 않고, 자신과 다른 생각을 받아들일 자세가 되어 있는 아이들이었다. 아마 내 인생 전체를 오염시킨 한 가지 일만 없었더라면 서닝힐 하우스에서의 생활은 전반적으로 괜찮았을 것이다.

학교에 체벌이 없다는 부모님의 말은 어느 정도는 사실이었다. 교사들은 벌로 깜지를 쓰게 하거나 방과 후에 남게 하지 않았다. 하지만 교장인 스니드키녀슬리 선생은 전교생을 불러 모은 첫날 아침, 자작나무 회초리로 따끔한 벌을 줄 수도 있다고 근엄한 표정으로 말했다. 정확하지 않은 말에 대해 한 치의 빈틈도 없이 짚고 넘어가는 나의 부모님이 그들 자신의 양심과 조화되지 않는 이런 사실을 어떻게 넘길 수 있었는지 도무지 이해할 수가 없다. 하지만 부모님이 이 사실을 알고 있었다는 점에는 의심의 여지가 없다. 몰랐더라면 이후 내가 그 무서운 사실을 털어놓았을 때 훨씬 더 크게 놀랐을 것이다. 아무튼 그 자작나무 회초리는 내게 꽤 심각한 문제였는데, 직접 맞을까봐 두려웠던 것은 아니었다. 나는 지나칠 정도로 준법성이 강해서 맞을 일이 없었다. 하지만 줄곧 전교 1등이거나 2등이었기 때문에 일종의 직무로 체벌하는 자리

---

* 기숙사 시설이 갖춰진 영국의 사립 중등학교.

에 참석해서 벌 받는 아이를 붙들어야만 했다. 체벌 의식은 아주 정확하고 엄격했다. 매주 월요일 아침이면 전교생이 강당에 모여 모든 아이의 반성문을 크게 낭독했다. 스니드키너슬리 선생은 담임 교사로부터 받은 엉성한 반성문을 읽은 뒤, 그 자리에 멈춰 서서 한동안 무서운 침묵을 지킨 다음 "저학년 해리슨, 너 이따가 내 방으로 와!"라고 말하고는 했다. 체벌을 받을 아이는 간부 학생 두 명에게 이끌려 그의 연구실로 가야 했다. 연구실 한가운데에는 검은색 천을 씌운 살벌한 느낌의 커다란 상자가 있었고, 불려간 아이에게는 그 앞에서 바지를 내리고 무릎을 꿇으라는 엄한 명령이 떨어졌다. 그러면 나와 다른 한 명의 간부 학생은 그 아이를 잡고 있어야 했다. 교장 선생이 휙휙 소리가 날 정도로 있는 힘껏 매질을 하면 불과 두세 대만 맞아도 여기저기서 피가 튀었고 열다섯 대나 스무 대를 맞으면 불쌍한 아이의 엉덩이는 완전히 피범벅이 되었다. 아이들은 보통 이 체벌을 용기 있게 견뎠지만 때로는 비명을 지르거나 울부짖으며 몸부림을 치기도 했다. 이렇게 참혹한 광경을 보면 나는 구역질이 날 정도로 혐오감을 느꼈다. 끔찍한 매질이 중단되는 일은 없었다. 빨간 머리가 덥수룩한 아일랜드 아이가 있었는데, 제법 짐승 같은 면이 있었다. 이 아이는 매를 맞다가 의도적이었는지 고통스러워서 그랬는지, 아니면 설사라도 나서 그랬는지 몰라도, 그만 저질러버리고 말았다. 그러자 이 성난 목사는 멈추는 대신 더 가혹하게 매질을 했고 연구실의 천장과 벽은 온통 오물투성이가 되었다. 목사는 아마 자신의 행위를 부끄러워한 것 같았다. 학교 직원을 불러서 치우는 대신 자신이 총애하는 한 학생의 도움을 받아 긴 시간 동안 본인이 직접 청소를 했기 때문이다. 이 사실만으로도 키너슬리 선생이 매질을 하며 강한 가학적 쾌감을 맛보았고, 불쌍한 희생자의 반응을 보며 그 감정을 고조시켰음을 알 수 있다고 생각한다. 그렇지 않았다면 분명 좀더 적절한 시기가 올 때까지 체벌을 미루었을 것이다. 체벌이 늘 한두 건은 있었지만 때로는 반성문에서조차 정당한 이유를 찾을 수 없었다. 일요일은 한가롭고 즐거워야 함에도 다음 날 조회를 생각하면 기분이 언짢아져서, 잠 못 든 채 아무도 매를 맞지 않게 해달라고 간절히 기도한 적도 여러 번이지만 전혀 소용없는 짓이었다. 체벌 보조로 불려가지 않은 적이 한 번도 없었기 때문이다.

어느 날 밤, 내가 막 잠자리에 들려고 했을 때 교장—우리는 스니드키너슬리 선생을 이렇게 불렀다—이 나를 자신의 방으로 호출했다. 우리는 칸막이 방에서 잠을 잤고 때로는 서너 명이 큰 침실 하나에 함께 배정되기도 했는데, 한 아이가 "귀찮아 죽겠네. 물 빼는 걸 잊었어. 나갔다 와야겠어"라고 말하는 소리를 교장이 지나가다 들은 것이다. 교장에게는 이 외설적인 말이 물론 체벌감이었고, 나는 불안해져서 밤새 잠을 설쳤다. 이 모든 사태에 대한 나의 반응이 병적임을 부인할 생각은 없다. 그런 반응의 이면에 어떤 복잡한 심리와 압박감이 작용했는지는 모르겠지만, 어느 날 체벌 보조 역할을 하고 방으로 돌아왔을 때 그것이 성적인 문제와 연관되어 있다는 사실을 문득 깨달았다. 성에 관한 모든 관념은 기억 너머의 과거 속에서 내 안에 단단히 억눌려 있었다. 나는 예비학교에 다니던 시절에 성경을 통독했는데, 구약 성서의 가장 외설적인 대목을 읽을 때조차 성적 심리를 조금도 일깨우지 못했다. 내가 왜 성경을 읽는 특이한 습관을 들였는지 궁금하지 않은가? 어머니께서 최선의 미덕은 성서를 읽는 것이며 성서에 의존하면 학교생활에서 불가피하게 생기는 걱정과 불안을 예방할 힘을 얻을 것이라고 강조했기 때문이다. 그래서 나는 아침에 잠을 깨면 옷을 입으라는 신호종이 울릴 때까지 매일 한두 장씩 성서를 읽으며 시간을 보냈다. 더 많이 읽으면 읽을수록 그날 하루 더 좋은 기회가 생길 것이라 여기며 일종의 물신 숭배를 했다. 이런 환경에서 나는 읽은 것을 토대로 지적인 능력이나 상상력을 키울 수가 없었고 그 안에 담겨 있는 대부분의 내용은 사실 오래전 일요일 성경 수업 시간에 이미 배운 것이었다. 하지만 내가 우둔하거나 호기심이 부족한 아이가 아니었음에도 성을 이해하는 모든 문제에서 완전히 무감각했던 이유는 설명하기 어렵다.

원인이 무엇이든 체벌 시간에 대한 나의 공포는 분명히 병적이었다. 이때의 경험은 내 평생, 사람들 사이에서 일어나는 모든 폭력에 대해 병적인 공포심을 안겨주었고, 나는 무대에서 이루어지는 폭력 연출도 거의 견디지 못했다. 당신은 스니드키너슬리 선생이 무의식중에라도 남색 성향을 갖고 있었을 것이라 진작 결론 내렸을지도 모른다. 하지만 돌아보건대 그가 동성애자는 아니었다고 확신한다. 그가 소년들을 좋아했던 것은 사실이지만 그것은 그의 정신적 미숙함 때문일 것이다. 그는 확실히 허영심이 강했고, 빈약한 지적 수준 때문에 성인들 사이에서 늘 가벼운 굴욕감을 느꼈던 것 같다. 그가 지적으로 우수한 교사를 기피하고 그 자리를 무능력자로 채우는 데에도 그만한 이유가 있다고 본다. 그러므로 그가 자신의 능력을 실제 이상으로 드러낼 수 있는 아이들과 함께 있을 때 가장 행복해한 것은 당연했다. 아이들의 유머 감각도 그의 유치한 수준에 잘 맞았다.

이상이 부모에게 보낸 편지 이면에서 벌어지고 있던 일들에 대한 그의 설명이다. 이때 받은 영향은 그의 평생 지속되었다. 그렇다고 그가 스니드키너슬리 선생에 대해서 악감정을 키운 것 같지는 않다. 몇 년 뒤 옛 스승이 죽었을 때, 그는 "정말 안됐다. 비록 내게서 존경심을 일으키지는 못했지만 대체로 상냥한 분이었다"라고 썼다. 그리고 스니드키너슬리 선생이 이 옛 제자에게 호감을 가졌던 것은 분명하다. 죽을 때 로저 프라이에게 "조그만 아널드 설교집 한 권"을 주라고 유언했기 때문이다.

III

그가 서닝힐과 말라비틀어진 소나무, 칙칙한 히스꽃들을 뒤로하고 클리프턴칼리지에 입학한 것은 1881년이었다. 이 학교의 교장인 윌슨 목사는 스니드키너슬리와는 전혀 다른 인물이었다. 클리프턴 졸업생 중 한 명은 다음과 같이 썼다. "그가 전임자인 퍼시벌 선생이 가르치던 소박한 전나무 책상 앞에 서 있던 모습이 눈에 선하다. 큰 키에 비쩍 마른 몸을 하고 턱수염과 짙은 눈썹을 쓰다듬던 그의 모습은 꼭 구약 성서에 나오는 선지자 같았다." 외면뿐 아니라 내면의 차이도 두드러졌다. 그는 명문 출신의 수재였고 시니어 랭글러"이자 케임브리지 세인트 존스 칼리지의 특별연구원이기도 했다. 스니드키너슬리 선생이 "지적으로 우수한 교사를 기피"하는 습관이 있었던 것과는 달리 그와 함께 클리프턴에서 근무했던 울러스턴과 어윈, 노먼 무어, W. W. 애스퀴스 등의 교사들은 "비범한 능력과 개성의 소유자들"이었다. 클리프턴 자체도 "새로운 유형의 퍼블릭 스쿨"이었다. 존 퍼시벌은 이 학교가 "새로운 기독교적 기사도를 지닌 채 국가에 최고의 봉사를 하는 고매한 인간의 양성소 또는 온상이 되어야 한다"는 비전을 갖고 있었고, 그가 교장으로 근무한 17년 동안 이는 적잖이 실현되었다. 그리고 "순박하고 진지하며, 겸손하고 근면할 뿐만 아니라 공익 봉사에 헌신"해야 한다는 퍼시벌의 이상은 당시 윌슨이 그 자신의 탁월한 능력과 열정을 바쳐 추구했던 이상이기도 했다. 그렇기에 클리프턴은 서닝힐과는 전혀 달랐다. 매질 따위는 없었다. 해리슨이나 퍼거슨처럼 주먹코에 울어서 벌게진 눈을 하고 다니던 말썽꾸러기들은 사라졌고, 조용하고 양심적인 아이들이 그 자리를 채웠다. 로저가 집으로 보낸 편지에서 알 수 있듯, 이 아이들의 유일한 단점은 너무 애를 쓰는 나머지 퍼블릭 스쿨 특유의 "품위"를 잘 지키지 못한다는 것이었다. 로저가 새로 배정받은 방에서는 애완

*   케임브리지대학의 수학 시험에서 수석으로 졸업한 사람.

용 뱀을 키우는 것이 허용되지 않았다. 또 그는 자신이 개발한 기계로 오믈렛을 만들려다가 실패했는데, 이런 요리 실험도 방을 함께 쓰는 아이들의 반대에 부딪혔다. 로저는 "누가 방에 들어왔을 때 방이 덜 근사해 보일까봐 뭘 할 수가 없어요. 같은 방 아이들은 그걸 매일 걱정하죠"라며 불만을 터뜨렸다.

　600명의 남학생이 함께 지내던 이 공동체는 고도로 조직화된 사회였고, 서닝힐의 유치한 집단과는 뚜렷이 대비되었다. 아마 클리프턴의 새로운 분위기는 남의 시선을 의식하는 것을 미덕으로 만든 것 같다. 이 미덕이 새로운 기준이 되어 아이들에게 진취적인 기풍을 불어넣었다고 말해야 할 것이다. 로저는 이 집단의 복잡한 체계와 조직적인 분위기에 꽤나 시달린 것으로 보인다. 다음의 기록들은 의무감 때문에 마지못해 썼다는 인상을 주기도 한다. "리드라는 급우가 쌀쌀한 동풍이 불던 목요일, 펜폴 단거리 경주에서 우승했다." "윔블던에서 개최된 애슈버턴 실드 사격 대회에서 우리 학교가 우승했다. (…) 조정팀은 시합을 마치고 어젯밤 복귀했고, 우리 학생들이 꾸린 글로스터셔 의장대가 그들을 맞이하며 함께 행진했다. 주장에게 우승패를 전달받은 교장 선생님이 축사했고, 대회를 주관한 프랭크 대령이 답사했다. 아이들은 대표선수 여덟 명을 의자에 앉힌 채로 기숙사까지 둘러메고 갔다." 통상적인 경기와 시험도 있었다. "정말이지, 시험처럼 따분한 건 없어. 분명 시험이 진정한 교육을 망치고 있어!" 로저는 외쳤다. 평소처럼 유행병도 돌았는데 로저는 유독 크게 앓았다. 이 밖에 선교단이 와서 기금을 호소하기도 했는데 로저에 따르면 "존슨이라는 사람이 니안자 호수에 기선을 운항하는 프로젝트로 70파운드를 받아갔다. 그는 이를 위해 열심히 연설했지만 일관성이 없고 산만했다". 간혹 그의 관심을 끄는 강사도 있었다. "업콧이라는 선생님은 그리스 예술에 대해 강의했는데, 파르테논의 프리즈 사진에는 눈길을 끄는 부분이 있었다. 마치 기사가 말의 머리에 등을 대고 누운 것 같은 형상이었다." 제인 해리슨 선생도 그리스 미술을 강의했는데 로저는 이 강의를 아주 즐겁게 들었다. 학과 공부의 경우, 영어와 고전어는 별로 우수하지 못했지만 1882년에는 칼리지에서 상위 20위권에 들 정도로 잘 따라갔다. 그는 "5학년이 되니 상급생의 잔심부름꾼 노릇을 할 때보다 훨씬 낫다"고 느꼈다.

그러나 그가 가장 큰 흥미를 보인 과목은 과학이었으며 그는 주로 실험실에서 즐거운 시간을 보냈다. 실험실은 그에게 "무척이나 즐거운 곳"이었다. 그곳에서는 자신이 하고 싶은 실험을 할 수 있었다. 집으로 보내는 편지는 부모가 깊은 관심을 보이던 실험에 대해 설명하는 글로 가득 채워졌다. "물체의 낙하 속도에 관한 실험도 했고, 양초 기름의 무게를 측정하는 실험도 했어요. 생선 장수에게 얼음덩어리를 얻어서 철사로 반 토막을 낸 후 되얼음을 관찰한 적도 있어요." 또 무척 소박하고 검소한 그림을 그렸다. 1페니짜리 수채 물감에 2페니짜리 중국산 흰색 물감, 그리고 1페니짜리 붓을 써서 "예쁜 테라코타 접시 두 개"에 꽃을 그려넣었다. 로저의 주간 기록에서는 그가 반휴일에 구릉 지대에서 따온 꽃들과, 그 꽃들에 정성껏 붙인 긴 라틴어 이름들이 운동 경기보다 더 많은 분량을 차지했다. 로저가 어린 시절, 그의 아버지가 식물을 채

집하곤 했던 포티스헤드에서 그가 지치 *Lithospermum purpureo caeruleum*를 발견한 이야기도 나온다. 로저는 "이번 주에 있었던 거의 유일하게 중요한 일이라 꼭 말씀을 드려야겠어요"라고 말했다. 때로는 "지난주에 편지를 보낸 이후로 뉴스거리가 없네요"라는 말과 함께 빈 페이지가 붙어 있는 편지가 오기도 했다. 한번은 매우 큰 소동을 전했다. 브라운이라는 아이가 "노름을 했다고 놀림을 받자 소매에서 큰 칼을 꺼내 H. M.을 찔렀"다는 것이다. "브라운은 심장을 겨냥했지만 빗나가 오른쪽 어깨를 찔렀고, 다행히 동맥에서 1~2인치 비껴갔어요." 이 사건에는 "브라운에게 섬뜩한 즐거움을 안겨준" 브래든 *Mary Elizabeth Braddon*의 소설들이 어느 정도 책임이 있는 것으로 여겨졌다.

하지만 소동과는 관계없이 이 무렵은 꽤나 답답하고 단조롭게 이어졌던 것처럼 보인다. 방학까지 남은 몇 주, 며칠, 심지어 몇 초까지 시간을 잴 정도로 지루했다. 로저의 문제인지 퍼블릭 스쿨의 문제인지 알 수 없지만, 울러스턴이나 어윈, 노먼 무어, 그리고 교장 선생처럼 훌륭한 인물들조차 이상하게 그의 마음을 파고들지 못했다. 그는 무기력하게 일과를 견뎠고, 그 속에서 "퍼블릭 스쿨의 전반적인 체계, 그리고 그 속에 깃든 모든 제국주의적이고 애국적인 정서"에 저항하는 "삐딱한 반발심"을 키웠다. 끔찍하리만큼 위생을 따지던 새 석회석 건물은 그를 한층 더 짓눌렀다.

로저의 껍질을 깨뜨린 사람은 선생이 아니라 학생이었다. 1882년의 어느 날, "지나치게 꼼꼼하고 판에 박힌 학생이자 예의의 화신" 같았던 한 학우가 8학년 교실에서 유령 같은 형상을 보고 깜짝 놀라 그 경악을 표현하려 애쓰는 일이 있었다. 하지만 "그는 그 낯설고 괴이한 모습을 제대로 묘사하지는 못했다. 부스스한 머리에 길게 뒤틀린 몸, 지저분한 옷, 그리고 무엇보다 기이하고 구부정한 걸음걸이는 마치 클리프턴칼리지의 석회암 벽을 비비면서 닦고 다니는 듯한 인상을 주었다." 훗날 유명한 철학자 존 엘리스 맥태거트가 되는 이 소년에 대한 묘사는 아이들의 "폭소"를 자아냈다. 로저도 이 말을 들었지만 다른 아이들처럼 웃지는 않았다. "나는 이미 학교의 규범에 깊이 반발하고 있었기 때문에 규범을 노골적으로 어기는 존재가 있다는 사실만으로 마음이 따뜻해졌다. 다른 아이들과는 다른 천민 같은 그 정신에 내 친구가 될 자질이 담겨 있다고 생각했다. 나는 조심스럽게 그 아이와 친구가 되려고 했다. 내 직감은 기대 이상으로 옳았다. 그 볼품없는 육체에는 나의 나머지 학교생활에 큰 위로가 되어줄 정신이 깃들어 있었고 나는 일요일 저녁이면 그와 단둘이 산책을 했다."

이는 로저의 삶에서 이어질 수많은 '직감'들 중 최초의 것이었고, 가장 큰 결실을 맺은 경우 중 하나였다. 맥태거트와의 우정은 틀림없이 로저가 클리프턴에서 보낸 시간 가운데 가장 중요한 사건이었다. 이때의 영향은 학교를 졸업한 뒤로도 오랫동안 이어졌다. 하지만 당시에는 그 영향이 어떤 것이었는지 분명치 않았고 실제로 다소 독특한 것이기도 했다. 일요일 산책 시간 그들의 대화는 언제나 "윌슨 선생님의 일요일 오후 설교" 중심이었다고 로저는 말했다. 하지만 그 중심은 세심히 존중되었다. 로저는 "맥태거트는 이미 무신론자이자 유물론자였는데, 놀라운 지적 기민함을 발휘해 내가 그 사실을 눈치채지 못하도록 했다"고 말했다. 클리프턴에 들어오기 전에 이미 "허버트 스펜서의 철학에 통달"했을 만큼 놀랍도록 조숙했던 이 아이는 자신의 퀘이커교도 친구가 자신의 면모를 받아들일 준비가 되지 않았음을 분명 알고 있었을 것이다. 그에게는 "기독교 학교의 일시적 구성원으로 있는 이상, 그 교리에 대해 비판을 삼가야 할 충성의 의무가 있다"고 여기는 기질도 있었기 때문에 친구의 전통과 인습을 존중할 수 있었다.

로저의 잠재된 반발심이 무엇이었든, 그것은 여전히 깊이 감춰져 있었다. 로저는 외견상 신앙심이 깊었고 심지어 깐깐하기까지 했다. 그는 집안의 종교적, 정치적 견해를 아무 생각 없이 받아들였다. 여전히 모친에게 자신을 위해 기도해달라고 부탁했으며 스스로도 진심에서 우러나는 기도를 했다. 그는 "신이 나를 도와줄 것"이라고 생각하는 아이였다. "노샘프턴의 저 형편없는 제화공들 때문에 브래들로Charles Bradlaugh*가 의회에 복귀하다니 정말 한심한 일 아니야?"라고 외쳤으며 "웨스트민스터의 폭발 사건"+을 "국민이 정부에 크게 관여하는" 영국에서 용납할 수 없는 것으로 생각했다. 일요일에는 여전히 가족과 퀘이커 집회에 참석했다. 로저의 견해와 독실함은 일요일 산책의 직접적인 쟁점이 되지는 않았

---

* 종교로부터의 자유를 외친 무신론자이자 공화주의를 주장한 급진적 정치가로 노동자와 소시민의 지지를 받았다. 의회에 진출한 뒤 성서에 대한 선서를 거부해 의원직을 박탈당했으며 제명과 재선을 반복하는 와중에 노샘프턴에서 네 번이나 당선되었다.
† 1885년 1월 웨스트민스터의 하원에서 폭탄 세 개가 투척되어 경찰관 두 명과 민간인 네 명이 부상당한 사건.

다. 그럼에도 불구하고 두 사람 사이의 토론은 괄목할 만한 것이었다. 로저에 따르면 대화의 화제는 "그가 내게 알려주었던 로세티Dante Gabriel Rossetti의 그림에서부터 왕정보다 공화정이 우월하다는 주장까지 상상 가능한 온갖 주제가 망라된" 것이었다. 물론 맥태거트는 조심스럽게 특정 주제들을 피했고, 로저가 "열등감을 느끼지 않도록 빈틈없이" 행동했다. 그러면서도 그는 로저를 자극하고 있었다. 클리프턴의 어떤 교사도 하지 못했던 일이다. 맥태거트는 로저가 스스로 생각하도록 만들었고 이때까지 의심조차 못했던 수많은 문제들에 대해 의문을 품을 가능성을 열어 주었다.

로저의 부모는 곧 이 사실을 알게 되었다. 이들의 의심을 불러일으킨 그 볼품없는 아이에게는 무언가 걱정스러운 구석이 있었다. 로저의 누이 한 명이 기억하는 바에 따르면 그는 "헝클어진 머리에 몸의 균형이 맞지 않고 길쭉한 것이 꼭 가느다랗고 긴 올챙이처럼 보였다"고 한다. 로저의 부모에게는 맥태거트의 견해 역시 불쾌했다. 집에 다녀온 뒤 로저는 모친에게 편지를 썼다. "그 친구를 보시고 실망하셔서 정말 유감입니다. 제가 그 친구를 볼 때처럼 그 친구랑 단둘이 만나보시면 그러시지 않을 것 같지만요. 그 친구의 생각이나 태도가 어떻든 간에, 그는 제가 아는 아이들 중 가장 생각이 깊고 양심적이에요. 좋은 영향을 주려고 애쓰는 친구이기도 하고요." 2~3년 뒤 두 사람이 케임브리지에 들어갔을 때도 로저는 부모의 불안을 진정시키려고 여전히 애를 썼다. 이 말들은 살펴볼 가치가 있는데, 맥태거트에 대해 드러내는 바 때문이 아니라 로저 프라이 자신에 대해 드러내는 바 때문이다. 프라이 부인은 다시금 맥태거트의 영향에 대한 불안감을 표했다. 로저는 모친의 의혹에 대해 다음과 같은 답장을 보냈다.

맥태거트가 자유사상적인 성향을 가졌다고 말씀드린 것을 잊으신 듯합니다. 말씀드려야 할 것 같아서 그렇게 했지만 그 친구는 자신의 기질에 대해 말하는 것을 좋아하지 않고 관계된 화제를 입에 올리고 싶어하지도 않아요. 사실 제가 아는 그 친구는 클리프턴에 다닐 때도 그런 주제로 친구들과 대화하지 않는 것을 일종의 의무로 여겼죠. 제 우정 때문에 어머니를 불안하게 해드렸다면 정말 죄송합니다. 하지만 맥태거트는 여러 면에서 정말 좋은 친구예요. 윌슨 선생님도 저와 생각이 같습니다. 저는 종종 우리가 진리라고 믿는 것에 그가 설득되기를 기도해왔습니다만 그의 기독교 신앙이 부족하다는 이유로 이 우정을 포기해야 한다고 생각하지는 않습니다. 물론 우리 두 사람 사이의 우정이 지고지순한 수준은 아닐지 모르지만 훌륭한 덕목을 이끌어내는 관계라고 믿어요. 고백하자면 저는 이 우정 때문에 제 신앙이 위험해질 것이라 믿지 않고, 의심이 곁에 있다는 이유만으로 무너질 만큼 제 신앙이 약하지 않기를 바랍니다.

이 편지는 1885년, 로저가 케임브리지를 다닐 때 맥태거트와 함께 지내던 방에서 쓴 것이다. 로저 스스로 인정했듯, 화제를 가리지 않고 생각을 주고받던 일요일의 산책에도 불구하고 그가

"이상하리만치 엄숙하고 진지"했던 것은 분명하다. 그는 "문자 그
대로 받아들이는 것" 외에는 어떤 방식도 모르던, 턱이 쑥 들어가
고 커다란 갈색 눈이 안경에 가려진 가냘픈 아이였다. 그는 얌전
하게 행동했지만 순응하는 표면적 태도 너머에 반항심을 숨기고
있었다. 교사들도 그를 특별히 주목하지 않았다. 아무도 그에게
특별한 재능이나 취향이 있을 것이라고 생각하지 않았다. 윌슨 선
생이 "문학이나 예술에 특별한 재주와 이해가 없었다"는 것은 사
실이다. 하지만 그는 맥태거트의 천재성을 단번에 알아보았다. 그
는 맥태거트와 "친구 한 명"이 일요일에 산책을 하며 자신의 설교
에 관해 토론한다는 사실을 알고 있었다. 그는 맥태거트의 견해를
높이 평가했고 그를 학생이라기보다 자신과 동등한 존재로 대했
지만, 로저 프라이는 그에게 맥태거트의 친구일 뿐이었다. 로저는
교장이나 교사들에게 특별한 인상을 남기지는 않은 것 같다. 그의
소질은—그에게 소질이라는 것이 있었다면—오로지 과학에 쏠
려 있었다. 따라서 로저가 대학에서 과학을 공부해야 한다는 것
은 당연한 일로 여겨졌다. 문제는 어느 대학이냐는 것이었다. 저
프 선생은 옥스퍼드를 추천했다. 하지만 어떤 이유에서인지 옥스
퍼드에 대한 생각은 로저의 표현을 평소보다 더 직설적으로 만들
었다. 로저는 "내가 케임브리지에 진학하려 한다는 것을 저프 선
생님께 납득시키는 데 시간이 얼마나 걸릴까? 적어도 내게는 장
학금이 인생의 유일한 목표가 될 수 없다는 것도 말이다. 아무튼
내가 장학금을 받는 것이 그의 목표의 일부일지도 모르고, 아마
실제로 그럴 것이다"라고 기록했다. 한편 윌슨 선생은 케임브리

지를 선호했고 그중에서도 킹스칼리지를 권했다. "선생님은 내가 트리니티칼리지에 가서 꼼짝달싹 못 하는 일이 있어서는 안 되며, 그렇기에 이 조합이 가장 좋은 선택일 거라고 했다."

이렇게 해서 그는 케임브리지로 진학하게 되었고, 1884년 12월에는 킹스칼리지에 장학금을 신청하러 갔다. 그리고 킹스칼리지가 보이는 이상한 다락방으로 숙소를 정했다. 한번은 로저가 시험이 임박했음에도 기운이 넘쳐 마음껏 즐거운 시간을 보내기 시작했던 적이 있다. 문이 열리더니 낯선 이가 닉슨의 아침 식사 초대장을 가지고 들어왔다. "나는 두렵고 떨리는 기분으로 닉슨 씨의 방에 들어갔다." 그러나 닉슨은 무서운 사람이 전혀 아니었다. 그는 손이 하나밖에 없고 사팔눈에, 아주 괴상한 안경을 쓴 "매우 쾌활하고 조그만 남자"였다. 무척 친절하고 재미있었던 닉슨은 자신이 스미스의 친구라고 설명했다. 이 뒤에 로저는 시험을 치고는 망친 것 같아 겁을 냈는데, "이끼 대신 조류^{藻類}의 성장과정에 대한 문제가 나왔다. 불행히도 제대로 답을 쓸 수 없었다"는 것이었다. 하지만 닉슨이 그에게 채플 끝나고 자기 방에서 차나 한잔 하자고 해주었고, 방으로 가보니 다른 친구들도 있었다. "자, 이제 제가 아는 사람은 별로 없어도 잘 지내고 있다는 것을 아시겠지요?"라며 그는 이 일화를 전했다. 걱정이 무색하게 로저는 합격했다. 1884년 12월 22일 프라이 부인은 페일랜드에서 아들에게 전보를 받았고, 그것을 아들이 전에 다니던 학교에서 보냈던 편지들과 함께 그것을 보관했다.

전보는 간단히 전신문 형식으로 작성된 것이었다. "과학 과목에 한해 2년간 장학금을 받게 되었습니다." 짤막했지만 매우 중요한 기록이었다. 그것은 종말을 의미했기 때문이다. 서닝힐과 그곳의 말라비틀어진 소나무, 지저분한 히스꽃들, 월요일 아침 매질의 종말인 동시에 클리프턴과 그곳의 예절, 기독교적 애국심, 정착된 제도에 대한 노예근성의 종말이었다. 예비학교 시절 로저는 폭력에 대한 공포를 배웠고, 퍼블릭 스쿨에서는 퍼블릭 스쿨 자체와 그것이 품은 이상에 대한 평생의 적대감을 배웠다. 그는 그 시절에 대해 자주 이야기하지는 않았지만, 말을 꺼낼 때면 늘 가장 지루한 시기였으며 단 하나의 우정을 제외하면 완벽한 시간 낭비였다고 했다.

2장 이해받지 못할 확신—케임브리지

I

　로저가 말했듯 그의 인생에서 매우 중요한 의미를 지니게 된 케임브리지 시절은 기분 좋게, 그렇지만 지루하게 시작되었다. 닉슨의 저녁 식사 초대처럼 반가운 일도 있었지만, 로저의 셋방 주인은 개수통도 내주지 않을 만큼 인색하고 야비한 사람이었다. 그 집의 "지저분한 녹색 의자"를 가리려고 덮개를 달라고 하자 거절하면서 "새벽에 하녀가 쓸 수지 양초 열두 개"를 내놓으면 주겠다고 하는 인물이었다. 로저는 이런 애로 사항을 튜터*인 조지 프로데로George Prothero에게 호소했다. 이후 숙소 문제가 안정되자 로저 프라이는 즉시 클리프턴의 겉치레를 벗어던지고 놀라울 정도로 열심히 대화를, 산책을, 외식을, 보트 타기를 즐기기 시작했다. 부친인 에드워드 경에게 그는 "오후만 되면 매일 보트 초급 과정을 연습해요. 노 젓는 법을 배우는 거죠"라고 말했다. 그리고 에드워드 경도 놀랄 만큼 단호하게, 대학 보트 경주에 키잡이로 불려 나갈 생각은 없다고 밝혔다. "시니어 클래식†과 시니어 랭글러 출신들을 몇 차례 만나 커피를 마셨어요" 하고는, "하지만 만난 사

---

*　칼리지에서 학생의 학업과 생활 전반을 지도하는 교수.
†　케임브리지대학 고전어 시험의 1급 합격자.

람이 너무 많아 일일이 설명할 수는 없습니다"라고 덧붙였다. 이상이 케임브리지에서의 첫 한두 주에 대한 로저의 진술이다. "현재 제 생활은 전혀 따분하지 않고 오히려 여러 일로 차고 넘칩니다"라는 그의 말에 충분히 신뢰가 간다. 거의 매일 저녁 외식을 했고, "식후에 게임을 하는 케임브리지의 저녁 파티"는 넌넌의 파티와 전혀 다르며 자신의 구미에 훨씬 더 잘 맞는다고 했다. 그는 파티에서 케임브리지의 유명 인사들을 만났다. 흔히 O. B.라 불리는 거물 오스카 브라우닝은 불쑥 존재감을 드러내며 위대한 인물답게 늘 하던 이야기를 반복했다. 자신이 "존경하는 왕자님"을 만찬에 초대해 한 병에 1기니 하는 와인을 준비했는데 "존경하는 왕자님은 오시지 않았다"는 이야기였다. 로저는 다윈과 마셜, 크라이턴과 같은 가문의 사람들도 만났고—"크라이턴 부인은 아주 무섭지만 크라이턴 씨는 명랑해요"—에드먼드 고스도 만났다. 로저는 아펜니노^{Apennines}라는 문학회에 가입했는데 여기서 "앨프리드 테니슨의 시 「도라^{Dora}」의 유래에 관해 킹스칼리지의 시인들과" 토론했고 제인 오스틴에 관한 보고서도 낭독했다. 로저는 케임브리지 생활에 즉시, 그리고 깊이 빠져 들어갔다고 볼 수 있는데 그의 고백에 따르면 "집 밖에 나와서" 이렇게 즐겁게 지내본 적이 결코 없었다고 한다. "이렇게 멋진 친구들을 많이 발견해서 정말 기쁘다. 방과 후 생활이 이토록 즐겁게 변하다니. 다른 사람에게 존경을 강요하던 패거리의 독재로부터 드디어 벗어났다."

로저 프라이는 불쾌한 집주인의 허름한 방에서 맥태거트와 함께 살았다. 먼저 들어와 살던 친구들과 나머지 학생들과도 곧 가까워졌다. 당시 기록에서 반복해 등장하는 이름으로 실러, 웨드, 디킨슨, 헤드램, 애슈비, 맬릿, 댈 영이 있다. 로저는 이들과 함께 산책했고 보트를 탔고 저녁 식사를 함께했고 아마 밤늦도록 논쟁도 했던 것 같다. 하지만 처음에는 편지에 친구들의 외면에 대한 언급 없이 이름만 나오는데, 가족들이 맥태거트에게 보였던 차가운 반응이 원인의 일부였음에는 의심의 여지가 없다. 로저가 다수의 새로운 친구, 새로운 생각, 새로운 풍경에 압도되었던 것은 분명하다. 모친에게 "검은 장갑도 없고, 모자도 안 써요"라고 말했을 정도로 자유롭게 케임브리지 이곳저곳을 쏘다니던 그에게 잠시 멈춰 서서 세 가지 중 하나를 고르라고 했다면 그는 아마 세 번째 것, 즉 풍경을 택했을 것이다. 그의 눈은 늘 아름다움을 찾고 있었던 것 같지만 지금까지는 낯선 대상 때문에 산만해지곤 했는데, 케임브리지에서 비로소 가시적 세계의 놀라운 아름다움에 완전히 눈을 떴다. 애스콧의 말라비틀어진 소나무와 클리프턴의 석회석 건물을 떠난 후로 케임브리지의 아름다움은 로저에게 끊임없는 경이의 대상이었다. 집으로 보내는 편지는 감탄사와 묘사로 가득했다. "고즈넉한 저녁놀에 감싸인 강이 내려다보이는 킹스 브리지보다 멋진 광경은 이제껏 보지 못했어요." 로저는 로우스 디킨슨과 작은 보트를 타고 강을 거슬러 올라가며 일몰을 감상했는데 "디킨슨이 갈대 둑에 부딪치는 바람에 배가 뒤집혔다". 평원에 내리는 땅거미와 시시각각 색이 변하는 버드나무, 그리고 회색빛 대학 건물들을 배경으로 강물이 흐르는 모습을 바라보았다. 로우스 디킨슨과 펠로즈 빌딩에 앉아 나이팅게일이 여기저기서 지저귀는 소리를 저녁 내내 들었다. 때로는 삼륜 오토바이를 빌려 타고 제방 길을 탐색하기도 했다. 편지의 여백은 케임브리지 근처 작은 마을 교회당의 아치와 창문을 그린 그림으로 채워졌다. 칼리지 보트 경주에 대한 관심은 점차 식었고, 로저가 보트 경주의 키잡이 노릇을 해야 할지도 모른다는 에드워드 경의 불안에는 근거가 없음이 입증되었다.

친구들의 얼굴과 목소리는 얼마 지나지 않아 더 또렷해졌다. 로저는 직접 읽었거나 친구들이 읽었던 보고서를 언급하고 있다. 윌리엄 블레이크나 조지 엘리엇에 관한 것도 있었고, 로웰의 『빅로페이퍼즈The Biglow Papers』에 관한 것도 있었다. 디킨슨이 브라우닝의 『크리스마스이브와 부활절Christmas-Eve and Easter-Day』에 대한 보고서를 읽고 난 후에는 "불멸에 대한 보편적인 욕망이 불멸이 실재한다는 증거가 될 수 있는지를 놓고" 토론이 벌어졌다. 하지만 로저는 부모에게 논쟁의 내용에 대해서는 자세히 언급하지 않았다. 부모는 여전히 아들의 도덕성과 건강, 그리고 행동 방식에 대해 염려의 시선을 거두지 못했다. 로저는 부모님께 "물론 흡연 따위의 행동을 할까 우려하시지는 않아도 됩니다"라고 약속해야 했다.

그의 새로운 문학적 취향 중에는 부모가 좋아하지 않는 것도 있었다. 로저는 크리스티나 로세티*의 시집을 집에 두고 온 것에 대해 부모에게 사과해야 했다. 그의 누이가 그 시집을 읽었기 때문

---

* 영국의 여성 시인으로 앞에 나온 화가 로세티의 동생. 라파엘 전파의 시풍을 보였으며 종교 문제로 결혼을 거부했다.

이다. "죄송해요. 부분적으로는 좋지 않은 시도 있을 거예요. 그 시집을 다 읽어보지는 않았지만 아직 나쁜 내용은 보지 못했어요"라고 그는 사과했다. 그러니 로저가 웨스트코트의 고상한 설교를 디킨슨의 사변보다 더 비중 있게 다루고, 에드워드 카펜터†가 케임브리지에 나타났을 때 그를 "한때 F. D. 모리스John F. D. Maurice의 부목사였으며, 크게 감탄할 만한 인물" 정도로만 소개한 것도 당연했다.

그렇지만 에드워드 카펜터의 케임브리지 방문은 깊은 인상을 남겼다. 그는 학부생들과 우주에 관해 토론했고 그들이 월트 휘트먼의 시를 읽도록 만들었으며 로저에게는 민주주의와 영국의 미래에 대해 생각하도록 영향을 주었다. 이후 로저는 밀소프에 있는 카펜터의 집에서 지내려고 로우스 디킨슨과 함께 그를 찾아갔다. 집으로 보내는 편지에서 로저는 "카펜터가 다소 과격하고 떠들썩한 보헤미안일 거라 생각했어요. 하지만 예상과는 딴판이었어요. 그는 아주 쾌활했고 겉모습을 꾸미는 사람이 전혀 아니었습니다. 이곳의 생활 방식은 매우 흥미롭고 제가 지금까지 보아온 것과는 완전히 다릅니다만 아직 제 견해가 생길 만큼 충분히 보지는 못했어요. 카펜터는 비록 이상을 위해 많은 것을 포기하기는 했지만 제가 만나본 최고의 인물 중 한 명이에요." 이런 영향을 받으며 집에서 형성된 로저의 정치적 견해는 갈수록 흔들렸다. 그는 애슈

---

† 영국의 시인, 철학자이자 사회주의자. 성소수자 인권과 환경 운동의 선구자.

비 Charles Robert Ashbee의 사회 길드*에 흥미를 보였고 카펜터와 지내면서 "토인비† 추종자"가 되었으며, 어렴풋이, 새로운 시대의 동이 트고 있고 영국은 몰락의 길에 들어선 것 같다는 느낌을 받았다. 그는 모친에게 "사회가 터지기 직전인 것 같아요"라고 썼다. 그리고 어머니가 독일 황태자의 병에 대해 관심을 드러내자 이렇게 빈정거렸다. "저는 보통 사람이 비슷한 상황에 놓였다고 해도 똑같이 안타까워했을 텐데요. 사정을 알았다면 케임브리지 병원의 환자 대부분을 훨씬 더 안타까워했겠죠." 1887년 11월, 런던의 폭동을 목도하며 그는 "폭동이 더 격해지지 않기를 바랍니다. 그렇게 되면 어떤 입장을 취해야 할지 결심해야 하는데 저로서는 내키지 않기 때문이에요"라고 말했다. 아들의 결심이 서지 않은 것에 대해 프라이 부인이 걱정하자 그는 다음과 같이 회신했다. "사회 문제에 대해 입장을 정하지 못했다는 말로 걱정을 끼쳐드려 죄송합니다. 하지만 수많은 사실을 대할 때는 충분히 생각해봐야 하죠. 올바른 길을 찾아내는 것은 정말 힘든 일이니까요. 사실이 주어졌다고 해도 편견에서 벗어나 생각의 틀을 갖추는 것은 너무나 어렵습니다. 그러니 국가가 내세우는 지론에 실질적으로 뛰어들기 전에 한참 더 기다리고 싶어하는 저를 너그러이 봐주셨으면 합니다." 로저는 이렇게 끝마쳤다. "단순한 견해차로 인해 서로에 대한 감정이 변하지 않기를 바랍니다. 중요한 것은 성품인데 개인의 견

---

*   예술과 공예의 사회 윤리운동 조직.

†   사회 개혁가 아널드 토인비를 말한다. 그의 조카이자 역사가인 아널드 J. 토인비와 종종 혼동된다.

해는 그것을 아주 간접적으로만 드러낼 뿐이니까요."

　학기가 계속되면서 부모에게 케임브리지 생활을 소개하는 것은 점점 더 어려워졌다. 런던에서 온 부친의 편지에는 그가 고등법원 판사와 저녁 식사를 했고, 그 자리에 앤드루 클라크 경과 보언 경도 함께했다는 이야기가 들어 있었다. "보언 경이 클라크 경에게 이렇게 묻더구나. '천재는 일종의 곰팡이라는 말을 들었는데, 사실입니까?' 내 생각에는 이 말이 그 어떤 발견보다 앞서 있어." 반면 다음 날 밤, 그의 아들은 하이게이트의 문학회에서 독서 모임을 하고 모어의 『유토피아Utopia』와 베이컨의 『새로운 아틀란티스The New Atlantis』에 관해 토론을 벌였다. 로저는 부모에게 보내는 답신에서 과학 실험을 강조해야만 했다. "면도날로 식물 마디를 절단하는 일에 익숙해지고 있어요. 옥슬립 앵초의 표본을 동봉합니다. 아마 흥미로우실 거예요." 바인즈의 강의와 마이클 포스터와 함께 한 실험에 대한 이야기도 담겨 있었다. 로저는 열심히 공부하고 있었다. 전도가 유망한 과학자로서의 면모를 보인 것이다.

　하지만 이런 면모는 강의실 혹은 그에게 가장 중요했던 실험실에서가 아니라 친구들과 나눈 대화에서 드러났다. 킹스칼리지의 젊은 펠로인 로우스 디킨슨은 곧 로저에게 가장 중요한 친구가 되었다. 이들은 어느 무더운 달밤에 함께 앉아 "천지를 비추는 흐릿한 달빛이 서쪽에서 동쪽으로 움직이고 뻐꾸기와 나이팅게일이 지저귀는 동안" 이야기를 나누었고 몇 시간 동안은 "지금 이 순간에만 관심을 쏟았는데, 그것은 영원을 사는 것과도 같았다". 새로 사귄 친구들은 로저가 가정과 클리프턴에서 형성했던 모호한 종교적, 정치적 신념을 곱씹게 만들었다. 윌슨의 일요일 설교뿐만 아니라 모든 각종 문제가 논의되었다. 이제 본질을 피해 에둘러 돌아갈 필요도 없었다. 훗날 로저의 기록에 따르면 그가 갖고 있었던 신조는 어떤 충격이나 고통도 없이 그에게서 떨어져 나갔다. 그의 새 친구들은 에드워드 경과 마찬가지로 과학 정신에 존경을 표했고 감상적인 기질이나 감정 분출을 경멸했다. 하지만 단순히 이끼나 식물을 조사하는 것에 그치지 않고 정치나 종교, 철학에도 깊은 관심을 보였다. 추상적인 문제에 대한 강렬한 관심은 외부인들의 조롱을 받는 계기가 되기도 했다. 이는 가령 오스카 브라우닝의 방에서 저녁 파티가 열린 날, 벤슨^{E. F. Benson}이 묘사한 대목에서 짐작할 수 있다. 그날 집주인은 직접 페달을 밟아가며 오비오폰[*]을, "보비와 디키, 토미"는 현악기로 슈만의 오중주를 어설프게 연주했으며 유니언[†] 회장은 케임브리지의 크리켓 대표 선수와 틱택토 게임을 하고 있었다. 그리고 벤슨 씨는 좌중이 시끄럽게 떠드는 가운데 깡마른 얼굴로 비스킷을 씹으면서, '사도회'로 알려진 비밀스럽고 생각이 깊은 모임의 회원들이 결정론의 윤리적 한계에 대해 토론하는 모습을 관찰하고 있었다.

이름이 나와 있지는 않지만 생각이 깊은 그 젊은이들 중 한 사람이 로저 프라이일 수도 있다. 1887년 5월 그가 모친에게 털어놓은 말을 보면 알 수 있다. "주로 '사도회'로 알려진 비밀 클럽(좀

---

*   페달을 밟아 소리를 내는 목관 악기.
†   1815년 설립된 케임브리지대학 내 토론 모임.

이상하게 들리지만 위험한 모임은 아닙니다)에 막 회원으로 선발되었어요. 일반적인 문제에 관해 토론하는 모임이죠. 제가 알기론 1820년에 테니슨Alfred Tennyson과 할람Arthur Hallam이 시작했는데요,[†] 언제나 회원들을 엄격히 선발하는 것으로 알려져 있답니다. 회원은 여섯 명 정도인데 맥태거트와 디킨슨도 속해 있어요. 이 모임을 좋아하게 될지는 아직 모르겠지만 회원으로 뽑힌 것은 자랑스러운 일이죠. 엄격한 비밀 결사라 자세히 말씀드릴 수는 없군요."

얼마 지나지 않아 로저는 피트 클럽Pitt Club에도 회원으로 선정되었다. "가입 경쟁이 치열할 정도로 아주 멋진 모임"이었지만 그는 거절했다. "애써 가입할 만한 가치가 없"다고 생각했기 때문이다. 그는 다른 모임에 가입할 생각이 있는 것이 분명했다. 그 모임을 즐길 수 있을지 확신할 수 없었음에도 말이다. 그에게 남은 단 하나의 의문은 자신이 그 명예를 누릴 만한 자격이 있는가 하는 것뿐이었다. 그는 며칠 후 다시 편지를 썼다.

지난번에 편지를 드린 후 저는 말씀드린 그 모임에서 활동을 시작했습니다. 기록을 살펴보니 아주 흥미로운 이름들이 눈에 띄더군요. 지난 50년 동안 케임브리지에 몸담고 있던 유명 인사들은 거의 빠지지 않고 들어 있었습니다. 이미 말씀드린 것 같은데요, 테니슨은 현재도 회원이랍니다. 그의 「추모시In Memoriam」에는 이 모

---

† 앨프리드 테니슨과 아서 할람은 사도회의 초기 회원으로, 사도회의 설립자는 조지 톰린슨으로 알려져 있다.

임을 언급한 부분이 나오는데 정식 회원이 아니면 제대로 이해할 수 없죠. 트리니티칼리지의 학장을 지낸 고故 톰슨, 폴록 남작, 더비 경, 제임스 스티븐 경, 클러크맥스웰, 헨리 시지윅과 아서 시지윅, 그리고 호르트. 이들이 모두 회원이거나 회원이었던, 이토록 유명하고 비밀스러운 결사의 회원이 되었음에 외경심을 느낍니다. 멋진 비밀 의식도 있는데 아직 자세히는 모르지만 꽤나 인상적이에요. 6월 22일 리치먼드에서 성대한 만찬을 할 때가 가장 떨렸는데, 회장인 제럴드 밸푸어 Gerald Balfour와 갓 회원이 된 부회장인 제가 (비통하게도) 연설을 했답니다. 이렇게 전부 말씀드리는 것이 원칙상 잘못되었다는 생각이 들어요. 아버지 외에 다른 사람에게 말씀하시면 안 됩니다. 이 모든 것을 터무니없다고 생각하실까 걱정스럽기는 합니다만 회원들의 평균 수준에 미치지 못한다는 것을 알면서도 회원으로 뽑힌 것이 기쁘기만 합니다. 사실 그들이 아는 사람 중에 적당한 인물이 없어서 뽑힌 것뿐이겠지만요. 자, 이제 끔찍한 학위 시험 이야기로 돌아가야겠네요.

선발 과정이 엄격하고 아주 유명한 동시에 매우 비밀스러운 클럽에 들어가게 된 것이 자랑스럽다는 그의 말은 의심할 여지가 없다. 다른 어떤 모임에 가입한 것도 그에게 이만큼 큰 의미를 지니지 못했을 것이다. 그리고 "가장 떨렸"던 일인 리치먼드에서의 연설은 성공적이었다. 참석자들은 그의 유머를 듣고 웃었다. 제럴드 밸푸어는 그의 연설을 칭찬하기까지 했다. 만찬이 끝난 뒤, 로저는 나머지 여덟 명과 함께 노를 저으면서 강을 따라 내려가 새벽 2시에 퍼트니에 도착했다. 그러니 이때 사도회 회원들은 외부인이 보던 것만큼 창백하거나 핼쑥하지는 않았을 것이다. 비스킷보다 더 맛있는 걸 먹은 게 분명하고, 토론도 "결정론의 윤리적 한계"로 제한되지는 않았을 것이다. 그들은 이 모임을 통해 우정을 다졌고 그것은 보트 파티로 이어졌다. 로우스 디킨슨은 그중 한 파티를 다음과 같이 묘사했다.

맥태거트와 웨드, 프라이, 그리고 나 이렇게 네 명은 여름 학기가 끝나갈 무렵 이 시간이면 템스강에서 노를 저으며 레치레이드에서 옥스퍼드까지 내려갔다. 그 며칠간 우리는 재미와 감상에 젖어 신나는 시간을 보냈다. 맥태거트는 계속 들떠 있었다. 당연히 노를 저을 줄 몰랐는데 우리가 억지로 시켰다. "앞줄, 타이밍 맞춰"라고 키잡이가 외치면 맥태거트는 "공간은 안 맞추냐"라고 받아쳤다. 그는 외다시피 하는 디킨스의 글을 큰 소리로 읊었다. 옥스퍼드 위쪽에는 골풀과 갈대가 무성하게 자란 구간이 길게 이어졌다. 우리가 강가로 나가 건초 더미에 누웠던 애빙던, 펜본과 메이플 더럼 사이의 멋진 숲, 해 질 무렵이면 오르곤 했던 스트리틀리 힐, 물소리가 요란한 수문, 강변의 차밭, 시플리의 달빛, 윈저 성의 찬란한 경관과 유명 제과점의 아이스크림…… 이 모든 것이 40년이 지난 지금까지도 내 기억에 남아 있다. 그때를 생각하면 맥태거트의 모습이 늘 함께 떠오른다. 재치 있으면서도 우스꽝스럽고, 감상적이면서도 사랑스러웠던 그 모습이 모든 기억을 한층 더 빛나게 한다.

이 모임에서는 회원들끼리 평등하게 지내면서도 서로의 결점을 보고 즐기며 비판할 수 있었고, 완전한 자유 속에서 모든 것을 거리낌 없이 물을 수 있었다. 바로 이 모임이 로저 프라이의 케임브리지 생활에서 중심 역할을 했다. 그중에서도 핵심은 로저가 모친에게 말한 것처럼 보고서를 읽고 "일반적인 문제에 대해 토론하는" 주간 모임이었다. 회의록은 공개되지 않았지만, 회원들의 이름이나 훗날의 명성으로 보건대 로저 프라이의 첫 발표 주제였던 "우리는 순종해야 하는가?"와 같은 문제가 "일반적인 문제"의 전형이라 생각해도 무리가 없을 것이며, 그 "일반적인 문제"에서 특정 주제는 배제되었을 것으로 짐작된다. 폴록 남작이나 더비 경, 제임스 스티븐 경, 클러크맥스웰, 시지윅 같은 사람들이 바흐나 베토벤의 음악 또는 티치아노와 벨라스케스의 그림을 놓고 토론을 벌였다고는 상상하기 힘들다. 맥태거트가 일찍이 로세티에 대해 언급했던 것이나 왕립 미술 아카데미에 있는 친구를 방문했던 것을 제외하면 그렇게나 책을 많이 읽고 수많은 주제로 토론을 벌였던 이 젊은이들이 그림을 감상하거나 미학 이론에 대해 토론을 했다는 증거는 존재하지 않는다. 그들의 주된 관심은 정치와 철학에 있었기 때문이다. 이들에게 예술이란 어디까지나 문학을 말하는 것이었고 그것도 반쯤은 예언 같은 것이었다. 셸리와 월트 휘트먼의 작품을 읽은 것도 그들의 음악을 듣기 위한 것이라기보다는 그들의 메시지를 알고자 했던 것이었다. 아마 사도회의 창백한 모습에 대한 벤슨의 지적은 이들의 신조에서 엿보이는 맹목적이고 추상적이며 엄격한 기준 따위를 향한 말이었을 것이다.

II

훗날 로저 프라이는 영국인이 시각예술에 유난히 무관심하고 모든 예술을 윤리적 문제에 종속시키려 한다며 한탄하고는 했다. 그가 케임브리지에 다니던 시절에는 생각이 깊고 사색적인 학생 이더라도 보통은 예술에 무관심했던 것으로 보인다. 로저 자신은 추상적인 문제에 대한 관심이 너무도 뜨거웠던 나머지 그런 결핍을 거의 의식하지 못했다. 하지만 그의 편지에서 알 수 있듯, 그의 눈은 논쟁을 하는 중에도 활동을 멈추지 않았다. 그는 시시각각 변하는 버드나무 숲의 빛이나 대학의 회색 석벽에 내리치는 뇌우의 자줏빛, 평야 지대를 비추는 황혼의 빛을 유심히 관찰했다. 신중하게 그린 건축 그림으로 채워진 반절지가 많았다. 로저는 스케치를 엄청나게 많이 했다. 실제로 그는 케임브리지 시절에 유화를 시작했는데 첫 번째 그림은 로우스 디킨슨의 초상화였던 것으로 보인다. 그림은 그에게 점점 더 중요해졌다. 로저는 미스 포드햄이 "너무도 멋진 컬렉션"을 보여주는 멜버른으로 자전거를 타고 가곤 했다. 포드햄은 "터너J. M. W. Turner 작품 다섯 점, 프라우트Samuel Prout 작품 두 점, 크롬John Crome 작품 다수, 그리고 코플리 필딩과 데이비드 콕스의 작품 등"을 소장하고 있었다. 에드워드 카펜터와 함께 지낼 때는 워클리에 있는 러스킨 박물관을 찾아가 광물을 관찰했다. 광물이 꼼꼼히 설명되어 있었지만 그는 여기에서 그치지 않고 "카르파초Vittore Carpaccio와 리포Filippo Lippi, 보티첼리, 그리고 아주 훌륭한 베로키오Andrea del Verrocchio의 그림"도 감상했다. 로저는 과학 강의 외에 예술 강의도 수강하기 시작했다. 이어 시드니 콜빈의 집에서 열린 미술 협회 모임에 참석했고, "킹스칼리지 출신 인물과 '예술의 본질'을 놓고 벌인 열띤 토론" 때문에 자신의 과학 실험이 중단되었다고 기록하기도 했다. 케임브리지 생활이 이어질수록 예술에 대한 관심은 과학 공부를 점점 더 방해했다. 1887년 11월에는 맨체스터에서 중요한 전시회가 있었다. 로저 프라이는 새벽 3시 45분에 케임브리지에서 출발해 정오에 갤러리에 도착했고 저녁 8시까지 그림을 감상한 다음 이튿날 새벽 4시 15분에 다시 케임브리지로 돌아왔다. 그 뒤 친구 집 소파에서 한 시간 눈을 붙이고 9시에 과학 수업을 들으러 학교로 갔다. 그는 이렇게 편지를 썼다.

분명 고된 여정이었지, 그 돈으로 구할 수 있는 숙소가 없었으니까. 그렇지만 그림들은 그 모든 고생에도 불구하고 볼 만한 가치가 있었네. 그토록 흥미로운 컬렉션은 (내셔널 갤러리를 제외하고는) 본 적이 없어. 미리 전시 목록을 구해서 보고 싶은 그림을 선정해둔 덕에 시간을 낭비하지도 않았지. 거의 누구에게나 그렇듯이 워커의 작품은 아주 좋았고, 보기 드문 화가 중 한 사람인 매덕스 브라운의 작품도 묘사가 잘되어 있었네. 새뮤얼 프라우트의 작품 중에도 마음에 드는 것이 있었고 데이비드 로버츠의 자그마한 건축화는 미완성 스케치작품이 흔히 그러하듯 만족스러웠어. 앨프리드 이모부의 작품도 한두 점 눈에 띄었는데 내 기억에 하나는 파에스툼을 그린 것이고 다른 하나는 샤르트르 대성당의 입구를 그린 것이었어.

자네는 번존스Edward Burne-Jones와 로세티의 작품을 싫어하고 나는 에드윈 롱의 그림에 비슷한 느낌을 받으니, 내 눈에 가장 좋았던 그림에 대해 열심히 떠들어 봤자 별 소용이 없을 것 같아 두렵군. 밀레이John Everett Millais의 초기작 중에는 놀랄 만큼 마음에 드는 것도 있었어. 〈죽어가는 조류학자Dying Ornithologist〉와 〈북서항로North West Passage〉 같은 작품을 보면 아직도 한숨이 나오기는 하지만. 프레더릭 레이턴 경의 〈다프네포리아Daphnephoria〉는 정말 마음에 들었어. 자네도 봤는지 모르겠지만 테베의 승리의 합창대를 그린 거대한 그림일세. 홀먼 헌트의 작품은 참 보잘것없었지만 A. W. 헌트의 수채화는 정말 대단했고 내가 전에는 본 적 없던 작품도 몇 점 있었네.

첫 미술비평으로 쓰인 이 글은 여기서 멈춘다. 저녁 8시 30분밖에 되지 않았는데도 잠이 쏟아져서 즉시 잠자리에 들어야 했기 때문이다.

맨체스터 나들이는 사도회 회원이 아닌 친구들과 함께했는데, 로저가 점점 커지는 호기심을 충족하기 위해 입회 기준이 까다롭기로 유명한 그 클럽의 외부에서 친구를 찾아야 했음을 보여주는 대목이다. 친구 만드는 것 자체를 좋아하기도 했다. 로저는 자신에게 필요한 사람과 곧장 접촉할 방법을 찾아내는 재주를 갖고 있었다. 그는 클리프턴에서 맥태거트에게 학교생활을 견디게 해줄 친구로서의 자질이 있음을 '직관'을 통해 알아차렸다. 케임브리지에서는 상황이 정반대였다. 친구와 흥밋거리, 해야 할 일과 즐길 일이 너무 많았다. 로저는 이 가운데에서 자신에게 결핍된 무언가를 제공해 줄 수 있는 한 사람을 찾아냈다. 편지에서 '미들턴'이 언급되기 시작한다. 1886년 10월에는 "미들턴 교수님과 점점 친해지고 있어요. 아주 좋은 분이죠"라고 썼다. "일주일에 한두 번 찾아가 비공식적으로 미술 강의를 듣는데, 제게 사진을 보여주세요. 더할 나위 없이 친절한 분이에요. 사진을 통해 이탈리아 회화의 발달과정에 대해 가르쳐주셨답니다."

존 헨리 미들턴은 1886년에 케임브리지의 예술 슬레이드 교수직*에 선임되었다. 그의 이력에는 낭만적이고 신비로운 구석이 있었다. 옥스퍼드에 다니던 청년 시절, 절친한 친구의 갑작스러운 죽음이 "그를 5~6년 동안 방 안에 갇혀 지내게" 만들었다. 이후 미들턴은 그리스와 미국, 아프리카를 돌아다니며 모험을 했다. 페스Fez에서 배운 대로 순례자로 위장한 그는 플라톤 철학을 공부하기 위해 이슬람 사원으로 들어갔다. "일찍이 신자가 아닌 사람은 할 수 없었던" 일이었다. 이어 그는 신뢰가 가는 술탄을 만났다. 그리스·로마의 고고학과 관련된 박학다식한 이야기를 듣고 케임

---

* 1869년 미술품 수집가이자 자선 사업가인 펠릭스 슬레이드의 유산으로 시작된 미술 교수직.

브리지로 돌아온 미들턴은 명예를 얻었다. 하지만 슬레이드 교수의 임무를 담당하기에는 그의 견해가 전통에서 한참 벗어나 있었다. "마치 동방의 마술사처럼 두툼한 실내복에 스컬캡을" 썼던 그는 자신을 찾아오는 학부생들을 상대로 비공식적인 자리에서 예술에 관해 이야기하기를 즐겼다. 미들턴의 집을 찾은 학부생 중 한 사람이었던 벤슨은 그를 다음과 같이 묘사하고 있다. "교수님께 공식적으로 강의를 들은 적은 없다. 하지만 그분은 책을 싸들고 그분 숙소로 가서 아침나절을 보낼 수 있도록 독려해주셨다. 손가락에서 음각이 된 반지를 빼거나 조끼 주머니에서 그리스 동전 대여섯 개를 꺼내서 굵게 새겨진 글씨를 해독해보라고 하고는 어디서 난 물건인지 말씀해주시곤 하셨다." 미들턴은 학위 시험에 대해서는 한마디도 언급하지 않았다. 로저 프라이도 이 슬레이드 교수를 찾았고, 스컬캡과 실내복을 입고 방 안을 서성이며 말을 하는 미들턴의 비인습적인 모습에 매혹당했고 자극받았다. 그 방은 "너무나 놀라운 것들"로 가득 차 있었다. "이스파한과 다마스쿠스에서 구한 아주 멋진 페르시아 타일, 초기 플랑드르와 이탈리아의 아름다운 그림들, 렘브란트의 에칭화 원작 몇 점, 이 중 일부는 너무 멋지답니다. 그분과 이야기 나누는 것이 정말 즐거워요"라고 말하며 로저는 "어머니께서 교수님을 위험한 사회주의자라고 생각하실까 걱정이 되기는 하지만요"라고 덧붙였다. 미들턴 교수는 로저 프라이의 기호를 바꿔놓은 것으로 보인다. 로저는 과학 학위를 위해 공부하고 있었음에도 자신의 진정한 소질은 과학이 아니라 예술에 있다고 생각했다. 어느 방학에 미들턴은 함께 볼로냐에 가지 않겠느냐고 로저에게 물었다. 부모는 이 여행에 반대했다. 북부 이탈리아의 여름 날씨가 "건강에 아주 좋다"는 미들턴 교수의 주장을 믿을 수 없다는 것이 표면상의 이유였다. 하지만 사실 사회주의 성향을 가진 슬레이드 교수와 그림을 보기 위해 볼로냐를 여행하는 것이 "끔찍한 학위 시험"을 준비하는 데 방해가 되지는 않을까 우려했을 것이다. 그들은 로저의 에너지가 분산되는 것을 두려워했다. 어쩌면 에드워드 경은 자신이 케임브리지에 입학하는 로저에게 당부했던 것—"너도 알겠지만 나는 네가 철저한 교육을 거쳐 문학이나 과학에 문외한이 되지 않기를 바란다. 네가 온갖 것에 다 손을 대면서 정작 어느 분야에서도 대가가 되지 못하는 사람이 아니라 진정한 전문가가 되었으면 좋겠다"—을 그가 얼마나 충족했는지 묻고 싶지 않았을까?

로저 프라이가 전문가가 되기 어렵다는 징후가 점차 나타나고 있었다. 그는 매주 사도회 친구들과 "일반적인 문제"에 대해 토론하고 있었다. 그리고 사도회의 회원 중 한 명인 로우스 디킨슨은 페일랜드에 왔을 때 맥태거트와 다를 것 없는 인상을 주었다. "그는 별로 눈에 띄는 모습이 아니었고 단정치 못했으며 하얀 나비 넥타이를 준비하는 것도 잊었다. '선생님, 앞으로 올 짐이 더 있습니까?'라고 하인이 물어볼 정도였다." 로저는 결심을 하지 못하고 있었다. 로저가 말했듯, 그의 친구들은 모두 "비인습적인" 사람들이었다. 그는 에드워드 카펜터의 집에서 지내고 있었는데 카펜터는 한때 모리스의 부목사로 있었음에도 지금은 "매우 비인습적인" 사람임이 분명했다. 로저는 스위스 게르자우에 있는 실러의 집에 머물기도 했는데 "모든 면에서 내가 본 것 중 가장 비인습적인 가정"이었다. 그는 커크비 론스데일에 있는 루엘린 데이비스의 집에서도 지냈는데 이들도 마찬가지였다. 로저는 이곳에서 금주 운동과 사회주의를 설파했던 칼라일 백작부인을 만났다. 심령연구회 모임에도 나갔고 유령을 보려고 유령이 출몰한다는 집을 찾아갔다가 허탕을 치기도 했다. 그리고 새로운 격주간지인 『케임브리지 포트나이틀리The Cambridge Fortnightly』의 창간을 도우며 "킹스칼리지 교회 뒤편으로 떠오르는 거대한 문화의 태양"을 상징하는 표지를 디자인했다. 유화를 그렸고, 일주일에 두 번은 위험한 사회주의 신념을 품고 있는 실내복 차림의 슬레이드 교수와 함께 예술에 대해 토론했다. 점심 파티 때는 버나드 쇼*와 함께 하는 또 다른 모임이 있었다. 이 모임이 로저에게 미친 영향은 그가 40년 뒤 버나드 쇼에게 보낸 편지에 다음과 같이 묘사되어 있다.

선생님께서 우리가 접해보지 못한 종류의 재치를 들려주실 때면 모두 감탄했던 기억이 납니다. 사회를 무대로 쌓은 엄청난 경험에 대해 말씀해주실 때는 마음을 졸이며 귀를 기울였죠. 당시 제 친구들은 하나같이 사회에 기여하는 것만이 평생 추구할 가치가 있는 유일한 목표라고 확신하고 있었습니다. 저 혼자만 떳떳하지 못한 비밀로 모든 정치적 행위, 심지어 진보라는 개념 자체에까지 회의감을 품고 있었죠. 그리고 어떤 면에서 예술이 제가 할 수 있

* 1856~1950. 아일랜드의 소설가이자 화가. 1925년 노벨문학상을 수상했다.

는 유일한 일일지도 모른다고 생각하기 시작하던 차였습니다. 그 날 오후 선생님께서 예술이라는 주제에 우연히 "빠져들어보았지 만" 아무것도 없었고, 전부 속임수일 뿐이었다고 말씀하셨을 때 느꼈던 기분을 기억해요. 당신께 너무 깊은 인상을 받아서 속으로 반박할 수조차 없었어요. 그래서 그 생각은 일단 보류해두었죠.

이처럼 다양한 활동과 견해에 노출되어 있었으니 로저 프라이 가 당혹감을 느꼈다는 사실은 그리 이상하지 않다. 그는 1888년 12월, 집으로 보내는 편지에 "돌이켜보아도 소용없을 것 같습니 다"라고 썼다. "하지만 22년 동안 제가 해온 것 이상의 목표를 달 성해야 한다는 생각이 멈추지 않네요. 사람의 일생이 두 번 있으 면 좋겠다는 생각이 들어요. 한 번은 무엇을 할지 찾아내기 위한 것이고, 나머지 한 번은 그 생각을 실현하기 위한 것으로요. 하지 만 실제로는 평생의 반을 암흑 속에서 살다가 일관성을 위해 자신 이 해온 것에만 매달리며 공정한 판단을 내릴 힘을 바닥내지요." 어릴 때부터 그에게 강제로 주입되었던 가족의 신조는 더 이상 위 력이 없었다. 그는 다음과 같이 썼다.

인생은 제게 결코 간단한 문제가 아닙니다. (…) 이제 세상의 악으 로부터 저 자신을 보호하기 위해 울타리를 쳐야 한다는 느낌이 들 지 않아요. 제가 발을 들여서는 안 될 사유나 행동의 영역이 따로 있다고 생각하지도 않고요. 제가 모든 것을 직면하고 이해하겠다 고 말씀드린 적이 있죠. 저는 아무리 끔찍해 보이는 것이라 해도 그것이 왜 존재하는지 이해하려고 노력할 거예요.

　그의 부친이 퀘이커교도의 기이한 특성들로부터 벗어나려고
애썼던 것과 마찬가지로 로저 또한 여러 가지 속박으로부터 벗어
나려고 했다. 다만 그는 부친에 비해 기질적으로 훨씬 쾌활했고
자신감이 있었다. 그의 부친이 열망했지만 이루지 못했던 명문 대
학교에서의 생활은 그에게 놀라운 가능성을 보여주었다. 그 가능
성은 그의 몇몇 친구들에게는 보이지 않는 것이었다. 로저가 말했
듯, 그들은 사회에 기여하는 것만이 추구할 만한 가치가 있는 목
표라고 확신했다. 로저는 이에 대해 회의적이었다. 그는 친구들에
게 자신이 정치 행위에 의구심을 품고 있다는 사실을 숨겼고, 가
족들에게는 또 다른 비밀을 숨기고 있었다. 그것은 바로 과학이
아니라 예술 분야의 직업을 가져야겠다는 생각이었다.
　이런 의혹과 비밀, 여러 관심사와 직업에 대한 생각이 그를 고
민하게 만들었다. 그는 누군가의 도움이 필요했고 외부의 공감을
얻고 싶었다. 그는 모친에게 편지를 보내 케임브리지에서 생활하
는 동안 가족 사이에 쌓인 벽을 허물어보려고 애썼다.

　살아가면서 부딪치는 일상의 소소한 일들이 저에게 부담을 주고,
아침에 자리에서 따분한 일과가 어떤 목적도 없이 멈추지 않고 이
어진다는 느낌이 들 때가 있어요. 그럴 때면 이 모든 게 껍데기에
불과하고 언젠가 그 껍데기가 벗겨지며 현실의 알맹이가 모습을
드러낼 것이라 깨닫는 일이 얼마나 기쁜지 모릅니다. 그 현실이

무엇이든 간에 말이에요. 거의 이해받지 못할 저 자신의 확신으로 가득 차 편지를 쓰는 것이 현명한 일인지 모르겠습니다만, 보여주기 위한 가공의 생각 뒤로 숨는 대신 진면목을 보여주는 것이 때로는 가치 있을 것이고, 왜인지 어머니께서 보내주신 편지가 이런 고백을 할 용기를 주었습니다.

새로 사귄 친구들이 로저에게 가르쳐준 것이 무엇이든, 또 "그 현실이 무엇이든" 간에 그들이 로저에게 허위와 진실을 구별하는 법을 가르쳐준 것은 분명하다. 로저는 갈수록 "보여주기 위한 가공의 생각" 뒤로 숨는 것을 끔찍하게 여기게 되었다. 하지만 이런 생각을 부모에게 솔직하게 말하기는 무척 힘들었다. "부모님과 저 사이에 생긴 견해차가 우리의 애정에 좋지 못한 영향을 줄 수밖에 없다는 것이 두렵습니다"라고 말할 따름이었다. 케임브리지 생활이 끝나가면서 로저는 더 많은 것을 숨기게 되었고 가족과의 관계는 점점 더 불편해졌다.

당장의 질문은 현실적인 것이었다. 한 친구의 편지가 이 모든 상황을 정리해주었다. "그래서," 그는 물었다. "자네는 어떤 사람이 될 생각인데?" "끔찍한 학위 시험을 치르고 우등 학위를 따는 것"이 로저의 부모에게는 의심할 여지가 없는 대답으로 보였다. 로저는 모친에게 보내는 편지에서 추신으로 "시험관들이 제게 1등급이라는 명예를 안겨주었어요. 기대하지도 않았고 그럴 자격도 없었지만 친절을 베풀어주셨죠. 오늘 아침 노리치에 있는데 디킨슨이 전보로 이 사실을 알려주었답니다." 이제 로저에게 펠로십으로 가는 길이 열린 셈이었다. 이에 따라 그의 아버지가 한때 꿈꾸었고, 이제는 자신의 아들에게 기대하는 진로인 저명한 과학자로 발돋움할 가능성도 높아졌다. 하지만 로저는 망설였다. 그가 여전히 그 길을 원하고 있었을까? 이미 자신이 추구할 만한 유일한 일은 그림이라고 여기게 된 건 아니었을까? 부친이 결단을 내리라고 압박하자 그는 다음과 같이 대답했다. "중대한 일에 대해 쉽게 결단을 내리지 못한다는 이유로 저를 나약하다고 여기지 마세요. 그 문제에 대해 냉담하거나 무관심해서라기보다 무한한 가능성이 있음을 알고 있기 때문입니다." 그러면서 로저는 "직업으로서의 예술이라는 문제"에 대해 미들턴 교수의 의견을 들어볼 생각이라고 말했다. 이 면담의 결과는 1888년 2월 로저가 에드워드 경에게 보낸 편지에 나와 있다.

사랑하는 아버지

미들턴 교수님께서 인생 설계에 대해 아주 친절하게 조언을 해주셨습니다. 저는 그분의 생각을 최대한 소상히 설명해드리려고 합니다. 제가 예술을 택한다는 것이 아버지께 얼마나 불쾌한 일인지를 그분께 설명했어요(지극히 중요한 문제라고 생각해서요). 교수님께서는 예술에서 실패하는 것이 그 무엇보다, 예를 들어 식민지에서 삼류 의사가 되는 것보다 훨씬 더 철저한 실패처럼 느껴지며, 그렇게 되면 세상에 쓸모없는 짐으로 남게 될 것 같다는 느낌을 전적으로 이해한다고 말씀하셨습니다.

가능하다면 아버지께 2년 정도 이 방면에 노력할 시간을 달라고 말씀드려보라고 하시더군요. 이 정도 시간이 지나면 저 자신의 능력이 무엇인지, 시간과 노력을 들일 가치가 있는지 없는지 알 수 있을 거라고 하셨습니다. 그렇게 한다고 할 때 최선의 과정은 적어도 1년간 석고 조형물 분야에서 고된 일을 하는 것이라고 하셨어요. 바로 여기 조각 박물관에서 말이죠. 그러면서 종종 실험실에서 해부 실험도 하라고 하셨습니다.

제가 작업을 하는 동안 교수님의 능력이 닿는 한 저를 이끌고 도와줄 것이며 석고 조각에 1년 정도를 매달리기 전에는 런던이나 파리에서 더 나은 기회를 잡을 수 없을 것이라고 친절하게 설명해주시더군요. 인체에 대한 이해 없이 풍경화에서 가능성을 타진하려는 생각은 오래가지 못할 것이라고 하셨습니다. 인체를 통해 드로잉과 색채를 교정하면 잘못된 부분을 더 빨리 알아차릴 수 있다는 것이죠. 저는 아버지께서 누드에 거부감을 갖고 계시다고 말했습니다. 교수님께선 그게 매우 자연스러운 반응이지만 자신의 경험에 따르면 누드가 나쁜 결과로 이어진 적은 없고 평범한 연극보다도 해롭지 않았다고 하셨어요. 그러면서도 꼭 여성의 몸을 그려야 할 이유는 전혀 없다고 말씀하셨습니다. 오히려 영국에서는 남성이 보통 더 좋은 몸을 가지고 있으며 그림 연습에도 더 유용하다는 것이죠.

아버지께 허락을 구할 만큼 이 일에 대한 제 열망이 강한 것 같습니다. 이 일을 하지 못하게 되었을 때 언젠가 '내가 굴하지 않았더라면 온갖 장애물을 극복할 만한 가치가 있는 일을 할 수 있었을

지도 몰라'라고 생각하게 될까봐 두려워요. 아버지께 얼마나 큰 부탁을 드리고 있는지, 또 아버지의 기호에 맞는 일을 해야 한다고 바라시는 마당에 얼마나 실망스러우실지 잘 알고 있어요. 그럼에도 이 말씀을 드리는 까닭은, 이 모든 것을 고려해보아도 이것이 제가 진정 해야 하는 일로 느껴지기 때문입니다.

아버지의 사랑스러운 아들,
로저 프라이 드림

결과는 일종의 타협이었는데, 꽤 이상한 형태였다. 로저는 실험실에서 해부를 했고 슬레이드 교수의 지도하에 남성의 누드를 그리며 케임브리지에서 한두 학기를 더 보냈다. 그리고 펠로십에 두 차례 응모했다. 처음에는 순수 과학 분야의 논문을 제출했고 거의 공을 들이지 않은 탓에 떨어지고 말았다. 두 번째에는 과학과 예술을 결합하려는 시도를 했다. 이때의 논문 제목은 "현상학의 법칙과 그리스 회화에의 적용"이었다. 이것 역시 타협책이었다. 파넬 씨의 전언에 따르면 "두 분야를 서둘러 봉합한 것"으로 보였다고 한다. 그는 다시 한번 탈락했다.

두 차례의 실패는 로저 개인에게는 전혀 중요하지 않았다. 그는 부친에게 보내는 편지에서 "결국 저는 케임브리지에서 과학 이상의 것을 얻었습니다"라고 말했다. 이 말은 사실이었다. 그는 설명할 수 있는 것 이상으로 케임브리지에서 많은 것을 얻었다. 그는 케임브리지에서 마음을 열었고 눈을 떴다. 삶 속에 내포된 "무한

한 가능성"을 알게 된 것도 이곳에서였다. 달이 떠오르고 나이팅게일이 지저귀는 동안 친구들과 케임브리지의 방에 둘러앉아 담소를 나누던 기억은 영원한 것이 되었다. 펠로십에 실패했다고 해서 그가 케임브리지에서 얻은 것들이 퇴색되지는 않았다. 하지만 그의 부친에게는 이 실패가 씁쓸한 실망을 안겨주었다. 에드워드 경이 볼 때 로저는 가장 바람직할 뿐만 아니라 찬란한 미래까지 보장되는 기회를 날려버린 것이었기 때문이다. 게다가 로저는 그 기회를 '화가가 되기 위해' 버렸다. 에드워드 경에게 그림이란 색칠한 사진과 별반 다를 바가 없었다. 그가 모든 희망을 걸었던 아들이―큰아들은 병약했고, 딸들은 기록에 따르면 "경력을 쌓을 만한 자질이 없었다"―본질적으로 하찮은 일에 매달리느라 중대한 윤리적 위험을 감수하면서까지 과학을 거부한 것이다. 로저는 이제 부친의 극심하고 지속적인 근심의 원인이 되었다. 로저는 자신의 선택을 후회하지 않았지만, 아버지의 실망과 반대는 오랜 세월 그의 마음에 남아 있었다.

3장 런던, 이탈리아, 파리—예술 기행

I

　로저 프라이가 최초로 큰 열정과 실망을 맛본 정원이 딸린 하이게이트의 작은 집. 프라이 가족은 앤 여왕 스타일로 지은 이 집을 처분하고 1887년 베이스워터의 집으로 이사했다. 에드워드 경은 새집을 좋아했다. 켄싱턴 가든에서 가깝고, 넓은 산책로인 브로드 워크가 내려다보여 전망이 좋았기 때문이다. 케임브리지에서 예술과 과학의 결합에 실패한 로저 프라이가 이 집으로 이사 왔을 때, 그에게는 이 집이 "유난히 화려한 허세"를 부리는 것으로 보였고, 스스로 말했듯 이곳에서 보낸 세월은 "매우 불편했다". 부모와 로저 모두에게 타협의 시간이었기 때문에 이는 불가피한 일이었다. 부모는 여전히 로저가 예술가의 길을 포기하고 과학으로 돌아오리라고 믿었다. 적어도 그러기를 바랐다. 로저 쪽에서는 부모가 자신의 생각을 이해하고 공감해주기를 바랐다. 브리턴 리비에르 Briton Rivière와 허버트 마셜 Herbert Menzies Marshall을 만나 상담한 뒤에 부모는 로저가 해머스미스의 프랜시스 베이트 H. Francis Bate의 지도하에서 그림을 공부하는 것에 동의했지만, 아들이 집에서 지내기를 원했다. 팰리스 하우스의 가스난로가 설치된 방 하나가 주어졌고, 로저는 애플가스 아틀리에에서 프랜시스 베이트와 종일 공부한 뒤 저녁이 되면 집으로 돌아왔다.

부모와의 타협은 아주 버거운 것이었다. 그는 로우스 디킨슨에게 보내는 편지에서 솔직한 심정을 표현했다. 이 무렵의 편지는 "오, 골디" "세상에 둘도 없는 얼간이" 등의 말로 시작되고 있으며 읽고 있는 책이나 예술 탐험의 과정이 마구 휘갈겨 쓴 글씨로 설명되어 있었다. 프랜시스 베이트가 "연필을 움직이는 법보다 자신이 받은 인상을 분석하는 법에 더욱 치중해서" 그를 가르치고 있으며 이 방법이 "올바른 출발점"으로 보인다는 이야기, 자신이 누드를 그리고 있는데 여학생들이 자기들도 같은 시간에 같은 방에서 누드를 그릴 권리를 달라고 합리적으로 항의하고 있다는 이야기도 들어 있었다. 브리턴 리비에르에게 먼저 그림을 보여주고 나서 허버트 마셜에게 보여주면 두 사람이 서로 다른 충고를 해준다는 말도 보인다. 온통 불평으로 가득 찬 편지도 있었다. 두 사람에게 "지나치게 울화가 치미는 모습을 보여서 웃음을 터뜨리게 한" 데 대해 사과를 해야 했다는 것이다. 불만은 계속 이어져서 그는 페일랜드에 눈이 오는 것도 못마땅해한다. 로저는 "베이스워터 습지"라고 부르는 지역에 깔린 안개나 페일랜드와 베이스워터의 "율법적인 분위기"도 불만이었다. 1888년 3월 그가 말한 "율법적 분위기"는 "확실히 숨 막히는" 것이었다. "모든 가족이 쇳덩어리처럼 완고하고 집요한 도덕적 신념을 가지고 있다면, 그리고 그 때문에 가족 결속을 핑계로 모든 일을 함께 해야 한다는 강박

---

* 골즈워디 로우스 디킨슨은 케임브리지나 블룸즈버리 그룹에서 흔히 골디Goldie라 불렸다.

을 느낀다면 마찰이 사소하지 않을 것을 짐작할 수 있겠지." 로저는 이어서 이런 갈등이 어떻게 일어나는지 예를 들었다. "몇 분 전에 정말 순수한 마음으로 『엘시 베너Elsie Venner』가 심리학적 사실을 기초로 한 작품이라고 생각한다고 말했어. 그랬더니 즉시 내 견해에는 이렇다 할 근거가 없다며 공격을 하시더군. 내가 이 지적을 바로 받아들이니 '부정확하고 위험한 견해를 전파하면 안 된다'는 거야. 분란을 일으키기 싫어서 내가 어마어마한 잘못을 저질렀다고 인정해버렸어. 그러자 '네 어리석음을 인정하는 것만으로는 충분치 않아. 말을 그렇게 경솔하게 하다니, 후회하지 않을 수 없구나'라고 말하셨네. 잠자코 있을 수밖에. 내가 왜 반율법주의자인지 자네도 이제 알겠지?" 하지만 로저는 이때까지만 해도 집에서 행복하게 지낼 수 있었다. 그는 몹시 가정적인 사람이었고 누이들을 아주 좋아했다. 같은 편지에서 로저는 다음과 같이 말을 잇는다. "이 모든 건 다행히도 아직 사회에 물들지 않은 내 여동생들 덕분에 어느 정도 만회가 되었어. 불쌍한 아이들. 곧 남에게 보여줄 만한 적당한 규수로 전락하겠지. 고분고분하고 얄팍하게 웃고 가볍게 깔깔거리는 여자로 말일세. 지긋지긋해. 빌어먹을." 적어도 이 예측은 현실이 되지 않았다.

집에서의 생활은 힘겨웠고 런던에서의 생활은 케임브리지 때와 달리 지루하고 틀에 박혀 있었다. 그의 가족은 예술이 아니라 법률과 과학에 가까운 분위기였다. 외식을 하러 갔을 때 로저는 신사를 한 명 만났다. 무슨 무슨 장관이라던 이 사람은 로저가 훗날 흔하게 부딪치는 유형의 인물이었다. "내가 그림에서 요구하는 것은 즉시 알아볼 수 있는 방식으로 묘사해야 된다는 거요. 그렇지 않다면 나쁜 그림이"라고 말하는 사람 말이다. 로저는 로우스 디킨슨에게조차 그림에 대해 이야기할 수 없었다. 베이트 선생의 방식을 설명하려고 애쓰다가 "하지만 이 모든 것은 자네에게 헛소리에 지나지 않을 거야"라며 포기했던 것이다. 케임브리지 시절의 친구들은 격식을 따지는 프라이 가족의 저녁 식사를 견뎌낸 후, 가스난로가 있는 방으로 올라가 "나머지 가족 몰래 사회를 갈아엎을 방법에 관해 논의"했다. 이들의 관심사는 예전 그대로 셸리나 월트 휘트먼, 사회 개혁 같은 것이었다. 그리고 여전히 "사회에 기여하는 것만이 평생 추구할 가치가 있는 유일한 목표"라고 확신하고 있었다. 로저 프라이도 이 같은 신조에 충실하고자 예술을 사회 봉사의 수단으로 만들려고 애를 썼다. 그는 토인비 홀에서 드로잉 수업을 했는데 이는 별로 성공적이지 못했다. "사물 속에 숨겨진 의미를 찾아보라는 말은 끝내 수강생들에게 할 수 없었어. 그렇게 말했다면 나조차 그 말을 못 믿는다는 게 얼굴에서 다 드러났을 거야." 또 다른 타협이라고 할 만한 이 생각에 그로서는 동의할 수 없는 부분이 있었기 때문이다.

그는 런던 생활에서 기쁨이 될 만한 표본을 뽑아 음미했다. 그 일환으로 한 친구와 올드게이트행 열차를 타고 화이트채플과 마이너리스의 빈민가에서 모험을 해보려고 했다. "하지만 우리는 아무것도 찾아내지 못했지. 나로서는 무척이나 다행이었네. 나는 논란을 만드는 것을 별로 좋아하지 않기 때문이지." 극장도 표본 중의 하나였다. 어느 날 밤은 〈안토니우스와 클레오파트라^{Antony}

and Cleopatra〉에 출연하는 랭트리Lillie Langtry의 연기를 보러 갔다. "랭트리 여사가 정말 우아했고 연기를 무척이나 잘해서 볼 만한 가치가 있었지만, 절망적일 정도로 터무니없는 내용 때문에 받아들이기가 힘들었네. 멀쩡한 치즈 장수들이 은퇴한 뒤 베들럼 정신병원에 들어가 호통치고 거들먹거리며 지내는 꼴을 상상해 보게. 'H' 발음도 매번 빠뜨리면서 말이야. 그럼 이 연극이 얼마나 우스꽝스러웠을지 감이 올 걸세."

그러던 어느 날 로저는 버스에서 버나드 쇼를 다시 만났다. 또 하나의 환상이 로저에게서 벗겨져 나갔다. "선생님은 기회를 틈타 영국의 사법부가 얼마나 거대한 익살극을 벌이고 있는지 설명하려고 했네. 그전까지 나는 아버지에 대한 존경심 때문에 영국 사법부처럼 순수한 곳은 없다는 그분의 말씀을 믿고 있었지. 다시 이에 대한 생각을 보류했네." 하지만 계속 판단을 보류할 수는 없었다. 부모와의 갈등은 점점 더 깊어졌다. 부모는 "그림을 계속하기로 한 내 결정에 불쾌한 기색"을 감추지 못했고, 로저는 예술가 외에 다른 것이 될 생각이 없다는 결정을 단호하게 말하지 않을 수 없었다. 마침내 그가 "총체적인 파탄"이라고 부르는 사건이 일어났다. "가족들에게 내 소신을 설명했네. 전반적으로는 잘된 일이라고 생각해. 부모님을 상심케 하지 않으려고 오랫동안 뒤집어썼던 위선에 가까운 은폐의 베일이 드디어 걷혔네. 건방지게 자기주장을 내세우지 않는 동시에 정직하지 못한 순종의 태도를 취하지 않는 일이 내게 얼마나 힘든지 자네라면 이해할 걸세. 특히 '남들이 나를 어떻게 생각하든 상관없다'는 평소의 좌우명을 가족들에게도 밀고 나갈 수 없다는 점에서 말이야."

　로저가 가족들이 자신을 어떻게 생각하는지에 대해 무척이나 신경을 쓴 것은 분명하다. 그는 "가벼운 암시에도 극도로 민감"했다. 로저는 부친을 깊이 존경하고 있었다. 화가로서 소질이 있다는 확신이 거의 없었고, 예술로 생계를 꾸릴 수 있으리라 믿을 만한 이유도 찾을 수 없었다. 에드워드 경으로서는 오랜 세월 아들을 지원했으니 아들의 장래를 염려하며 그의 실패에 대해 비판할 권리가 있다고 생각했을 것이다. 하지만 자기주장과 부정직한 순종 사이에서 계속 갈팡질팡할 수는 없었다. 가족들 때문에 어쩔 수 없이 타협했으나 그는 그 상태를 끝내기로 결심했다. "나는 지독한 멍청이인지도 모르지만 황소고집은 갖고 있다네"라고 그는 썼다. 이렇게 해서 "양측 모두에게 무척이나 힘든 일이었던" 침대가 딸린 방과 아틀리에 사이의 타협은 깨졌다. 그리고 1891년 봄, 로저는 집을 나와 첫 번째 이탈리아 여행을 떠났다.

II

로저는 전에도 영국 해협을 건너가본 적이 있었다. 어릴 때는 스위스에서 휴가를 보냈고 학부생 때는 게르자우에 있는 실러의 집을 방문했다. 하지만 이탈리아는 처음이었다. 로저는 토머스 휴스의 아들이자 동년배 친구인 피프 휴스$^{Pip\ Hughes}$와 동행했다. 베이스워터나 해머스미스, 심지어 케임브리지에서 겪은 것과 비교해보아도 이 변화는 대단한 것이었다. 안개와 습기에서 사랑스러운 색채와 선명한 윤곽으로 이동하는 변화였다. 박물관의 석고 모형과 친구의 방에 있던 사진에서 조각상, 건축물, 그림 자체로 나아가는 변화였고, 타협과 복종에서 독립과 확신으로 향하는 변화였다.

"드디어 로마에"라는 말은 1891년 2월 15일 로저가 로우스 디킨슨에게 보낸 편지의 첫마디다. 디킨슨과 배질 윌리엄스, 그리고 가족에게 보낸 두툼한 편지 꾸러미는 지금도 보존되어 있다. 여행 중에 쓰인 이 편지들은 짐을 잃어버린 일, 철도 직원들과 다툰 일, 그림과 건축물, 풍경에 대한 공들인 묘사 등 상세한 내용들로 가득 차 있다. 로저는 그때그때 가벼운 마음으로 편지를 쓰는 사람이었다. 타고난 서간문 작가들처럼 받는 상대에 따라 어조를 바꾸지도 않았다. 그럼에도 불구하고 그의 편지는 이탈리아에서 보낸 처음 몇 주간의 활기와 압박감, 흥분과 기쁨을 생생하게 전달하고 있다. 가득 찬 페이지를 간단하게 요약한 몇 가지 내용만으로도 그의 감상이 잘 전달될 것이다.

물방울이 흩날리는 분수와 햇볕에 탄 돔이 있는 이 축복받은 도시의 햇빛을 자네에게 보내줄 수 있다면 좋으련만. 그래, 이탈리아는 내가 생각했던 것보다 훨씬 더 좋아. 냄새는 훨씬 더 별로지만. 이곳의 주인은 포도와 오렌지를 기르고 있는데 우리는 멋진 발코니, 어찌 보면 옥상이라고 해야 할 곳을 이용할 수 있어. 하지만 들어간 날 안주인이 아침부터 계속 농담을 하는 거야. 남편은 이 때문에 기분이 상했는지 방세를 전부 미리 지불하라지 뭔가. (…) 이탈리아 요리에 대해서 많이 배우고 있네. 싸구려 트라토리아를 찾아 실컷 먹었는데도 값이 겨우 2프랑이었어. (…) 콜로세움은 마치 거대한 공사장처럼 넓고 지저분한 폐허라네. 때로는 영겁의 세월 동안 똑같은 형태로 로마에 남아 있는 그 모습이 싫다는 느낌이 들어. 그렇다고 이 빌어먹을 장소가 불에 타버렸으면 좋겠다고 말하는 것은 아니야. 영원의 상징이니까. 로마에 불만이 있다고 해서 이탈리아가 싫은 것도 아닐세. 이 나라는 완벽할 정도로 사랑스러워. (…) 우리는 이틀 내내 산책을 했네. 네미*에도 가봤지 [이 편지에는 펜으로 네미를 스케치한 그림이 동봉되어 있었다].

* 로마 남쪽에 있는 소도시로, 호수가 유명하다. 경관이 뛰어나 고대부터 예술가들이 자주 찾았던 지역으로 알려져 있다.

내 설명을 이해할지 모르겠군. 이해가 안 되면 눈을 반쯤 감아보게. 그래도 안 되면 완전히 감고. (…) 가끔 우리는 작년의 마른 낙엽 사이로 매년 꽃망울을 터뜨리는 자주색 크로커스 화단을 찾아 갔다네. 그곳에 앉아 와인을 마시면서 캄파냐의 푸른 바다 밑으로 태양이 뜨겁고 붉은 공처럼 가라앉는 모습을 지켜보았어.

저녁이면 두 젊은이는 의견을 다투었다.

우리는 계속 사회주의와 개인주의에 관해 토론을 벌이고 있네. 물론 피프는 관리들을 상대할 때 써먹을 자신의 설교 자료를 많이 가지고 있어. 이 빌어먹을 정부의 관료주의나 관리들의 행태에 보통 화가 나는 것이 아니야. 로마에서 받은 좋은 인상을 망칠 정도지. 허가를 받으려고 허겁지겁 뛰어다니지 않는 이상 뭐 하나 제대로 기록할 수도 없으니까 말이야. 초기 기독교 미술의 발달과정에 대해 알고 싶어도 따로 허가를 받지 않고서는 불가능하다네. 너무 화가 나서 말문이 막힐 정도야.

하지만 아무리 로마 관리들을 욕했을지라도 로마 사람들은 그를 매료시켰다.

포도 넝쿨 아래로 뻗어 있는 긴 회랑을 산책하고 있었네. 하늘에 별이 반짝이고 저 아래로는 거리가 보였지. (…) 도취적이고 육감적인 무용곡을 연주하는 사람들이 있어서 나도 모르게 춤을 추게 돼. 이탈리아 사람들에게서는 자연 발생적인 음악이 끝없이 솟아나는 것 같아.

이어 그는 극장을 찾기 시작했다.

어젯밤에는 〈안토니우스와 클레오파트라〉 공연을 보러 갔네. 클레오파트라 역은 그 유명한 두세Eleonora Duse가 맡았어. (…) 이탈리아의 사라 베르나르라고 불리는 배우지. 두세는 정말 대단해. 여왕보다는 요부나 집시 캐릭터에 강한데 어떤 배역을 맡든 위엄이 넘친단 말이지. 랭트리 여사의 겉멋 잔치와는 비교도 안 될 만큼 뛰어나.

하지만 일과의 많은 부분은 무엇보다 그림 감상에 할애되었다. 관광을 별로 좋아하지 않는 피프가 "정부 담배가 싫어서" 이쑤시개를 꼬나물고 로지아에 앉아 있는 동안, 로저 프라이는 노트를 들고 꾸준히, 진지하게, 또 열정적으로 화랑을 찾아다녔다.

사랑하는 골디[로저는 감정을 발산하기 시작했다], 엄청난 발견을 했다네. 라파엘로는 위대한 화가야. 가장 위대한 화가 중 한 사람이야. 전에는 이렇게 생각하지 않았지. 지금 생각해 보니 영국 내의 작품만 보고 말하는 건 옳지 않았어. 사실 라파엘로는 유화 화가가 아니라 프레스코 화가라네. 내 생각에 이탈리아인 가운데서 유화가 무엇인지 진정으로 알고 있는 건 베네치아 사람들뿐이야. 티치아노의 〈천상의 사랑과 속세의 사랑 Sacred and Profane Love〉은 정말 뛰어나. 베로네세의 〈에우로페의 납치 Veronese's Rape of Europa〉도 훌륭한 작품이지. 하지만 라파엘로의 〈갈라테이아의 승리 The Triumph of Galatea〉를 보게! 신성함이 느껴지지 않는가? 어떤 면에서 라파엘로는 기독교 신앙과 이교 신앙을 접목한 사람 같아. (…) 판테온은 가장 찬란한 로마 건축물 중 하나일세. 그것에서 발산되는 조화로움은 어떤 말로도 설명할 수가 없어. 이제 신비로움은 없지만 위대한 고딕 신전에서 풍기는 경외감과 숭배심을 맛보는 것만 같아. (…) 오늘은 카라칼라 목욕탕을 보고 왔다네. 기차 정거장보다 나을 게 없더군. 바티칸에 있는 조각작품들도 보았지. 그리스 조각들은 로마의 분위기를 씻어내는 최고의 해독제였어. 그리스인들은 대리석 표면을 처리하는 놀라운 기술을 가지고 있어서 로마인들이 종종 사용했던 광택 기법과는 다르게 손을 대면 부드러운 감촉을 느낄 수 있다네. (…) 나는 또 에트루리아 미술에 빠졌네. 그들이 그리스 미술을 받아들인 독특한 방식이 얼마나 흥미로운지, 에트루리아인들이 그리스 회화에 빛을 드리웠다는 생각이 들 정도야. 하지만 에트루리아 미술에는 독창적인 부분도 많고, 내가 예전에 로마인들이 그리스 미술에 덧붙였다고 생각했던 그로테스크하면서도 회화적인 요소들이 실은 에트루리아 미술에서 온 것 같아. 르네상스 시대 이탈리아인들이 모범으로 삼은 게 다른 어떤 것보다도 로마 미술 속 에트루리아적 요소였을 거라는 생각이 들 정도로. 터무니없는 주장일 수도 있고 예전부터 있던 말일 수도 있지만 어쨌든 나는 지금 그것에 열광하고 있다네.

로저는 이렇게 지칠 줄 모르고 나날이 그림을 보러 다녔다. 그리고 식사 자리에 나가기 시작했다. 편지는 이렇게 이어진다.

로마 사교계에 발을 들이기 시작했네. 어젯밤에는 피프 지인의 친구인 카트라이트 여사 덕에 가장 맛있는 만찬을 누렸다네. 이탈리아의 뛰어난 라파엘 전파*인 시뇨르 코스타^{Signor Costa}에게 우리를 어느 레스토랑으로 데려가 '진짜 로마 요리'를 맛보게 해달라고 부탁한 거야. 다양한 형태의 개구리 요리를 비롯해 낯설고 화려한 로마 요리를 구경했다네. 코스타는 아내와 딸을 데리고 왔지. 저녁 식사를 마친 후에는 로마 시내를 산책했는데 나는 그 딸에게 완전히 반하고 말았네. (…) 엘리후 베더라는 친절한 미국인도 만났는데 골격이 크고 건장한 이 사람은 자만심이 굉장히 강했어. 또 로세티와 번존스를 합쳐놓은 것 같은 스틸먼 여사도 만났고. 몇 년 전이라면 이 여자를 거의 신성하다고 생각했을 거야. 지금은 좀더 혈기왕성한 쪽을 좋아한다네.

그러고 나서 로저는 로마 주변에 있는 평원에 대한 이야기로 그를 흥분시킨 윌리엄 샤프^{William Sharp}를 만났다. "로마의 남쪽 일부는 완전히 황무지나 다름없어. 생기라곤 없는 야생 물소와 야생마가 떼를 지어 다닌다네. 한때는 에트루리아족의 거대한 성들이 자

---

* 19세기 중엽 영국에서 일어난 예술 운동으로, 라파엘로 이전처럼 자연에서 겸허하게 배우는 예술을 표방한 유파이다.

리를 잡았던 곳이지."

마침내 두 젊은이는 한 백작부인과 친교를 맺게 되었고, 그는 이들에게 초대장과 소개를 쏟아부었다. 결국 로마 사교계가 너무나도 흥미로워졌기에, 로저는 그 매력을 더 일찍 알지 못한 게 다행이라고 했다. 그랬더라면 지금보다도 더 게으르게 살았을 것이라고.

한편 로저는 부지런히 활동했다. 단순히 그림을 감상하는 데서 그치지 않고 직접 그리기 시작했다. 혼자 스케치를 하러 밖으로 나가기도 했다.

나는 빌라 마다마 부근에서 좋아하는 일에 매달리고 있다네. 오후 햇살에 줄지어 선 선홍색의 벌거숭이 나무들, 그 뒤로 보이는 아펜니노산맥과 푸른 하늘, 앞쪽에는 연못과 양 떼와 목동……. 끊임없이 암컷을 유혹하는 개구리들 때문에 미칠 지경이라네. 그렇지만 작고 귀여운 도마뱀도 있지. 녀석이 내 물감통 옆에 앉아 있으면 나는 언제나 말을 걸며 등에 색칠을 해주고 녀석은 그 물감을 핥는다네. 이곳에는 몹시 멋진 목동도 살고 있는데, 그는 반쯤은 야생 그대로야. 못생긴 데다 손질도 안 한 양가죽을 걸치고 있지만 흥미롭게도 늘 그리스 물병에 그려진 목동처럼 아름다운 자세로 서 있단 말이지.

로마에서 보낸 몇 주간은 그림을 그리느라, 감상하느라, 친구를 새로 사귀느라, 그리고 그들과 외식을 하느라 쉴 틈 없이 바빴다.

로저 프라이, 〈빌라 마다마 근처, 목동이 있는 풍경〉, 1891, © Tate.

로저는 "수많은 대성당"뿐 아니라 "매우 중요한 그림과 조각상을 적어도 두 번씩" 보았다. "조금 큰 그림 여섯 점과 다수의 작은 소묘와 모사화"를 그렸다. 그리고 피프 휴스를 로마에 남겨둔 채 홀로 시칠리아로 향했다. 두 사람은 잘 지냈지만 피프는 게으른 편이었다. "피프는 거의 끊임없이 우울증에 시달리다가 가끔씩 변덕스러운 흥분으로 나아진다"는 로저의 표현은 매일 몇 시간씩 그림 감상을 하는 데 대한 타고난 싫증을 뜻했을 것이다.

시칠리아에 대한 인상은 "눈 덮인 산에서 흘러내리는 녹색의 급류가 보랏빛 바다로 가라앉는 곳"이라는 인용문으로 시작된다. 이는 "시칠리아는 신성한 땅, 이곳에서 지내는 것은 영원한 전원 속에서 사는 것"이라는 표현으로 이어진다. 시라쿠사부터 팔레르모, 지르젠티까지 모든 도시가 그가 본 중 가장 사랑스러운 장소라며 제각기 감탄사를 불러왔다. 로저는 여러 사원과 성당을 방문했고 유적과 모자이크를 묘사했다. 성금요일에 열리는 행렬 의식도 보았다. 구경꾼들은 대열에서 들고 가는 신성한 초에 담뱃불을 붙였다. 그리스도의 주검을 나르며 지나가는 모습도 보았다. 그리고 시먼이라는 친구를 만났는데, 행렬 사이를 뚫고 "짜증날 만큼 빠른 속도로 나를 붙들고 달려가는 모습이 아마 전체적인 광경을 보여주려는 것 같았다"고 한다. 아무튼 이 경험은 놀라운 땅의 맛보기일 뿐이어서 다음번엔 골디도 꼭 와봐야 한다고 생각될 정도였다. 다음 편지는 피렌체의 빌리노 란다우라는 곳으로 보내달라고 말하며 로저는 끝을 맺었다.

도중에 아말피와 소렌토, 파에스툼을 거치면서 로저는 많은 구간을 도보로 여행했고, 피렌체로 가는 길에는 플루트를 연주하고 끝없이 토론을 하는 명랑한 미국인 건축가 두 명을 만나기도 했으며, 숙소는 편안했을 뿐 아니라 아주 저렴해서 하루 6프랑이면 사치를 누리며 제인 오스틴의 소설에 나올 법한 광경까지 덤으로 즐길 수 있었다. 로저는 밤에 언덕 꼭대기에서 첫 산책을 하며 올리브와 사이프러스 나무 사이로 시가지 불빛을 보고 난 뒤, "피렌체는 화려한 도시야. 어떤 점에서는 내가 본 도시 중 가장 멋져"라고 감탄했다. 이어 늘 하던 대로 모든 갤러리를 돌아다니기 시작했다. 안드레아 델 사르토와 마사초, 로렌초 도서관, 그리고 메디치 교회에 대한 언급이 보인다. 메디치 교회는 "내게 미켈란젤로가 그리스 시대 이후 존재했던 건축가 중 가장 위대한 인물이라는 확신을 심어주었네. 몹시 미묘한 비율의 배치로 완벽하게 새로운 효과를 내고 있고, 베토벤의 소나타를 연상시킬 만큼 완벽하게 분명한 생각을 표현하고 있다네. (…) 보티첼리의 〈봄Primavera〉은 기대했던 대로 찬란해서 처음 자네의 사진으로 보았을 때의 기쁨이 되살아났네. 다시는 라파엘 전파의 그림을 회피하면 안 되겠어." 이후 로저는 대니얼Augustus Moore Daniel 경을 만나는 엄청난 행운을 누린다. "우리는 온종일 그림에 매달리고 있네. 대니얼의 왕성한 에너지와 지적인 능력 덕분에 평소보다 훨씬 더 과학적으로 접근하게 되었어. 그림들은 정말 비범해. (…) 애슈비도 이곳으로 와서 우리와 합류했어. 그는 종종 시뇨리아 광장의 오페라 극장에서 바그너Richard Wagner의 작품을 보여주었지. (…) 케임브리지를 피렌체로 옮겨올 수만 있다면 디킨슨 자네도 훌륭한 작품을 만들 거야.

웨드는 대시인이 될 거고, 맥태거트는 형이상학에 파묻혀 천상의 경지에 오르겠지." 이렇게 음악과 토론, 끝없는 화랑 방문으로 하루하루는 숨 가쁘게 흘러갔다.

그러다 어느 순간 숙소에 있는 나이 든 하녀들의 수다를 도저히 견딜 수 없게 되었고, 무더위는 그를 병들게 했다. 로저는 큼직한 파나마 밀짚모자를 하나 사 들고 토스카나로 혼자 도보 여행을 떠났다. 태양은 뜨겁게 이글거렸고 대지는 황량하게 바싹 말라붙었다. 때로는 "본 중에 가장 완벽한 황무지"를 하루에 29킬로미터나 걷기도 했다. "가도 가도 끝없이 언덕이 이어졌고 노란 모래밭이 펼쳐진 지독한 황무지만 나왔네. 정말이지 포기하기 직전이었고 드러누워 기도나 하고 싶었어. 하지만 마침내 시날룬가라는 작고 사랑스러운 마을에 이르렀는데 거기서 소도마Il Sodoma의 웅장한 그림 한 폭을 발견했다네." 그는 끊임없이 걸었다. 어느 농가에서는 농부들과 지내며 "집에 있는 것처럼 완벽한 편안함"을 느꼈다. 여러 가지 모험도 겪었다. 커다란 밀짚모자를 쓴 모습 때문에 도둑으로 오해받기도 했고, 알 수 없는 이유로 시비를 거는 남자를 만나기도 했다. 어느 여관의 주인은 프라이라는 이름이 너무 짧다며 실제 이름인지 의심했고, 그래서 로저는 관리를 찾아가 여권을 발급받아야 했고, 그렇게까지 했음에도 숙박비를 선불로 계산해야 했다. 온갖 마찰과 곤경에도 불구하고 로저는 "토스카나 농부들의 호의적이고 친절한 태도와 성모마리아 같은 이곳 여인들의 아름다움을 뭐라 형용할 길이 없네"라고 했다. 그는 걷거나 기차를 타면서 볼테라와 프라토, 산 지미냐노, 피스토이아, 그리고 루카 등지를 여행했다. 그림을 그렸고 꽃을 땄고 기록을 했고 수많은 그림과 프레스코, 세례당, 조각상을 보았다. 마지막에 가서는 묘사가 너무 길어진 것에 대해, 혹은 묘사를 하지 못하고 편지를 끝내는 것에 대해 양해를 구해야 했을 정도다. 끝으로 로저는 "엄청나게 큰 황소 같은 것을 삼킨 보아뱀이 된 것 같아"라고 감탄하며 "당장 집으로 돌아가서 소화하고 싶은 기분"이라고 말했다.

하지만 아직 베네치아가 남아 있었고, 다행히 베네치아는 로저에게 한숨 돌릴 시간을 주었다. 로저는 너무 많이 보고 걸어서 정신적으로는 과식을 한 느낌이었고 육체적으로는 녹초가 된 상태였다. 드디어 그는 베네치아에서 발길을 멈췄다. 베네치아에는 하루의 관광을 마친 후 앉아서 쉴 수 있는 카페와 그가 "작은 펍"이라고 부른 술집들이 있었다. 여기서는 진기한 요리를 맛보고 좋은 포도주를 마실 수 있었는데 해가 지고 더 이상 그림을 볼 수 없을 정도로 피곤할 때면 이런 방식으로 휴식을 취했다. 1891년 5월, 그는 더할 나위 없이 운 좋은 경험을 했다. 그곳에서 존 애딩턴 시먼즈John Addington Symonds*를 알게 되었기 때문이다. 시먼즈의 문체를 점차 싫어하게 되었음에도 로저는 늘 그의 글이 문제의 본질을 파악하고 있다고 했다. 시먼즈는 글보다 말이 훨씬 더 낫다고도 했다. 허레이쇼 브라운Horatio Brown도 시먼즈와 함께 있었다. 그는 "초기 베네치아 회화의 권위자"였는데 "믿음직스럽고 사심이 없으

---

* 1840~1893. 영국의 상징주의 시인이자 비평가. 이탈리아 르네상스의 문화사가로 유명하다.

며 약간 염세적"이었고 "입만 열면 놀라운 이야기"를 했다. 시먼즈와 브라운 모두 로저에게는 "아주 좋은" 사람이었다. 이들은 거의 매일 밤 저녁, 같이 식사를 하자고 로저를 조그만 술집으로 데리고 갔다. 이들은 그곳의 "단골 손님으로서 그곳에 드나드는 모든 베네치아 사람들과 알고 지냈다". 분위기는 완벽할 정도로 마음에 들었다. 술집 주인은 늠름한 베네치아 사람으로, 마치 "반 다이크의 멋진 초상화에서 잠깐 걸어 나온 듯한" 모습이었다. 로저는 이 주인에게 "원로원 의원"이라는 별명을 붙여주었고 일행이 술을 마시며 이야기하는 동안 그의 초상화를 그렸다. 그리고 시먼즈와 브라운이 '사람들'과 너무도 쉽게 어울리는 것을 보고 놀라면서 생각에 잠겼다. 어쩌면 하이게이트의 연못가에서 어슬렁거리던 부랑자들, 그리고 그들의 크고 벌건 손을 생각했는지도 모른다. "왠지 여기서는 영국에서보다 '사람들'과 더 쉽게 친구가 된다는 생각이 든다. 실제로 계급이나 신분의 차이도 크게 의식하지 않는다. 문명은 오래전에 깊이 자리 잡아, 읽고 쓰는 능력이 없는 사람도 모두 선량하고 섬세한 인식을 하도록 사람들의 마음속을 파고든 것 같다."

로저는 시먼즈, 브라운과 마음껏 이야기를 나누었는데, 그 대화는 때로 그의 정신을 어지럽게 만들었다.

어젯밤 우리는 새벽까지 자지 않고 시먼즈가 선의로 시작한 터무니없는 역설에 관해 토론했어. 그의 주장인즉슨 보티첼리가 그림에 재주가 있기는 하지만 자신의 의도조차 이해하지 못하는 멍청이이며 배불뚝이 비너스 그림으로 르네상스의 관능미를 모욕하려 한 엄격하고 딱딱한 풍자가라는 거야. 설득하려 했지만 아무런 소용이 없었지. 시먼즈는 자기가 틀렸다는 걸 인정해야 해. 최악인 건 내가 평소 보티첼리를 열정적으로 옹호하는 입장이 아닌데도 시먼즈의 이론이 워낙 비판을 요하는 것이어서 어쩔 수 없이 반론해야 했다는 거야. 그런데 유감스럽게도 나의 비판을 뒷받침할 만한 이론적인 배경이 부족했다네. 시먼즈는 "물론 월터 페이터의 명문에 영감을 준 데 대해서는 보티첼리에게 깊이 감사하고 있어"라는 말로 끝을 맺었지. 그러더니 "내가 이제까지 보티첼리에 대해 한 말 중 가장 심하군" 하고 덧붙이더군. 명백히 경쟁자인 사람이 그런 말을 하다니 정말 멋이 없었어.

시먼즈는 이 젊은 케임브리지 출신의 미술 학도에게 쉽게 충격을 받는 면이 있고, 그렇기에 충격을 주어 교육할 가치가 있다고 생각했던 것 같다. 자신의 아파트에서도 이런 과정을 이어갔으니 말이다. 로저는 배질 윌리엄스Basil Williams에게 이렇게 회상했다.

어느 날 저녁, 내가 만나본 사람 중 가장 괴상한 사람을 손님으로 맞게 되었네. 먼저 코프 화이트하우스라는 미국인이 왔는데, 자신이 모에리스 호수*를 발견했다고 생각하면서 그곳을 나일강의 물로 채우려 한다고 했어. 내가 본 가장 완벽한 유형의 야심가이기

---

* 이집트의 카이로 파이윰 오아시스의 북서쪽에 있었던 고대의 담수호.

도 했지. (해리 리치먼드의 아버지라면 자네에게 그에 대한 이야기를 몇 가지 들려줄 수 있을 걸세.) 나는 교활한 사기꾼이나 유령 회사 설립자 같은 부류는 결코 만나고 싶지 않아. 그다음 손님이 오자 눈앞의 장면이 조지 메러디스가 쓴 책에서 오스카 와일드가 쓴 책으로 바뀐 기분이었네. 그는 다름 아닌 로널드 가워 경이었고, 누구나 그가 『도리언 그레이의 초상 The Picture of Dorian Gray』 속 헨리 경의 실제 모델이라는 걸 즉시 알아볼 만한 모습을 하고 있었기 때문이지. 멋지고 잘생긴 귀족적 외모의 중년 남자, 아직 방탕한 생활 때문에 완전히 비인간적인 모습으로 변하지는 않았으며 너무도 완벽한 매너에, 상냥한 동시에 조금은 냉담한 모습. 이 사람은 그리스 조각과 조르조네 등에 대해 거침없이 말을 했지만 끝에 가서는 표현이 크게 잘못되지 않았는데도 대화가 눈에 띄게 이상해졌어. 자세한 내용은 편지보다 자네를 만나 직접 말로 설명하는 것이 좋겠군.

이제 로저 프라이가 충격을 받을 차례였다. 그의 내면에는 여전히 상당 부분 퀘이커교도의 기질이 남아 있어 공개적인 토론에서 '놀라운' 것을 접하면 쉽게 충격을 받는 일면이 있었다. 베네치아에서 만난 시먼즈와 브라운 사이에 율법적인 것이나 "엄격하게 단련된 도덕성" 따위는 없었다. 로저는 감탄하는 어조로 다음과 같이 썼다.

시먼즈는 내가 만나본 중 가장 외설적인 사람이지만 조금도 싫지가 않아. (…) 살아오는 동안 겪은 은밀한 이야기도 터놓을 만큼 친한 사이가 되었다네. 정말 흥미로운 사람이야. 토론할 때 지나치게 독단적이고 오만하기는 하지만 인생을 바라보는 시야가 넓고 인간미가 있지.

조금 충격을 받긴 했어도— 퀘이커의 윤리관은 여전히 불쑥불쑥 고개를 들었다— 로저는 여전히 "베네치아에서 완전히 집처럼 편안"해했다. 이런 대화를 마치고 나서 밤에 자테레 선착장을 따라 산책을 할 때면 로저는 "킹스칼리지의 산책로와 다른데도 꼭 그곳에 온 느낌"이라고 말했다. 유감스럽게도 디킨슨과 웨드, 맥태거트가 곁에 없기는 했다. 그렇기는 해도 시먼즈나 브라운과는 "거의 사도회 친구들처럼" 완전히 터놓고 대화를 할 수 있다는 생각이 들었다. 비단 도덕이나 철학뿐 아니라 그날 아침 로저가 그림으로 접한 베로네세와 틴토레토, 티에폴로 등에 대한 이야기도 나눌 수 있었다. 시먼즈나 브라운이 케임브리지의 친구들처럼 "기법에 대해 허튼소리를 한다"고 불평을 할지도 모른다는 두려움은 없었다. 그들에게 기법은 시시한 것이 아니었고, 그림은 세상 무엇보다도 중요한 것이었다. 그 후 이 작은 술집의 모임에 또 한 사람이 합류하는데, 다른 술집이나 장소에서도 자주 모습을 드러냈기에 이 사람에 대해 언급하지 않고서 로저 프라이의 생애를 완전히 기록했다고 할 수 없을 것이다. 그는 우연히 놀라운 발견을 한 여행자로, 이름 모를 스웨덴인이었다. "영국과 프랑스, 스페인, 그리고 이탈리아 문학에 대해 모르는 것이 없고 내가 일찍이 보지 못한 방식으로 이탈리아 미술을 이해할 만큼 굉장한 문화적 소양을 갖춘 사람일세. 그의 전문 분야는 17세기 네덜란드 문학이야. (…) 그는 마치 우리보다 더 위대한 종족에 속해 있고, 더 웅대한 미래를 앞두고 있는 것 같아. 그가 설사 공론가에 지나지 않는다고 해도 상관없어. (…) 온갖 학식으로 세상 물정에 훤한데도 나보다 젊다네." 이들은 가까운 친구가 되어 밤마다 끝없이 대화를 나누며 시내를 돌아다녔다. 로저는 평생에 걸쳐 이런 사람들을 만나왔다. 때로는 우정이 계속 유지되기도 했고, 때로는 이 경우에서처럼 이름도 모르는 가운데 5월의 밤하늘로 사라지기도 했다.

이 봄날을 마무리 짓는 데 꼭 필요한 한 가지가 빠져 있었는데 곧 그마저 이루어졌다. 어떤 영국 소녀와 그의 어머니가 베네치아에 머물고 있었다. 아가씨는 "매혹적"이었고, 그의 모친은 "아주 비범"했다. 로저 프라이는 이 소녀와 깊이 사랑에 빠졌다. 베네치아의 봄날에 처음으로 사랑에 빠진다는 것은 온갖 새롭고 짜릿한 경험 중에서도 분명히 가장 흥미진진한 사건이었을 것이다. 하지만 그의 감정이 어떠했는지는 추측하는 수밖에 없다. 로저가 로우스 디킨슨과 완벽에 가깝게 친밀한 사이이기는 했지만 사랑에 빠졌다는 말을 꺼내기는 어려웠기 때문이다.

진심으로, 자네를 그 어느 때보다도 사랑하고 이해하고 있네. 하지만 우리의 사랑이 내가 할 수 있는 유일한 사랑이 아니라는 사실을 외면할 수는 없어. 물론 이 사랑이 다른 어떤 사랑보다 더 나은 것일 수도 있지만 말이야. 그리고 우리의 사랑에 대해 내가 의미하는 바와 자네가 의미하는 바가 어딘가 다르다는 것도 부인할 수 없을 걸세. 하지만 자네는 이해해주리라 믿네.

예술적, 지적, 감정적으로 다채롭고 흥미로운 경험으로 가득했던 이탈리아 여행은 이렇게 막을 내렸다.

이제 소화과정이 시작될 차례였다. 쉽지 않은 일이었다. 그간 삼킨 것이 너무나 많았기 때문이다. 로저는 몇 달 동안 충분히 보았고 타협은 불가능하다는 확신을 갖게 되었다. 그의 인생은 실험실 안이 아니라 그림들 사이에 놓여야 했다. 그는 라파엘로와 미켈란젤로, 그리고 나머지 대가들의 작품을 잠깐 스치듯 보았을 뿐이지만, 그들 뒤에 거대한 세계가 도사리고 있고 그 세계를 측정하자면 평생이 걸릴지도 모른다고 생각했다. 하지만 그에게는 직접 그림을 그리고 싶다는 또 하나의 갈망이 있었다. 푸른 산맥과 붉은빛의 나무를 배경으로 서 있는 목동이 있었다. 외부에서 받은 인상을 분석해 "대담한 이론"을 내놓는 데 익숙한 비평가적 기질은 늘 예술가적 기질로부터 기록을 중단하고 캔버스를 꺼내라는 재촉을 받았다. 그러나 로저는 시먼즈나 브라운과 토론을 할 때는 뒤처지지 않는다고 느낀 반면, 기존 화가들의 작품과 함께 화랑에 걸릴 만한 그림은 차치하고서라도 하다못해 친구의 집에 걸어놓을 만한 그림이라도 그릴 수 있을지는 지극히 의심스러웠다. 이 의심은 그를 고통스럽게 만들었고 이후로도 놓아주지 않았다. 게다가 베네치아에서 행복하게 시작된 연애는 그해 겨울 불행하게 끝나고 말았다.

여행에서 돌아와 런던의 가족과 함께 지낸 몇 달은 물론 우울했다. 그는 "요즘 모든 일이 지겹고 일도 제대로 손에 잡히지 않는다"고 기록했다. 이탈리아에서 돌아오자 베이스워터는 그 어느 때보다 견디기 힘들어졌다. 그는 퀘이커 집안의 분위기 때문에 자신이 "마취된 아메바 수준의 의식을 지닌 낯선 젤리 덩어리"가 되었다고 말했다. 이탈리아를 다녀오니 베이트의 지도를 받고 리비에르의 조언을 듣는 해머스미스 애플가스 아틀리에의 분위기도 다소 초보적으로 느껴졌다. 이 갑갑한 분위기에서 벗어나려면 두 번째 해외여행을 해야 할 것 같았고, 이번에는 미술의 본거지인 프랑스로 가서 파리의 쥘리앙 아카데미에서 공부를 이어가자는 생각이었다. 로저는 1892년에 그곳으로 떠났다.

III

파리와 쥘리앙 아틀리에—"쥘리앙 아카데미라 불리던, 뒤죽박죽 모여 있는 아틀리에들의 집합체"—는 로저보다 1, 2년 먼저 들어간 윌리엄 로덴스타인 경에 따르면 "슬레이드 미술학교의 질서정연함과 학생들의 냉담함에 익숙한" 젊은 미술 학도들을 흥분으로 들뜨게 만들기에 충분했다. 로저는 "처음 며칠간은 파리가 런던이라는 연옥에서 빠져나와 마주한 천국처럼 보였다"라고 기록했다. 아틀리에 문 위로는 "데생은 회화의 정수다"라는 앵그르의 말이 쓰여 있었다. 안으로 들어가면 방마다 세계 각지에서 모여든 학생들이 북새통을 이뤘다. "이젤들이 서로 달라붙을 만큼 빽빽이 놓여 있었고 실내는 숨 막히게 답답했으며 시끄러운 소음으로 귀청이 터질 듯했다." 윌리엄 경은 그 역동적인 시절에 대한 묘사를 이렇게 시작했고, 이어 새로 사귄 친구들에 대한 매혹적인 이야기를 풀어놓았다. 그들이 어떻게 그림을 그렸고 서로의 작품을 어떻게 평가했는지, 라 모르와 물랭루주에서 어떤 모습으로 저녁을 먹었는지, 라 굴뤼가 춤을 추고 레용 도르와 니니 파테 앙 레르, 그리유 데구가 한껏 매력을 발산하는 모습은 어땠는지, 찰스 콘더가 이 정경을 어떻게 그렸는지, 그리고 앙리 로트레크나 루이 앙크탱, 에두아르 뒤자르댕과 어떻게 동등히 어울리며 대화했는지를 말이다.

이 모든 일들이, 아니 어쩌면 이보다 훨씬 더 많은 일들이 로저 프라이가 파리에 갔을 때도 벌어지고 있었다. 수많은 회고록이 이를 입증한다. 하지만 로저는 이런 풍경을 놓친 것 같다. 로저와 같이 방을 썼던 로우스 디킨슨은 물랭루주 또는 "어느 춤추는 곳"에 따라갔을 때 자신이 얼마나 지루해했는지를 기록해두었다. 그리고 "어느 식당 건물에서 아주 추하게 생긴 늙은 창녀가 다가와 치근대기 시작"했을 때, 친구와 함께 쓰는 너저분한 다락방으로 "망설이지 않고 달아나" 미라보 백작*에 대한 희곡을 마저 썼다. 로저 프라이는 쥘리앙 아카데미를 "들었던 엄청난 소문에 비해 그저

---

* 1749~1791. 프랑스 혁명기의 정치가이자 웅변가.

그런 곳"으로 생각했다. 베네치아에서 시먼즈나 브라운과 지내고 나니 노래를 부르고 무자비할 정도로 사람을 놀리며 "부분적으로는 아주 잔인할 만큼" 노골적인 농담이 난무하는 아틀리에 생활은 차라리 원시적으로 느껴졌던 것 같다. 그의 성장과정 때문이었는지, 아니면 타고난 청교도적 기질 때문이었는지는 모르지만 로저는 그가 "지나치게 요란한 보헤미아니즘"이라고 부른 생활 방식을 결코 좋아하지 않았다. 그래서 디킨슨이 희곡을 쓰러 다락방으로 돌아갔을 때, 로저는 혼자 파리 일대를 돌아다니며 잡다하게 뒤섞인 인상을 끌어모으고 있었다. 그는 1892년 2월, 배질 윌리엄스에게 보내는 편지에 다음과 같이 썼다.

파리에서 나를 즐겁게 하는 것은 무엇보다 웅장한 공공건물에서 저절로 드러나는 민족적인 정서일세. (…) 이곳은 런던처럼 아메바나 곰팡이 같은 도시가 아니라 척추가 있는 정돈된 도시야. (…) 또 그림이 있지. 물론 뤽상부르공원Luxembourg은 정말 실망스러웠네. 이곳이 파리를 대표한다고 생각하기 어려워. 실제로 위대한 작품이 너무 적어. 아주 나쁜 작품도 적은 편이지만 문제는 격식에 얽매인 둔감하고 평범한 분위기가 두루 퍼져 있다는 것이지. 〈휘슬러의 어머니Whistler's mother〉는 최고까지는 아닐지 몰라도 가장 우수한 세 작품 안에는 충분히 포함돼. 바스티앵르파주Jules Bastien-Lepage는 실망일세. 농민의 생활에 대한 관찰에서 진심이 느껴지기는 했지만 소화되지 않은 사실들을 머릿속에 주입하는 방식은 마음에 들지 않았어.

로저는 오페라도 몇 편 감상했다. "전에는 바그너를 이해하지 못했어. 파리에 와서 바그너가 실제로 풍기는 전율을 맛보니 묘한 기분이 드는데, 그게 사실인걸." 연극도 보러 갔다. 로저는 다르메스테테르 부인과 외식을 했고 엘리제궁에서 열리는 공식 무도회라고 할 수 있는 "셰 카르노chez Carnot"에도 가보았다. "가장 화려한 차림으로 새로 산 오페라해트를 쓰고 엘리제궁의 이 방 저 방을 기웃거리는 내 모습을 상상해보게. 아는 사람 하나 없고, 아무에게도 알려지지 않은 채로. (…) 별로 특별한 곳은 아니었어. 양초나 비누 따위를 팔아서 돈을 번 것 같은 조그만 프랑스 남자들이 훈장을 주렁주렁 매단 채 비틀거리며 돌아다니는 게 그나마 볼 만했지. 여인들은 거의 모두 추했지만 옷은 잘 차려 입었더군." 로저는 프랑스인의 다양한 생활 방식을 맞닥뜨려 즐거워했지만 흥분하거나 깊은 인상을 받지는 못했다. 그가 "젊은 영국 화가이자 오스카 와일드의 친구인, 상상할 수 있는 가장 건방진 새끼 중 하나지만—달리 표현할 말이 없네—아주 영리하면서도 재미있는 사람"과 친교를 맺은 것은 사실이다. 그리고 이 사람을 통해 상징주의 시인들에 관해 들었다. 하지만 상징주의 시인들은 "자기들끼리 감동하면서 서로 아첨을 주고받는 거창한 의식으로 인기를 유지하는, 터무니없는 멍청이들 같았다". 로저는 샤 누아르Chat Noir에도 가보았는데 "무척이나 화려한 쇼를 공연하는 일종의 화가 서클이 운영하는 카페"였다. 하지만 그 쇼는 그가 고독한 명상 속에서 "세 가지 예술—그림, 음악, 시—의 이상적인 결합"에 대한 미학 이론을 떠올리게 만드는 데 그쳤다.

두루 경험을 하기는 했지만 파리에서 보낸 몇 달간은 중심이 없었던 것으로 보인다. 로저는 호기심과 관심을 쏟았지만 특별히 시선을 끌 만한 것은 하나도 찾지 못했다. 그는 이때 세잔의 그림을 볼 기회를 놓친 것을 평생 후회했다. 훗날 로저에게 파리와 프랑스 회화가 갖는 의미를 고려할 때, 이 두 가지가 첫눈에는 별다른 인상을 주지 못했다고 이야기할 수 있다. 그 인상이 그를 이상한 각도에서 엄습했던 것일 수도 있다. 현대 회화는 퀘이커 집안의 양육 방식과 과학 교육이라는 껍질을 뚫어야 했고, 또 도덕 및 철학에 대한 케임브리지의 언어를 뚫어야 했고, 마지막으로 그전에 있었던 이탈리아 대가들에 대한 집중적인 연구의 벽을 뚫어야 했다. 그런 뒤에야 비로소 그에게 닿을 수 있었다. 장애물은 또 있었다. 로저는 화가로서 조금도 조숙한 기미가 보이지 않았다. 로저가 쥘리앙 아카데미에서 화가로서의 강렬하고 독창적인 분위기를 보였더라면 시대나 상황과 상관없이 언제나 활발히 존재했던 그 작은 예술가 공화국의 일원이 되었을 것이다. 동시대인들은 그의 작품을 칭찬하거나 비난했을 것이고 선배들은 그를 주목했을 것이다. 로저는 단순히 제삼자의 전언에 그치지 않고 화가와 작가들을 직접 알게 되었을 것이다. 하지만 실제로는 혼자서 파리를 거닐었다. 그에게, 또는 그의 작품에 관심을 보이는 사람은 아무도 없었다. 윌리엄 로덴스타인 경의 표현은 쥘리앙 아카데미에서 함께 공부했던 동료 학생들이 로저에게 어떤 인상을 받았는지를 잘 보여준다. 그는 로저 프라이가 "분명 아주 지적이었지만 데생 화가로서의 면모는 별로 보이지 않았"고 마치 "과학이나 철학 모임에서 주로" 활동한 사람처럼 "조금 수줍고 어색해" 보였다고 말했다. 그리고 로저 프라이 본인에게도 그 유명한 아틀리에는 "그저 그런" 곳이었다.

그렇지만 훗날 프랑스는 로저에게 다른 어느 나라보다 큰 의미를 갖게 된다. 무언가 색다른 의미를 말이다. 편지를 대강 훑어보기만 해도 그에게 이탈리아는 밝은 빛과 선명한 윤곽을 지닌 사랑스러운 나라였음을 알 수 있다. 종일 옛 대가들의 작품을 감상하며 열심히 공부를 할 수 있는 곳이었고, 밤이면 작은 술집에 자리를 잡고 낯선 요리를 시식하며 영국의 여행자들과 예술에 대해 토론을 벌일 수 있는 곳이었다. 하지만 살아 숨 쉬는 예술과 문명을 현지인들과 공유할 수 있는 곳은 아니었다. 그것이 가능한 나라는 바로 프랑스였다. 로저는 프랑스에서 가장 행복한 시절을 보내고, 비평가로서도 가장 많은 영감을 받게 된다. 하지만 1892년만 해도 프랑스가 자신에게 무엇을 의미하게 될지 예감하지 못했던 것 같고, 그가 파리를 떠나면서 남긴 말은 "런던과 그곳 시민들을 다시 보고 싶다"는 것이었다.

4장 온 세상이 우리의 공범—결혼

I

런던은 곧 첼시를 의미했다. 로저는 친구인 R. C. 트리벨리언과 함께 보퍼트 스트리트에 집을 얻었다. 후원에는 화실이 있었고 정원 담장 위로는 커다란 뽕나무 가지가 드리워져 있었다. 이 집은 지금도 그대로 있다. 1892년 이후로 세상에 많은 변화가 있었지만 보퍼트 스트리트는 변한 것이 없다. 그 사이에 품위를 갖추지도, 낭만적인 분위기가 생기지도 않았다. 옛 주택들은 단조롭고 점잖은 모습을 지키고 있다. 거리 끝자락에는 여전히 강이 흐르고 있었는데, 런던을 곰팡이나 아메바처럼 흐릿하게 퍼지는 도시로 생각했던 로저는 그 강과 그곳에 떠 있는 바지선들, 공장 굴뚝의 실루엣, 그리고 저녁이면 눈앞에 펼쳐지는 노란빛을 좋아했다.

보퍼트 스트리트는 여전하고 거리 끝에서도 강이 그대로 흐르고 있지만 1892년 당시의 분위기를 되찾기는 어렵다. 그 평온함은 너무나 깊었다. 당시 정치적으로 가장 시끄러운 문제는 아일랜드 자치법의 운명에 관한 것이었고, 시의 세계에서는 테니슨이 타계한 해였고, 미술계에서는 프레더릭 레이턴 경이 왕립 미술 아카데미 원장으로 재직하던 때였다. 밀레이는 왕립 미술 아카데미에 〈꼬리풀의 파란 꽃 The Little Speedwells Darling Blue〉을 전시 중이었고 오스카 와일드의 희곡작품 일부가 상연되고 있었으며 로저 프라이와 그의 친구들은 입센에 깊은 인상을 받고 있었다. 뿔뿔이 흩어진 과거의 이 조각들은 당시 로저가 보았던 세상의 윤곽을 어렴풋이 되살려줄지도 모른다. 물론 당시의 정경은 특정한 각도에서, 다시 말해 모진 풍파에서 격리된 채 그가 선호하는 각도에서 다가왔을 것이다. 로저 프라이는 가족, 특히 아버지를 통해 사회 각계에서 활발히 활동하거나 이름을 알린 인물들과 다양한 인연을 맺고 있었고, 그 배경에는 가문의 오랜 전통이 있었다. 여러모로 첼시에 정착해 할 일을 장기적으로 구상하는 것이 자연스럽게 느껴졌다. 하지만 그 깊은 평화가 불러올 다른 결과 역시 명백했다. 로저는 그에 저항하고 그것을 깨뜨릴 필요성을 느꼈다. 그에게 강한 인상을 준 것은 세계의 안정이었다. 그 안전함, 번영, 그리고 자기만족. 로저는 아버지의 시골집이 있는 브리스틀 부근의 페일랜드에서 머물 당시 짜증으로 가득 차 있었다. 이런 식으로 집안의 생활에 파묻혀 지낸다면 어떤 변화도 생길 것 같지 않았다.

로저가 볼 때 왕립 미술 아카데미는 예술계의 골칫거리였다. 그곳은 지루하고 저명하며 존경받는 모든 것을 상징했다. 그곳과 정반대편에 뉴 갤러리와 그로브너 갤러리, 그리고 뉴 잉글리시 아트 클럽 New English Art Club, 이하 NEAC이 있었다. 로저는 당연히 왕립 미술 아카데미의 반대편에 합류했다. 화가로서의 활동을 시작했을 때, 그는 NEAC에 첫 작품을 보냈다. 훗날 그가 기록한 대로, 이곳은 "당시 진지한 예술적 삶"의 중심이었다. 그에게는 NEAC와 그곳의 목표를 비판할 만한 자기 나름의 이유도 있었다. 당시 쓴 편지에서 밝혔듯 로저는 자신이 그림을 그리게 된다면 그곳에 걸린 작품들보다 "더 나은 그림"을 그릴 것이라고 했다. "이탈리아 회화를 공부함으로써 그림 속에서 더 완성도 있는 구성을 추구하게 되었다"는 것이었다. 하지만 NEAC에 출품한 이들이야말로 영국에서 주목할 만한 몇 안 되는 예술가들이라는 점은 믿어 의심치 않았다. 그리고 이런 생각을 미심쩍어 하는 로우스 디킨슨을 나무랐다. "난 자네가 NEAC에 대해 그런 말을 하지 않았으면 좋겠어. 물론 그중에는 지나친 사람들도 있겠지. 하지만 스티어는 분명 그렇지 않아. 그는 너무도 진실된 사람이야." 로저는 이런 판단하에 첫 작품들을 NEAC에 보냈지만 거절되자 크게 실망했다.

하지만 로저가 처음으로 보퍼트 스트리트에 정착했을 때는 아마 해리스가 NEAC보다 더 중요했을 것이다. 해리스는 분명 그의 편지에서 글래드스턴이나 아일랜드 자치법보다 훨씬 큰 비중을 차지했다. 해리스는 프라이 부인이 허드렛일을 맡기라고 보내준 가정부였다. 그녀는 감수성이 뛰어났다. 외로울 때면 몸에 좋은 것을 마다하고 술을 마셨는데 그에 대해 충고를 하면 상처를 받았고, 상처를 받으면 저녁밥을 하지 않았다. 이것은 로저에게 심각한 문제였는데 로저가 타고나기를 호의적인 성격이었기 때문이다. 로저가 부모 집의 위층에 있는 가스난로 딸린 단순한 방이 아닌 자기만의 화실을 갖게 되자 친구들이 그를 보러 몰려들었다. 물론 케임브리지의 옛날 친구들이었다. 로우스 디킨슨은 파리의 지저분한 다락방에서 쓴 희곡을 그곳에서 큰 소리로 낭독했다. 하지만 케임브리지의 옛 모임은 눈에 띄게 확대되고 있었다. 버나드 쇼도 와서 즐겁게 이야기를 나눴지만 로저가 직접 만든 맛있는 리소토는 한 사코 먹지 않았다. "동물 육수의 풍미가 느껴졌다"는 것이 이유였다. 집안의 친지들도 찾아왔는데 그중 크래컨소프 부인은 로저의 그림을 보더니 한마디 했다. "내 집 벽에 큼직하게 써 붙여놓고 싶구나. '너무 애쓰지 마라'라고 말이야." 로저도 동의한 비판이었다. 크래컨소프 부인은 왕립 미술 아카데미의 W. 올리스에게 보여주겠다며 지나치게 정성 들인 그림 중 일부를 떼어갔다.

그리고 끝없는 토론이 보퍼트의 화실에서 불타올랐다. 이제 사회를 갈아엎을 방법에 대해 비밀리에 논의할 필요가 없었기 때문이다. R. C. 트리벨리언의 기록에는 이런 내용이 있다. "밤늦게 A. M. 대니얼 경이 자리를 뜨려고 하자 로저가 킹스 로드를 지나 슬론스퀘어역 지하 정거장까지 그를 배웅했는데, 그러는 동안에도 논의가 끝나지 않아서 우리는 보퍼트 스트리트까지 다시 돌아왔다가 또 다시 슬론스퀘어역까지 돌아갔다." 토론의 주제는 전해오지 않는다. 여러 편지를 종합해볼 때, 그 논의는 "옛 대가들의 기법, 그리고 그것이 현대인에게 익숙한 사실성과 어울릴 수 있는지"에 관한 것이었을 수도 있고, 아니면 인상파가 옛 대가들의 의미를 제대로 흡수하지 못한 것에 관한 이야기였을 수도 있다. 앨프리드 손턴Alfred Thornton에 따르면, 로저 프라이는 당시 이런 문제에 대해 헨리 통크스*와 열심히 의견을 주고받았다. 시가詩歌에 대한 논의는 한집에 사는 R. C. 트리벨리언과 관계가 있을 수도 있

---

* 1862~1937. 외과 의사이자 화가로 인상주의에 영향을 받았으며 1892년에 런던 유니버시티 칼리지의 미술 슬레이드 교수가 되었다.

다. 로저는 자신의 사촌과 결혼한 로버트 브리지스를 통해 제라드 홉킨스의 시를 원고 상태로 몇 편 읽고는 그가 대단한 시인이며 심지어 테니슨보다 훨씬 훌륭하다고 바로 확신했다. 그는 이런 생각을 밥 트리벨리언에게 납득시키려고 했다. "제라드 홉킨스의 시 원고를 몇 편 보았는데 머리털을 쥐어뜯을 정도로 충격적이라네. 이걸 좀 봐. '오늘 아침, 아침이 총애하는 왕 같은 매를 나는 보았네.'[+]" 테니슨에서 제라드 홉킨스로의 변화는 하나의 이정표가 될 수도, 혹은 정신적 전환을 의미할 수도 있다.

당시 논의의 주제가 무엇이었든 R. C. 트레빌리언의 표현대로 로저 프라이는 정원 담장 한쪽에서 벌어진 토론의 "지칠 줄 모르는 끈질긴 논객"이었다. 하지만 정원 담장에 다른 쪽이 있듯이 로저에게도 다른 면이 있었다. 담장 너머에는 리케츠 Charles Ricketts와 섀넌 Charles Shannon이 살고 있었는데 담장을 넘어 드리운 커다란 뽕나무가 만남을 이끌었다. 트리벨리언은 다음과 같이 기록하고 있다. "해마다 한 차례 오디가 익으면 리케츠는 우리를 정중히 초대했다. 함께 차를 마시고 수확한 오디를 먹자는 것이었다. 깍듯이 예의를 차렸지만 어딘가 형식적이고 어색한 기분이 들었는데, 로저와 리케츠가 실제로는 서로를 좋아하지 않았기 때문이다. 퀘이커의 청교도주의에서 완전히 벗어났음에도 로저의 기질이나 마음의 바탕에는 여전히 상당 부분 퀘이커교도로서의 성향이 남아 있었다. 게다가 로저는 무책임하고 독단적인 리케츠의 태도를 거

[+]   원문은 "I caught this morning, morning's minion."

슬려하곤 했다."

하지만 이런 거슬림은 겉으로는 드러나지 않았던 것으로 보이고, 화실의 "지칠 줄 모르는 끈질긴 논객"은 입을 다물고 있었다. 리케츠와 섀넌 쪽에서 로저를 만난 윌리엄 로텐스타인 경은 그가 "파리에 처음 왔을 때와 아주 비슷하게 수줍어하고 삶을 두려워하며 초기 영국 수채화 화가들의 화풍으로 그림을 그리는 것"으로 보였다. 이런 불일치는 로저 프라이 안에 서로 다른 두 인물이 존재했음을 보여준다는 점에서 흥미롭다. 한편에는 케임브리지에서 단련됐고 논리적으로 사고하며 맥태거트나 디킨슨과의 토론에서도 기가 꺾이지 않는 인물이 있었다면, 다른 한편에는 "지나치게 요란한 보헤미아니즘"에 충격을 받는, 화가들 앞에서 유난히 소극적이면서도 자신이 그림을 그린다면 동시대 화가들과는 다른 방식으로 그릴 것이라는 막연한 느낌을 품고 있는 인물이 있었다.

또 그 당시에, 그리고 훗날에도 많은 이들에게 특별한 인상을 주는 하나의 특징이 있었다. "로저 프라이는 늘 리케츠를 우러러보았지요." 윌리엄 로텐스타인 경이 말했다. 소설가 에드거 젭슨도 같은 표현을 썼다. "그는 셸윈 이미지를 우러러보았어요." 그리고 이렇게 회상했다. "감정을 분출하는 쾌활한 청년이었어. 다소 멍청한 구석이 있어서 그가 영국 회화의 아버지*로 성장할 것이라는 생각은 결코 해본 적이 없었지." 타인을 우러러보는 것은 분명

---

*　윌리엄 호가스, 리처드 윌슨, 폴 샌드비 등의 대가에게 비평가들이 붙여준 명칭.

그의 특징이었다. 로저 프라이는 평생 새로운 생각이나 사람, 혹은 자신이 맞닥뜨린 새로운 경험에 성실하게, 낙관적으로, 또 완전히 마음을 열고 자신을 드러내는 탁월한 능력이 있었다. 하지만 이런 특징은 어떤 대상에게서 충분히 배웠다고 생각이 들 때면 그 자리에서 즉시 일어나 반대 방향으로 떠나는 그의 또 다른 특징과 결합했다. 이런 보기 드문 결합, 즉 은연중에 인상을 받아들이고 이성적으로 납득될 때까지 그 인상을 시험하는 능력은 로저를 가장 고무적인 비평가로 만들었다. 하지만 이 재능은 친구나 동료를 당황스럽게 하고 때로는 괴롭게 했다. 앨프리드 손턴이 언급했듯 이런 기질은 "소속된 클럽에 안주하지 못하고 다른 모임을 찾아 떠났다가 그것조차 다시 탈퇴하는 경향"으로 이어졌다. 로저 프라이는 이렇게 한 것을 후회한 적이 없었다. 그는 마음을 바꾸는 일만이 화석처럼 굳어지거나 허울뿐인 인물이 될 위험을 피할 수 있는 유일한 방법이라고 자주 주장했다.

그는 보퍼트 스트리트에 살던 시절 많은 그룹과 돌아가며 어울렸지만 어느 쪽에도 깊이 속하지는 않았던 것 같다. 그는 늘 자신의 넓은 관심사와 활발한 사고에 이끌려 화실이라는 경계를 넘어섰다. 회화 예술과 다른 예술 간의 연관성은 그가 쥘리앙에 다닐 때부터 이미 관심을 쏟은 주제였다.

그는 수많은 음악회에 참석했고 엄청난 분량의 시를 읽었다. 일례로 "8년간 이탈리아에 살면서 단테를 스펜서식 운문으로 번역한 남자"가 로저의 화실로 갑자기 찾아와 자신이 쓴 장시 한 편을 큰 소리로 낭독한 일이 있었다. 로저는 "놀랍게도 그것은 꽤 훌륭했다. 나는 그에게 브리지스에서 간접적으로 얻은 조언 몇 가지를 간단히 건넸다"고 말했다. 그것이 그를 격렬한 흥분 상태로 몰아넣어 "넓은 이마를 땀으로 흠뻑 적"시게 했다. 그리고 과학이 있었다. 과학은 그림에 밀려나기는 했지만 휴면 상태에 있었을 뿐 완전히 죽은 것은 아니었다. 과학은 여전히 그와 그의 부친을 이어주는 커다란 연결 고리였다. 로저는 부친과 계속해서 과학 문제에 대해 토론했고, 여전히 시골로 함께 자전거 여행을 나가 에드워드 경의 식물 해부 실험에 쓰일 희귀한 꽃을 수집했다. 로저는 심령 연구에도 계속 관심을 쏟았다. 파이퍼 Leonora Piper* 부인과 그의 경이로운 행위에 흥분하며 사람들과 수많은 토론을 벌였고 섀드워스 호지슨과 주말을 함께 지내며 부모님께 보내는 편지에 두 사람의 토론 결과를 요약해놓기도 했다. 모친에게는 다음과 같이 썼다. "영혼이 존재하며, 그것이 발광성 에테르† 속에 있다고 생각하는 데 그 나름의 이유가 있는 것 같습니다. 그들은 모두 그곳이 이 세상보다 훨씬 즐거울 것이라고 믿지만 정작 자신이 어디에 있는지조차 헷갈려하는 게 분명해요. 어쨌든 이것이 제가 들어본 이야기 중에서는 그나마 가장 합리적이고 조리 있는 설명 같습니다." 의약과 그 주변의 문제도 그를 사로잡았다. 새로운 약품은 언제나 마술적인 특성이 있는 것으로 보이기 마련이다. 로저 자신의 감기나 독감조차 흥미로운 이론의 실험 대상이 되었다. 그가 발견한

---

* 1857~1950. 심령술 분야에서 유명한 미국의 영매로, 영미권 심령 협회의 집중적인 관심과 연구의 대상이었다.
† 과거 물리학에서 빛을 전달하는 매질로 보았던 이론상의 우주 물질.

"간단한 요법"은 늘 가족들에게 전달되었다. 가령 로저의 가정부가 차에 부레풀을 타서 소화불량에 걸린 남편을 고쳐준 적이 있는데, 그렇다면 프라이 부인도 에드워드 경을 위해 같은 요법을 시도해볼 만하지 않을까 하는 것이다. (…) 상대가 예술 전문가든 심령 연구가든, 아니면 검은 모자 속에 묘약을 감춰둔 늙은 가정부든 상관없이 우러러보던 그 태도는 분명 로저 프라이의 특징 중 하나였다. 어떤 이들에게는 그 순수함으로 인해 사랑스럽게 느껴졌고, 다른 이들에게는 변덕스럽고 경박하며 감정이 과도하게 분출돼 거슬리기도 했다. 아무튼 이것은 그의 하루하루가 관심을 쏟을 만한 여러 일로 가득 차 있다는 의미였다. 케임브리지에서처럼 보퍼트 스트리트에서도 삶에 너무 많은 가능성과 흥미가 넘쳐흐른다는 해묵은 불만이 재발했다. 로저는 이렇게 썼다. "가끔은 변장을 하고 외국에 나갔다고 소문이라도 내야 하나 싶어. 하루 종일 뛰어다니며 일일이 응하지 않는다고 해서 사람들 마음 상하게 하느니 말이야."

로저가 종종 언급했듯, 세잔 같은 위대한 예술가가 고독과 집중을 예술의 본질로 보았다는 것을 생각하면 이렇게 다양하고 때로는 서로 갈등을 일으키는 관심과 행위는 예술을 흡수하는 데 방해가 되었는지도 모른다. 하지만 비평가에게는 풍요롭고 다양한 자양분이 도움이 될 수 있다. 여러 상황 또한 그에게 비평가가 되라고 강요하고 있었다. 그는 생활비가 부족하다고 느꼈고, 여러 주간지에 현대 미술에 대한 비평을 쓰는 것은 그것을 해결할 수 있는 가장 명백한 방법이었다. 보퍼트 스트리트에서 보낸 편지에는 비평 기사에 대한 언급이 자주 등장한다. 윌리엄 로덴스타인 경에 따르면 실제로 그는 이미 "훌륭한 작가"였다. 물론 본인은 자신의 글에 절대 만족하지 못했다. 그 속에 어떤 조형성도 없었기 때문이다. 붓과 물감과 비교할 때 펜과 잉크는 너무 빈약한 도구였다. 하지만 그의 정신에는 여러 발상과 토론이 축적되어 있었고, 편집자들은 본격적인 글이 아니라 그동안의 기록이나 반쪽짜리 칼럼, 서평이나 회화전에 대한 비평이라도 받고 싶어했다. 『아테네움The Athenæum』이나 『파일럿The Pilot』에 실린 그의 기사를 찢어낸 페이지가 수북이 쌓이면서 편집실 책상 서랍을 채우기 시작했다. 1893년 10월에는 『포트나이틀리 리뷰The Fortnightly Review』에 보내려고 인상주의에 대해 좀더 야심 차게 쓴 글에 대한 언급도 보인다. 그는 "회화는 자연에 대한 단순한 재현이 아니다"라는 설명을 하려고 했다. 하지만 『포트나이틀리 리뷰』는 이 비평 기사를 거절했다. 로저는 생계 유지를 위해 자신에게 더 적합한 방법을 찾아 나섰다.

"베리는 나를 미술 공개강좌 강사로 써보고 싶어한다." 로저는 1894년에 이렇게 썼다. 그는 이미 강사로서의 경험이 몇 차례 있었다. 클리프턴에서 공부할 때는 얼음 한 덩이를 놓고 아이들에게 강의를 했고 사촌 브리지스와 야튼던에 머물 때는 강의를 하다가 폭발 사고가 일어나 전기 기계가 고장난 적도 있었다. 하지만 미술에 대한 강의는 이번이 처음이었고, 베리는 그가 "자신감이 부족해 보였다"고 말했지만 강의는 성공적이었다. 로저는 이어 케임브리지에서 레오나르도 다빈치에 대한 강의를 배정받았다. 이스트본미술학교에서는 이탈리아 미술 강의를 맡아달라는 요청이

왔다. 브라이턴대학도 뒤를 이었다. 이 직후 로저는 "내 강의가 어떻게 인기를 끌었는지 궁금하다"고 말했다. 심지어 강의가 그림에 비해 수고도 들지 않는데 훨씬 더 성공을 거두는 것에 대해 불만을 표하기까지 했다. 적어도 강의는 글쓰기보다 나았고 그에게 더 잘 맞았다. 학생들은 그에게 자극을 주었고, 눈앞의 스크린 속 그림은 적절한 어휘를 찾는 데 도움을 주었다. 그의 강의는 즉흥적이었다. 그에게는 또한 아름다운 목소리와, 어디서 물려받은 재주인지는 몰라도 말할 때 사실과 감정을 동시에 전달하는 힘이 있었다. 하지만 강의에 필요한 기술은 개발해야 했는데 처음에는 현실적인 어려움이 매우 컸다. 그는 강의에서 꼭 그림을 보여주어야 했는데 당시에는 강의용 그림을 구하기가 힘들었다. 그는 이탈리아에 사진을 요청해야 했고, 또 그 사진들을 슬라이드로 만들어달라는 의뢰를 넣어야 했다.

그 후로는 먼 곳으로의 여정이 이어졌다. 저녁도 거른 채 출발해 던펌린이나 애버리스트위스에 도착할 때쯤이면 3등 열차 칸에서 얼어 죽을 지경이었고, 도착해서도 강의 시설이 제대로 갖춰져 있지 않아서 직접 스크린과 조명, 강의용 책상을 설치해야 했다. 하지만 그는 자신을 기다려주는 수강생들을 좋아했고, 그들이 "피렌체라는 도시의 아름다움과 아펜니노산맥의 가파른 언덕에 대한 극찬"으로만 가득 찬 과제를 내더라도 그 속에서 배우고자 하는 그들의 열정을 보았다. 외딴 곳에서도 그는 언제나 "예술에 진정 열성적인" 누군가를 찾아냈고, 그럴 때면 큰 기쁨을 느꼈다. 기차를 타고 가며 창밖을 내다보는 즐거움도 있었다. 그에게 새로

운 경치는 새로 사귄 친구만큼이나 중요했다. 로저는 이때까지만
해도 영국에서 눈여겨볼 만한 곳이 서퍽Suffolk밖에 없다고 생각하
지는 않았다.

로저가 강사로서 성공을 거두었다는 데는 의심할 여지가 없다.
하지만 화가로서는 그렇지 않았고, 그에게는 그림이 강의보다 훨
씬 더 중요했다. 화가로서 그는 자신이 "어디에도 어울리지 않는
것 같다"는 점이 불만이었다. 동시대 화가들이 인상파의 화풍을
따르고 있을 때 그는 초기 영국 수채화 화가들의 방식으로 그림
을 그렸다. 자신의 그림 한 점—위드링턴 부인의 초상화—이 내
걸리게 되었을 때는 이 작품이 구태의연하며 "별로 독창적이거나
현대적이지 못하고, 무엇보다 게인즈버러Thomas Gainsborough를 연상
시키는 것 같아 걱정"이라고 말했다. 한 동료 화가는 그가 "지나치
게 옛 대가들의 화풍을 답습하는 것 같다"라고 말했는데, 로저는
"시대에 뒤떨어진 사람으로 비친다니 좀 낯설지만, 내 작품에 그
런 위험이 있을 수 있다고 본다"고 말했다. 그의 작품을 본 비평가
들은 서로 다른 견해를 보였다. "스티어는 기탄없는 의견을 밝혔
는데 전보다는 내 작품을 좋아하는 것 같지만 그가 정확히 어떻게
생각하는지 알아내기는 어려웠다. 파울스도 솔직한 의견을 말했
다." 물론 파울스는 스티어와 꽤나 상반되는 의견을 갖고 있었다.
로저가 『상상력과 디자인』에 수록된 「회고Retrospect」라는 글에서
밝힌 바에 따르면, 그는 "화가로서 동세대와 접점을 잃은" 상태에
놓여 있었다. 그 결과 작품을 파는 것은 물론이고 전시하는 것조
차 어려웠다. 1893년 11월, 그는 이렇게 썼다. "NEAC에 매우 실망

했다. 실러 부인의 초상화 하나를 제외하고는 모두 퇴짜를 맞았고 그마저도 높은 곳에 걸려 거의 보이지 않는다. 정말 울화가 치민다. 솔직히 공정한 평가가 아니라고 생각한다. 베이트와 다른 사람들도 내 의견에 동의했다." 다시 "뉴 갤러리에 작품 두 점을 보냈지만 결과는 같았다." 그는 모친에게 보낸 편지에서 "무언가를 이루는 데는 시간이 오래 걸리는 법이지만 어머니께서 걱정하실까봐 괴롭습니다"라고 말했다. 이미 많은 책임을 지고 있는 아버지께 생활비를 지원받고 싶지는 않았다. 친구들이 아주 친절하게도 그에게 초상화를 의뢰해줘서 피어솔 스미스나 폴그레이브, 브리지스 등의 집안에서 모두 의뢰가 들어왔고, 그의 어휘력을 향상시켜준 프랑스인 제자 덕분에 소득이 생겼지만 여전히 수지를 맞추는 것이 너무 힘들다고 생각했다.

하지만 로저가 이 일을 실패라고 여겼던 것은 스스로 말했듯 오직 부모님께 심려를 끼쳤다는 점 때문이었다. 그는 자신이 "할 일"을 찾아냈다는 것에 대해서는 전혀 의심하지 않았다. 케임브리지 시절이나 과학 경력도 결코 후회하지 않았다. 특히 그는 자유롭게 여행할 수 있었고, 강사로서 점점 성공을 거두어가면서 그 기쁨은 그의 내면에 매우 중요한 요소가 되었다. 그는 루벤스의 작품을 보기 위해 안트베르펜과 릴로 갔다. 이탈리아를 다시 찾기도 했는데 부분적으로는 슬라이드에 쓸 사진을 찾기 위함이었고 부분적으로는 구상 중이던 조반니 벨리니에 관한 저서에 쓸 그림을 보기 위해서였다. 로저가 1894년 10월 20일자로 배질 윌리엄스에게 보낸 편지에 따르면, 그는 "대니얼이 우리가 보러 간 그림들에 대한 각종 설명을 쉴 틈 없이 늘어놓아서 도저히 집중할 수가 없었다".

우리는 종일 화랑에서 지내며 저녁 내내 모렐리의 책을 읽고 있네. 이제껏 경험해보지 못한 방식으로 이탈리아 미술에 대해 알아가는 중이고, 이탈리아 미술에 대한 내 강의도 더 나아지기를 바라지만 아직 내가 배운 것을 어떻게 말로 전해야 할지는 잘 모르겠어. 전반적으로 볼 때 나는 15세기 회화의 일반적인 수준이 그렇게 높지는 않았다는 결론에 이르렀네. 초기에는 마사초와 피에로 델라 프란체스카, 피사넬로를 비롯한 일군의 대가들이 있었지만 레오나르도 다빈치가 나오기 전까지는 일류라고 할 만한 작가가 없었어. 또 피렌체파는 전반적으로 지루하며 완고하리만큼 과학적이야. 라파엘로가 위대한 이유를 알아내려고 열심히 노력 중이네만 사실 내게는 여전히 관심도 끌지 못하고 감동도 주지 못하는 작가로 남아 있다네.

이어서 그는 프라토와 피스토이아, 파르마 등지를 찾아갔고 코레조Antonio da Correggio의 작품도 보았다. 로저는 집에 계신 모친에게 편지를 썼다. "저는 코레조의 작품을 보고 엄청난 감동을 받았어요. 제 눈에 그는 이탈리아 화가를 통틀어 가장 위대한 인물로 보입니다. 제가 이미 두세 명의 화가에 대해 이렇게 말했으니 그리 대단하게 여기시지는 않겠지만요." 그런 다음 파리로 가서 살롱전과 루브르 미술관의 작품을 볼 필요가 있었다. "루브르의 작품은 볼 때마다 더 훌륭해 보여요. 특히 이탈리아 미술 분야에서 내셔널 갤러리보다 중요한 작품이 더 많은 것 같습니다." 그는 프랑스 자체를 알아가기 시작했다. 단순히 파리나 루브르가 아니라 시골 마을과 강과 여인숙을, 등 주머니에 지도를 꽂고 짐칸에 이젤을 묶은 채 자전거 여행을 하는 사람의 눈으로 프랑스를 본 것이다. 부활절과 여름에는 사스토르모콩뒤와 지베르니, 라로슈귀용 등 프랑스의 작은 마을을 찾아다녔다. 또 베퇴유의 영국인 거주지를 찾아가 콘더를 만났으며 아름다운 킨셀러스 양을 보고 감탄하기도 했다. 그곳에는 D. S. 매콜도 머무르고 있었는데 로저는 그를 "자신의 그림이 '예술적'으로 보이지 않을까 봐 걱정하는 겸손한 청년"으로 묘사했다. 로저는 모네의 작품은 직접 보지 못했지만 앨프리드 손턴과 함께 엡트 강변의 포플러 나무들은 볼 수 있었는데* 그의 기록에 따르면 "모든 것이 무척이나 매혹적이었음에도 프라이는 의혹의 눈길로 평가를 계속 망설였다". 아마 인상파에 대한 평가를 주저한 것으로 보인다. 어느 날은 제인 해리슨과 어울리며 함께 자전거를 탔다. 로저는 그의 "점잖지 못한 성품"과 "사도회 같은 정신"을 보고 아주 기뻐했다. 또 해리슨이 "우스꽝스러운 말을 수집하는 데" 열정을 보인 덕분에 말하기 실력도 한층 유창해졌다. 실제로 그는 프랑스뿐만 아니라 프랑스어에도 사랑에 빠져서 말할 때나 편지를 쓸 때 불필요하게 프랑스어를 섞어 쓰며 친구들을 놀리곤 했다.

---

* 모네는 포플러 나무를 주제로 연작을 남겼다.

첼시로 돌아온 로저는 비평 기사를 쓰고 강의를 준비하고 열심히 그림을 마무리한 뒤에도 다른 활동들로 남는 시간을 채웠다. 크고 유연하며 섬세한 두 손으로 무언가를 하는 일이 그의 성미에 잘 맞았다. 이야기를 하는 동안에도 그의 손가락은 언제나 무언가를 만지고 있었다. 친구들이 그에게 일감을 주기 시작했다. 맥태거트는 케임브리지에 있는 집의 가구 디자인을 부탁했고 작가이자 또 다른 친구인 휴버트 크래컨소프 Hubert Crackanthorpe는 자신의 집을 장식해줄 수 있는지 물었다. 이렇게 해서 도장공이나 목수 등 "뒷골목의 평범한 사람들"과 로저의 오랜 연고가 시작되었다. 그는 각종 비용이나 자재, 디자인, 구조 등과 관련된 실용적인 문제를 해결하기 위해 이들과 함께 애쓰기 시작했다. 문제를 해결하고 집 단장을 마무리 지을 때쯤 휴버트 크래컨소프가 사진을 거는 바람에 하얀 벽과 검은 다도* dado를 망쳐버렸다. 이후 로저는 목수와 의뢰인을 화해시키는 일에도 익숙해졌다. 이 동안에 로저는 "온갖 것에 다 손을 대면서 정작 어느 분야에서도 대가가 되지 못하는 사람"이라는 아버지의 말이 떠오르기도 했고, 스스로 털어놓은 대로 "겁이 날 때면 내가 감당하기에는 너무 큰 삶의 덩어리를 베어 문 게 아닌가 하는 생각"이 들기도 했다.

분명 로저는 자신의 할 일을 스스로 찾아냈고 또 매일 찾아가고 있었지만, 동시에 자신과 함께해줄 사람이 필요하다고도 느끼고 있었다. 가족과의 갈등에 대해 "지독히 과민 반응"하는 것만 보더

---

* 방의 벽에서 윗부분과 다른 색깔로 칠하거나 다른 재질로 만든 아랫부분.

라도 그가 가족의 공감에 얼마나 의존했는지 알 수 있다. 갈등이 줄어들자 그 의존성은 더욱 선명히 드러났다. 그는 '내 가족'이라는 포괄적인 표현 대신 누이들의 이름을 따로 언급하기 시작했다. 그는 누이들이 자신처럼 자유를 추구하기를 간절히 바랐다. 특히 누이동생 마저리에게 각별한 유대감을 느꼈다. 그는 부친에게 편지를 보냈다. "마저리가 드디어 마을에 온다는 말을 들었습니다. (…) 정말 로마에 가지 않으실 거라면 마저리와 애그니스가 이곳에서 저와 베이트와 함께 공부하며 여름을 보내도록 해주시는 건 어때요? 누이들이 사용할 방도 따로 있어서 저를 찾아오는 방문객이나 친구들과 마주치지 않아도 되거든요. 제 생각에는 이렇게 하는 것이 누이들에게 큰 도움이 될 것 같습니다." 이 말에는 누이들도 자신처럼 가족들의 "율법적인 분위기"에 숨 막혀했으리라는 로저의 확신이 담겨 있다. 동시에 스스로 주장했듯 그가 "몹시 가정적"이라는 사실을 보여주기도 한다. 가정을 중심에 두는 것은 로저의 뿌리 깊은 본능이었다. 어쩌면 자기 보존의 본능이었는지도 모른다. 로저는 관심을 기울이고 무언가를 함께 나누며 자신의 불안을 다잡아줄 누군가를 필요로 했다.

말할 필요도 없이, 그 누군가는 누이들이 아닌 젊은 여성들이기도 했다. 그가 "조지 메러디스 소설의 여주인공처럼 귀족적이며 활기가 넘친다"고 묘사했던 한 여자는 그를 거부했다. 또 다른 여자는 "고양이가 쥐 다루듯" 그를 대했다. 정에 약한 로저는 언젠가 "사랑에는 여러 가지 방법이 있지 않을까?"라고 편지를 쓰기도 했다. 모친에게 코레조가 이탈리아에서 가장 훌륭한 인물인 것 같다고 말하면서도 "이미 두세 명의 화가에 대해 이렇게 말했으니 그리 대단하게 여기시지는 않겠지만요"라고 덧붙이던 그의 말은 감정의 영역에서도 들어맞았다. 로저 프라이의 눈에, 젊은 여성들 중에는 탁월한 아름다움뿐 아니라 놀랍게도 이탈리아의 옛 대가들이 지닌 미덕을 식별하는 안목까지 지닌 사람들이 많았다. 이렇듯 젊고 사랑스러운 용모에 덧없는 애착을 갖던 그는 한 여인과 좀더 진지한 관계를 맺게 되었다. 하지만 그 여인은 젊지도, 예쁘지도 않았으며 나이가 로저의 어머니뻘쯤 되었다. 시먼즈가 회화 기법을 가르친 것만큼이나 그에게 사랑의 기술을 가르치는 일을 떠맡은 사람이 바로 이 여인이다. 로저가 "모든 악을 지옥에 능히 가둘 만큼 타고난 열정"을 지녔다고 말했던 이 사람은 로저의 어리석음을 호통치고 그의 소심함을 비웃었으며 끝내는 그와 사랑에 빠지게 되었다. 그는 교훈을 얻었고 이런 가르침을 준 스승에게 진심으로 고마움을 느꼈다. 이 여인이 그에게 가르쳐준 것이 술 취해 죽은 사람의 간을 해부하는 기술이나 보티첼리의 진품과 위조품을 가려내는 기술보다 훨씬 더 중요하지 않았을까? 적어도 로저는 그렇게 생각했고, 이 학생과 선생은 평생 가장 절친한 친구로 남았다. 이렇게 해서 그는 케임브리지 시절의 풋내기 티를 벗고 "사랑의 여러 가지 방법"을 익혔다.

그리고 보퍼트 스트리트에 살던 시절, 처음부터 다른 관계와는 전혀 달랐던 관계가 하나 있었다. 그의 말을 그대로 옮기면 어느 날 "운명적으로 피할 수 없는 일"이 일어난 것이다. "어느 날 오후, 이야기를 나누던 중에 완전히 사랑에 빠졌다. 너무도 불가피한 일

142

이어서 그 여자도 이 사실을 틀림없이 알고 있을 거라 생각했는데, 그녀는 1년 가까이 이 사실을 모르고 있었다."

"그 여자"는 헬렌 쿰이었다. 로저보다 한두 살 위인 그는 미술학도로, 혼자 살면서 NEAC에도 출품하고 있었다. 찰스 홈스 경은 헬렌을 "명랑한 화가"라고 불렀고, 로저 프라이는 언제나 헬렌이 자신보다 훨씬 더 본능적이고 독창적인 재능을 가졌다고 주장했다. 헬렌 또한 가족이나 집안의 전통에서 벗어나 독립을 한 처지였다. 헬렌은 로저에게 낯설고 복잡하며 잊을 수 없는 인상을 주었다. "헬렌에게는 위트와 이상하리만치 천재적인 감각이 있었다. (…) 미모는 물론 신비롭고 가까이하기 어려운 분위기에 두려움이 느껴질 정도였다. 하지만 그 두려움은 아주 선명했음에도 내게 대단한 기쁨을 안겨주었다." 로저는 헬렌이 완전한 공감 속에서 일생을 함께할 수 있는 유일한 사람이라고 느꼈다. 하지만 1년 동안의 망설임 끝에 헬렌도 로저와 같은 감정을 갖고 결혼에 동의했을 때, 방해물이 생겨났다. 물론 그것은 로저 부모의 반대였다. 그건 그들이 바라는 결혼이 아니었다. 헬렌은 퀘이커교도가 아니었고 전통적인 세계에 속하지도 않았다. 게다가 로저의 부모는 화가에 대해 불신과 두려움이 뒤섞인 감정을 갖고 있었다. 헬렌의 건강을 의심할 만한 소문이 들려오기도 했다. 로저는 이를 부인했다. 심지어는 빅토리아시대 식으로 집안까지 따지기 시작했는데 로저는 웃으며 그 말을 일축했다. "그녀 집안에도 제독 한 분쯤은 있겠지요." 그러나 그들의 마지막 반대 이유, 즉 헬렌이 무일푼이라는 사실에 대해서는 할 말이 없었다. 이는 심각한 문제였고 많은 논의로 이어졌으며 오랜 고통을 다시금 불러일으켰다. 로저가 모친에게 쓴 다음의 편지가 그 사정을 충분히 짐작게 한다. "제가 아버지의 관용을 호소하는 데 별로 굴욕감을 느끼지 않을 거라 생각하지 마세요. 아버지의 처분에 맡겨야 한다는 것도 알고 있고, 아버지가 생활비를 낳으면 모든 것이 허사가 된다는 것도 알고 있어요. 하지만 우리 두 사람은 어리지도, 분별력이 없지도 않습니다. 결혼에는 위험이 따르며 우리에게 불이익이 생길 수 있음을 이해할 만큼은 세상을 충분히 알고 있어요. 저의 경우에는 하던 일에 방해를 받을까봐, 헬렌의 경우에는 독립적인 생활을 잃고 싶지 않아 결혼을 꺼려왔습니다. 그런데도 저희 둘 다 결혼이 유일한 해답이라는 결론에 이르렀어요."

결혼은 "유일한 해답"이었다. 두 사람이 다른 가능성을 전혀 고려하지 않았다는 사실은 당시의 관습을 보여준다는 점에서 주목할 만하다. 마침내 부모는 반대 의사를 철회했다. 약혼이 발표되었을 때 로저는 로우스 디킨슨에게 다음과 같은 편지를 보냈다. "결혼이 중대하고 돌이킬 수 없는 일이라는 것을 알고 있고, 그것이 자네와 위드링턴 부인을 불안하게 만들 수 있다는 것도 알아. 설명할 수 없는 본능적인 확신이 없었다면 나도 마찬가지였을 테니까. 물론 내가 논리적으로는 아무것도 입증할 수 없음을 인정하지만……" 그리고 다음과 같이 덧붙였다. "하지만 나는 터무니없을 정도로 행복해." 이에 대한 증거는 논리적이지는 않더라도 여러 편지에 나타나 있다. 하지만 이 편지들은 너무 사적이고 솔직하며, 모든 말이 이해받을 것이라는 확신 아래 쓰여 있어서 인용하기에는 적절하지 않다. 편지는 활기와 웃음으로 가득 차 있다. 그가 현대 회화를 주제로 전시회를 열기 위해 케임브리지를 방문한 것에 대한 설명도 보인다. "손수레에 캔버스를 싣고 빈민가를 지나가는" 자신의 모습을 웃어넘기는 대목도 있고 예술을 대하는 케임브리지 사람들의 태도를 조롱하는 대목도 있다. "이곳 사람들은 죄다 미술을 이상한 농담처럼 생각해. 제정신이 박힌 사람이라면 미술에 관심 갖는 것에 대해 음란서를 본 여학생처럼 쑥스럽게 웃으며 변명해야 하지." 그리고 일요일 아침, 페일랜드에서의 고된 가정생활에 대한 묘사는 유쾌하기 그지없다. 로저가 드디어 그와 함께 웃어줄, 또 자신을 웃음거리로 삼아줄 사람을 얻게 된 것이다. 웃음이 잦아들자 로저는 자신의 심경을 글로 표현하려 했다. "어제 버턴에서 황혼 녘을 배경으로 올라갈 때 온 세상이 우리 변화의 공범 같았어. 나무들도 새로이 친숙하게 다가왔고 몰려가는 구름 사이로 비치는 별들조차 신비롭게 고개를 끄덕이는 것 같았지……. 아, 내가 지금 말로는 다 할 수 없는 이야기를 하려는 것 같군." 그리고 그날 저녁 나무들 사이로 비치는 희미한 불빛을 보며 로저 프라이가 하려던 말은 상대로부터도 듣지 못한 채 남았다.

두 사람은 1896년 12월 3일에 결혼했다. 로저는 "결혼식은 생각보다 나쁘지 않았어"라고 로우스 디킨슨에게 말했다. "감상이나 허튼소리도 없었고. 눈꼴사납게 차려 입고 수군대는 여자들이 있기는 했지만 모든 게 담백하고 즐거웠어. (…) 내가 자네를 필요로 하지 않는다고 겁낼 필요는 없어. '나눈다고 줄어드는 것이 아니다'라고 자네 스스로 인용한 말의 진실성을 모르지는 않겠지?"

II

    신혼여행은 당연히 해외로 갔다. 그리고 이 기간은 두 사람에게 "완벽한 행복"의 시간이었다. 행복이란 짐 가방이 여기저기 흩어져 있고 옷이나 물감통이 어지럽게 나뒹굴며 "쓸 만한 종이 한 장없는" 호텔 침실에서 편지로 전달하기에는 어려운 감정이다. 그럼에도 이 감정은 전달되었다. 삶의 자질구레한 조각들이 한데 모여 평화와 만족의 중심점을 만들어낸 느낌이었다. 신혼여행은 길어졌다. 두 사람은 느긋하게 프랑스를 돌아다녔고 이어 튀니스와 비제르테로 가서 부영사인 테런스 버크 ^{Terence Bourke}의 집에 묵었다. "메이오 백작과는 형제지간이며 명랑한 아일랜드인"인 이 사람 덕분에 로저 프라이는 "오랜 시간 평범한 여행을 한 사람보다 동방 생활에 대해 더 많은 것을 보고 들을 수 있어" 아주 기뻐했다. 로우스 디킨슨에게 보낸 장문의 편지에는 두 사람이 보고 들은 것에 대한 묘사가 가득 들어 있다. 아마 그중에서도 이 사건은 기억에 남길 만한 가치가 있을 것이다. 이슬람의 한 분파인 이사위어 ^{Isa Weir}의 예배가 있는 날이었다. 그들도 보고 싶어했을까? 두 사람은 좋다고 말했고, 그들은 노새가 끄는 삐걱거리는 마차를 타고 마을로 내려갔다. 연한 녹색의 달빛이 비치는 아름다운 밤이었다. 회칠을 한 돔과 진흙으로 만든 담장이 보이는 그 마을은 무척 신비로워 보였다. 하얀 버누스'를 걸친 낯선 사람들이 조용히 지나가고 있었다. 그리고 예배가 시작되었다. "어딘가 에드워드 카펜터와 닮은 듯한" 성자가 무아지경에 빠진 것처럼 탬버린을 머리 위로 올리고 흔들어대기 시작했다. 다른 사람들도 모여들었다. 소란스럽게 울부짖는 의식이 두 시간 넘도록 거의 멈추지 않고 계속되었다. 춤을 추는 사람들은 광란의 열정에 사로잡혀, 이빨로 유리를 깨고 가시선인장 잎으로 맨머리를 문질렀으며 어떤 남자는 칼로 자신의 배를 찌르기도 했다. 그런데도 거의 피가 나지 않는 것을 본 로저는 이렇게 말했다. "음악으로 인한 일종의 자기 암시라고밖에는 설명이 되지 않네. 동양은 우리가 평범한 의식을 탐구한 것만큼이나 철저하게 잠재의식을 탐구한 듯해." 이를 본 로저는 삶에 대한 동서양의 개념 차이를 깊이 생각하게 되었다. "정말 놀라운 점은 이들은 미래를 위해 애쓰지 않는다는 거야. 삶의 모든 기능이 규제되고 보장되어 있어. 이들의 종교가 미래에 대한 근심을 막아주기 때문에 우리처럼 즐거움을 준비하는 대신 현재의 삶을 즐기는 것일세." 깊은 생각에 잠긴 어투였다. "결핍을 채우지 못한다고 해서 실망하는 사람은 아무도 없다네. 싸우고 경쟁한다는 생각이 거의 없기 때문이지. 모든 것을 있는 그대로 받아들이는 거야. 자신이 불쌍하거나 병이 들었거나 악하더라도 그 모든 것에 끝이 있음을 인정하는 거야." 시먼즈와 브라운과 함께 지낸 베네치아에서처럼 이곳에서도 따뜻한 공감이 오가는 분위기

---

* 아랍인들이 입는 모자 달린 겉옷.

가 이어졌다. "저속하거나 나쁜 매너라고는 전혀 찾아볼 수 없고 완전한 사회적 평등" 속에 지내는 사람들은 로저를 기쁘게 했다. "셰이크sheik* 마저도 하루에 돈 몇 푼을 받고 자신의 커피 시중을 드는 사람과 완전히 똑같은 권리를 행사한다네." 편지의 절반이 셰이크에 대한 묘사에 할애됐다.

편지는 그가 그리고 있는 그림에 대한 묘사로 이어진다. 카르타고 항구를 주제로 한 아주 고전적인 그림이었다. 그가 카르타고에서 그림을 그리는 동안 "헬렌이 땅 위로 나온 기둥머리의 모서리를 발견했다네. 그래서 사금파리와 손톱으로 흙을 파보았지. 둔덕 위쪽에 박혀 있어서 오래 걸렸어. 모래 장난을 하는 아이들처럼 신이 나서 계속 파보니 우리를 깔아뭉갤 수 있을 만큼 무거운 것이 나왔어. 전형적인 로마 시대의 이오니아식 주두였어. 어떻게 할 도리가 없어 그대로 두고 왔지만 꼭 대단한 발견이라도 한 기분이었다네."

신혼여행 기간은 이런 발견들로 가득했다. 두 사람은 피렌체로, 나폴리로, 시칠리아로 이동했다. 이들의 여정을 자세하게 추적하거나 그들이 급하게 기록한 내용을 전부 소개할 필요는 없을 것이다. 보통 때처럼 손에 잡히는 종이와 평평한 곳만 있으면 닥치는 대로 적어내려간 편지들에는 여행담과 즐거운 이야기가 가득했으며 모두 한 줄기 끊임없는 흥분의 흐름으로 흘러넘쳤다. 잘못되는 일은 아무것도 없었다. 시칠리아에서 에드워드 경과 프라이

---

* 아랍에서 존경할 만한 사람에게 붙이는 명예로운 경칭.

부인을 만났을 때 좀 이상한 영국 여자 때문에 일어난 우스꽝스러운 사건도 나쁠 것까지는 없었다. 이 여자는 자신의 별장에 큰 개들을 풀어놓고 기르고 있었는데 이 개들이 파티장에 뛰어드는 바람에 에드워드 경은 "가족을 보호하기 위해 죽을 각오로 호라티우스 코클레스[†]와 웨이크필드의 목사[‡] 사이 어디쯤의 태도를 취했다." 그리고 "어머니는 개들이 난동을 부리는 동안 오후의 다과회 같은 대화를 이어가셨다. C 부인은 짧게 말하길 개들이 너무나 긴장해서 유감이라며 곧 진짜 사나운 개를 데려올 거라고 했다. 어머니는 경악하며 '그럼 그 개는 묶어놓으실 생각이겠죠?'라고 물었는데 C 부인은 단호히 '어머, 아니요. 정원에 두어야죠'라고 하는 것이었다". 사나운 개들이든 기차를 놓친 일이든, 카페 탁자에 핸드백을 두고 온 일이든 결국에는 모두 유쾌하고 재미있는 소재가 되었다. 두 사람은 『부바르와 페퀴셰Bouvard et Pechucet』를 함께 읽으며 박장대소했고 『신곡』 지옥 편도 즐겁게 읽었다. 골디의 편지가 온 날엔 와인 한 병을 함께 마시며 자축했고 헬렌은 다음 날 바다에서 다이빙을 하겠다고 맹세했고 실제로 약속을 지켰다. 두 쌍의 눈으로 다시 감상할 만한 그림도 매우 많았고, 그려야 할 그림과 찾아가야 할 미술관들이 있었다. "미술관에 대한 내 욕구는 아주 강렬하다네"라는 로저의 말은 과장이 아니었다. 일과 즐거움

[†] 에트루리아 군대가 로마를 침공하자 수블리키우스 다리를 지켜 로마인들이 다리를 끊을 시간을 벌었다는 전설상의 영웅.
[‡] 잇달아 재난을 당하는 목사의 인정미와 유머, 가벼운 풍자가 흘러넘치는 소설로 아일랜드 작가인 O. 골드스미스의 작품이다.

은 행복하게 어우러졌다. 지독한 더위를 뚫고 파엔차를 찾아갔으나 황량하기만 했다. 집집마다 앞뜰이 "포도 덩굴과 인동 덩굴로 뒤덮여 있었고" 도나텔로의 작품만큼이나 "동물적인 제스처를 취하는 (…) 순진하고 아름다운 사람들"이 있었다는 설명도 보인다.

지독한 더위를 뚫고 그들은 마침내 베네치아에 도착했다. 시먼즈는 그 사이 세상을 떠나고 없었지만 브라운은 여전히 그곳에 있었기 때문에 카페에서 다시 만나 옛이야기를 나누었다. 이들이 시먼즈와 시먼즈가 쓴 책에 대해 이야기를 나눈 것은 분명하지만 로저는 이제 대가를 우러러보는 무지한 학생이 아니었다. 로저는 "내 생각에 시먼즈는 예술에 관해서는 너무 아마추어였어. 차라리 역사에 대한 그의 안목이 더 마음에 들지만 역사에 대해서는 내가 아마추어 아닌가"라고 디킨슨에게 말했다. 비제르테에서 시작된 삶에 대한 생각은 꼬리를 물고 베네치아에서도 계속되었다. "인생 전체의 아름다움(인생사나 개개인이 가진 아름다움이 아니라 사람과 사람을 둘러싼 환경이 조화로운 관계를 맺을 때의 아름다움)이 개혁과 투표, 증기식 지성을 통해 세상에서 사라져버렸다는 사실을 그 어느 때보다 더 확실하게 깨닫게 된다네." 그들이 왜 영국에서 강요받은 억지스러운 조건에 굴복해야 한단 말인가? 완벽한 환경이 갖춰진 베네치아에서 완벽한 삶을 누릴 수는 없는 걸까? "이제 우리가 이곳에 왔으니, 우리는 당연히 깨닫게 되었어. 인간 존재가 살아야 할 유일한 장소는 바로 이곳, 베네치아라는 걸 말이야." 날씨는 갈수록 더워졌지만 두 사람은 더위 속에서도 마냥 즐겁기만 했다. 아침 5시에 일어났고 심술맞은 어린 소년을 고용했으며 산돌로 보트를 타고 석호 위로 노를 저었다. 종일 빈둥거리며 스케치를 하고 그림을 감상했으며 저녁이면 허레이쇼 브라운과 이야기를 하거나 해수욕을 하기도 했다. 더위가 그들에게조차 너무 심해지기 전까지는 말이다. 살이 뼈에서 녹아내리는 듯한 느낌에 이들은 상대적으로 기온이 서늘한 프랑스 부근의 알프스로 넘어갔다. 그리고 그곳에서 몇 주 동안이나 오래 머물다가 1897년 가을, 마침내 집으로 돌아갔다.

로우스 디킨슨과 R. C. 트리벨리언에게 보낸 편지는 작문의 기본도 지키지 못하고 엉망이었다. 쉼표가 빠지고 대시가 서로를 삽입하는가 하면 문장들은 시작도 끝도 없이 쏟아져 나왔다. 가끔은 헬렌이 페이지를 덧붙이기도 했다. "결혼이 뭔지 알겠지? 종이 한 장도 혼자 쓸 수 없어, 이게 우리가 가진 마지막 종이인데." 어쨌든 친구의 결혼에 대해 걱정할 이유가 가장 많았던 로우스 디킨슨조차 해외에서 오는 두툼한 편지를 읽으면 로저 프라이가 자신에게 꼭 맞는 아내를 찾았으며, 앞으로의 인생이 어떻게 전개되든 몇 개월간의 신혼여행이 이때까지 그의 삶에서 가장 행복한 시기였다는 점을 의심할 수 없었을 것이다.

III

신혼여행이 끝나고 다시 차분한 일상이 시작되었다. 살림집을 찾아야 했다. 가구는 가구 전문점에서 들여왔으며 두 사람의 독립생활을 뒷받침할 수 있을 정도의 돈을 벌어야 한다는 문제도 해결해야 했다. 물론 두 사람 모두 그림을 그려야 했다. 헬렌 프라이는 이미 장식 전문가로 어느 정도 성공을 거둔 상태였는데 로저는 헬렌이 아널드 돌메치를 위해 장식하고 있던 하프시코드를 보고 크게 감탄했다. 로저는 그림을 그리고 강의를 하면서 비평 기사도 써야 했고 시간이 날 때마다 벨리니에 대한 저술에 매달렸다. 집주인과 협상을 시작하고 R. C. 트레빌리언에게 함께 집을 쓰자고 제안하려 할 때쯤 로저 프라이가 류머티즘이라 진단한 가벼운 병세 때문에 헬렌은 의사의 진찰을 받게 되었다. 의사는 폐 질환의 징후가 보인다며 두 사람에게 당장 외국으로 나가라고 했다.

불안을 차치하고서라도 변화는 불편한 것이었다. 집 찾기는 미뤄야 했고 약속도 취소해야 했다. 이때까지는 이탈리아를 다시 방문하는 것이 크게 어려운 일이 아니었다. 로저는 여러 임시변통 속에서도 작업을 이어가는 법을 배우고 있었다. 그에게는 언제나 보아야 할 그림이 있었고, 여인숙 침실에서도 책상 대용으로 쓸 수 있는 것만 있다면 신중한 비평을 써서 노트 한 권을 채울 수 있었다. 날이 좋을 때는 둘이 함께 그림을 그릴 수 있었고 저녁이면 늘 읽을 책이 있었다. 정평 있는 독일 미술사가의 책부터 프랑스 소설, 단테와 보들레르의 책, 그리고 친구들이 보내준 희곡과 시의 원고까지 그들은 무엇이든 함께 읽었다.

그리고 다시 여행이 시작되었다. 이들은 다시금 이탈리아로 갔다. 한두 가지 불쾌한 사건이 일어났다. 두 사람에게 매우 중요한 10파운드가 들어 있던 지갑을 도둑맞은 것이다. 결혼기념일에는 침실의 고장난 난로 때문에 거의 질식할 뻔했다. 하지만 즐거움도 많았다. 우연히 만난 사람들과 새로 사귀기도 했고 그들을 찾아온 옛 친구들과 함께 지내기도 했다. 결혼식이 끝나고 하루이틀 지나 로저가 디킨슨에게 말한 대로, 결혼은 '둘이서만 나누는 이기주의égoïsme à deux'를 의미하는 것이 아니었다. 그리고 이 이론은 실천에 옮겨졌다. 디킨슨이 로마에서 이들과 함께 지냈기 때문이다. 이들은 다시 한번 예술 토론에 몰두했고, 로저는 자신이 "기법에 대해 지나치게 허튼소리"를 한 것이 아닌지 겁을 먹고는 케임브리지로 돌아간 로우스 디킨슨에게 편지를 보냈다. "내가 그림에 너무 치중하고 기술적인 방법에 관심을 쏟는 탓에 자네의 기분을 배려하지 못한 것이 계속 마음에 걸리네. 나는 자네가 불만을 품지 않을 거라는 걸 알아. 자네도 내가 불가피한 상황에 대해 사과하는 게 아니라는 걸 알 걸세. 로마 같은 도시에서는 그 복잡성과 순수하게 감각적인 표현의 집요함에 완전히 사로잡혀 벗어날 수가 없단 말이지. 나는 형이상학적으로 생각할 수 없어, 자네도 정확히 그런 이야기를 바라는 건 아니겠지만. 내 말은 즉각적인 것에서 충분히 벗어나 일반화할 수 없다는 뜻이야. 항상 나에게는 조금의 노력이 필요했지. 자네와 잭[맥태거트]은 늘 자네들의 특별한 파르나소스*를 고집하면서 나를 그림의 세계로 끌고 갔어. 그래, 나는 어쩌면 그로부터 조금은 얻어갔을지도." 디킨슨이 형이상학적인 파르나소스의 산정으로 올라가려 할 때 로저 프라이는 더 감각적이고 직접적인 세계를 탐험하는 식으로 의견이 갈리기는 했지만, 이는 나이를 먹어가면서 발생하는 불가피한 현상이었다. 결혼 때문에 일어난 갈등은 아니었다. 헬렌 프라이는 남편의 우정을 방해하지 않았다. 로우스 디킨슨에 따르면 헬렌은 그가 아는 여자 중 가장 재치 있는 사람이었는데, 이보다 더 중요한 것은 헬렌이 남편을 이해하는 것을 넘어 그에게 필요한 기준점과 자극을 주었다는 것이다. 이에 대해서는 이들과 함께 지낸 R. C. 트리벨리언도 증언하고 있다. 그의 말은 로저 프라이에게 매우 중요한 관계에 대해 외부적인 시각에서 빛을 비추므로 인용해볼 만하다.

헬렌은 분명 내가 만나본 가장 매력 있고 총명한 여성들 가운데 하나다. 지적이라고 말하지는 않겠다. 순수하게 지적인 토론이나 사고방식에 대해서는 조금 성급한 면이 있었기 때문이다. 로저와의 대화에서도 그랬다. (…) 헬렌은 호불호의 이유를 찾기 좋아하

---

* 그리스 중부에 있는 산으로 시와 음악의 신 아폴론과 뮤즈 및 디오니소스, 님프들의 영지로 알려져 있으며 그림과 시를 지칭하는 말로 사용된다.

는 로저의 방식을 받아들이지 않았다. 화랑에 들어가면 헬렌은 자신이 좋아하는 그림을 단번에 알아보고 그쪽으로 향했다. 로저는 아내에게 다른 그림을 보여주려고 애썼고 (…) 자신이 좋아하는 방식으로 작품에 접근해주길 바랐으며 자신의 노력이 수포로 돌아가는 것을 보면 금세 침울해했다. (…) 헬렌은 로저에게 엄청나게 헌신적이었고, 가끔 웃으며 장난을 거는 것도 결코 그를 상처 입힐 만한 방식은 아니었다.

헬렌의 용모에 대해서는 다음과 같이 말했다.

아주 뛰어난 미모라고는 할 수 없는데도 헬렌은 매우 아름답다는 인상을 준다. 매력과 지성을 미와 구분하기 힘들 때가 종종 있다. 헬렌의 동작은 언제나 우아하고 여유로웠으며 말하는 방식도 그러하다. 감정이 풍부하게 드러나는 아름다운 목소리를 지녔으며 조용하고 유머러스하면서도 풍자하는 듯한 느낌을 주는 미소를 짓는다. 헬렌이 보티첼리의 〈봄〉에 나오는 이미지를 지녔다고 처음 말해준 건 아마 로저였던 것 같다.

이들의 오랜 우정은 로저의 아내가 함께해도 깨지지 않았고 오히려 더 돈독해졌다.

두 사람은 행복했고 부지런히 일했으나, 로저의 표현대로 수많은 걸작에 압도된 감정이 그림자가 되어 그들을 조금씩 뒤엎기 시작했다. 로저는 "이탈리아는 사람의 기를 꺾는다. 마치 말라리아처럼 겸손이 정신에 퍼진다"고 말했다.

런던의 의사가 진단한 헬렌의 병은 대수롭지 않은 것으로 드러났다. 그 대신 처음에는 너무 불확실해서 정체를 알 수 없었던 또 다른 불안감이 찾아왔다. 그 두려움이 합리적인 것인지 환상에 불과한 것인지는 알 수 없었으나, 그것은 끊임없이 되살아났다. 두 사람은 공포를 피하려는 의도로 이곳저곳 옮겨다녔다. 분명한 것은 로저 프라이가 아내를 돕기 위해 할 수 있는 것은 전부 했다는 것이다. 그의 인내와 연민은 지칠 줄 몰랐고 임기응변의 재능은 믿기 어려울 만큼 뛰어났다. 하지만 헬렌의 강박은 갈수록 심해졌다. 그리고 봄이 되어 이들이 영국으로 돌아왔을 때 마침내 재난이 닥쳤다. 정신착란이 나타난 것이다. "어제까지만 해도 행복한 줄만 알았던 나는 바보가 아닌가!" 로저는 함께 지냈던 R. C. 트리벨리언에게 편지를 썼다. "어젯밤 헬렌의 증상이 악화되었네. 무서운 증상이란 증상은 다 나타났어. 오늘 아내를 보호시설로 데려가려고 하네."

이 말 아래 깔린 고통은 아무리 과장해도 지나치지 않을 것이다. 아내가 발병하기 이전의 로저 프라이에 대해 쓰는 것은 훗날의 로저 프라이와는 근본적으로 다른 사람에 대해 쓰는 것이다. 그는 다시는 불안으로부터 완전히 자유로워지지 못했다. "전체로서 인생의 아름다움"이라는 것은 산산조각나고 말았다. 그가 의지하던 중심점도 크게 흔들렸다. 첫 번째 충격이 가시자 장기적인 투병으로 인한 고통이 뒤를 이었다. 그가 최악의 시나리오로 예상했던 죽음만은 피할 수 있었지만 희망과 절망이 반복되는 가운데

괴로운 나날이 끝없이 이어졌다. 이따금 헬렌을 볼 수 있었지만 다시 면회가 금지되고는 했다. 가장 견디기 힘든 것은 의사들이 미래에 대한 확신을 심어주지 못한다는 것이었다. 한없이 길어질 수도 있고 갑자기 발병한 것처럼 한순간에 사라질 수도 있다는 모호한 말뿐이었다. 로저는 이렇게 끔찍한 나날을 친구들—트리벨리언, 피어솔 스미스, 시커트 등은 모두 로저를 위해 할 수 있는 일을 다 했다—과 함께, 때로는 혼자서 보냈다. 그는 가능하면 시골에서 사는 것이 최선임을 알게 되었다. 그리고 이후에도 종종 실감했듯, 사적인 행복이 무너지는 사태를 견디려면 일에 몰두하는 수밖에 없다는 것도 깨달았다.

5장 끈질긴 믿음과 극단적인 망설임—창작과 비평

I

그 어느 때보다 더 절실한 돈을 벌기 위해서라도 일을 해야 했다. 그리고 기쁘게도 곧 일이 들어왔다. 『아테네움』에서 이 무렵 그를 수석 미술비평가로 위촉한 것이다. 당시 『아테네움』은 미술에 넉넉한 지면을 할애하고 있었다. 그들은 로저가 일주일에 한두 편의 칼럼을 통해 비평란에 견해를 표하도록 해주었다. 평화롭던 그 시절, 여가 시간을 활용해 교양을 쌓았던 독자들은 현대 예술뿐만 아니라 회화 기법에 대해서도 궁금한 것이 많아서 템페라 기법˚이라든지 라파엘리의 새로운 색연필이 가진 장점 같은 것을 알고 싶어했다. 독자는 작은 활자들로 인쇄된 옛 대가들에 대한 긴 논문을 견뎌냈다. 어떤 그림이 벨리니의 붓끝에서 나온 것이고, 어떤 그림이 제자들의 작품인지에 대한 글이었다. 이 일은 로저 프라이에게 재정적으로뿐 아니라 여행 중 집중적으로 그림을 감상하며 형성한 견해를 정리해서 밝히고 마음속을 비울 수 있는 소중한 기회였다. 그는 보기 드문 정열과 독립성을 가지고 이 기회를 활용했다. 신문을 스크랩한 뭉치가 이를 증명한다. 훗날 누

˚ 달걀노른자나 아교질, 벌꿀, 무화과나무의 수액 등을 용매로 사용해 안료와 섞어 만든 물감으로 그리는 기법.

군가 로저 프라이의 길고도 모험적인 미술비평가로서의 경력을 추적하고 싶다면, 바로 이 바랜 인쇄 지면에서 그 근원을 찾을 수 있을 것이다. 일반 관객Common Seer — 존슨 박사가 말한 일반 독자Common Reader* 개념에 빗대어 말하자면 — 즉 프란치스코 페셀리노나 마테오 다 시에나라는 이름은 아무런 의미가 없고, 1900년 무렵의 영국 회화는 낯설고 희미하게만 느껴지는 이들에게조차 로저의 옛 비평 기사는 유난히 생생한 느낌을 주었고, 또렷하면서도 재미있게 느껴졌다. 로저에게 글쓰기가 종종 고된 노동이었으며, 그 흔적은 인쇄 면에 남기 마련이라는 점에서 이는 놀라운 일이다. 로저는 타고난 작가도 아니었다. 시먼즈나 페이터와 비교한다면 그는 본능적인 애착이 없는 매체로 최선을 다하는 아마추어에 불과했다. 아마 이런 이유 덕분에 그가 다른 이들이 받았던 유혹에서 비껴갈 수 있었는지 모른다. 로저는 산문시를 쓰거나 그림을 인생론을 위한 텍스트 삼는 식으로 궤도를 벗어나지 않았다. 그는 그림을 그림 그 자체로, 그 외에는 다른 무엇도 아닌 것처럼 썼다. 하지만 이런 시도는 그 자체로 난관을 불러왔다. "비평가는 미술작품에 대한 자신의 반응을 분명하게 인식했다면, 이것을 말로 옮겨야 한다." 그런데 표현할 언어가 없었다. 초기 비평에서 로저는 문학이나 음악비평에서 사용하는 용어로 그럭저럭 변통했다. 어느 때는 셰익스피어나 블레이크를 인용하는 방법으로 해결

---

* 버지니아 울프는 새뮤얼 존슨이 시적 언어를 비판하며 사용한 이 용어를 기반으로 『일반 독자Common Reader』라는 평론집을 출간한 적이 있다.

하기도 했다. 때로는 자신의 감상을 표현하는 것을 포기하기도 했는데 음악으로만 표현될 수 있는 느낌을 받을 때가 있었기 때문이다. 그가 사람들의 마음을 교묘하게 파고드는 언어를 스스로 단련하기까지는 길고 고된 세월이 필요했다. 이런 난관에도 불구하고, 어쩌면 이런 난관 덕분에, 일반 관객 역시 이 오래된 글 속에 의미의 압력을 받으며 글을 쓰는 한 사람이 있음을 느낄 수 있었다. 로저에게는 비평가의 역할에 대한 뚜렷한 소신이 있었다. 이런 생각은 곧 다음과 같이 분명해진다. 그는 초기 비평에서 이렇게 썼다.

리케츠는 '독일 미술사가들 Kunstforschern'의 고통스러운 발굴 작업을 오직 그 작업을 정당화하는 유일한 목적을 위해, 즉 창의적이고 뛰어난 작품에 대한 더 깊은 이해를 위해 활용했다. 이런 시도는 세대마다 되풀이되어야 한다. 페이터는 어떤 점에서 마지막으로 이런 시도를 한 사람이었다. 이런 감상 및 해석 작업의 연속적인 수행은 각각 더 풍부한 지식에 기반을 두며, 완전성과 최종성에 더 가까워진다.

이것이 여기저기 흩어져 있는 비평의 배후에 깔린 기본적인 발상이다. 그리고 여기서 비평의 맥락과 진지함이 나온다. 때로 이런 비평은 덧없는 것 — 워커 Frederick Walker의 〈패링퍼드 숲의 황혼 Twilight in the Parringford Woods〉이나 패터슨의 〈분홍 장미 Pink Roses〉 같은 그림들 — 을 다루는 것처럼 보이지만 각각의 그림은 곧 제자리를 찾아가며, 독자는 계획되고 지속적인 발견을 위해 탐험을 한다는 느낌을 받는다. 로저는 깊은 지식을 배경으로 한 것처럼 적극적으로 주장하며 공개적인 발언도 서슴지 않는다. 어떤 수식이나 회피도 없다. 탐험 또한 광범위한 영역에서 펼쳐지며 초기 이탈리아 회화로 돌아가기도 하고, 프랑스와 네덜란드 주변의 세계를 더듬기도 하며, 다른 나라에 흩어져 있는 생각을 바탕으로 특정 그림에 접근하기도 한다. 이때 맛보는 감동은 대단하다. 아무리 많은 판단이 신속하게 내려지고 또 아무리 낯선 영역으로 이끌어간다고 해도 그것이 전하고자 하는 바는 분명하다. 바로 회화 예술이 지대한 중요성을 지녔다는 것이다. 몇 가지 인용문은 이런 주장을 정당화해줄 뿐만 아니라 로저 프라이가 1900년 무렵 『아테네움』의 비평가로서 화랑을 돌아다닐 때 마주했던 풍경과 사라진 인물들을 보여 줄 것이다.

물론 처음에는 왕립 미술 아카데미가 거대한 모습을 불쑥 드러낸다. 아카데미는 당시 미술계에서 중요한 존재였다. 로저 프라이는 결코 아카데미 자체에 반대하지 않았다. 아카데미는 그 나름의 역할을 했다. 그는 아카데미가 "탐구적이고 학술적인 의견을 위한 능률적인 기관"이 될 수 있다고 말했다. 아카데미는 "배관이나 목공예 전통이 훌륭하게 지속되는 것만큼이나 장인 정신을 보존"할 수 있었다. 실제로 과거 아카데미 회원들은 이런 일을 했고 그 전통은 나이 든 사람들 사이에 아직 남아 있었다. 그는 윌리엄 에티와 제임스 샌트의 작품을 높이 평가했다. 그리고 현존하는 왕립 미술 아카데미 회원의 경우, 적어도 한 사람의 작품에 대해서는 반복해서 최고의 찬사를 보냈다. 조지 프레더릭 와츠 George

Frederic Watts가 그린 요아힘이나 가리발디, 서머스 백작부인의 초상화가 "영국 미술사 전체를 통틀어 가장 위대한 작품들과 견줄 수 있다"고 말한 것이다. 이 작품들은 "우리가 영국 예술의 위대하고 진실한 왕립 미술 아카데미의 전통에서 완전히 벗어나지 않았음"을 보여주기에 충분했다.

 하지만 이런 질문이 끊임없이 되풀이된다. "영국 왕립 미술 아카데미는 무엇을 대표하는가? 어떤 전통을 지지하는가? 아카데미는 학생들에게 무엇을 가르치는가?" 대답 역시 되풀이되는데 "왕립 미술 아카데미는 해가 갈수록 점점 더 거대한 농담이 되어 엄숙한 연출 아래 대중에게 상연되고 있다. 대중은 더 이상 그에 넘어가지 않지만, 너무나도 습관의 노예가 된 나머지 이를 드러내지도 못하고 있다"는 것이었다. 로저는 아카데미 회원들의 작품을 꽤 상세하고 솔직하게 비판했다. 원장인 에드워드 포인터 경도 예외는 아니었다. 로저 프라이는 "원장의 경력은 근면함과 특출한 재능, 철저한 사업적 태도가 다소 운 좋게 작용한 평범한 감각과 결합할 때 어떻게 성공으로 이어질 수 있는지, 더불어 어떻게 감상성이 상상력을 점차 대체하게 되는지, 그리고 그 변화가 어떤 이익을 수반하는지를 보여준다"라고 언급했다. 아카데미의 회원인 구달에 대해서는 "사유의 불안도, 예술적 야심도 그의 평온한 마음을 방해한 적이 없다니 실로 흐뭇하다"고 말했다. 명예 회원인 존 콜리어는 "빤하고 무의미한 것들을 마치 중요한 것처럼 집요하게 드러내는 데 있어서는 카메라를 능가하는" 사람으로 소개된다. 언급된 사람들은 영국 예술의 수뇌부였으며 국가가 미술 진흥을 위해 제공하는 장려 기금을 통제하는 위치에 있었다. 그는 어떤 극장이 고전극을 제작하라는 용도로 국가에서 주는 연례 기금을 착복해서 〈찰리의 아주머니 Charley's Aunt〉*를 1000회나 상연한 것 같다고 말했다. 요컨대 로저는 왕립 미술 아카데미를 보면 "종종 우리 영국인들은 상상력이 풍부한 삶을 누릴 능력이 아예 없어서 가혹하고 인색한 청교도주의 외에는 아무것도 어울리지 않는다고 생각하게 된다"고 했다. 현재 영국 예술의 상황은 혼란스럽다.

그러나 일부 비학술적 집단들은 "이 상업적인 속물주의를 배경으로 하는 거대한 무형의 반발적 집합체"에 반대했다. 그중에서 가장 유명한 것이 NEAC다. 로저가 거듭 언급했듯이, 런던에서 진지한 관심을 불러일으키는 전시회들은 여기서 열리는 것들뿐이었다. 비평가들은 오직 그곳에서만 진지한 비평을 펼칠 수 있었다. 그는 반복해서 스티어와 콘더, 시커트, 섀넌, 로덴스타인의 작품을 세심하게 검토하고 찬사를 표했다. 찬사 자체는 부드러웠지만 동시에 비판적이었는데, 그 이유는 1902년에 열린 전시회에 관한 글에서 상당히 길게 설명하고 있다.

흔히들 이 협회에 대해 전제하는 것, 즉 진지하고 정력적이며 젊은 예술가들은 이곳에 출품하기 때문에 여기야말로 영국 회화의 부흥 신호를 찾아낼 만한 곳이라는 의견을 인정한다면, 이번 전시

---

*   런던 초연에서만 1466회 공연이라는 기록을 세운 브랜든 토머스의 3막짜리 익살극.

회는 좀처럼 낙관적인 느낌을 주지 못한다. 이 화가들의 진지함, 그리고 대형 전시회를 특징짓는 저속함이나 감상성을 찾아볼 수 없다는 점이 오히려 이들의 정서적, 지적 빈곤을 두드러지게 한다. 이런 말로 각각의 예술가를 평가절하하려는 의도는 추호도 없다. 그들의 불운은 그저 문화 혁명 시대의 "정체기"에 태어났다는 것뿐이다. 하지만 그런 시점이 이미 도달한 것이 사실이다. 우리는 풍요롭고 감동적인 아이디어가 유행처럼 번지던 초기 라파엘 전파의 시대나 보통의 능력을 가진 사람도 타고난 한계를 넘어설 수 있도록 상상력을 자극하던 시대의 정반대에 와 있다. 우리는 재능을 펼칠 수 있는 훌륭한 전시회를 열고 있고, 또 한두 사람의 경우 주목할 만한 재능을 보여주고 있지만, 그 재능에 적절한 투자를 하려는 노력은 보이지 않는다. 이 전시회만 따로 놓고 본다면 이 예술가들은 실패에 대한 두려움에 떨고 있으며 그들의 자원을 증진하고 극단의 긴장 속에서 힘을 단련시켜줄 어렵고 위험한 업적을 시도할 야망을 결여한 것으로 보인다.

예를 들어 스티어 씨의 〈세번 계곡 Valley of the Severn〉 같은 풍경화는 현대 사상의 조건이 좀더 모험적인 정신을 장려하기만 한다면 얼마나 위대한 작품이 나올 수 있는지를 보여준다. 평범한 화가라면 여기까지 온 것만으로도 만족스러웠겠지만, 스티어 씨의 경우에는 그의 아이디어가 지닌 가능성을 끝까지 추구하지 않았다는데서 실망스럽게 느껴진다. 과거에 예술가의 훈련 중 가장 중요한 부분으로 간주되던 창조력을 단련하기만 한다면 그는 풍경과 대기 효과에 대한 그의 훌륭한 시적 감정을 훨씬 더 강렬하게 표현할 수 있을 것이다. 물론 이렇게 말해봤자 소용은 없을 것 같다. 이 시대의 기묘한 역설 중 하나는 일반적으로 가장 유능한 예술가들이 오히려 창조력의 연마를 얕잡아 본다는 것이기 때문이다. 그들은 미학적인 궤변에 너무 많은 영향을 받은 나머지 회화적 관습을 완전히 활용하길 거부한다. 그들이 마련한 자의적인 규칙이란, 주어진 장면에서 원하는 것은 무엇이든 배제할 수 있지만, 아무리 조화를 더해주고 아이디어를 강화하는 것이라고 해도 당장 머릿속에 또렷하게 떠오르지 않는 형상이라면 그려넣어선 안 된다는 것이다.

이것이 로저 프라이가 마음속에 품어온 생각이자 시도한 이론의 일부다. 그러나 이론은 늘 구체적인 사례에 적용되어야 했고, 그건 그리 쉬운 일이 아니었다. NEAC 전시회에 출품한 예술가 중 가장 유명한 사람은 존 싱어 사전트John Singer Sargent였다. 사전트는 당시 비평가나 대중 모두에게 가장 훌륭한 화가로 인정받고 있었다. 로저 프라이는 이런 평판에 동의하지 않았다. 그는 즉각적으로, 그리고 서슴없이 사전트를 비난했다. 1900년에는 "사전트는 단지 외관을 압축하고 요약하는 작가에 지나지 않는다"라고 말했다. 사전트의 초상화 〈엘코 여사, 아디안 부인, 테넌트 부인Lady Elcho, Mrs. Adeane and Mrs. Tennant〉에 대해서는 다음과 같이 썼다. "토머스 로렌스 경 이후로 세태의 특징을 이렇게 정확히 포착하고, 그것을 사회 분위기와 완벽히 맞아떨어지도록 세련되고 생동감 있게 화폭에 옮긴 사람은 아무도 없었다. 하지만 그는 자신이 그토록 화려하게 그려내는 오후의 사교 자리에서 거리낌 없이 드러낼 수 있는 것이 아니면 절대 상상할 수 없는 것처럼 보인다." 이언 해밀턴 경의 초상화를 보았을 때는 "사람이 아니라 외모만 보인다"고 외쳤다. 그리고 사전트가 그린 포틀랜드 공작의 초상화 앞에 섰을 때는 자신의 느낌을 다음과 같은 순서로 기록했다. "첫째, 공작이 어루만지는 콜리 종 개는 털이 아주 하얗다. 둘째, 공작의 부츠는 너무 닦아서 번쩍거린다. 셋째, 공작의 옷깃은 매우 크고 매우 빳빳하게 풀을 먹였다. 넷째, 공작의 얼굴은 초상화를 위해 서 있는 동안 햇볕에 탔다. 이 뒤에야 비로소 공작 자신의 이야기를 할 수 있겠다." 하지만 정작 공작에 이르렀을 때는 "사전트 씨의 요란한 화법에 이미 마비된 상태라 아무것도 볼 수 없었다". 다른 사람이 어떤 평가를 내리든 로저에게 사전트는 예술적 가치가 전혀 없는, 재기 넘치는 저널리스트에 불과하며, 전문 사진가처럼 오래도록 관심을 끌지도 못할 것이었다. 이런 판단이 옳든 그르든, 로저 프라이는 자신의 견해를 서슴없이 드러냈다.

하지만 다행히 1900년 무렵의 현대 미술은 영국 미술에만 국한되는 것이 아니었다. 1906년 '국제 협회'는 뉴 갤러리에서 전시회를 개최했다. 로저 프라이가 세잔을 제대로 본 것은 이때가 처음이었던 것 같다. 보통 때처럼 그는 벽을 따라 찬찬히 감상하며 먼저 조각작품에 대해 기록했다. 로댕의 작품이 있었고 바르톨로

---

* 1898년부터 1925년 사이에 존속했던 직업미술가 연맹인 국제 조소가·화가 협회 International Society of Sculptors, Painters and Gravers를 말한다.

메^{Albert Bartholomé}의 중요한 작품도 두 점이 있었으며, 웰스 씨의 뛰어난 작은 조각상도 보였다. 스털링 리^{Stirling Lee}의 두상작품은 "양식에 대한 감각이 조금 부족하기는 해도" 대리석 처리 기법은 감탄스러울 정도였다. 그리고 마침내 그는 북쪽 전시실에서 열리는 베르트하임 컬렉션으로 갔다. 세잔의 정물화가 그곳에 있었다. 훗날 로저가 그 대가에 대해 쓰는 글을 생각한다면 이때의 첫인상 전체를 여기에 옮겨도 좋을 것이다.

진정 이 작품에선 런던에서는 결코 보지 못했던 인상파의 확실한 면면을 엿볼 수 있다. 그래프턴 갤러리에서 열렸던 폴 뒤랑뤼엘의 전시회에 세잔의 작품이 몇몇 있었지만 이 갤러리에 전시된 정물화(no. 199)와 풍경화(no. 205)처럼 그의 독특한 천재성을 명확히 보여주는 것은 없었다. 정물화에서 세잔은 자신에게 내재한 예술의 한 측면을 극단적으로 개발하면서 마네로 돌아간다는 인상을 준다. 마네의 작품에도 원시적인 분위기가 배어 있고, 그의 초기작은 우연한 요소를 과장해 향토색을 희석하기는커녕, 오히려 브뢰겔^{Pieter Bruegel the Elder}의 작품을 연상시킬 정도로 솔직하게 말하는 경향이 있다. 이 갤러리에 전시된 마네의 〈여인의 초상^{Tete de Femme}〉도 그런 화풍의 한 예로 볼 수 있다. 그리고 세잔의 정물화는 여기서 한발 더 나아간다. 냅킨의 흰색과 백랍의 감칠맛 나는 회색에는 질그릇의 생생한 녹색만큼이나 적극적이고 강렬한 향토색의 질감이 담뿍 배어 있다. 그리고 전체적으로는 대비 요소의 장식적 가치가 강조된다. 명암은 완전히 이 목적에 종속된다. 양식상 필요할 때는 음영의 흰 부분을 검게 칠함으로써 인상파의 과학 이론에서 핵심이라 주장한 외관의 규칙에 완전한 무관심을 드러낸다. 풍경화에서도 똑같은 장식적 의도를 발견할 수 있는데, 여기에 빛에 대한 놀라운 감각이 더해진다. 조명의 측면에서 절대적인 환상을 자아내는 하늘과 연못에 비친 그 모습은 이전의 풍경화에서는 전혀 표현되지 않았던 기법이다. 하늘은 언덕 뒤쪽에서 놀랍도록 희미해진 가운데 거꾸로 연못에 비친 오목한 모양에서는 반대 효과가 나타난다. 그리고 이 효과는 전통적인 명암대조법 없이, 단순히 색의 값을 완벽하게 포착하는 본능적인 감각만으로 이루어진 것이다. 지금까지 세잔의 천재성에 회의적이었음을 고백한다. 여기에 전시된 두 작품은 완전히 독특하고 개성적인 힘을 드러내고 있다. 비록 작가의 호소력에 한계가 있고 상상력이 풍부한 삶에서 비롯되는 좀더 섬세한 층위를 건드리고 있지는 못하지만 그럼에도 불구하고 완벽하다고 할 수 있다.

이 글을 보면 로저가 신혼여행 기간에 카르타고의 모래밭에서 사금파리와 손톱으로 주두를 파내던 모습을 묘사한 편지의 구절이 떠오른다. 그 순간 세잔은 여전히 모래에 반쯤 파묻혀 있는 듯 보인다. 하지만 반쯤 파묻힌 상태로도 그는 여전히 존재했고, 비평가에게는 다른 일들이 기다리고 있었다. 비평가의 임무는 단순히 화랑을 둘러보는 것에 국한되지 않기 때문이다. 예술가와 대중은 어떻게든 연결되어야 한다. 예술가가 자신을 먹여 살리는 사람에게 공정한 대우를 받는지 살피는 것 역시 비평가의 임무에 속한다. 그리고 로저 프라이가 당시 지적한 대로, 예술가는 "지극히 개별적인 존재이며, 예술가로서의 자질이 클수록 더욱 그렇기 때문에 동료들과 어떤 목적을 위해 협력하기 어렵다." 이 두 영역을 중재하는 것이 비평가에게 주어진 임무였고, 로저 프라이는 자신이 하는 일의 실용적인 측면을 진지하게 떠맡았다. 무엇보다 그는 제도권에서 겁이 없고 솔직한 비평가였다. 그는 챈트리 기금˚의 신탁 관리인들을 공격했다. 그리고 마침내 내셔널 갤러리의 책임자들이 가진 의혹을 파고들었다. 로저는 이곳을 "취향이 제각각이고 어떤 점에서는 완전히 경험적인 취향이 밴 신사들"이라고 할 신탁 관리인단이 다스린다는 점을 지적했다. 그래서 자기 시대의 특징을 두드러지게 강조한 작품, 간단히 말해 훌륭한 작품은 어느 것이든 맹렬한 반대에 부딪칠 것이었다. 신탁 관리인단은 타협을 강요받을 것이다. "절대적이고 결정적인 의지를 가진 예술활동과 불구대천의 적이라고 할 타협이 국가에서 입수하는 모든 작품을 지배하려 할 것이다." 로저는 절대적인 권한을 지닌 한 명의 피신탁인이 있어야 한다고 주장했다. 예술 기금을 위한 자금을 조달할 방안에 대해서는 창의적이고 어쩌면 낙관적이라고 할 방법을 제안했다. 그는 "모든 미술품 판매액의 1퍼센트를 세금으로 부과하고, 이 세금을 우표로 징수해 해당 우표가 없으면 영수증은 무효가 되도록 해야 한다"고 제안했다. 그는 이 계획이 "너무나 완벽하

˚ 1875년 왕립 미술 아카데미 회원인 F. L. 챈트리 경의 뜻에 따라 거금 10만 5000파운드의 유산에서 나오는 수익을 다섯 개 신탁 기구로 분배해 영국 내의 회화 및 조각 예술을 지원토록 한 기금.

172

게 실현 가능하며 너무나 간단하면서도 그 타당성을 입증할 가능성이 너무나 높기에 실행 가능성을 의심하기 힘들 것"이라고 말했다. 1906년의 일이었다.

비평가 임무의 이런 샛길에 로저는 총력을 기울였다. 하지만 『아테네움』에 관한 한 그의 주 임무는 당시 유통되는 그림을 계속 주시하고 어떤 경향이 많은 결실을 맺고 어떤 경향이 쓸모없는지 지적하는 것이었다. 한 가지 더 인용하면 그가 현재에 집중하면서도 미래를 내다보는 일에 얼마나 열심이었는지 알 수 있을 것이다. 그는 1904년 11월 19일자로 다음과 같이 썼다.

NEAC가 지금까지 이만큼 중요한 전시회를 개최한 적이 있었는지 모르겠다. 유명한 예술가만 거론한다고 해도 사전트 씨, 스티어 씨, 로덴스타인 씨, 존 씨, 오펀 씨 등이 모두 여기서 최선을 다했다. 하지만 이들의 전통과 기법은 이미 새로운 사상들로 대체되고 있다. 그것들은 더 이상 존 씨가 가장 두드러지는 인물이었던 집단에서 제시된 '최신 유행'이 아니다.

두 그룹 간의 차이가 점점 더 분명한 대조를 이루고 있으며, 현재의 전시회에서는 확실히 감지된다. 젊은 작가들이 힘을 계승하고 있기 때문이다. 그 차이는 이들이 눈앞의 대상에 접근하는 방식으로 설명될는지도 모른다. 나이 든 화가들은 모두 어느 정도는 인상파다. 바꿔 말하면 그들이 자연에 접근하는 것은 대상의 구성 요소 속에서 자연을 분석하기 위해서가 아니라 외관의 요소를 분석하기 위해서다. 하지만 이전의 전통으로 진정 돌아가는 젊은 작가들은 한발 더 나아가 가치의 원인을 파고들면서 실제 형태와 구조 속에서 분석을 수행한다. 이런 분석을 기록한 다음, 특별하거나 우연한 명암의 조건을 추가하고 색을 입히면 마침내 전체적인 외관이 되살아난다. 나이 든 그룹, 즉 인상파는 처음부터 끝까지 회화를 그리는 '화가'였으며, 어쩌다 드물게 소묘나 명암법에 손을 댔을 뿐이다. 그런데 젊은이들은 모든 예술의 기초를 소묘에 둔다. 그런 다음에야 회화 기법을 익힌다. 우리는 젊은 작가 그룹이 더 나은 방법을 파악했다고 믿는다. 이 방법은 끝없는 표현의 가능성과 더 깊은 감정의 호소를 허용한다. 뿐만 아니라 그림을 배우는 데 훨씬 오랜 시간이 걸린다고 해도, 신중한 방법론 덕분에 궁극적으로 더 나은 그림을 그릴 수 있게 될 것이다. 존 씨는 올해 비로소 화가가 될 가망을 보이고 있다. 소묘가로서 지닌 관점의 논리가 자신을 어디로 이끌어야 하는지 마침내 알게 된 것이다. 이런 단계를 밟으면서 그는 이미 매체를 통제하는 수준에 이르렀는데 이는 한두 해 전의 작품과 비교하면 놀라운 수준이다. 이와 비슷한 작품을 찾으려면 앨프리드 스테방스나 에티 또는 초기의 와츠로까지 돌아가야 한다. 사람들은 분명 밑바닥 생활에 대한 그의 애착을 보며 불만을 터뜨릴 것이다. 루벤스 작품의 통통한 금발 여성들을 보며 불만을 터뜨리듯이 말이다. 하지만 다른 경우와 마찬가지로 이번에도 우리는 그의 장악력 앞에서 고개를 숙일 수밖에 없다. 현대인의 생활에는 수많은 사건이 끼어들어 결실을 볼 수 있는 예술가의 재능을 빼앗을 수도 있다. 하지만 예술가의 기질과 운명이 서로 어긋나지만 않는다면 앞으로 존 씨의 그

림이 가져올 미래가 얼마나 드높은 경지에 이를지는 감히 말할 수
없다.

　논평과 비평의 흐름은 이런 식으로 계속 이어진다. 그렇다보니
상당 부분 하찮거나 단명한 것까지 다룰 수밖에 없었다. 40년 전
에는 황혼의 패링퍼드를 그린 그림이 흔했고 분홍 장미의 봉오리
를 그린 그림도 많았다. 이때 구상한 많은 이론은 훗날 더 완전하
게 다듬어졌다. 그 사이 많은 그룹이 노선을 바꿨고 일부는 주장
의 강도가 변했다. 로저의 판단이 옳든 틀리든 그것은 개인적이
고 독립적인 판단이었다. 그것은 외관 너머에 있는 속을 들여다보
는 것이었고 특수한 예를 일반적인 생각과 관련지어 보는 것이었
다. 칭찬과 비난은 모두 직설적이었지만 언제나 예술가가 아니라
예술에 맞춰져 있었다. 다만 독자를 덧없고 우연한 것의 범위 너
머로 이끌어내는 그 질적 수준은 인용으로는 전하기 힘들다. 그것
은 살아 있는 생생한 그림을 그리게 하고 예술을 중시하게 만드는
로저의 힘이었다. 예술의 기능에 대한 장황한 논평은 설사 그것이
비평가 자신의 취향이라고 하더라도 『아테네움』과는 어울리지
않았을 것이다. 그러나 그의 신념은, 뿌리 깊은 신념이 늘 그렇듯,
정형화된 표현 없이도 그의 분노와 풍자, 그리고 근본적인 진지함
속에서 드러난다. 때로는 그 신념이 표면에 나타나기도 했다. 예
컨대 와츠가 세상을 떠났을 때 로저는 이런 말로 그에게 경의를
표했다. "그는 예술을 문명화된 삶을 완결시키는 데 꼭 필요한 기
능으로 바라보았다. 예술을 현대 문명이 사치스러운 야만성에 빠

지지 않도록 만드는, 품위 있고 사욕 없는 활동으로 여긴 것이다."
와츠는 적어도 "예술은 오로지 게으르고 무식한 부자들만을 위한
오락이고 사치이며, 스티븐슨이 말했듯, 예술가는 결국 매춘부에
불과하다"는 견해에 언제나 끝까지 저항한 인물이었다. 화가로서
의 결함이 무엇이었든, 와츠는 바로 이런 점 덕분에 영원한 명예
의 자리를 차지할 수 있었다. 로저 프라이의 견해에 따르면 빅토
리아시대의 예술을 믿을 수 없을 만큼 천박한 수준으로 떨어뜨린
거대한 "상업적 속물 집단"에 속했음에도 말이다.

로저가 "창의적이고 뛰어난 작품에 대한 더 깊은 이해를 위해"
세대마다 반복되어야만 한다고 말했던 차별화와 해석의 작업을
수행할 자격을 갖춰가고 있었다는 증거는 이 같은 옛날 비평 기사
에서 얼마든지 찾아볼 수 있다. 또 이 기사들은 로저가 가장 눈썰
미 없는 외부인조차 색으로 채워진 사각의 캔버스 속의 현실적이
고 흥미진진한 무언가를 느끼게 하는 힘을 지니고 있었음을 보여
준다. 더 나아가 "독일 미술사학자들의 고통스럽고 지난한 발굴
작업"과 같은 일을 해낼 능력을 점차 쌓아가고 있었다는 증거도
보인다. 로저는 어떤 작품이 프라 바르톨롬메오Fra Bartolommeo가 아
니라 브레샤니노Andrea del Bescianino의 손을 거쳐 나왔다든가, "완티
지 여사의 〈아담과 이브Adam and Eve〉는 브론치노의 작품이 아니라
파르마 출신의 화가, 아마도 파르미자니노Parmigianino의 영향권에
서 활동한 마촐라 베돌리Mazzola Bedoli의 작품일 것이다"라고 주장
할 수 있었다. 하지만 이런 전문적인 업적은 늘 비평가 본연의 임
무에 비하면 부수적인 것이어서 그 자체로는 가치가 없었다. 로저

프라이는 비평가라면 자신의 학식이 아니라 감성을 믿어야 한다고 끊임없이 주장했다. 비평가는 온갖 인상과 경험에, 과학과 음악, 그리고 시에 자신을 열어두어야 하며, 경험으로 인해 바뀐 관점을 수정하는 것을 두려워하면 안 된다는 것이다. 이렇게 신문에서 오려낸 옛날 기사가 혼잡한 상태로 보관되어 있다는 것은 어쩌면 상징적인 의미를 지니는지도 모른다. 그것은 여권이나 호텔 계산서, 각종 스케치와 시, 그림을 보면서 적은 기록과 뒤섞여 있었다. 그러나 로저가 전문가로서 성공을 거둔 것에 만족할 수 없었던 또 하나의 이유가 있었는데, 이는 기사가 아니라 어느 편지를 통해 알 수 있다. 그는 1898년 R. C. 트리벨리언에게 보낸 편지에서 이렇게 썼다. "열심히 글을 쓰고 있네만, 가장 중요한 헬렌을 신경 쓰다가 전혀 관심 없는 비솔리의 사망 날짜로 옮겨가기란 정말 쉽지 않군."

II

헬렌 프라이는 차츰 회복했다. 1899년 초, 로저는 도킹 부근에 얻은 작은 집으로 아내를 데려올 수 있었다. 그는 크게 안심했다. 단숨에 행복을 되찾은 기분이었다. "헬렌과 다시 지내게 되니 얼마나 좋은지 몰라요. 드디어 우리만의 집에서 살 수 있다니 도저히 믿을 수가 없네요"라고 로저는 모친에게 썼다. 버너스 스트리트에 집을 얻고 그곳에서 각자 예술가로서의 삶을 누린다는 장래의 계획은 포기해야만 했다. 헬렌을 집중적으로 돌봐야 했기 때문이다. 때로는 의사, 때로는 간호사 역할을 해야 했고 마음 한구석에는 늘 불안감이 있었다. 그럼에도 그는 최악의 상황에서 자신을 노와준 R. C. 트리벨리언에게 "여기서 시낸 한 달의 시간은 과거 어느 때보다 행복했네. 우리 둘 모두에게 말이야"라고 썼다. 편지는 이 글을 쓰는 중에도 헬렌이 자신을 보고 웃으며 "강연자 흉내를 내는 나를 놀리고 있다"는 내용으로 이어진다.

교양 계층은 그를 강연자로서 점점 더 진지하게, 어쩌면 지나칠 정도로 진지하게 받아들이기 시작했다. 그는 지방에서만이 아니라 레이턴 하우스와 앨버트 기념관에서도 강의를 했다. 케임브리지에서는 베네치아 회화에 대한 강의를 맡았는데 그 강의 계획서가 아직 남아 있다. 모교인지라 친구들—로건 피어솔 스미스, 베런슨 부부, 데즈먼드 매카시Desmond MacCarthy—이 찾아왔다. 한결같이 옛 편지를 떠올리게 하는 이름들이다. 이들은 찾아왔고 함께 식사를 했고 이야기를 나누었다. 여기서 울리던 희미한 메아리가 지금도 들리는 것만 같다. 스티븐 필립스의 새 희곡『파올로와 프란체스카Paolo and Francesca』가 걸작인지 졸작인지를 두고 토론이 일었는데 로저는 단호하게 말했다. "정확히 영국인이 좋아하는 스타일이야. 유해하지 않고, 충격을 주거나 정신을 어지럽게 만드는 참된 시적 힘도 없지. 그래서 평론가들은 소포클레스나 단테의 작품과는 비교도 안 된다는 말을 조금이라도 더 빨리 내뱉고 싶어서 서로 엎치락뒤치락하는 중이야." 로저는 서평을 쓰고 있었다. 책상에는 "바벨탑만큼이나 높고 아마 그만큼 이해하기 어려울" 책 더미가 쌓여 있었다. 책상에는 책 더미가 "바벨탑만큼이나 높이, 또 내가 이해해주기를 기대하는 것처럼" 쌓여 있었다. 그중에는 로우스 디킨슨이 쓴 『존 차이나맨에게 보내는 편지Letters to John Chinaman』도 있었다. 로저는 이 책에 감동한 나머지 저자인 디킨슨에게 편지를 보냈다. "참으로 멋진 글에 놀랐네. 이토록 훌륭한 산문은 오랜만에 보는 것 같아. 자네만이 쓸 수 있는 글이라고 할까. 추가한 장들은 단연 압권일세. 어떤 점에서는 자네가 쓴 글 중 최고라는 생각이 드네. 아무튼 더 크고 자유롭게 비상하는 느낌이야. 최근 1~2년간의 환멸 때문에 나는 아직 웅변술과 수사가 부족하다는 생각이 들었네. 이성적인 사람은 자신의 견해를 그 이성의 진가에만 의지해서 단순하게 보여줄 처지가 못 되고, 비이성적인 사람도 이해하게끔 감정의 언어로 말을 해야 하지. 그런데 미국인들이란 참." 화제는 책상에 있는 또 다른 책으로 옮겨갔다. "예일대의 홉킨스라는 사람이 쓴 미술사의 획기적인 시대에 관한 책을 보고 막 서평을 쓰는 중인데, 무색무취한 머리통에서 뒤엉켜 어지럽게 쏟아져 나온 잡다한 정보들의 난장판 같은 책이라네. 하지만 이 모든 실망과 그 밖의 수많은 병폐 속에서도 맥스 비어봄의 캐리커처 전시회는 위안이 되었지. 무척이나 놀라운 작품이라네. 존 불John Bull 시리즈가 있는데 어떻게 형용할 수가 없을 정도야. 범앵글로색슨권에 대한 참으로 멋지고 통쾌한 앙갚음이 아닐 수 없다네."

평소 계획과 프로젝트가 다시 고개를 들었다. 이탈리아든 서리 Surrey든 격리된 거주지를 찾아내 범앵글로색슨권의 간섭 없이 온전한 삶을 영위하려는 것이었다. 이 거창한 프로젝트는 무산되었지만 수행해야 할 소규모 사업들은 남아 있었다. R. C. 트리벨리언이 글을 쓰고 로저 프라이가 삽화를 맡은 책이 있었고, 인쇄 기술을 연구해 인쇄 업자들에게 복판화 인쇄하는 법을 가르쳐주어야 했으며 『벌링턴Burlington』과 『인디펜던트The Independent』과 같은 새로운 잡지들이 창간되어야 했는데 매번 그랬듯이 이전에 보았던 어느 잡지보다도 뛰어나야 했다. 버티의 논설*은 정말 대단하다는 생각이 드네. 다만 나는 그런 태도의 논리적인 귀결이 반드시 체념이라고는 생각하지 않아. 분노가 어리석기는 해도 더 정당성이 있을 걸세. 아무튼 내가 볼 때 그의 태도는 너무 고상해. 나는 비겁한 '희망'에 매달리는 편이네.

작가인 친구들은 뛰어난 작품을 쓰고 있었다. 이제야 자신의 일에 착수할 수 있게 된 로저는 본인의 글에 결코 만족하지 못했다. "갈수록 미술비평에 진저리가 난다"라는 말을 비롯해 같은 취지의 수많은 말들 중 하나를 빌리자면 그는 "창작을 하고 싶은 마음이 간절"했다. 그러면서도 과연 자신이 창작을 할 수 있을지 의심했다. 그림은 그에게 가장 강렬한 기쁨을 주었지만 그것이 전시됐을 때 비평가들의 반응은 그를 우울하게 만들었다. 로저는 간혹 전시회를 열기도 했다. 알파인 클럽에서는 네빌 리턴Neville Lytton

---

* 사도회 후배인 버트런드 러셀이 1903년, 현대인을 완고한 전통 신앙에서 해방시키려는 의도로 쓴 「자유인의 신앙 A Free Man's Worship」을 말한다.

과 함께했고 카팩스와 그 밖의 화랑에서는 단독으로 전시회를 열었다. 그는 비평가들이 모두 똑같은 말을 한다고 불평했다. 그러므로 『웨스트민스터 가제트Westminster Gazette』의 비평가가 한 말이 평균치에 해당한다고 봐도 무방할 것이다. "비평가로서의 기능이 지나치게 강력해 광범위한 선례를 너무 많이 알면 자발성이 위협받기 십상이다. 프라이 씨가 본인의 모범적인 기준을 과도하게 따지면서 직감을 너무 믿지 못하는 것이 아닌지 의심된다." 이것이 그에 대한 일반적인 의견이었다. 비평가로서의 명성은 화가로서의 명성에 방해가 되었다. 대중은 그의 작품을 보기 전에 그 명성에 대한 꼬리표를 먼저 읽었다. 어쩌면 여기에 일말의 진실이 들어 있는지도 모른다. 앨프리드 손턴은 다음과 같이 썼다. "프라이의 그림은 생각이 지나친 것처럼 보인다. 언젠가 그에게 마음껏 기량을 펼치고 본인의 잠재의식에 자유를 허용하라고 제안한 적이 있다. '그 망할 것을 허용하면 모방작품밖에 나오지 않을 것'이라는 게 그의 대답이었다." 예술가는 그 '망할 것'에 어디까지 굴복해야 할까? 청교도주의적인 성장과정과 케임브리지의 훈련 과정을 거치면서 로저 프라이가 그 '망할 것'을 너무 심하게 억누른 것은 아닐까? 심리학자라면 로저가 "16세 소년 시절에 공상을 포기했다"는 사실에 주목할지도 모른다. 다시 말하지만 그는 음악을 들을 때 "이기적으로 우쭐하는 흥분"이 자신을 이긴다는 느낌을 받고 음악회에 가는 것을 포기한 사람이다. 어쩌면 잠재의식이 이런 끊임없는 검열에 분개해서 보복을 한 것인지도 모르겠다. 또는 그가 말년에 주장한 대로, 의식적이고 이지적으로 생산된 미술만이 본연의 질적 가치를 지닌 채 변치 않는 작품이 되기 때문일 수도 있다. 하여튼 그는 지칠 줄 모르고 그림을 그렸다. 자신의 세대와는 아무런 접촉이 없는 가운데, 자신의 재능에 대한 끈질긴 믿음과 극단적인 망설임이 뒤섞인 상태였다. 비평가들의 반응은 시들했고, 그는 어떤 형태로든 상업적인 성공은 거두지 못했다. 1900년쯤 열렸던 전시회들의 흔한 운명은 그가 비평가 중 한 사람에게 한 말로 요약할 수 있다. "언론에서는 주목하지 않았지만 제한적이나마 성공을 거두었다고 봅니다." 그림 열여섯 점이 팔렸고 그는 106파운드를 손에 쥐었다. 비평과 전문적 임시직은 그의 의지와 상관없이 강요되었다.

하지만 온갖 문제점을 안고 있는 비평이라는 일을 하려면 그림을 보아야 했고 그림을 보려면 외국으로 여행을 가야 했다. 헬렌 프라이가 회복되자마자 그들은 외국으로 떠났다. 그는 이 여행이 필요한 것인지 의심하는 부친에게 편지를 썼다. "분명히 말씀드리지만 시간을 낭비하는 것이 아닙니다. 가서도 계속 힘들게 일하거든요." 그의 말은 사실이었다. 로저는 60대가 되어서도 두 달 동안 매일 여섯 시간씩 베를린 일대의 화랑을 돌아다녔다. 로저는 이렇게 말했다. "그리고 저는 일을 빨리 해내는 편입니다."

베를린과 드레스덴, 암스테르담, 마드리드 일대의 화랑을 돌아다니던 30대에는 지식의 "빈틈을 메우며" 그림을 보는 일이 훨씬 더 만만찮았을 것이다. 그 증거로 그는 베를린 갤러리의 직원이 "점심 식사인지 뭔지"를 갖겠다며 "말도 안 되게 3시"에 문을 닫으려 하자 몹시 화를 냈다. 공립 미술관이 문을 닫을 때는 언제나 개인 컬렉션을 둘러보았다. 노트들이 계속 채워졌다. 그림을 보는 것은 그가 하는 일의 기본이었다. 그는 부친에게 이렇게 썼다. "아시다시피 제가 지금까지 거둔 성공은 모두 이탈리아에서 공부한 덕분입니다. 강의나 글쓰기뿐만 아니라 그림도요. 제 아이디어의 원천도, 아이디어를 구하기 위해 이따금 가봐야 하는 곳도 이탈리아예요. 세속적인 관점에서 보더라도, 젓던 노를 멈추고 안주하면서 최근의 사조와 접촉하지 않고 이탈리아 화가들에 대해 새롭게 연구하지 않는다면 그것만큼 어리석은 짓은 없을 겁니다." 이런 이유로 두 사람은 외국으로 떠났다. 이탈리아뿐 아니라 독일, 스페인, 네덜란드까지 여행했다.

생애 마지막까지 로저는 그림을 직접 보지 않고서는 책을 쓰지도 강의를 하지도 않았다. 새로 본 그림이 자신의 의견을 뒷받침하든 뒤엎든 상관없이 말이다. 영국에 있는 친구들에게 로저의 여행은 그가 본 그림에 대한 수많은 논평이 담긴 편지를 받는 것을 의미했다. 로저는 금년의 시각과 작년의 시각을 비교했다. 이것에 감탄하고 저것에 실망했으며 과거의 판단을 수정하면서 새로운 판단의 길로 들어섰고 즉석에서 이론을 만들어내 그것을 극단으로 밀고 나갔다. 이런 논평을 빠짐없이 인용하자면 아마 그것만으로도 여러 권의 책이 나올 테고, 이런 식으로 마음을 졸이던, 마치 달팽이 더듬이 같은 그의 감수성을 보여주려면 노련한 솜씨가 있어야 할 것이다. 하지만 다음 구절은 인용할 만한데, 비평적 가치 때문은 아니고 로저 프라이가 그림을 본 뒤 카페에 앉아 무엇을 했는지 보여주기 때문이다. 그는 언제나 자신이 본 것에 대해 다른 누군가와 토론을 했고 감상을 비교했다.

"헬렌은 코레조를 마땅찮게 생각하고 〈시스티나의 성모The Sistine Madonna〉*도 좋아하지 않아"라고 로저는 썼다. 이 말은 말년에 로저 프라이와 함께 그림을 보러 다녔던 사람들에게 한 장면을 떠올리게 한다. 그는 자신과 반대되는 의견을 들으면 잠시 멈춰 섰다. 최초의 충격과 놀라움이 지나면 그는 눈을 반짝하고 빛냈는데, 반대 의견에는 언제나 경청할 만한 무언가가 있기 때문이었다. 그는 그 발언을 받아들이고 탐구했으며 가능한 모든 의심의 여지를 고려한 뒤 발언자에게 돌려주었는데, 그러면 그 의견은 산산이 부서지기도 했지만 분명 한층 더 밝게 빛나게 되었다. 다른 사람의 눈으로 보고 함께 논쟁하는 것은 로저가 자신의 판단을 굳히기까지 반드시 필요로 하는 과정이었다. 로저는 옳든 그르든 아내의 직감이 자신의 지식보다 훨씬 낫다고 언제나 주장했다. 이 무렵의 비평 기사에서 그는 말했다. "여성은 교육받는 일이 드물다. 그렇지만 좋은 취향을 지녔다면 이를 교묘하게 꾸미는 일은 거의 없다. 여성이 지닌 감각과 확신, 판단의 신속성은 아무리 재능이 뛰어난 남자라도 따라가지 못한다." 그러면서 이런 의견은 "기사도적인 태도가 아니라 경험에서 우러난 것"이라고 덧붙인다. 그에게 이 경험을 제공한 사람이 그의 아내였음에는 의심의 여지가 없다. 코레조와 〈시스티나의 성모〉에 대한 아내의 의견이 무엇이든 로저는 그것을 남편으로서 세심히 받아들였을 것이다.

---

* 성모마리아가 아기 예수를 안고 있는 모습을 묘사한 라파엘로의 유명한 유화.

그러나 편지는 이렇게 이어진다. "내 신념을 흔들려는 헬렌의 모든 노력에도 불구하고 내가 언제나 거장들을 좋아한다는 사실을 깨달을 때면 짜증이 날 지경이야. 라파엘로가 피오렌초 디 로렌초보다 못하다고 확신하며 말할 수 있다면 속이 다 시원하겠지만, 난 그럴 수가 없어." 그 역시 직접적인 감각을 표현하는 기쁨 뒤에 자리 잡고 있었으니, 그것은 안정적이고 진지하며 모든 추측이 귀속되어야 할 기준이었다.

이렇게 두 사람은 베를린과 드레스덴, 암스테르담, 마드리드 일대를 돌아다니며 그림을 보았고, 마침내 전처럼 아쉬움 속에서 속물의 땅 영국으로 돌아왔다. 인습과 풍토에 따르는 수많은 문제로 둘러싸인 영국은 그에게는 일을 해야 하는 곳이었다. 일이란 그림에 우선해야 하는 글쓰기와 강의를 뜻했다. 로저는 돈을 벌어야 했고 주어지는 일은 뭐든지 해야 했다. 일은 여러 곳에서 찾아와 이 시기(1900~1906) 그를 다양한 방향으로 이끌었다. 글래스고에서 강의를 했고, 길퍼드에서 소년 금주단Band of Hope의 현수막을 그려주었고 친구 집의 건축을 도우며 인부들을 감독했다. "하일랜드 지주의 저택에 있는 초상화 두 점을 취재하러 떠난 고단한 여행에서 이제 막 돌아왔"지만 "다음 주에는 파리와 브뤼셀, 겐트로 가야" 했던 때도 있다. 이는 전문가로서 로저의 명성이 널리 퍼지고 있었음을 보여준다. 그는 전문가들을 별로 존경하지 않았다. 전문가가 '진품'이라고 보증할 때만 그림을 마음에 들어하거나 안심하고 구입하는 사람들은 자주 비꼬았다. 하지만 그런 사람들이 존재한다는 사실은 그의 지갑에는 다행이었고 그들이 맡기는 일들 중 일부는 그에게 재능과 기술을 펼칠 기회가 되어주었다. "다양한 양식을 모방하는 기술로 여러 옛 대가의 작품을 복원했다네. 나만의 양식이 없다는 증거라고 생각하긴 하네만, 매우 흥미로운 일인 데다가 점점 더 쓸 데가 많아지는 돈을 벌어다준다는 의미도 있지." 소유주가 가치가 없다고 여기고 처박아둔 그림이 있었는데, 이것을 깨끗이 닦아낸 후에 "굉장히 뛰어난 성모자상"이라는 것을 알고 짜릿한 흥분을 맛본 적도 있었다.

파리와 이탈리아로의 방문은 보통 업무 차원에서였지만 가끔은 흥미진진한 사건으로 이어지기도 했는데 그중 하나는 꼭 헨리 제임스의 소설 줄거리 같았다. 베네치아에 몰락한 귀족이 한 명 있었는데, 이 사람은 생활에 허덕이다 마지못해 가문의 컬렉션을 매각하기로 하고 작품의 배경에 얽힌 역사를 검증받기 위해 사람을 보내 로저 프라이를 찾았다. 두 사람은 함께 유명한 걸작이 걸린 화랑을 돌아다녔다. 로저 프라이는 작품을 볼 때마다 가슴이 철렁 내려앉았다. 한결같이 위작이었기 때문이다. 반 다이크든 라파엘로든 그는 매번 가치가 없다는 평가를 내려야 했는데 백작은 무덤덤했다. 마침내 로저 프라이는 의심할 여지가 없는 유명 위조자의 흔적을 발견했고 그 이름을 말해주었다. 이 말을 들은 백작은 움찔하고 놀랐다. 그 위조자가 그의 집안과 친하게 지내는 사람이었기 때문이다. 백작 자신도 늘 의심을 품고 있었고, 실은 집안의 컬렉션이 보잘것없는 것이라고 생각해왔다. 그는 자신의 안목이 인정받았다는 사실에 무척 기뻐했으며 전문가의 통찰력에도 깊은 감명을 받아 그 평가가 그에게서 막대한 재산을 빼앗아갔음에도 아주 기분 좋아했고, 이는 로저 프라이의 마음을 사로잡았다. "그가 나와 거래하며 보여준 지극히 단순하고 솔직한 태도 덕분이었다. 나는 그에게 풍성한 만찬을 대접했고, 헤어질 때쯤 우리는 각별한 친구가 되어 있었다"고 그는 기록한다.

이와 반대되는 경험을 하기도 했다. 베네치아 궁전에는 커다란 그림 두 점이 매물로 나와 있었는데, 전문가들이 매우 낮게 평가하는 것과 달리 로저는 그것이 야코포 벨리니의 작품이라는 것을 알 수 있었다. 만일 그의 판단이 옳다면 엄청난 값을 받고 되팔 수 있는 작품이었다. 하지만 반대로 그 판단이 잘못된 것이라면? 로저는 위험을 무릅쓰고 돈을 부쳐달라고 집으로 전보를 쳤다. 에드워드 경은 정말 너그럽게도 아들의 계획을 밀어붙였고, 로저는 이 그림들을 구입해서 포장한 다음 런던으로 보냈다. 당시 로저가 보낸 편지를 보자. "시드니 콜빈은 이 작품들에 대한 저의 평가를 전적으로 지지한다면서 야코포 벨리니가 베네치아파를 위해 그린 걸작들 중 남아 있는 특이한 작품으로 보고 있습니다. 하지만 현 내셔널 갤러리 당국은 이 작품을 대수롭지 않게 볼 것이라고 생각하더군요. 그의 말인즉슨 신탁 관리인 중에서는 이 작품들의 역사적 가치를 이해할 만한 사람이 아무도 없다는 겁니다." 마침내 이 그림이 팔렸다. 비록 내셔널 갤러리에 판 것은 아니었지만, 이 일로 로저의 대담함이 정당화되었고 덩달아 그의 명성도 높아졌다.

대륙으로의 급한 방문에다 집에서는 그림과 글쓰기까지 손이 모자랄 지경이었지만, 로저는 유망해 보이는 사업이 있으면 무엇이든 시작하지 않고는 배길 수가 없었다. 어쩌면 그렇게 과감하게 덤벼드는 열정은 그의 몸속에 있는 퀘이커 혈통 때문인지도 모른다. 목적은 달라도 열의는 같았다. 어쩌면 그 옛날 초콜릿 제조업이나 해운업으로 재산을 모은 엘리엇 가문이나 프라이 가문으로부터 실무 분야에 대한 강렬한 관심과 더불어 훈련받진 않았더라도 상당한 수준의 사업 수완을 물려받은 것인지도 모른다. 이런 바탕에서 그의 능력을 찾는 수요가 자주 발생했다. 1903년 가을 『벌링턴』은 위기에 몰린 상황이었다. 경영 자본이 부족했고 "사업을 살릴 방법이라곤 전혀 보이지 않았다." 망하도록 내버려둘 수는 없었다. 어떻게든 업무 영역을 넓혀서 회생을 시켜야 했다. "내 생각에 이 회사를 살리는 유일한 길은……" 로저는 찰스 홈스에게 편지를 보냈다. 이어 홈스가 편집장을 맡아달라는 긴급한 호소와, 자금을 확보하기 위한 로저의 온갖 노력이 이어졌다. 이후 찰스 경이 된 홈스는 이 일에 대해 다음과 같이 기록했다. "이 일로 우리 두 사람은 런던 일대를 정신없이 돌아다녔다. 프라이는 정말 대단했다. 가는 데마다 거절을 당해도 이 일을 끝까지 해내겠다는 그의 결심은 흔들리지 않았다." 친구들에게 호소했고 백만장자들에게 접근했다. 그리고 어떻게든 자본금을 만들어 어떻게든 잡지를 새로 시작할 수 있었다.

조용한 화가의 삶은 언제나 바깥세상의 요구로 방해를 받았다. 기차가 정시에 출발하고 사업가들이 약속을 지키기 위해 대기하는 실용적이고 활동적인 세상 말이다. 그럼에도 이 시기 로저는 두 가지 책을 출간했다. 하나는 직접 쓴 『조반니 벨리니Giovanni Bellini』였고 또 하나는 그가 편집해 출간한 『레이놀즈의 담론The

Discourses of Reynolds*』이었다. 첫 번째 책은 작가의 필체에 부담을 주곤 하는데, 적어도 일반 독자가 볼 때는 한꺼번에 급히 쓴 비평 기사보다 박력이 떨어지고 작가의 특징도 별로 돋보이지 않는 것 같았다. 다소 정교하고 문학적이어서, 마치 그가 여전히 그림을 문학적으로 형상화하는 것에 사로잡혀 아직 고유의 언어를 찾지 못한 것처럼 보였다. 그런데도 이 책은 성공을 거두었고 로저는 그 덕분에『파일럿』의 미술비평가가 되었다. 하지만 레이놀즈에 대한 책에서는 그 자신의 목소리로 말을 한다. 그의 목소리라고 해봐야 머리말과 주석에 한정되었지만 로저는 조슈아 경에게서 탁월한 비평가뿐 아니라 자신의 마음에 드는 비평가를 발견했음이 틀림없다. 조슈아 경이 "뼈대를 갖춘 역대 미술비평 중 가장 진실한 설명을 했다"는 그의 말처럼 말이다. 조슈아 경 또한 화가이자 비평가였다. 그 역시 "예술에 대한 대중의 미숙한 요구"와 맞서 싸우지 않으면 안 되었다. 그 역시 예술의 중요성을 열렬히 신봉했으며 이기심 없이 동시대의 작품을 칭찬했다. 조슈아 경에 대한 글을 쓰면서 로저 프라이는 자신이 가장 존경하고 스스로도 지니고 싶어했던 자질을 칭송했다. 실제로 말년에 로저는 다음과 같이 기록했다. "내가 해온 일을 돌아보며 가장 자부심을 느끼는 것이 있다면 레이놀즈의 정신이 담긴 업적을 우리 시대의 예술적 상황에 맞춰 실현하려고 노력했던 것이다." 이 두 종의 책은 로저 프라이

---

* 조슈아 레이놀즈 경은 18세기 중엽부터 화가로서 작품을 창작하고 강의활동을 하며 영국 예술을 주도했으며 초대 왕립 미술 아카데미 원장을 지냈다. 로저는 그가 생전 직접 간행한 담론집에 새로 머리말과 주석을 달았다.

의 많은 저서와 마찬가지로 그의 명성을 높여주었지만 초판이 매진된 다음 추가 발행을 할 정도로 수요가 크진 않았다.

하지만 로저는 자신이 출간한 책에 대해서는 냉정하고 담담한 아버지 같은 존재였다. 그림에 대한 평가에 비하면 책들에 대한 평가에는 별로 개의치 않았다. 그리고 이 무렵 그에게는 훨씬 너 마음을 사로잡는 다른 형태의 부성이 찾아왔다. 의사들이 더 이상 아이를 갖고자 하는 헬렌과 로저의 자연스러운 소망을 막지 않은 것이다. 1901년 3월, 두 사람의 첫 아이인 줄리언이 태어났다. 매우 불안한 시기였지만 모든 일이 순조로웠다. 아이가 태어났을 때 그는 "아기가 헬렌의 품에 안겨 웅크리고 잠든 모습이 행복해 보인다"라고 썼고, "그 미친 말 골디"를 타다가 낙마해 한동안 다리를 절룩거리고 다니면서도 스케치북을 들고 아내 옆에 앉아 "수많은 아기 그림"을 그릴 준비를 했다. 1902년에는 둘째인 딸 패멀라가 태어났다. 한동안은 삶의 중심이 다시 안정된 듯했고, 아내와 아이들과의 행복한 삶이 보장된 것처럼 보였다. 모친에게는 "헬렌이 어떤 기쁨과 행복을 가져다주었는지 말로 다 전할 수 없어요"라고 썼다. 아이들에 대해서는 "그들은 우리의 순수한 기쁨이에요"라고 썼고, 편지는 아이들에 대한 이야기로 가득 찼다. 그들이 어떻게 놀고 있으며 무슨 재주를 갖고 있는지, 또 요즘 무엇을 하는지 등이 페일랜드로 보낸 편지를 채워갔다. 그는 열정적이면서도 어쩌면 다소 이해하기 어려운 아버지였다. 그는 아이들이 자신이 겪은 고통을 겪지 않도록 하겠다고 결심했다. 부모로부터 도덕적 책망을 받는 일은 없어야 했고, 양육 과정에서 인간미가 부족해서도 안 되었으며, 학교에 갔을 때 매질을 당하는 일도 결코 있어서는 안 되었다. 그는 자신의 아버지처럼 위협적이진 않았지만, 때때로 조금 이상한 감정적 반응을 보이곤 했다. 그는 어떻게 소년이 학교를 좋아할 수 있는지 이해하지 못했고 반항의 기미가 조금이라도 보이면 오히려 기뻐했다. 그리고 어쩌면 통념적 기준을 무조건 뒤집어버리는 것은 그 기준을 그대로 따르는 것만큼이나 위험한 일일지 모른다.

다행히 학교에 들어가기 전, 장난감이 갖춰진 아이의 방을 꾸밀 수 있었다. 로저는 함석 조각과 속이 빈 파슬리 줄기를 이용해 물레방아와 "실제로 떠다니는 돛단배"를 만들었다. 그의 아들은 이 기억이 "언제나 내 마음에 반짝이는 별처럼 남아 그 어느 때보다 더 즐거웠던 시절을 연상시켜준다"고 기록했다. 딸에게는 물론 조금 자라자마자 물감과 붓을 쥐여주었다. 서툰 낙서도 고스란히 보관했는데 교육이 망치기 전에 아이들이 "얼마나 놀랍도록 자연스러운 미술의 재능"을 갖고 있는지 보여주는 것이었기 때문이다. 아이들이 좀더 자라자 탐험이 이어졌다. 그의 아들은 어린 시절에 대해 이렇게 썼다. "옥스퍼드에서 윈드러시 계곡을 거쳐 페어포드까지 자전거를 타고 가거나, 길퍼드에서 캔터베리까지 도보 여행을 했다. 옥스퍼드에서 메이든헤드까지는 골디와 웨드의 이야기를 들으며 템스강을 따라 노를 저었다. 아빠가 우리와 함께 하거나 더 나아가 함께 외출할 수 있었던 드문 순간들은 무척 흥미진진한 것이었다." 하지만 이런 순간은 드물 수밖에 없었다. 아무리 "일정을 맞추려고" 애를 써도 시간이 너무 부족했다. 어린 두

아이를 데리고 아내와 함께 옛날처럼 여행한다는 것은 힘든 일이었다. 프랑스에서 이탈리아로 갔다가 다시 프랑스로 돌아가며 방랑하던 옛날의 여행은 프랑스에서의 자전거 여행으로 대체되었다. 가정생활의 지출 탓에 생계를 꾸려나가기가 벅찼다. 로저는 "밀린 병원비 청구서가 홍역처럼 들이닥쳐 괴롭다"고 불평했다. 하지만 한동안은 행복, 그가 늘 꿈꾸던 가정의 행복을 되찾은 상태였다. 그는 행복에는 두 가지가 있다고 로우스 디킨슨에게 말했다. 하나는 "감질나는 황홀감"에서 오는 행복이고 또 하나는 "편안한 상호관계"에서 오는 행복이었다. 그가 선호한 것은 후자였다. "오랜 세월 아주 가까운 친밀함 속에서 두 사람이 쌓아가는 애정의 양에는 무언가 무척 만족스러운 게 있다네. 우리 사이에 권태로움을 억눌러야 할 일 같은 건 절대 있어서는 안 돼. 사실 난 그런 지루함이 단 한 번도 시작된 적 없다고 느끼지만, 아무튼 이런 점에서 나는 행운아였어. 온갖 분야에서 거둔 성공보다 가정에서 행운을 누리는 것 같아."

이 편지는 런던에서 쓴 것인데, 로저 부부는 1903년에 햄프스테드 월로우길 22번지로 집을 옮겼다. 하지만 행복은 오래가지 못했다. 그는 모친에게 이렇게 썼다. "끝없는 불안에서 벗어날 수 없을 것 같아요. 평화와 안정이 우리를 피해가는 것만 같아요." 햄프스테드에 사는 몇 년 동안 헬렌 프라이의 건강은 계속 악화되었고, 이제 아이들까지 고려해야 했기에 새로운 책임이 추가되었다. 의사들이 어떤 치료법을 제안하든 로저는 의사들이 놀랄 만큼 헌신적으로 따랐다. 말로 할 필요도 없는 온갖 악조건 속에서도 그는 자신의 일을 하면서 늘 아내의 건강이 회복되기를 바랐고 다시 절망하는 일이 생겨도 절대 포기하지 않았다. 한때는 영국을 영원히 떠나고픈 유혹을 받기도 했지만 그는 생계를 꾸려야 했고 그러기 위해선 런던이 꼭 필요했다. 이탈리아에 정착하는 계획을 포기하며 그는 "떠나는 건 참 힘든 일이구나"라고 썼다. "내가 살던 터전에 눌러살 수밖에 없어."

III

기사를 쓰는 것보다 더 안정적인 일자리를 찾는 일이 그 어느 때보다 절실해졌다. 1902년 그는 "궁극적으로 슬레이드 교수직 같은 자리가 제 몫이 되기를 바랍니다"라고 편지에 썼다. 그리고 1904년에 케임브리지의 슬레이드 교수 자리가 비었다. 그는 필요한 증명 서류를 모으며 채용 가능성에 대해 부친에게 아주 낙관적인 말을 했다. 예술계의 많은 사람은 이 경력 서류를 근거로 로저가 "그 자리에 매우 적합한" 사람이라고 생각했다. 일례로 조지 프로데로에게 그는 "더 이상 바랄 수 없을 정도로 미술 교수의 임무 수행에 필요한 자격을 고루 갖춘 사람"으로 비쳤다. 여러 증언에 따르면 로저는 솔직하고 독립적이었으며 독창적이면서도 학식이 깊었다. 신체적으로나 정신적으로나 보기 드물 정도로 정력이 넘쳤고, 전문적이며 경험 많은 강연자였다. 그리고 월터 암스트롱

경이 그의 비평에 "논쟁의 여지가 있다"고 지적한 지나치게 엄격한 성향도 교수로서는 미덕이 될 수 있었다. 요컨대 전문가들 사이에서는 "영국 미술의 비평가나 역사가 중에서 이 자리에 당신보다 더 어울리는 사람은 없다"는 공감대가 뚜렷하게 형성된 것처럼 보였다. 하지만 로저는 실패했고, 고통스러우리만치 실망감을 맛보았다. 그는 1904년 6월, 부친에게 다음과 같은 편지를 보냈다. "희망이 산산조각났습니다. 케임브리지 교수 임용이 불러일으킨 분노를 달랠 길이 없네요. 국왕이 찰스 발트슈타인*의 임용을 바란다는 의사를 표명했고 포인터가 저에게 극심한 적대감을 드러낸 것 같습니다." 또 자신이 쓴 『아테네움』의 기사 중에 왕립 미술 아카데미 원장의 비위에 맞을 만한 내용이 하나도 없었다는 점을 떠올렸을지도 모른다. 그리고 그는 자신의 임용 실패가 부모에게 미칠 타격을 걱정했다. 또 다시 부모를 실망시켰기 때문이다. "제 출세욕 때문에 어머니께 갈수록 걱정을 끼쳐드리는 것 같군요. 어머니는 제 잘못이라고 생각하시겠죠. 어떤 점에서는 분명히 그럴 수도 있어요. 제가 지금과 다른 이상을 가진 다른 사람이었다면 더 확실하게 성공할 수도 있었을 테니까요." 그는 "갈수록 더 힘들어지는 싸움을 끝없이" 하는 것 같다며, 모친이 최대한 자신을 이해하고 자신에게 용기를 주어야 한다고 말했다. 케임브리지에서 실패했으니 이제 다른 곳을 두드려볼 필요가 있었다.

* 1856~1927. 1918년 이후 찰스 월스턴 경으로 불렸다. 미국 태생의 영국 고고학자로, 1895년~1901년 사이에 케임브리지 슬레이드 교수로 재직했고 1904년에 다시 이 자리를 맡았다.

자신을 위해 미술품을 사 모으도록 로저를 고용한 수집가 중 가장 유명하고 부유한 사람은 피어폰트 모건이었다. 모건은 자기 소유의 어마어마한 컬렉션을 가지고 있었을 뿐만 아니라 뉴욕 메트로폴리탄 미술관의 신탁 관리인이기도 했다. 그는 전에 뉴욕 갤러리에서 구입할 그림 한 점을 감정하기 위해 로저 프라이를 리버풀로 보낸 적이 있었다. 로저는 그때 이미 이 대부호의 첫인상을 기록해두었었다. 여러 가지가 뒤섞인 인상이었다. 그는 모건을 "국왕처럼" 행세하며 "큼직한 딸기 코"를 가진 "몹시 역겨울 정도로 추한 남자"로 묘사했다. 하지만 모건이 "매우 비범하고 강력한 힘"을 지닌 사람이란 점에는 의심할 여지가 없었다. 그가 슬레이드 교수직에 따른 실망으로 가슴앓이를 하면서 로마에 있는 영국 학교의 교장으로 간다는 새로운 선택지를 고려하고 있을 때 갑자기 메트로폴리탄 미술관에서 당장 바다 건너 뉴욕으로 와달라는 전보가 왔다. 크리스마스였던지라 휴가가 끝나고 다음 배를 타야 했지만 로저는 즉시 가기로 결심했다. 그는 프라이 부인에게 편지를 보냈다. "미국인들이 제게 원하는 것이 정확히 무엇인지 말씀 드릴 수는 없습니다만 매우 영향력 있는 사람들이 런던의 미술상들에게 속아서 분개하는 것은 분명합니다. 여기서 건너간 그림들에 대해 조언을 해줄 사람으로 저를 지목한 듯해요. 이 일에 관심을 가진 주요 인사들은 뉴욕 메트로폴리탄 미술관의 신탁 관리인들이고, 세계 어느 미술관보다 재량 기금이 많은 곳이니 망설일 이유가 없을 것 같습니다. 물론 지금 당장 급하게 떠나고 싶지는 않지만요."

첫 번째 미국 방문은 짧았고 상반된 인상이 뒤섞여 있었다. 그는 런던보다 뉴욕에서 훨씬 더 유명 인사로 대우받고 있었다. 교양 있는 미국인들이 『아테네움』에 실린 자신의 비평 기사를 읽고 깊은 인상을 받았던 것이다. 그들은 로저를 위해 성대한 축하연을 베풀었다. 먹고 마시는 것부터 연설의 규모까지 입이 딱 벌어졌다. 그는 한 대규모 연회에 참석했는데 그 자리의 건배 명단과 연필로 그린 참석자들의 초상화가 곁들여져 있었다. 피어폰트 모건의 저택에 머문 로저는 대부호의 사치에 깜짝 놀랐다. 거물의 개인 객차를 타고 이동했는데 이 객차는 개인 특급열차에 연결된 것이었다.* 눈이 내리고 있었고 열차 안에는 "가장 화려한 스타일로, 마치 호화로운 개인 저택처럼 꾸며진" 통나무 난로가 비치되어 있었다. 이들은 로저에게 퍼던 클라크 경 바로 밑의 직책인 메트로폴리탄 미술관의 책임자 자리를 맡기고 싶어했다. 결정을 내리기가 쉽지 않았다. 그는 모친에게 편지를 보냈다. "제가 이곳에서 매우 높은 자리를 차지하거나, 그런 자리를 만들 가능성은 분명 있어 보입니다. 여기에는 엄청난 부가 있고 미술에 대한 열기도 점점 더 뜨거워지고 있거든요. 저야 당연히 받아들이고 싶죠. 고국에서처럼 끊임없이 무시당하고 억압받을 바에야 자유롭게 활동하고 지식을 마음껏 펼치는 게 훨씬 더 낫지 않겠습니까. 하지만 이곳에서 몇 년 동안 터를 잡고 살아야 한다는 생각을 하면

---

* 다른 기록에 따르면 로저는 이때 워싱턴으로 가서 피어폰트 모건을 만나 루스벨트 대통령이 나온 만찬에 함께 참석했다고 한다.

정말 쉽지 않고, 이 제안을 받아들이면 물론 그렇게 해야 할 겁니다."이 일은 미술관에서 "전권을 행사하는" 피어폰트 모건과 자주 접촉하게 될 것임을 의미하기도 했다.

하지만 가까이서 본 피어폰트 모건은 그다지 호감 가는 인물은 아니었다. 집에는 "그는 아첨 말고는 아무것도 원하지 않는 것 같습니다"라고 썼다. "모건은 사물의 진정한 가치에 대해서는 전혀 관심이 없어요. 전문가들을 원하는 이유라고는 오로지 자신의 놀라운 통찰력을 확인받기 위해서일 뿐이죠. 저는 도저히 그의 장단에 맞춰 춤을 출 수 없을 것 같아서, 미국에서 무언가를 이룰 수 있기나 할지 의심스럽습니다. 저는 제 판단과 행동에 완전한 독립을 보장받아야 하고, 모건이 이 문제에 대해 완고하다면 우리는 갈라서는 것이 낫겠죠. 자존심으로 가득 찬 데다가 자신의 권한만 의식하기 때문에 다른 사람의 권리 따위는 절대 생각하지 못하는 사람입니다." 모건에게 굴복하기도 싫고 가족을 미국으로 데려오는 것도 어려워서 로저는 마침내 그들의 제안을 거절했다. "아주 공손하게" 이 말을 했는데도 모건은 "무척 화를 냈다." 로저 프라이에게는 백만장자들을 분노케 하면서도 매혹시키는 묘한 능력이 있었는데 화를 내는 모건을 설득해서 『벌링턴』에 1000파운드를 기부하게 만들었다는 게 그 증거다. 로저는 비록 뉴욕의 자리를 받아들이지는 않았지만 유럽 소재 미술관의 구매자로 활동할 수는 있다는 대안을 제시하기도 했다.

실제로 그가 영국으로 돌아가자마자 그런 기회가 생겼다. 내셔널 갤러리의 관장 자리가 비어 있었는데, 로저 프라이가 믿을 만한 소식통으로부터 들은 바에 따르면 "찰스 홀로이드 경과 자신으로" 임명 대상이 압축되었다는 것이었다. 당연히 그가 맡아야 하고 그에게 꼭 맞는 자리였다. 이번에도 로저는 낙관했다. 그는 관장이 될 거라고 생각한 것은 물론 훌륭한 관장이 되겠다고 다짐까지 했을 만큼 자신만만했다. 잘스 홈스 경은 로서 프라이가 지원자로 나섰을 때의 경험을 다음과 같이 재미있게 설명하고 있다. "예술 애호가를 자처했던 밸푸어 총리는 내 기억에 예술을 위해 해놓은 일이 전혀 없고, 이 중대한 시기라고 할 1905년에 내셔널 갤러리의 관장 자리를 공석으로 남겨두었다. 클로드 필립스는 나이가 들었고 당시의 활동적인 학자가 그렇듯 적이 많았다. 그 결과 프라이가 후임자로 떠올랐고, 그는 화이트홀에서의 면접에 대해 내게 생생한 이야기를 들려주었다. 고위 관리들에게 자신이 예술계에서 했던 일들을 설명하자 그들은 이해하면서도 별로 신경 쓰지 않는다는 태도를 보였다. 말을 마치자 그는 마침내 퉁명스러운 질문을 받았다. '잘 알겠소, 그런데 우리가 아는 이름난 사람 중에 당신에 대해 말해줄 수 있는 사람은 없소?' 이 질문에 프라이는 당황했다. 그는 주눅 든 목소리로 답했다. '아마도 제 아버지, 에드워드 프라이 경이……' '뭐라고?' 상대가 그의 말을 끊었다. '당신이 에드워드 프라이 경의 아들이란 말이오? 왜 진작 그 말을 안 했소? 그렇다면 문제없겠군.'" 하지만 법률가로서 에드워드 경이 가진 명성에도 불구하고 임명은 지연되었다. 그 사이에 메트로폴리탄 미술관 신탁 관리인이 제안을 수정해 연중 대부분의 기간을 영국에서 머물 수 있는 조건을 제시했을 때까지도 임명은 이루어지지 않았다. 당시 로저는 미국 측의 제안을 수락할 수밖에 없는 처지였다. 그가 메트로폴리탄의 제안을 받아들이고 막 미국으로 출항하려는 순간, 헨리 캠벨배너맨이 전보를 보내 로저를 "내셔널 갤러리로 초빙하고 싶다"고 전해왔다. 로저는 이 칭찬이 뿌듯했다고 했지만, 이미 너무 늦었다. 찰스 홈스 경은 "이렇게 해서 홀로이드가 적절한 시기에 내셔널 갤러리의 관장으로 임명되었다"라고 말했다. 그리고 로저 프라이는 미국으로 떠났다.

이 사건은 약간의 물의를 일으켰다. 신문에도 관련 보도가 실렸다. 조국이 그를 필요로 하는지 어떤지 결정하길 기다리지 않고 미국을 위해 일하러 간 점을 비판한 것으로 보인다. 당시 런던에서는 이에 관해 이런저런 참견과 풍문이 분주히 떠돌았다. 아직 자리가 비어 있었기 때문에 로저가 미국과 관계를 끊기만 하면 내셔널 갤러리의 관장 자리가 주어질 것이라는 말이었다. 헬렌 프라이는 뉴욕에 도착한 남편에게 이런 제안들을 신랄한 코멘트와 함께 적어 보냈다. 영국에 있는 로저의 친구들은 축하를 전하면서도 못내 아쉬워했다. 아서 클러턴브록은 "여기 있는 우리를 위해서 그림을 구입했으면 좋겠는데. 그런 사람이 정말 절실하거든"이라는 편지를 보냈다. "그런 역할을 할 누군가가 꼭 필요하니까요." 그리고 맥태거트는 다음과 같은 편지를 썼다. "메트로폴리탄 임명을 두고 자네에게 축하 인사를 쓰려고 애썼네. 자네나 뉴욕이 아니라 순전히 내 기쁨을 위해서. 자네도 알다시피 이 우주에서 항상 승리를 거두는 유일한 존재는 바로 내가 아닌가. 나와 의견을 달리하는 건 좋지 않아. 늘 안 좋은 결말을 맺거든. 난 예전부터 악당은 천국에 보내서 끝없는 지루함 속에 갇히게 해야 한다고 생각했지. 자네도 그런 운명을 현세에서 맛보게 될지도 몰라. 천하의 로저, 이제 누가 범영국주의자인가? 하지만 정말로, 자네에게 소중한 자리가 생긴 것이 아주 기쁘면서도, 자네가 그 그림들을 영국을 위해 수집했다면 더 좋았겠다는 생각이 늘어. 그래도 미국이 독일보단 낫지."

로저 프라이도 분명 자신이 그림을 수집한다면 미국이 아닌 영국을 위한 일이기를 바랐을 것이다. 그는 내셔널 갤러리를 이끌고 싶어했고, 메트로폴리탄이 자신에게 잘 맞을 것이라 확신할 이유도 없었다. 또 한동안 영국의 자리는 공석이었으며 잠정적인 제안이 들어오기도 했다. 하지만 그는 이미 미국인들과 약속을 했고, 본인과 아내 모두 그 약속을 취소할 수는 없다고 생각했다.

6장 삶은 너무도 절박해—미국 활동

I

　신탁 관리 이사회와 합의한 조건에 따라 로저의 미국 체류는 짧아야 했다. 그는 연간 2~3개월가량만을 뉴욕에서 보내게 되어 있었다. 그러므로 그가 미국에서 본 것은 매우 제한적이었으며 그가 받은 인상 역시 날카로운 대조로 가득 차 있었다. 때로는 호의적이었고 때로는 비판적이었고 그런 인상들이 나란히 놓일 뿐 결코 종합되지 않았다. 그는 "처음 본 뉴욕의 풍경은 경이로웠지만, 그곳은 사납고 잔인하며 괴물 같고 비인간적으로 보여서 [지긋지긋했던] 항해에도 불구하고 선뜻 상륙하고 싶지 않을 정도였다"고 말했고, 이런 기분으로 미국 생활을 시작했다. 새 도시를 찾을 때면 현장의 특징을 마음에 새기면서 거리를 헤매는 걸 좋아하던 그였지만 이번에는 상륙하고 나서 스케치북을 들고 거리를 배회할 시간이 없었다. 미술관에 즉시 정신을 집중해야 했기 때문인데, 그가 말하길 그곳은 "혼돈 상태에 있었다".

　하지만 현지 상황에 익숙해지자마자 그는 뉴욕의 자극과 흥분을 즐기기 시작했다. 모두가 그를 초대했다. 적어도 그 순간만큼은 그는 자신이 '굉장한 인기인'이라고 생각했다. 이는 새로운 경험이었고, "끊임없이 새로운 사람들과 함께 전시되는" 데서 오는 피로에도 불구하고 그는 이를 만끽했다. 로저는 사교적이었고 대화를 즐겼다. 심지어 만찬 후의 연설도 그를 즐겁게 했다. 주눅 들게 만들고 냉대하는 영국인들 틈에서 무감각하게 지내다가 뉴욕이 "내가 뭘 하고 있고 앞으로는 뭘 할지에 열광하고 있다"는 사실을 발견한 것은 놀라운 일이었다. 하루하루가 빈틈없이 채워졌다. "아침 8시에 일어나 9시에는 시내로 그림을 보러 가고, 5시까지 미술관에 머물고, 그러다가 전화를 받고, 매일 저녁 새로운 집에 초대를 받아 식사를 즐긴 다음 잠자리에 든다." 저녁 모임은 우정으로 이어졌다. 사람들은 '미국인들'에서 곧 개별적인 친구가 되었으며 그중 일부와는 지속적으로 우정을 나누었다. 로저는 로우스 디킨슨에게 편지를 썼다.

아주 묘한 기분이지만 점점 더 멋진 사람들을 많이 만나고 있네. 유럽화되고 감수성이 뛰어난 사람들인데 미술관에 새로운 의견을 제시하며 도움을 주려고 아주 열심이야. 내 두 가지 시련은 미국 예술가들이 자기네 예술이 가장 위대한 예술이라고 말해달라고 요구하는 것과 백만장자들인데, 다행히 후자는 지금 거의 모두 자리를 비운 상태라네. 또 지금까지 만나본 가장 매력적인 생명체 중 하나를 조수로 두고 있지. 버로우즈라는 친구인데 젊고 아직 성공하지 못했지만 꽤 실력 있는 화가로 아무 것에도 방해받지 않고 자기 갈 길을 가는 사람이야. 돈도 명성도 없이, 그렇지만 마음속에 평화를 지닌 채로.

또 몰락한 프랑스 귀족 무슈 드 보부아르가 있었는데 다음과 같이 묘사된다. "모르는 것이 없고 구체제의 가장 완벽한 취향과 매너를 갖춘 사람이야. 내 경쟁자라기보다, 내가 도착했을 때 이미 취향의 심판자arbiter elegantiarum*로 터를 잡고 있었네. 그럼에도 나를 친구로 삼기 위해 최선을 다했고 동료끼리는 기대하지 않는 일까지 마다하지 않지." 이 신사는 로저 프라이와는 달리 지독한 친영파여서 오죽하면 "뉴욕 지하철 출구 냄새가 옛 런던 지하철 냄새와 똑같다며 그 근처를 찾아갈" 정도였다. 편지는 다음과 같이 이어진다. "이곳에 있는 유럽화된 사람들이 그렇듯이 우리는 미국인들의 이 뒤죽박죽된 폐기물 속에서 고통스러운 신호를 주고받는다네. 오늘날의 미국에 대한 본능적인 혐오가 변함없는 공감대를 형성한다는 건 참 이상한 일이야. 물론 많은 사람이 이곳의 미래를 믿지만. 나도 믿는 것 같아, 그토록 많은 것을 투자했으니 말이지……."

이처럼 뒤죽박죽된 폐기물에 대한 본능적인 혐오에도 불구하고 로저는 미국이 자신에게 엄청난 기회를 주었다고 느꼈다. 그는 버로우즈를 비롯한 이곳 젊은이들을 위해 할 일이 많다고 확신했다. "그들은 영국 못지않게, 어쩌면 그 이상으로 정규적인 상업 조직이나 학회에 억눌리고 있지. 젊은 유대인 한 사람은 일류 수준인데도 제대로 가치를 인정받지 못하고 있어." 상업 조직과 맞서 싸우는, 인정받지 못한 젊은 예술가들을 돕는 것은 그에게 미술관의 일 못지않은 의무였다. 로저는 미술관을 위해서도 많은 일을

* 사회적 행동과 취미 분야에 권위를 인정받는 사람을 뜻한다.

하고 싶어했다. 로우스 디킨슨에게 보낸 편지에서 그는 계속 다음과 같이 말했다. "나에게는 하고 싶은 일을 할 권한이 있네. 또 이미 많은 그림을 구입했지. 로토, 고야, 과르디, 무리요, 부자르디니⋯⋯. 아주 훌륭한 작품들인데 말도 안 되는 헐값에 사들였어. 일종의 살롱 카레*처럼 멋진 화랑을 차릴 준비를 하고 있지. 진짜 작품들을 모두 거기 모아 보여줄 거고, 그러면 나머지 공간을 채우고 있는 현대미술의 이름도 못 붙일 끔찍함이 더 선명하게 드러나지 않을까 기대하고 있어."

로저는 아주 열심히 일했고 자신이 원하는 일을 할 수 있는 한 그 일을 매우 즐겼다. 하지만 그가 예언한 대로, 일은 "헤쳐나가기 위한 적잖은 재치"를 요구했다. 그리고 그가 결코 높이 평가하지 않은 재치는, 그것이 민감한 관리들에게 아부하는 것을 의미할 때는 언제나 그의 통제하에 있지 않았다. 머지않아 그의 근무 기간과 관련해 문제가 발생했다. 그는 매년 3개월간 방문한다는 조건을 제시하고 온 터였다. 하지만 신탁 관리 이사회 쪽에서 그가 봄에 다시 오기를 기대하고 있다는 것을 곧 알게 되었다. "너무 역겹네요. 큰 갈등이 생길 것 같고 어쩌면 해고당할지도 모르겠습니다"라고 그는 집에 편지를 보냈다. 이 문제는 조정되었다. 그 무렵 아주 기분이 좋았던 모건이 다른 이사진을 상대로 로저를 지지해 합의를 본 것이다. "관장, 부관장과의 관계에서 작품을 회수하고

---

*　루브르 박물관에 있는 전시실. 사각형의 방이라는 뜻으로, 살롱전이라는 말이 여기서 유래했다.

복원하고 전시장까지 다시 칠할 수 있는 권한을 갖게 된 거지. 이건 가벼운 예술이 아닌, 진지한 예술이라는 개념을 확립할 수 있게 해줘"라고 그는 아내에게 말했다. 로저는 큰 희망을 품고 있었고 넘치는 정력을 쏟아부을 영역도 얼마든지 있었다. 예상했던 것보다 더 많은 그림을 구입할 수 있었고, 이는 수년간 내셔널 갤러리를 위해 구입할 수 있었을 것보다 확실히 더 많은 양이었다. 고국에서 여전히 제의가 들어오고 있었음에도 그는 미국인들과의 거래에 응한 것을 후회하지는 않았다.

하지만 진정한 어려움은 관장이나 신탁 관리 이사회에 있지 않다는 것을 그는 곧 깨달았다. 문제의 장본인은 메트로폴리탄 미술관 회장(이사회 의장)인 피어폰트 모건이었다. 모건의 전기[+]에 따르면, 그는 금융계뿐 아니라 예술계에서도 큰 권한을 행사하고 싶어했다. 그리고 그 둘 사이에 별 차이가 없다고 생각했다. 모건은 다음과 같이 묘사되어 있다. "그는 수표책 수집가였다. 한꺼번에 여러 묶음을 샀다. 그는 미술품 딜러에게 큰 이익을 줄 필요가 있다고 생각하지 않았다. 거래 협상을 하는 와중에도 자신을 찾아온 상대에게 눈을 부릅뜨고 '이제 그만하시오. 당신이 구입한 가격에 15퍼센트를 얹어주지. 얼마 주고 샀소?'라고 소리를 지르고는 했다." 이런 방법으로 모건은 "메트로폴리탄 미술관을 세계 최고의 미술관으로 만들겠다는 목표에 매달렸다". 동시에 세계 최고의 개

[+]   John Kennedy Winkler, *Morgan the Magnificent: The Life of J. Pierpont Morgan* (New York:The Vanguard Press, 1930).—원주

인 컬렉션을 소유하겠다는 목표에도 매달렸다. 그는 로저 프라이가 이 두 가지 목표를 달성하는 데 도움을 줄 것으로 기대했다. 당연히 이 때문에 둘 사이에 많은 갈등이 생겼다. 대부호의 허영심은 엄청났고 무지는 거대했다. 때로는 로저의 조언을 받아들였고 때로는 노발대발했다. 게다가 조언 외에도 그는 상대의 아부를 요구했다. 그는 자신을 "르네상스 시대 군주의 현대판"으로 여기길 좋아했고 이런 낭만적인 개념을 지지해줄 사람이 필요했다. 미술관의 회화 담당 큐레이터로서나 개인 고문으로서나 로저 프라이는 모건과 깊은 관계를 유지할 수밖에 없었고 그를 보면 볼수록 "그의 장단에 맞춰 춤을 추기가" 갈수록 힘들다고 생각했다. 헬렌 프라이는 몇 차례나 그에게 재치가 필요하다고 주의를 주고, 극복할 수 없을 듯한 어려움이 닥쳤을 때도 인내하도록 독려해야 했다. "헬렌은 내가 감당할 수 있다는 것을 절대 의심하지 않는다"고 로저는 기록했다. 그리고 한동안은 모든 일이 수월했다.

미술관 일 자체는 몰입할 만했고, 덕분에 영국에 오면 『벌링턴』이나 『인디펜던트』를 비롯한 잡지에 비교적 장기적인 주제로 된 비평 기사를 전달할 수 있었다. 비평가로서 그의 명성은 점점 높아지고 있었다. 윌리엄 로덴스타인 경에 따르면 그는 "영국 비평가로서는 유일하게 유럽 전역에 명성을 지닌 인물"로 커가고 있었다. 그러나 이제는 상황이 달라졌다. 그는 더 이상 단순한 비평가가 아니었다. 그는 쓸 돈이 있는 비평가였다. 메트로폴리탄 미술관을 위해 유럽에서 그림을 사 모으는 일은 그의 임무 중 하나였고, 미국인의 지갑을 주무르는 책임자인 그는 그림 거래자의 세계에서 매우 중요한 인물이었다. 그가 발견한 그 세계는 매우 기이한 곳이었다. 한번은 로저가 메트로폴리탄 미술관을 위해 르누아르의 그림 한 점을 구입할 것을 고려하고 있을 때, 윌리엄 경이 우연히 일행에 섞이게 되었다. "전에는 부끄럼을 타고 사교성이 없던 프라이가 그렇게 위험한 물에서 노는 것을 보니" 이상한 느낌이라고 그는 기록했다. 이때 "세련된 옷차림을 한 매력적인 여성이 우리에게 컬렉션을 보여주었다. 프라이가 다른 데 정신을 팔고 있을 때 그 여자가 나에게 다가오더니 입을 열었다. '선생님의 취향과 안목은 정말 멋지네요. 혹시 결혼하셨는지, 생활하시려면 돈도 많이 드실 테고……' 낯선 사람에게 관심을 보이는 그녀의 모습에 나는 어리둥절한 기분이었다. 알고 보니 프라이가 그림을 볼 때마다 내 의견을 묻는 것을 보고 내가 영향력 있는 인물이라고 생각한 듯했다. 뇌물을 암시한 것이었다!"

이런 암시와 아첨은 물론 큐레이터 본인에게 훨씬 더 빈번하고 설득력 있게 행해졌다. 로저는 모친에게 이렇게 썼다. "이 일이 실제로 어떻게 굴러가며, 미술계 전반을 벌집처럼 촘촘히 장식하고 있는 비밀스러운 사례금의 관행에 맞서는 게 얼마나 어려운 일인지에 대한 엄청난 깨달음을 얻었습니다." 위험한 물속을 배회하는 상어들, 그리고 그들이 로저 앞에 흔들던 미끼와 아첨에 대한 이야기는 많고도 재미있었다. 특히 그중 한 명을 어떻게 상대했는지 보여주는 한 통의 편지를 소개해볼 만하다.

햄프스테드 윌로우길 22번지

1905년 7월 22일

귀하께,

제 직책을 완전히 오해하고 계십니다. 저는 『아테네움』의 독립적
인 예술 비평가이지 상인이 아니며, 귀하가 제안하셨듯 점심 식사
후에 처리하는 것이 가장 좋은 부류의 일을 하는 습관도 없습니
다. 어떤 경우에도 귀하의 그림 판매에 관여할 일은 없을 것입니
다. 귀하의 편지에 담긴 어투로 보아 향후 귀하와 나누어야 하는
소통은 제 변호인을 통해 이루어질 것 같군요.

진심을 담아,

R. E. 프라이

그러나 미국인의 지갑을 주무를 수 있는 권한이 위험을 수반하
고 엄청난 깨달음을 주었다고 해도, 미국이라는 나라는 지금까지
그에게 주어진 것 중 가장 큰 기회를 제공하고 있었다. 그는 예술
에 대한 열기가 영국보다 미국에서 훨씬 크다는 점을 발견했으며,
그가 미술관에서 하는 일에 사람들의 관심이 쏠리는 것을 보고 놀
랐다. 실제로 그가 너무 적극적이라는 불만이 제기되기도 했는
데 루벤스의 그림을 너무 깨끗하게 닦는다든가 르누아르의 그림
에 너무 많은 액수를 지불했다든가 하는 이유에서였다. 그러나 그
의 평판은 매우 높았다. 그가 실시한 일련의 강의는 "엄청난 성공"

을 거두었고, 로저는 "수많은 사람"이 그의 의견 한마디에 20기니를 지불할 준비가 되었다는 것을 알게 되었다. 물론 사회적 명사로서의 인기는 이후 수그러들었다. 귀국했을 때 그는 오히려 안도하며 자신이 "사자 우리에서 더 작은 육식 동물의 우리"로 돌아왔다고 생각했다. 그래도 수시로 외출했고 미국사회는 계속 그를 당혹게 했다. 대조가 너무나 극심했다. 1906년 3월, 로저는 부친께 이렇게 썼다. "가장 고상한 교양과 가장 솔직하고 진실된 심성을 가진 사람들을 꽤 자주 만납니다." 예컨대 마크 트웨인 같은 사람으로, 로저는 저녁 식사 때 그의 옆자리에 앉았다가 그가 "정말 훌륭하고 관대하며 자유로운 마음을 가진 사람 중 한 명"이라고 느꼈다. "하지만 대조가 엄청나요. 때로는 이 사회가 순수한 야만으로 회귀하는 것이 아닌지 궁금해질 때가 있거든요. 문제는 무엇을 제대로 알거나 진정한 가치의 기준을 지닌 사람이 아무도 없다는 것입니다. 쉽게 의심을 품는 만큼 쉽게 믿는 데다가 지적 안정성의 토대가 없기 때문에 결국에는 유행과 일시적 감정의 영향으로 어디론가 떠밀려간답니다." 그의 내면에 깃든 퀘이커 정신—위선과 허세를 혐오하는 성향을 그 선조의 영향으로 돌릴 수 있다면—은 충격을 받았다. "부당한 일들을 들어보면 도저히 믿기지 않는 수준인데, 확실한 출처에서 들은 얘기란 말이죠. 다들 이런 상태로는 오래갈 수 없다며 훌륭한 사람들이 나서야 한다고 생각합니다." 그러다가도 "훌륭한 사람들"을 많이 만났다. 그의 표현을 빌리자면 유럽화된 미국인으로서 그가 몹시 존경했던 윌리엄 제임스, 최고의 현대 예술 컬렉션을 구축했으며 비범한 인격의 소유자인 멋지고 기이한 가드너 부인, 뉴저지에서 함께 카누를 타며 노를 저은 러셀 로인즈. 이들은 어디서든 주목받을 사람들이었다. 반면 미국 자체는 "나무들이 온통 단색의 색채로 뒤덮여, 황금빛 갈색과 짙은 자주색, 그리고 무엇보다도 국화꽃 같은 연한 장밋빛 보라색"이던 가을에마저 그를 크게 매료하지 못했다. 영국과 너무나 흡사했고 그 자체의 매력이라고는 눈에 띄지 않았다. "신대륙이라면 더 독창적일 거라 기대하게 마련 아닌가"라며 그는 불평했다. 로저는 훈훈한 감동과 당혹감, 그리고 비난 사이에서 흔들렸다.

II

그러나 미국에 대한 전반적인 인상을 정리하려 할 때마다, 그는 늘 자신의 입지에 대한 의문 때문에 방해를 받았다. 그의 입지는 점점 더 위태로워지고 있었다. 그것은 부분적으로 로저의 잘못이었다. 자신의 의견을 숨길 수 없었던 것이다. "우회적으로 들려오는 저에 대한 비난 중 하나는 제가 제 생각을 굳이 말하지 않는 법을 아직 제대로 배우지 못했다는 것입니다." 그는 집에 보내는 편지에서 말했다. "하지만 서둘러 고칠 생각은 없습니다." 로저는 생각한 대로 말했고, 그건 회장과 의견이 반대될 때도 마찬가지였다. 회장은 절대 권력을 행사하는 존재였다. 아무도 회장에게 감히 저항하지 못한다는 사실이 로저 프라이에게는 놀라웠다. 따라서 "미술관에서 일이 어디로 튈지는 절대 예측할 수 없었다". 이런 묘한 관계를 가장 잘 설명하는 것은 로저가 1907년 피어폰트 모건과 함께 한 여행에 대해 여러 해가 지나 묘사한 기록에서 엿볼 수 있다. 페루자에서 전시회가 열렸고, 모건은 미술관을 위해 구입할 작품이 있을지 찾아보라고 자신의 고문을 불렀다.

1907년 5월 아침, 페루자 그랜드 호텔에서 자고 있는데 누가 문을 두드리는 바람에 잠에서 깼다. 여종업원이 명함을 하나 가지고 들어왔다. 토렐리 백작이 시급히 간단한 면담을 요청했다는 것이었다. 나는 곧 내려가겠다는 말을 전한 다음 옷을 입고 백작이 기다리는 1층 빈방으로 들어갔다. 멋을 부린 옷차림에 조금 호감이 가는 인상의 젊은 토렐리가 안절부절못하는 표정으로 인사를 했다. 무슨 용무일까? 나는 이미 답을 알고 있었다. 중년임에도 나이에 비해 젊어 보이는 더글러스 부인의 품에 안겨 이층에서 여전히 자고 있는 모건에게 집안의 가보를 맡기려는 것이었다. 무슨 가보일까? 최근 들여온 중국 그림들과 집안 곳곳에 깔려 있는 거대한 18세기 카펫이 있었다. 불쌍한 백작은 거금을 손에 넣기 위해 로마에서 페루자로 달려왔고 그것을 전시해놓은 것이었다. 그를 위해 내가 할 수 있는 일을 해줘야 할까? 그 집안의 운명은 이번 일의 성사에 달려 있었다. 그는 모건에게 잘 말해주기만 하면 영원히, 그리고 어쩌면 '실질적으로도' 감사할 거라고 했다. 거의 희망을 품을 수 없었지만 한번 살펴보겠다고 했다.

내가 그에게서 벗어나기도 전에 레반트인인지 몰타인인지 조그만 남자가 방 한구석에서 튀어나와 엉성한 영어와 이탈리아로 더듬거렸다. 그의 손에는 커다란 17세기 십자가상이 들려 있었는데 내게 그것을 허겁지겁 주려고 했다. 특별히 뛰어난 예술품은 아니어서 평소처럼 지나치려는데 그가 십자가 축에서 단도를 쑥 뽑아냈다. 이것이 작품의 핵심이었고, 우리 모건 씨를 잘 알았던 나는 그가 이 물건을 얼마나 좋아할지 짐작할 수 있었다. "그 시절 사람들은 이렇게 했던 거지! 기도하는 사람을 찔렀다잖아! 아주 흥미롭군." 그의 무감각함은 완벽에 가까웠으며, 그 완벽에 굳이 흠을 잡자면 저급한 역사적 상상력이 있다는 것 정도였다.

다시 아침 식사를 하러 가려고 하는데 나를 막는 사람이 또 있었다. 이번에는 세련된 차림의 나이 지긋한 여자였는데 과거 이탈리아 지방 귀족의 품위가 조금은 배어 있었다. 자신과 누이가 구릉지에서 16킬로미터가량 떨어진 성에 살고 있으며 마졸리카* 컬렉션을 갖고 있다는 것이었다. 일 모건이 그들을 방문할 수 있지 않을까? 글쎄, 가능성은 있었다. 나는 한번 살펴보고 알려드리겠다고 했다. 그럴 필요가 없었다. 그녀와 누이는 결코 그곳을 떠나지 않는다고 했다. 기회를 더 유리하게 만드는 것이었고, 나는 거의 방문을 약속할 수 있었다. 식사를 마친 다음 모건의 스위트룸으로 갔다. 그는 이미 일어나 외출 준비를 하고 있었고 더글러스 부인은 품위 있는 얼굴에 화장을 마무리하고 있었다. 그때 루이지 포

---

* 르네상스 시대 이탈리아에서 발달한 도자기.

레타Luigi Poretta라는 가이드가 들어왔다. 몸이 홀쭉한 포레타는 가난한 행상 출신으로, 비굴하게 알랑거리는 불량배였는데 눈치로 먹고 살면서 그럭저럭 작위를 얻은 자였다. 그는 무식하고 무능했지만 음모에는 능했고 그 작위가 피어몬트 모건의 가이드에 그를 추천할 수 있는 유일한 자질이었다. 포레타는 노예근성이 밴 유들유들한 목소리로 피아트 자동차가 기다리고 있다는 소식을 전했다. 모건을 보려고 몰려든 사람들이 홀을 오가며 외경심에 가까운 눈빛으로 그를 기다리고 있었다. 이탈리아 백작들, 레반틴 유대인들, 그 밖의 뜨내기들이 모건의 부富라는 소용돌이로 빨려 들어온 듯했다. 그들, 특히 이탈리아인들은 정말 숭배하는 눈빛으로 모건을 바라보았다. 그의 부는 이들에게 구걸할 수 있는 대상만 아니라 그 자체로 영광스럽고 낭만적인 것으로 다가왔다. 열정이 너무 강한 나머지 거의 사심을 잊은 지경이었다. 한 사람이 그토록 많은 부를 소유했다는 사실 자체가 이들의 사기를 높여주고, 모건을 국왕보다 훨씬 더 고상하고 낭만적인 사람으로 보이게 하는 것 같았다. 그리고 한 명을 빼먹었는데, 더글러스 부인의 샤프롱⁺인 백발의 미스 번스로, 늙고 조금은 위축된 모습이었다. 그는 전혀 눈길을 끌지 않았고 꼭 필요할 때만 짹짹거리는 날카로운 목소리로 그림이나 풍경, 모건의 발언에 대해 찬사를 표함으로써 자신의 존재를 증명했다.

화창한 날이었고 우리는 아시시로 가는 길을 빠른 속도로 통과했

---

† 젊은 여자가 사교장에 나갈 때에 따라가서 보살펴주는 사람.

다. 웬일로 모건 씨는 기분이 좋은 것 같았다. 그는 아시시의 프레스코를 봐도 따분하기만 하고 건질 작품은 하나도 없으리라는 건 모르고 있었다. 그는 자기 자신에게 너무나 만족했던 나머지 장갑 한 짝이 찢어진 것을 보더니 "음, 새로 한 켤레 살 여유는 없지"라고 농담을 했다. 니스 번스가 희미하게 탄성을 질렀고 공식 정부인 더글라스 부인의 딱딱한 표정이 조금 풀렸다. 심지어 대화 같은 것도 오갔는데 라파엘로 얘기로 말머리를 돌린 것만 봐도 기분이 좋다는 것을 알 수 있었다. "내가 가지고 있는 라파엘로 작품을 대여해 달라니, 내셔널 갤러리 사람들 바보 아니야? 빌려 가봤자 거기 있는 〈안시데이 Ansidei〉*만 초라해 보일 텐데." 언급된 작품은 상당 부분 다시 칠한 제단화로, 구입하거나 보려는 사람이 아무도 없어 S. K. 박물관에 50년 동안이나 방치되어 있었던 작품이다.

운전사는 능숙하지만 무모한 이탈리아인이었는데, 그는 모건식 초호화 차량을 어떻게 몰아야 하는지에 대한 자기만의 철학을 갖고 있었다. 주민들에게 가능한 한 많은 공포를 안겨줘야 한다는 것이었다. 건초가 실린 짐마차를 끄는 소가 깜짝 놀라 도랑으로 뛰어들었다가 다시 맞은편 둑으로 올라가는가 하면, 닭과 개와 아이들이 혼비백산해 멀찌감치 물러났고 모두들 모건이 진정한 대부호임을 실감했다. 이렇게 달리다가 유난히 깊이 파인 배수로 앞에서 급정거를 하는 바람에 모건이 천장에 머리를 세게 부딪치면

---

* 안시데이의 성모자상. 라파엘로의 작품으로, 왕좌에 앉은 성모자상이라고도 불린다. 내셔널 갤러리가 소장하고 있다.

서 그의 모자가 두 눈을 짓눌렀다(모건은 윗부분을 자른 형태의 실크 모자를 쓰고 있었다). 모두 놀라서 한마디씩 내뱉으며 포레타를 부르고 운전사에게 경고를 하는 소동을 벌인 다음에야 차는 조금 덜 인상적으로 운전되었다. 아시시 방문은 헛수고였다. 모건은 프레스코의 상태를 마음에 들어하지 않았다. 미스 번스는 몇 차례 비명을 질렀다가 자신의 반응이 용납되지 않고 있음을 알고 멈췄다. 더글러스 부인은 나에게 교회와 조토Giotto di Bondone에 대해 캐물으며 지식을 넓히고 싶어했지만 모건이나 포레타가 즐거운 기분이 아니어서 우리는 서둘러 그곳을 떠났다.

돌아오는 길에 나는 모건을 설득해 늙은 자매가 사는 성에 들러 마졸리카 컬렉션을 보자고 했다. 구릉지 위로 보이는 성은 아담했고 모건은 늘 그렇듯이 가문의 가보를 현장에서 직접 구매한다는 생각에 기뻐했고, 물건은 어떤 면에서 몰락한 귀족의 특징을 그대로 드러내는 것처럼 보였다. 그는 가련한 노부인들에게 무례하게 굴긴 했지만 마졸리카 컬렉션을 구입하는 데 동의했다. 모건은 가족에게 직접 구입하면 상인에게 살 때보다 값을 더 준다고 생각하는 것 같았다. 하지만 사실은 그렇지 않았다. 그가 흥정을 덜 한 건 사실이지만, 클라이브 벨을 제외하면 그 어떤 개인 판매자도 유대인이나 레반트 상인들의 4분의 1만큼이나마 제값을 끝까지 고수할 배짱을 보인 적이 없었다. 노부인들이 얼마를 받았는지는 기억나지 않지만 얼마를 받았든 그중 6~7할은 포레타의 수중으로 들어가지나 않았을까 싶다. 그는 이 정도 몫이 모건처럼 귀한 분의 차를 안내한 데 대한 적당한 부수입이라고 생각할 법한 자였다.

이렇듯 우리의 이탈리아 횡단은 개선 행진 그 자체였다. 시에나에서는 모건이 대성당의 모자이크를 볼 수 있도록 바닥 전체의 마룻장이 걷어졌다. 얼마 전에 이탈리아 여왕이 시에나를 방문해서 보고 싶어했지만 뜻을 이루지 못했던 작품이었다. 포레타는 정말 교활하다고 하지 않을 수 없다. 일반인에게 개방하도록 되어 있는 소규모 화랑과 도서관의 문을 닫게 하고 모건에게만 특별한 호의로 개방하는 것처럼 꾸몄기 때문이다. 산 지미냐노에서는 예고 없이 방문했는데도 우리를 즉시 알아본 시장이 왕실 방명록을 가지고 나와서 왕보다 더 위대한 부호의 서명을 받으려고 했다. 또 안코나에서는 많은 사람이 광장에 모여 군악대의 연주를 듣고 있었는데 우리가 광장을 지나 항구 쪽으로 차를 몰고 가자 즉시 군악대를 뒤로하고 우리를 따라왔다. 우리가 탈 모건의 요트가 있는 항구까지 말이다. 배가 출항하자 예포가 울렸고, 요트에서도 답례 사격을 했다. 밤새 시내에서 벗어나 있었는데도 합창단은 배에 탄 우리를 위해 밤늦도록 세레나데를 불러주었다. 그들이 돈을 요구하는 것에 충격을 받은 모건은 그때마다 무뚝뚝하게 거절했다. 단순히 돈을 내놓기를 꺼렸다기보다는 그들의 열띤 반응이 자신의 인격과 존재 자체에 대한 순수한 감동에서 우러나온 것이라는 착각을 날려버린 데 대한 분풀이였다. 나는 언제나 뉴욕에 있는 모건의 정부들이 상당한 보조금을 받는 것이 의아했다. 남자에게는 불가능한 일이지만, 유대인에게는 궁전이…… 아르마니아인에게도, 그리고 여자에게도 가능했다.

미완성 기록은 여기서 끝난다. 모건은 "100만 달러의 가치가 나가는 소중한 항해 전리품을 가지고" 뉴욕으로 돌아왔다고 전기작가는 기록하고 있다. "목공예 조각과 역사적인 천장 장식들, 고대 궁전의 장식물에서 나온 보물들이 포장도 뜯기지 않은 상태로 메트로폴리탄 미술관에 쌓였다." 그리고 대부호에 대한 자신의 임무를 다한 로저 프라이는 아내와 아이들이 기다리는 영국으로 돌아갔다.

하지만 그가 돌아온 곳은 휴식이 아니라 불안이었다. 그는 더 이상 이런 감정의 결들을 아내와 나눌 수 없었다. 그가 없는 동안 헬렌은 자주 병을 앓았고 의사들은 회복이 불가능하다는 소견을 내비치기 시작했다. 로저는 아내의 병이 몰고 온 온갖 문제들과 다시 마주쳤다. 그는 눈부실 만큼의 의지로 그 문제와 싸웠고 커다란 행복의 순간들을 얻어냈다. 그러나 위협은 늘 거기에 있었고, 그가 하는 일의 긴장도를 높였으며 성공으로 누릴 수 있는 기쁨을 번번이 앗아갔다. 이 무렵 개인전에서 예상치 못한 성공을 거두었을 때 로저는 "이 일뿐 아니라 모든 면에서 의욕을 잃었을 때 이런 일이 생기다니"라고 썼다. 로저는 누이의 도움으로 아내와 아이들을 위한 임시 대비책을 마련하고, 다시금 그를 기다리고 있는 미국의 문제들 속으로 돌아갔다.

익숙한 문제들이었고 신탁 관리인 중 한 사람인 필라델피아 출신의 존슨 씨의 말이 상황을 설명하기에 충분하다. 존슨 씨는 로저에게 다음과 같이 편지를 보냈다. "문제는 모두가 M 씨의 위압적인 의지를 따르도록 강요받는다는 것입니다. 그 뜻에 거역하는 사람도, 감히 거역하려는 사람도 아무도 없어요. 공공 조직에서 한 사람에게 권한이 집중되는 것이 무조건 나쁜 것은 아니지만 지금 이 미술관에서처럼이라면 터키식 전제 통치보다 더 나쁩니다. 전면적인 대체 방안이 마련될 가능성이 열릴 때까지는, 대가라곤 상당한 수준의 찌증뿐일지라도, 수정된 계약 조건에 따라 비켜가는 편이 현명한 선택이 될 것입니다." 그 "수정된 계약 조건"이 무엇이었든 간에 로저 프라이는 그에 따르기 위해 최선을 다했다. 그는 "언짢고 불만스러운" 기분이라면서도 "단지 혐오감 때문에 꼭 필요한 수입을 가져다주는 자리를 내던져서는 안 된다"고 말했다. 수많은 결함에도 불구하고 여전히 "나에게 주어진 것 중 가장 큰 기회"인 자리를 포기하는 일은 가능하면 뒤로 미뤄야 할 문제였다. 회장의 기질을 감안하면, 또 로저 자신이 그의 장단에 춤을 출 수 없다는 것을 생각하면 그것은 피할 수 없는 일이었다. 로저는 1910년 2월 14일자로 부친에게 편지를 보냈다. "예상했던 타격이 현실이 되었습니다. 그 그림을 미술관에 들이려 한 일에 대해 모건은 저를 용서하지 않았어요.* 초트는 믿을 수 없는 사람임이 드러났고요. 이제 와서 아무리 말해봤자 소용이 없습니다. 이 사람들에게선 어떤 만족스러운 해결도 얻을 수 없었고, 그들의 행동은 비열하기 짝이 없었습니다." 그는 찰스 홈스 경에게 보낸 편지에서 자신의 해고를 "비열한 행동"이라 불렀고 "온갖 위선적인 아첨을 늘어놓으며 악랄하게 자행된 일" 짓으로 표현했다. 찰

---

*   피어몬트 모건은 이 그림을 자신의 개인 컬렉션에 보관하려고 했다.—원주

스 경이 말한 대로, 그가 "해직 통고를 받았든" 또는 스스로 물러났든 그것은 중요하지 않다. 결별은 돌이킬 수 없는 것이었고, 로저는 그 순간 내셔널 갤러리의 일을 후회하지 않을 수 없었다. 하지만 찰스 경이 지적했듯, 영국에서의 조건도 미국에서의 조건만큼이나 만족스럽지 못한 것이었다. 다음과 같은 찰스의 말은 미술관에서 로저 프라이가 처한 어려움을 단적으로 보여준다. "미국에서 프라이에게 닥친 난관은 신탁 관리인들로부터 비롯된 것이었다. 이들은 자신들을 위해 좋은 그림을 보유하기를 간절히 바라는 한편으로 동시에 미술관의 그림이 가능하면 최고가로 다른 나라에 팔리는 것을 보고 싶어했다." 반면 내셔널 갤러리에 적용되는 방침, 즉 "내셔널 갤러리의 주도권을 옥죄는 것"은, 한편으로는 피어몬트 모건의 전횡이 그러했듯 또 다른 방식으로 로저 프라이에게 참기 힘든 것이었을 것이다. 훗날 그는 영국의 신탁관리인들 아래서 찰스 홈스가 얼마나 어려운 처지에 놓여 있었는지를 깨닫고 "미국인들이 내 야망의 정점으로 보였던 그 자리를 맡지 못하게 만든 것이 얼마나 다행인가!"라고 외쳤다. 하지만 이는 1927년의 일이다. 1910년 당시에는 어떤 자리에 대한 보장도 없이 그곳을 떠나야 했다.

　미국의 일을 끝냄과 동시에 훨씬 더 끔찍한 일이 벌어졌다. 3년 전 조지 새비지 경은 그에게 헬렌 프라이의 병이 절망적이라는 의견을 내비쳤는데, 당시 로저는 이 말을 받아들이길 거부했다. 이번에도 로저는 의사들을 찾아다녔고 성공 가능성이 조금이라도 있는 방법이라면 무엇이든 시도했다. 아내를 회복시키려는 그의 노력은 용기와 인내, 헌신의 빛나는 발자취라고 할 만하다. 아내가 여전히 자신과 함께 살아갈 수 있으리라는 희망 속에서 그는 길퍼드 부근에 손수 집을 설계해 지었다. 1910년에 공사가 끝나자 그는 아내를 데리고 새 집으로 들어갔다. 하지만 병은 계속 악화되었고, 그는 그해 아이들을 위해 그 싸움을 포기할 수밖에 없었다. 그 싸움은 간간이 행복을 맛보며 1898년부터 이어져왔다. 헤드 박사는 1910년 11월에 "당신은 부인의 병을 고치려고 충분히 노력했고, 나는 일찍이 그와 같은 헌신을 본 적이 없습니다"라고 그에게 편지를 보냈다. "불행하게도 병마가 우리를 쓰러뜨렸습니다."

그처럼 낙관적이고 사적인 행복에 깊이 의존하던 사람에게 이런 패배가 무엇을 의미하는지는 로저 본인의 말을 통해 추측할 수 있을 뿐이다. 그는 모친에게 다음과 같은 편지를 보냈다.

그토록 강렬하게, 또 짧은 기간 맛본 후에 제 인생에서 행복이라는 것을 지워내야 한다는 사실이 참으로 끔찍합니다. 사람은 행복보다는 고통에서 더 많은 것을 배우는 것 같습니다. 그렇게도 간절히 행복을 바라도록 만들어진 세계이면서도 정작 그것을 얻을 기회는 거의 주어지지 않는다니 참으로 이상한 세상이네요.

다음과 같은 말도 했다.

이 세월이 가져온 모든 끔찍한 고통에도 불구하고 저는 그 모든 것에 대해 경건한 감사를 분명히 느낍니다.

로우스 디킨슨에게는 다음과 같이 썼다.

아내의 고통에 대한 변함없는 괴로움만 아니라면 나는 이제 사랑이 없는 삶에서 오는 단조로움과 잿빛 분위기에 익숙해질 수 있을 것 같네. 이 일은 악마적으로 정교하게 꾸며낼 수 있는 고문 가운데서도 극단적인 경우 같아. 그녀가 차라리 죽을 수만 있다면!…….

헬렌이 처음 병에 걸렸을 때 로저는 그녀의 죽음을 떠올리는 것조차 견딜 수 없었다. 하지만 뒤를 이은 세월은 오히려 죽음을 바라게 만들었다. 그럼에도 그는 다음과 같이 썼다.

"모든 것을 이해하면 모든 것을 용서할 수 있다tout comprendre est tout pardonner"는 말을 나는 거의 신비에 가까운 감정으로 믿는다. 이해란 보통 불가능할 정도로 어려운 일이지만, 막상 이해에 이르게 되면 우리가 마주치는 것은 언제나 증오보다 연민을 자아내는 광경이다.

로저의 감정은 부서졌고 서로 모순되었다. 그는 구체적으로 어떤 태도도 취하려고 하지 않았다. 삶을 다시 꿰맞추기 위해 그는 최선을 다해 길을 찾아야만 했다. 로저는 디킨슨에게 이렇게 썼다. "마음에 굳은살이 박일 정도로 난관을 헤쳐온 것에 대해서조차 후회하지 않게 되었네. 때때로 그 굳은살도 벗겨져서 세상의 철저한 비참함과 허망함 앞에 울고 싶어질 때도 있지만, 삶은 너무도 절박해." 그는 더 이상 어떤 신념도 가지고 있지 않았다. 오래된 표현들은 그에게 아무런 의미도 없었다. 그는 가장 두려운 일이 "자기중심성이라는 감옥 속에 스스로를 가두는 것"이라고 말했다. 삶을 이해하는 것도 예술을 이해하는 것처럼, 그 자신이 발견한 방식이 이끄는 대로 따라갈 수밖에 없었다. 로저는 무모할 정도로 온갖 경험에 자신을 내맡겼다. 훗날 본인이 말했듯, 사람들이 소중히 여기는 많은 것들이 이제는 그에게 아무 의미도 없었다. 그것들에게 의미를 부여했을 삶의 중심은 사라졌다. 이런 경험으로부터 넓은 관용과 동시에 날카로운 불관용 역시 생겨났다. 로저는 무엇이든 진실해 보이는 것에 대해서는 즉각 반응을 보였고 허위로 보이는 것에 대해서는 분노했다. 로저가 남긴 단장의 기록과 음울한 말에서는 판에 박힌 것들을 날려버리는 그의 비웃음이 아니더라도 많은 것을 읽어낼 수 있다. 아내가 그를 떠난 뒤 그가 받아들이거나 거부한 모든 선택의 이면에는, 이미 겪었고 앞으로도 계속 겪게 될 그 경험이 자리하고 있었다. 그는 고통을 겪었고, 앞으로도 계속 겪게 될 것이었다. 그 고통은 "죽음보다 더한 것"이었다.*

* 헬렌 프라이는 1937년 요크의 정신 장애인 수용소에서 세상을 떠났다. 그의 사인은 불치의 두개골 종양으로 알려졌다.—원주

7장 회화의 위대한 시대—후기 인상파 전시회

I

1910년, 처음 보는 사람들 눈에 로저는 실제 나이보다 훨씬 늙어 보였다. 그는 겨우 마흔네 살이었지만 오랜 경험의 무게를 지닌 사람이라는 인상을 주었다. 지치고 세월의 흔적이 묻어났으며 금욕적이면서도 강인해 보였다. 물론 강사와 예술비평가로서 그가 가진 명성이 첫인상을 혼란스럽게 하는 면도 있었다. 레이턴 하우스에서 옛 대가들에 대한 강의를 하는 사람이라면 얼굴이 창백한 학자풍의 미학적 인상을 주는 남자를 기대할 수 있겠지만 그는 그런 평판에 부합하지 않았다. 그는 오히려 그을린 피부에 생기가 넘쳤다. 그렇다고 해서 세상 물정에 밝은 인물도 아니었고 화가라고 할 수도 없었다. 그에게는 보헤미안의 기질이 전혀 없었다. 첫눈에 그를 어떤 유형이나 범주로 구분하기란 어려운 일이었다. 그리고 로저 프라이를 처음 실제로 본 순간, 1~2년 전 케임브리지 잔디밭에서 스쳐 지나간 또 다른 인상이 떠올랐다. 초목이 푸르던 날, 여름 강변의 녹색 풍경 속으로 모습들 드러내던 두 사람, 키가 큰 그 두 사람의 모습이 기억에 또렷이 남아 잊히지 않는다. 그들은 "로저 프라이와 그의 아내"였다. 이후 두 사람이 함께 있는 모습은 볼 수 없었다.

로저는 그해 어느 봄날 런던 광장에 늘어선 나무들이 보이는 방에서 조화로운 으르렁거림 같은 낮고 깊은 소리로 말하고 있었다. 로저는 온몸으로, 마음 깊이, 자연스럽게 웃었다. 그를 웃게 만드는 것은 쉬운 일이었다. 하지만 로저는 진지했고 그가 자신의 부친에 대해 썼던 말 그대로 "위압적인" 사람이기도 했다. 그는 또한 만만찮은 존재감을 지니고 있었다. 안경 너머 숱 많은 검은 눈썹 밑으로 보이는 눈은, 마치 이야기를 하는 중에도 계속 바라보고 자신이 본 것을 생각하고 있다는 듯 기묘한 관찰력을 품은 채 밝게 빛나고 있었다. 반쯤은 무의식적으로 손을 뻗어 화분의 꽃을 정리하거나 도자기를 집어 돌려보다가 다시 내려놓곤 했다. 그 시선, 그 순간적인 초연함은 너무도 본능적이어서 말의 흐름이 끊기는 법이 없었고 무엇인가를 속에 유보해두고 있다는 느낌을 주었다. 표면을 오가며 숨겨진 중심으로 되돌아가고 있는 듯한 어떤 것 말이다. 이런 유동성 아래에는 안정된 무언가가 있었다. 유동적인 사람이기는 했다. 그는 막 떠나려던 참이었다―행선지가 파리였던가, 폴란드였던가? 기차를 타야 했다. 폴란드로든 파리로든 그는 기차를 타는 데 익숙해 보였다. 대개는 일주일 남짓이면 돌아오곤 했다. 작은 일정 수첩이 꺼내졌다. 수첩의 페이지들이 빠르게 넘어갔다. 그는 낮고 깊은 목소리로, 빽빽한 약속 목록을 중얼거리며 훑어내리다가 마침내 한 날짜를 정해 기록해두었다. 하지만 더빈스를 처음 방문하기로 한 어느 일요일은 어쩐지 모든 것이 엉켜버렸다. 택시도 없었고 로저 프라이도 없었다. 짐꾼들도 더빈스라는 곳을 몰랐다. 몹시 후회스럽기는 했지만―사실 비난은 "빌어먹을 인간사라는 것"에 돌려야 했다―그는 결국 초대하려던 손님들에게 영국 여관에서의 일요일 점심 식사라는, 그가 누구보다 유창하게 묘사할 수 있는 참담한 경험을 겪게 하고 말았다.

1910년 봄날 저녁 그의 목적지는 파리가 아니라 폴란드였다. 그가 모친에게 보낸 한 통의 편지가 날짜를 1910년 4월 24일로 특정해준다. "요즘 정말 몹시 바쁩니다. 지금 프릭 씨를 위해 폴란드로 가서 아주 중요한 그림 한 점을 사야 해요. 이 일 전체가 제게 매우 갑작스럽게 닥쳤고, 다행히 만족스럽게 처리했습니다. 희망 사항이지만요. 소유자는 다소 멍청한 시골 신사인데 자기 성에서 그림을 팔겠다고 고집하는 바람에 제가 갈 수밖에 없었습니다. 구입 전에 반드시 실물을 확인해야 하니까요. 가격이 6만 파운드나 되는 그림이라 정말 중요한 업무죠. 번거롭고 꽤나 혐오스러운 일이지만 거절할 수는 없었습니다. 어쨌든 저는 이 일에 대해서는 상당히 후한 보수를 받아 마땅합니다. 재정이 바닥나서 요즘 아주 힘들거든요. 그간 어떻게 하면 가계 수지를 맞출지 걱정이 심했어요."

그해 봄에는 앤드루 노블 경 저택의 천장을 장식하는 일이라든가 햄프턴 궁에 소장된 안드레아 만테냐의 작품을 복원하는 일 등 할 일이 많았다. 하지만 그 일들은 간헐적이고 잡다한 성격의 것이었다. 그는 더 이상 예전만큼 낙관적이진 않았지만, 자신의 에너지를 한곳으로 집중시키고 그 어느 때보다 더 절실해진 수입을 가져다줄 직책을 다시 한번 기대했다. 이때 마침 다시 슬레이드 교수직이 공석이 되었는데 이번에는 옥스퍼드였다. 이번에도 예술계의 유명 인사들은 로저가 그 자리에 적임자라고 단언했다. 프랑스 국립 박물관의 관장인 살로몽 레이나슈 Salomon Reinach는 다음과 같은 글을 썼다. "나로서는 로저 프라이 씨가 젊은 학생들에게 가장 유익한 영향을 행사할 수 있는 인물이라고 생각한다. 학생들은 눈을 단지 읽기만이 아니라 예술작품을 보기 위해 사용하는 법을 그에게 배울 것이다. 프라이는 학생들에게 수공품과 예술작품의 질적 차이를 구분하고 이해하는 법을 가르칠 것이다." 하지만 채용 심사 위원들의 생각은 달랐기 때문에 그 자리는 다른 사람에게 돌아갔고, 젊은이들에게 눈을 사용하는 법을 가르칠 로저 프라이의 정력은 공식적으로 아무런 활용도 되지 못했다.

그해 여름에 그가 또 한 번의 여행을 떠났다는 점으로 볼 때, 그렇게 된 것이 오히려 잘된 일이었는지도 모른다. 단지 그림을 보기 위해 파리에 가는 일이었고, 그런 일은 그에게 이미 익숙한 것이었다. 하지만 이번에는 백만장자나 미술관을 위해 그림을 구입하려는 목적이 아니라 가을에 그래프턴 갤러리에서 전시회를 열어달라는 요청을 받고 전시작품을 선정하기 위해서였다. 그는 모친에게 "올겨울 그래프턴 갤러리에서 열릴 프랑스 현대 미술전을 경솔하게도 제가 주도하게 될 것 같습니다. 저에게 책임이 있는 것도 아니고 아직 그와 관련해 직책을 맡은 것도 없지만 상당한 자문과 감독 역할을 해야 할 것 같군요"라고 말했다. 무심한 말투였기에 로저가 이 전시에 얼마나 큰 관심을 쏟고 있는지, 또 그것이 어떤 중요성을 띠게 될지를 짐작하기는 어려웠다. 로저는 아내에게 보낸 편지에서 설명했듯, 1906년 이후로 점점 더 프랑스 현대 회화 전반에, 그중에서도 세잔의 작품에 깊이 몰두하게 되었다. 그러던 차에 그래프턴 갤러리 이사회의 초청을 받고 보니 이를 대표하는 작품들을 런던에 끌어모을 기회가 왔다고 생각하게 된 것이다. 그가 직접 밝힌 이유들은 새삼 반복할 필요도 없이 익숙한 것이었고, 그 전시는 그에게 지극히 중대한 것으로 여겨졌다. 그러나 놀라운 점은 그가 이 전시를 다른 사람들에게도 똑같이 중요하게 느껴지도록 만들었다는 사실이다. 그는 모두가 자신처럼 그 그림들을 보고 '경이'의 순간을 느껴야 한다고 믿었다.

그래프턴 갤러리에 전시될 그림들이 의자 위에 놓여 있었다. 거의 뻔뻔해 보일 정도로 밝고 대담했는데, 그 뒤쪽 벽에 걸린, 와츠가 그린 아름다운 빅토리아시대 여성의 초상화와는 완전히 대조되었다. 그리고 그 앞에는 로저 프라이가 있었다. 그는 시선을 그림 속으로 깊숙이 꽂아넣고 있었는데, 그 모습이 마치 꽃 위에 정지한 채 미세하게 떨고 있는 꼬리박각시(나방) 같았다. 이어 만족의 깊은 숨을 들이마신 뒤, 누구든 곁에 있는 사람을 찾아 공감을 구하곤 했다. "당혹스러운가요? 왜 그럴까요?" 이어 로저는 와츠에서 피카소로 이어지는 전환은 전혀 어렵지 않으며, 그것은 단절이 아니라 연결이라고 설명했다. 단지 같은 방향으로 조금 더 밀고 들어간 것에 불과하다는 것이다. 그는 보여주었고, 설득했고, 논증했다. 논증은 고조되어 새처럼 하늘 높이 치솟아 구름 속으로 사라졌다가 어느새 다시 나타나 그림을 향했다. 그림뿐만 아니라 주위에 있는 재료나 단지, 모자까지 논증의 대상이 되었다. 그해 가을, 로저가 사람들이 모인 방으로 들어갈 때 두 손에 새로 획득한 전리품을 들고 있지 않은 경우가 없었다. 한번은 흑인들의 기호에 맞는 맨체스터산 무명을 들고 온 적이 있었는데 그 무명천은 사라사 무명 커튼을 마치 와츠의 초상화처럼 빛바래고 구식으로 보이게 만들었다. 커다란 모자들을 가져온 적도 있는데 대담한 장식과 열대의 태양을 견디도록 두툼하게 짜여 있었다. 교육받지 못한 흑인 여성들의 취향에 맞는 것이었다. "교육을 받지 못한 흑인 여성의 취향이 얼마나 근사한가?" 로저의 영향력과 흥분, 집요한 설득 속에서 그림과 모자, 무명천은 모두 하나의 맥락으로 연결되었다. 누구나 자신의 의견을 말했다. 요리사든 하녀든, 누구의 감각이든 모두 가치가 있었다. "배움은 중요하지 않습니다. 살아 있는 현실이 중요하죠." 북적이는 방 안에서 로저는 말을 이었고, 자신이 한 말과 자신이 남기고 있는 인상은 전혀 인식하지 못한 채, 환상적이면서도 이성적이고, 온화하면서도 광적으로 완고하며, 배타적이면서도 완전히 열린 태도로, 지금 이 순간, 무언가 중대한 일이 벌어지고 있다는 확신에 불타고 있었다.

1910년 11월, 그래프턴 갤러리에서 후기 인상주의 회화의 첫 전시가 열렸다. 후기 인상주의자 post-impressionist 라는 명칭은 무언가 간편한 표제가 필요하다고 주장하는 기자와의 대화에서 즉석으로 정해진 것이었고, 정확한 전시 제목은《마네와 후기 인상파》였다. 병상에서 끌려나오다시피 한 데즈먼드 매카시는 샴페인 한 병으로 기운을 되찾았고, 자신의 인생에서 진정 해야 할 일은 예술 비평이라는 확신을 얻은 채 서문을 썼다. 요즘으로 치면 아주 부드러운 어조였다. 무언가 해명하는 분위기마저 감돈다. "후기 인상파의 작품이 꽤나 당혹스럽다는 것은 부인할 수 없다. 때로는 더비 경마의 우승마를 찍은 즉석 사진보다 잘 만든 흔들 목마가 실제 말의 분위기를 더 잘 살린다는 사실을 기억하지 못하는 사람들에게는 우스꽝스럽게 보일 것이다." 몇몇 유명 인사는 "그림의 선정에는 책임이 없는데도" 전시 위원회의 명단에 이름을 올리는 것을 허락했다. 개회식은 관례에 따라 격식 있게 치러졌다. 그때 소동이 일어났다.

1939년 시점에서 어떤 대형 병원은 세잔 탄생 100주년 전시로 재정적 수혜를 입고 있고, 갤러리는 날마다 경건하고도 순종적인 숭배자들로 붐비는 모습을 보고 있노라면, 불과 30년도 채 되지 않은 과거에 그 그림들이 얼마나 격렬한 감정을 불러일으켰는지를 상상하기는 어렵다. 달라진 것은 그림이 아니라 대중이다. 이는 의심할 여지가 없는 사실이다. 1910년 당시의 관중은 분노와 웃음의 발작 속으로 휩쓸려 들어갔다. 그들은 세잔에서 고갱으로, 고갱에서 반 고흐로, 피카소에서 시냐크로, 드랭에서 프리에스로 옮겨다녔고, 그럴수록 분노는 커져갔다. 그 그림들은 농담이었고 그들 자신을 조롱하는 농담이었다. 어느 귀부인은 위원회의 명단에서 자신의 이름을 빼달라고 요구했고 데즈먼드 매카시의 전언에 따르면 어느 신사는 세잔이 그린 아내의 초상화를 보고 너무 큰 소리로 웃는 바람에 "어쩔 수 없이 밖으로 나가 5분 동안 신선한 공기를 쏘이며 진정해야 했으며, 세련된 여성들은 은방울 같은 목소리로 깔깔대면서 인위적인 웃음을 터뜨렸다." 전시회의 간사가 관중의 불만 사항을 적을 노트를 비치해야 할 정도였다. 갤러리를 찾은 관중의 수는 하루에 족히 400명은 되었다. 그리고 이들은 자신의 의견을 간사에게 전했을 뿐만 아니라 관장에게 직접 편지를 보내기도 했다. 그림들은 터무니없고, 무정부주의적이며, 유치했다. 그것은 영국 관중에 대한 모독이었으며, 그 모독의 책임자는 바보이거나, 사기꾼이거나, 아니면 악당이라는 것이었다. 신문에는 멍청하게 입을 벌리고 지저분한 헤어스타일을 하고 있는 신사를 묘사한 만화가 등장했다. 부모들은 유치한 낙서를 보내며 그것이 세잔의 작품보다 훨씬 낫다고 주장했다. 맥카시의 말에 따르면 이 비난 폭풍은 로저를 실제로 두려움에 빠뜨릴 정도로 강렬했다.

비평가들의 경우에는 당연히 더 신중한 반응을 보이며 혹평을 삼갔지만 어딘가 미심쩍어 했다. 맥카시 씨에 따르면, 런던의 비평가 중 후기 인상파를 지지한 사람은 찰스 홈스 경 한 명밖에 없었다. 그중에서도 가장 영향력이 크고 권위가 있다고 할 『더 타임스 The Times』의 비평가는 다음과 같이 썼다.

우려되는 점은 로저 프라이가 이런 전시회에 자신의 권위를 부여하고 고갱과 마티스의 작품을 현대 예술의 결정판인 양 받아들이도록 만들 경우, 진정성이 더 떨어지는 다른 필자들까지 이에 편승해 후기 인상파는 훌륭한 인물들이며 그들의 예술은 마땅히 숭상해야 할 대상이라고 대중을 설득하려들지도 모른다는 점이다. 이들은 심지어 그들 자신의 견해에 동의하지 않는 사람은 누구나 최악의 반동주의자로 선언할 기세다. 이런 비평가들을 예언하고 이런 예술 자체가 노골적인 반동의 사례라도 단언하는 것은 정당한 일이다. 이 예술은 단순화를 표방한다. 하지만 그 단순성을 획득하기 위해 예술가들이 오랜 세월 발전시켜 습득하고 영속화한 모든 것을 내던져버린다. 그들은 처음부터 다시 시작하자고 하면서 결국 아이들의 수준에서 발을 멈춘다. 사실 원시 미술이 매력적인 까닭은 그것이 무의식의 산물이기 때문이다. 하지만 이 예술은 의도적이다. 문명이 이룩한 모든 것을 좋은 것 나쁜 것 가리지 않고 거부하는 것이다. (…) 이는 테오필 고티에가 이미 주장한 낡은 이론이다. 예술가의 목표는 "부르주아에게 충격"을 주는 것이어야 하고 결코 그들을 기쁘게 해서는 안 된다는 것이다. 이런 목표를 가장 완벽하게 실현한 화가는 앙리 마티스다. 우리는 마티스의 손으로 제작된 풍경화와 초상화, 조각상을 보았다. 이 밖에도 더 있겠지만 정작 그의 작품은 대부분 파리의 부유한 가문에서 소장하고 있는 것을 볼 때 아마 너무나 마음에 들어서 대여해줄 생각도 없었던 것 같다. 굳이 오래전의 예를 들 것도 없이 모네, 마네, 로댕 세 사람만 예로 들어도 이 이상한 산물들이 얼마나 깊은 추락을 상징하는지 판단하기에 충분하다.

끝으로 『더 타임스』의 비평가는 "무결의 유일한 분류자"인 시간의 판단에 호소하는 것으로 결론을 내렸는데 그는 다소 성급하게도 그 평결이 자기에게 유리하게 내려질 것이라 짐작했다.

비평가들 사이에서는 의견이 크게 갈렸다. 인도에 있던 에릭 길이 윌리엄 로덴스타인 경에게 보낸 편지로 보아 나이 많은 예술가들은 불안해하고 있었다. 그는 "당신은 지금 런던에서 확산되는 끔찍한 충격을 놓치고 있습니다"라고 썼다. "즉 지금 그래프턴 갤러리에서 열리고 있는 후기 인상파 전시회 말입니다. 모든 비평가가 이것을 놓고 서로 물어뜯고 있어요. 양과 염소가 뒤섞이듯 누가 누구의 편인지 전혀 구분할 수 없게 되었습니다." 그는 이렇게 덧붙였다. "이 전시회는 반동과 과도기를 대표하고 있고, 그러니 프라이처럼 그 반동과 과도기의 한 축이라면 이 전시회기 마음에 들 수밖에 없을 겁니다. 반대로 매콜이나 로버트 로스처럼 반동의 대상이 되는 것들과 그 과도기의 출발점이 된 세대에 너무 깊이 얽혀 있다면 마음에 들지 않겠지요. 또 다른 한편으로 나와 존, 매커보이, 엡스타인처럼 이미 반동이나 과도기의 국면을 지나온 사람들에게는 앙리 마티스보다 우위에 있다고 느낄 권리가 있으며 (물론 고갱이 가장 요란한 반응을 일으키고 있고, 반 고흐가 가장 광적인 반응을 일으키고 있지만 이 전시를 대표하는 인물은 마티스니까요) 이 경우에도 전시회가 마음에 들지 않을 수 있습니다. 그런데 마티스 씨의 조각작품을 본 적이 있나요?" 윌리엄 로텐스타인 경은 "네, 파리에 있는 그의 화실에서 봤습니다. 좋아하는 척조차 할 수 없었죠"라고 답했다. 리케츠도 이 그림들에 대한 경멸감을 솔직하게 털어놓았다. "이 쓰레기들을 놓고 어떻게 진정성이라는 말을 입에 담을 수 있습니까?" 그러면서 비꼬는 투로 "마티스와 피카소에게 플리머스와 커즌 스트리트를 그리게 해서" 전국적인 모금 운동이라도 시작하자고 했다. 그는 후기 인상파에게 분명한 광기의 징후가 보인다고 주장했다. 이 주장에는 저명한 의사들도 동의했다. 닥터 히슬롭은 로저 프라이 앞에서 이 전시회를 주제로 강연했다. 그는 예술가와 장인으로 구성된 청중을 향해 그 그림들은 광인의 작품이라고 주장했다. 히슬롭의 결론은 열광적인 박수 갈채를 받았고, 셸윈 이미지 씨는 짤막하지만 호의적인 연설을 통해 닥터 히슬롭의 견해에 동의한다고 밝혔다. 통크스 교수는 로저 프라이를 풍자한 캐리커처를 유포했는데 그림 속에서 프라이는 입을 크게 벌리고 머리를 어지럽게 휘날리며 '세잔교'를 선포하고 있고, 클라이브 벨은 그의 곁에서 성 바울처럼 등장한다. 월프리드 블런트는 자신의 일기에서 화가나 비평가는 아니지만 예술 후원자이자 예술 애호가라고 할 사람들의 감정을 다음과 같이 대변했다.

11월 5일, 파리에서 온 '후기 인상파'의 그림이라고 불리는 것을 보러 그래프턴 갤러리에 갔다. 전시회는 지극히 기분 나쁜 농담이거나 사기 둘 중 하나라고 할 수 있다. 나는 사기라고 생각하는 쪽이다. 유머 감각이라곤 찾아볼 수 없기 때문이다. 더욱이 감각이나 기술, 좋든 나쁘든 취향, 예술성이나 재치 같은 것도 찾아볼 수 없다. 오로지 옥외 변소의 벽에서나 봄직한 추잡하고 유치한 솜씨일 뿐이다. 드로잉 실력은 교육을 받지 못한 일고여덟 살 어린이 수준이고, 색채 감각은 찻쟁반에 그림을 그려넣는 사람의 수준이고, 기법은 손바닥에 침을 뱉고 나서 석판에 문질러 닦는 남학생의 짓과 다를 바 없다. 액자를 빼면 컬렉션 전체는 5파운드의 가치도 안 나갈 것이고, 가치가 있다면 한데 모아 모닥불을 만드는 즐거움뿐일 것이다. 비평가 중 두세 명은 후기 인상파에 대해 호의적인 의견을 표명했다. 안목 있는 비평가인 로저 프라이가 도록의 서문을 썼고 데즈먼드 매카시는 전시회의 간사 역할을 하고 있다. (…) 그것들은 나태와 무력한 어리석음의 산물, 즉 포르노그래피 전시회다.

1910년의 후기 인상파 전시회가 야기한 "끔찍한 충격"은 진심에서 우러난 반응이었던 것으로 보인다. 세잔과 마티스, 피카소, 반 고흐, 고갱의 작품에는 놀라운 힘이 있었는데 대중뿐 아니라 명성이 자자한 비평가와 예술가들의 분노까지 유발하는 힘이었다. 로저 프라이는 10년이 지난 다음 그 소동과 그에 대한 자신의 반응을 『상상력과 디자인』에 수록된 「회고」라는 글에서 분석한다. 그 당시 로저는 그런 반응을 놀라워하는 동시에 재미있어했다. 그는 평소 그림에 무관심하던 대중이 관심을 갖고 흥분하는 현상에 놀랐다. 그리고 "휘슬러 사건' 이후로 이렇게 호전적인 속물근성이 분출한 예는 없었습니다"라고 모친에게 편지를 썼다. 그는 어떻게 그토록 냉담한 집단에서 감정의 광맥을 폭발시킬 수 있었을까? 그는 자신에 대한 세간의 평판이 '취향과 지식을 갖춘 인물의 흐릿한 초상'에서 '조잡한 캐리커처'로 변했다는 사실에 재미를 느꼈다. 비평가들의 암시로 보건대, 그는 아마도 저급한 동기에서, 즉 자기선전을 하거나 돈을 벌기 위해서 기행을 저지르고 교양을 내던지며 기준을 배신한 사람으로 여겨졌던 것 같다.

---

*   화가 제임스 휘슬러와 비평가 존 러스킨 사이에 벌어진 "이것이 예술인가?"라는 논쟁이 법정 다툼으로 비화된 사건을 말한다.

그러나 "모든 열정은, 심지어 빨간 양귀비에 대한 열정조차도 사람을 조롱의 대상으로 만들 수 있"다는 어릴 때의 교훈은 그에게 큰 도움이 되었다. 데즈먼드 매카시는 그 소란 속에서도 로저 프라이가 "이상하리만치 태연했고 조금도 개의치 않았다"고 기록했다. 그는 그림 자체와 그것이 담고 있는 의미에만 빨려 들어갈 듯 관심을 보였을 뿐 자신이 동료 비평가들에게 야기한 곤혹에는 무관심했다. 이때 이후로 자신이 통크스 교수의 정신을 얼마나 집요하게 사로잡게 되었는지를 로저는 전혀 알아차리지 못했다. 그 교수는 로저의 이름을 들먹이는 것조차 견디지 못했으며 그가 세상을 떠났을 때는 마치 영국 미술계의 "무솔리니나 히틀러, 스탈린이 죽은 것 같은 기분"이라고 말했다. 하지만 로저 프라이는 통크스 교수를 전혀 신경 쓰지 않았다. 통크스 교수와 그의 동료들은 유럽 예술계의 주류에서 위험을 무릅쓰는 대신 점차 변두리 예술계로 물러나 동정을 받았다.

다만 이 온갖 소동의 와중에 한 가지 요인만은 로저 프라이의 분노를 불러일으켰다. 그것은 윌프리드 블런트가 일기에 묘사한 교양 계층의 태도였다. 사실 로저는 오랫동안 대중이 고상한 취미를 쌓도록 가르치는 데 힘을 보탰다. 그들은 옛 대가에 관한 로저의 강의를 열심히 들었고 라파엘로와 티치아노, 보티첼리 등 대가들에 대한 로저의 견해를 존중하며 그대로 받아들였다. 그런데 이제 그가 감탄해 마지않는 현존 예술가들의 작품을 보라고 하자 그에게 대들면서 공공연히 비난하고 나선 것이다. 그에게 교양 계층은 피어폰트 모건과 본질적으로 같은 부류로 보였다. 그들이 관심을 쏟는 대상은 오로지 버젓한 호칭이 붙거나 "진짜"라고 분류할 수 있는 것들뿐이었다. 그의 강의에 관심을 보인 것도 겉치레에 지나지 않았다. 그들에게 예술이란 단순히 사회적 자산일 뿐이었다. 로저 본인의 말을 인용해보자. "그때까지 내 강의를 무척이나 열심히 들은 교양 계층 중에 새로운 운동에 가장 격앙되어 반발하는 적들이 있음을 알게 되었다. 그들은 자신이 누리는 특별한 문화가 그들이 가진 사회적 자산의 일부임을 본능적으로 알고 있었다. 당나라나 명나라, 아미코 디 산드로Amico di Sandro와 발도비네티에 대해 번드르르하게 말할 수 있는 능력이 그들에게 사회적 지위나 독특한 위상을 부여한다는 것이었다." 그들에게는 매출이 떨어졌다거나 제자들이 타락했다는 변명조차 없었다. 교수들처럼 "반동의 대상이 된 것들과 너무 깊이 얽혀" 있는 처지도 아니었다. 그들은 사심 없고 냉담했어야 한다. 그런 그들이 새로운 운동을 가장 악의적으로 공격했고 로저 프라이를 세련되고 존경받는 예술 안내자에서 "믿을 수 없이 경박하고 좋게 말해서 머리가 살짝 돈 사람"으로 만들었다.

『더 타임스』의 비평가가 "무결한 유일의 분류자"라고 말했던 그 재판관, 즉 시간은—적어도 29년이 지난 지금, 돈을 기준으로 한다면 말이지만—로저 프라이가 옳았음을 입증해주었다. 1910년 이후로 세잔이 그린 작품의 가격은 어마어마하게 올랐다. 같은 출처에 따르면 마티스의 작품을 모아두었다는 그 가문은 오늘날에는 백만장자에게조차 부러움의 대상이 되었을 것이다. 작품에 대한 평가도 로저의 편이 되었다. 오늘날 세잔이나 피카소,

쇠라, 반 고흐, 고갱을 공공연히 비난하려면 당시에 그들을 옹호할 때만큼이나 용기가 필요하다. 하지만 1910년에는 그런 수치나 여론 자체가 존재하지 않았고, 로저 프라이는 자신의 믿음을 지키는 대가로 빗발치는 욕설과 비웃음의 대상이 되어야 했다.

한편 전시회는 훨씬 더 중요한 다른 결과를 낳았다. 로저 프라이는 교양 계층에서는 명성을 잃었을지 모르나 젊은 세대에서는 명성을 얻었다. 윌리엄 로텐스타인 경은 "그 후로 프라이는 좀더 진보적인 영국의 젊은 화가들이 모여드는 구심점이 되었다"고 기록했다. 결코 편안한 자리는 아니었지만, 중심인물이 정체되지 않고 앞으로 나아갈 여지가 있는 한, 로저 프라이가 그 무엇보다 기꺼이 선택했을 자리였다. 젊은 세대가 자신을 신뢰하는 한, 로저는 관리들의 적대감 따위는 안중에 두지 않았을 것이다. 중요한 것은 영국의 젊은 예술가들이 그처럼 세잔과 마티스, 피카소의 작품에 열광한다는 사실이었다. 젊은 예술가 다수가 증언하듯, 제1차 후기 인상파 전시회는 일종의 계시로 작용하면서 그들의 작품에 큰 영향을 주었다. 로저 프라이는 이후로 새로운 물결의 의미를 해설하는 일, 그리고 젊은 영국 화가들이 지방 예술의 작은 웅덩이에서 벗어나 주류 미술 속에 자리를 잡도록 돕는 일에 몰두하게 되었다. 로저 자신의 말로 하면, 그는 "이 작품들을 숙고하는 과정에서 우리에게 불가피하게 제시된 미학적 문제들을 논의하기 시작했다". 그는 미학적인 문제에 대해 모든 측면에서 토론을 하면서 상대가 배운 사람이든 무식한 사람이든 가리지 않았고 강의실이든 응접실이든, 화실이든 기차 객실이든 장소를 따지지 않았다.

그리고 종종 버스나 3등 열차 객실의 귀퉁이에서 글을 썼다. 그의 글에는 새로운 활기가 넘쳤고 깊이가 있었다. 로저 프라이는 당대 예술비평가 중 가장 많은 욕을 먹은 동시에 가장 많이 읽히고 가장 존경받은 인물이 되었다.

하지만 로저가 『아네네움』에서 맹렬하게 비판을 휘두르던 시절부터 그의 비평을 추적해온 사람이라면, 혹은 그가 화가로서 동시대와 어긋나 있었던 이유를 궁금해하던 사람이라면 누구나 알고 있었다. 후기 인상파 운동의 중요성은 단절이 아니라 연속에 있다는 사실을 말이다. NEAC에서 활동하던 당시 그가 쓴 비평이 보여주듯(로저는 1908년에 NEAC의 심사 위원직을 사임했다) 로저는 인상파에 늘 만족하지 못했다. 1902년에 그는 우리가 "문화적 변혁의 교차점에 이르렀다"고 단언했다. 그리고 이렇게 덧붙였다. "이 예술가들은 실패에 대한 두려움에 떨고 있는 것처럼 보이고, 자신의 자원을 넓히고 역량을 최대한으로 끌어올려줄 어렵고 위험한 시도들을 해보겠다는 야심이 부족한 것 같다." 그는 오거스터스 존처럼 "과거의 전통으로 돌아가 한발 더 나아간 분석을 하며 가치 너머로 실제 형태와 구조의 원인에까지 파고드는" 젊은 예술가들의 작품에 열광적으로 초점을 맞추었다. 그가 프랑스 예술가들의 작품에서 자신이 찾고 있던 질적 가치를 발견한 것은 바로 이때였다. 영국 대중에게 프랑스 화가들은 미친 사람 혹은 무식한 사람으로 여겨지던 시기였다. 통크스 교수조차도 "인간의 어리석음이 어떤 것인지 더 알고 싶다면 르페브르 미술관에 가서 세잔의 작품을 보라"는 글을 쓸 정도였다.

다른 한편으로 로저에게는 그들이 그들 자신의 예술에 통달한 거장이 되었다는 점이 분명하게 보였다. 그는 "그들이 얼마나 충실하게 전통을 따르고 있는지, 또 그들의 작품에서 이탈리아 초기 화가들에 대한 깊은 조예가 얼마나 분명하게 드러나는지"도 알 수 있었다. 그러므로 그 그림들이 준 흥분은 그가 반쯤은 희망하고 반쯤은 예견했던 예술의 전개가 서서히 실현되고 있음을 실감한 데서 비롯된 것이었다. 모래밭에 반쯤 파묻혀 있던 조각상이 이제 온전히 모습을 드러내는 기분이었다. 로저는 한때 회화 예술이 사소한 것들 사이를 목적 없이 맴돌다가 한계점에 이른 것은 아닐까 두려워했다. 이제 그는 회화 예술이 생생히 살아 있으며 회화의 위대한 시대가 가까이 와 있음을 확신했다. 그는 자신의 감수성, 그가 말한 대로 하녀조차 "섭리의 우연한 선물 하나로" 주인을 능가할 수 있는 그 감수성을 활짝 열어젖히고 세잔과 피카소, 마티스 같은 예술가가 자신의 내면에 불러일으킨 놀라운 감동을 기록했다. 하지만 거기서 그치지 않고 하녀가 할 수 없는 일에도 몰두했다. "그림을 감상하던" 시절 적잖이 축적한 깊은 지식, 그리고 철학자들 사이에서 단련하며 습관이 된 정직하고 예리한 관찰을 통해 그 감동을 분석한 것이다. 그 결과는 『상상력과 디자인』 『변형』 같은 저서들, 세잔과 프랑스 예술에 대해 쓰인 일련의 탁월한 에세이들에서 찾을 수 있다.

하지만 로저는 단순히 비평가로서만이 아니라 창작 예술가로서도 후기 인상파 전시회에 관심을 가졌다. 이 전시회를 통해 그는 화가로서의 자신을 가로막던 장애물로부터 자유로워졌다. 모색과 실수로 점철된 기나긴 세월이 지난 다음 이제야 비로소 자신이 원하는 그림을 그릴 수 있게 되었다. 그것은 화가로서의 그에게 심적으로 적절한 순간 찾아왔다. 새로운 힘이 끼어들고 과거에 모색했던 것이 갑자기 의미를 지닌 것으로 다가오며 발견되는 이런 순간은 아마 대부분의 예술가에게는 낯익은 현상일 것이다. 하지만 보통은 그런 현상의 의미를 파고들지 않은 채 남겨둔다. 그 긴 과정 속에서 마침내 결실을 맺은 모든 요소를 가려내고 종합해내려면 자기만의 해석적 천부를 지닌 비평가가 필요할 것이다. 로저는 그런 정신적 여행을 수없이 따라가보았지만, 불행하게도 자신의 여행은 결코 추적해보지 못했다. 이런 발견의 기원은 로저 같은 비평가라 할지라도 분석할 수 없을 만큼 깊은 내면 어딘가에 놓여 있다. 빨간 양귀비라든가 어머니의 질책, 퀘이커 집안에서의 성장과정, 슬픔과 사랑, 굴욕과 같은 모든 요소가 그런 발견의 순간에 각자의 몫을 보탠다. 어쨌든 그 순간은 오고야 말았다. 그는 1912년 2월, D. S. 매콜에게 보낸 편지에서 "지금까지와는 전혀 다른 차원의 자신감과 결단력을 느끼고 있으며, 그것이 지속되는 한 끝까지 밀고 나갈 생각"이라고 말했다.

그리고 그가 화가로서만 이런 자신감과 결정력을 느낀 것은 아니다. 그는 자신을 짓누르던 온갖 회의감과 난관이 사라진 것 같다고 말했다. 로저는 마침내 자기 자신을 찾았고, 삶을 다룰 수 있었으며, 사람도 다룰 수 있게 되었다. 옳든 그르든, 충분한 이유가 있든 없든 변화에 대한 이유를 찾아내는 것은 어렵지 않았다. 아내의 오랜 병에 따른 긴장에서 구원을 받은 것이다. 병마와의 투

찰스턴 하우스 앞에 서 있는 로저 프라이와 버네사 벨, © Tate.

쟁이 끝나고 패배를 마주했을 때 자연스럽고 건강한 형태로 찾아오는 안도감이었다. 또 버네사 벨과의 새로운 우정이 있었다. 젊은 세대에 속한 화가로서 그녀는 새로운 운동과 새로운 그림들에 대한 젊은이의 열정을 모두 지니고 있었고, 로저가 과거에서 벗어나 미래로 나아가도록 등을 밀어주었다. 로저는 버네사의 아틀리에에서 젊은 세대와 토론을 벌이고 놀림을 받기도 했으며 결국에는 그들의 일원이 되었다.

이 모든 변화의 흔적은 그의 얼굴에도 나타나서, 거리에서 로저와 마주친 어떤 친구는 "자네 무슨 좋은 일이라도 있나? 10년은 젊어 보이는걸!" 하고 외쳤다. 그는 그 이야기를 들려주면서 "이상하게 들릴지 모르지만, 자신은 마흔네 살이 되어서야 다른 사람들이 스물네 살에 도달했던 지점, 그러니까 삶의 중간도, 끝자락도 아닌 시작점에 비로소 서 있게 된 것 같다"고 말했다.

II

전시회는 막을 내렸고 소동은 잠잠해졌다. 하지만 흥분은 가라앉지 않았다. 그것은 분명한 자취를 남겼다. 로저는 새로운 적을 만들었지만 동시에 새로운 친구도 사귀었다. 각 지방이나 여러 대학의 예술 모임에서 저녁 식사나 강연 요청이 들어왔다. 모두가 그에게 편지를 보냈다. 자신의 의견을 표현하기 위해서든 그의 견해를 묻기 위해서든 말이다. 복도의 탁자에는 그에게 온 편지들이 어지럽게 흩어져 있었다. 그 광경은 어김없이 더빈스를 방문했을 때의 인상을 떠올리게 했다. 여전히 그를 욕하는 편지들이었다. "무언가가 싫다는 이유로 그게 자신을 모욕하기 위해 특별히 마련된 것이라고 생각하는 건 이상한 일이야. 그런데 흔히들 그러더라고." 하지만 그 편지들은 나중으로 미뤄둘 수 있었다. 가정생활은 완전히 활기를 되찾았다. 누이동생 조앤이 로저를 위해 단순히 "가정부" 역할만 한 것이 아니라 조카 아이들이 누리지 못했던 단란하고 행복한 가정을 가꿔나갔기 때문이다. 사내아이는 정원에서 활쏘기 놀이를 했고 여자아이는 물감이 풀린 물통에서 붓으로 물을 튀기며 놀았다. 천장이 높은 방들이 딸린 길퍼드 변두리의 그 집은 바람이 잘 통했고 널찍했다. 로저는 "엘리자베스 시대의 방은 보기에는 멋져도 천장이 낮아서 싫다네. 난 이탈리아 궁전의 바로크식 내부 장식이 좋아"라고 말하곤 했다.

그는 그 집을 손수 설계했고 집의 균형 잡힌 비율과 노동 절약형 디자인을 자랑스러워했다. 이층에 있는 그의 작업실은 갖가지 도구로 가득 차 있었지만 나름대로 질서가 있었다. 선반에는 사진 다발이 납작하게 놓여 있었다. 그 밖에 그림과 조각작품, 이탈리아식 캐비닛, 치펜데일 의자, 유약이 섬세하게 발린 파란 페르시아산 접시, 시장에서 헐값에 산 노란색 농민 도기가 있었다. 다양한 양식과 오브제가 뒤섞인 것처럼 보였지만 조화가 있었다. 물건은 많았지만 갑갑하지 않았으며 사람 사는 집이지 박물관이 아니었다. 물론 호화롭지는 않았다. 로저는 이에 대해 "내 주머니 사정상 신사적 가문을 유지할 수 없었고, 취향상 그런 생활을 견딜 수도 없었다"고 표현했다. 유쾌한 자유로움이 감돌았다. 물웅덩이 위로 꽃들이 하늘거리는 정원을 바라볼 시간도 있었다. 서리 지방에 불과하긴 하지만 그가 좋아하는 경치를 감상하며 산책할 시간도 있었다. 그는 이 지역이 "신사적인 저택들"로 얼룩져 있는 것에 대해 반쯤은 사과하듯 말했다. "내가 사는 집은 가장 신사적이며 그림 같은 집들과 인접해 있다. 어느 각도에서 봐도 좁은 창문과 작은 박공이 돌출돼 있는 집들 말이다." 그는 고원 지대에서 산책할 때 그 신사적인 사람들의 집을 피해갔지만 그 집에 사는 주민들, 그리고 그들의 속물근성과 우둔함, 자기만족과 일체의 예술에 대한 완전한 무관심에 대한 언급까지 회피하지는 않았다. 그 점은 여전히 그를 놀라게 했다. 그는 일종의 유머러스한 동정심으로 분노를 달랬다. 그들이 놓치고 있는 것이 얼마나 많으며, 스스로에게 허락하는 즐거움은 또 얼마나 적은가. 그는 그것이 도덕에 대한 영국의 집착, 그리고 영국의 기후 탓이라고 여겼다. 그리고 이런 모습을 희뿌연 증기로 가득 찬 빛에 비유했다. 선명함은 찾아볼 수 없었다. 구릉지는 구조적인 체계가 없었고 풍경의 외곽선은 무의미했다. 모든 것이 자족적이고 예쁘기만 하며 소소했다. 물론 영국인은 구제 불능으로 문학적이었다. 영국인은 사물 자체보다 사물에 대한 연상을 더 좋아했다. 마치 비현실의 고치로 둘러싸인 듯했다. 다만 이번에도 젊은 세대는 문제가 없었고 로저는 그들에게 큰 희망을 걸었다. 퍼블릭 스쿨이나 대학의 영향으로 취향이 왜곡될 염려가 없는 무학자들은 놀랍도록 타고난 본능을 지녔다고 그는 확신했는데 즉석에서 세잔의 핵심을 꿰뚫어 본 하녀가 증인이었다. 로저는 미래에 대해, 심지어 자기 자신에 대해서도 희망으로 가득 차 있었다. 비록 늦은 시기였고 그동안 길을 잃어 방황하기도 했지만 말이다.

그는 묘지부터 올빼미와 묘비명과 담쟁이 덩굴처럼 구제 불능으로 문학적인 취향에 호소하는 온갖 연상들을 비웃으며 이웃들이 흉물로 여긴 집으로 돌아왔다. 널찍한 방과 커다란 창문, 정면을 가로지르는 빨간 벽돌 띠가 있는 집이었다. 하지만 이 집에는 볼 것이 많았다. 옛 이탈리아의 그림, 아이들이 그린 그림, 조각, 각종 단지와 책, 특히 표지도 없이 누더기가 된 프랑스 책이 많았다. 그 책들은 영국 소설을 공격할 빌미가 되었다. 본인의 예술을 진지하게 대하는 영국 소설가는 대체 왜 없는 거냐고 그는 따져 물었다. 왜 그들은 한결같이 사실적인 표현 따위의 유치한 문제에 매달리는가? 그리고 부엌에서 바쁘게 일하기 앞서 그날 아침에 그려두었던 그림을 꺼냈다. 그리고는 불안과 겸손이 뒤섞인 이상한 시선으로 남들에게 평가를 구했다. 그림을 본 사람들이 무슨 생각을 할지 걱정이 되었을까? 그러했음이 분명하다. 이럴 때면 그는 정신을 집중하고 말없이 자신의 작품을 응시했다. 그리고 마침내 무언가에 다가가고 있다고 중얼거렸다. 이전에는 결코 닿을 수 없었던 어떤 것에.

III

반역자의 리더로서 "영국 회화의 아버지"가 된 그에게 넘겨지는 일들이 갈수록 늘어났다. 실행 중인 계획이 있거나 자금만 있으면 기적 같은 성과를 낼 아이디어를 가진 사람이라면 누구나 로저를 찾아와 조언을 구하거나 도움을 요청했다. 그해 봄 로저는 "신전에서 수건걸이에 이르기까지 인간 행위의 온갖 산물을 사진으로 보관하는 대규모 기관"을 출범시키는 일에 도움을 주느라 정신없이 바빴다. 10만 파운드를 모금해야 했다. 로저는 낙관과 열정으로 가득했다. 이때 뜻밖에도 미술관장을 맡아달라는 제안이 들어왔는데 내셔널 갤러리가 아니라 테이트 갤러리였다. 급여 조건도 탐탁지 않았다. 보수는 연 350에서 500파운드까지였고, 그 대신 그가 하고 있는 다른 모든 일을 포기해야 했다. 로저는 거절했다. 그는 다음과 같이 기록했다. "난 내가 외부에서 더 많은 일을 할 수 있다고 생각한다. 그러니 돈과 관련해 그럭저럭 버틸 수만 있다면 공적인 생활이나 직함, 명예 따위는 포기할 수밖에. 전에는 원했지만 지금은 일체 관심이 없다."

후기 인상파 전시회는 로저가 외부에서 할 일이 매우 많으며 영국의 젊은 예술가들이 로저가 그 일들을 해주기 바란다는 사실을 분명하게 알려주는 계기가 되었다. 그래프턴 갤러리의 이사회에서는 테이트 관장직보다 훨씬 더 중요해 보이는 제안을 해왔다. 가을 시즌 몇 달 동안 그래프턴 갤러리를 관리해달라는 요청이었다. 위험은 크지만 반드시 붙잡아야 할 기회를 주는 제안이었다. 이 기회를 잘 활용하기만 하면 그가 바라던 대로 각종 유파의 영국 회화를 끌어모아 프랑스 회화와 나란히 보여줄 수 있었기 때문이다. 성공하기만 하면 연례적인 제도로 정착시킬 수도 있을 것이고, 파벌을 결집시키고, 배타적 소그룹을 해체하여 영국 예술을 전 유럽의 예술과 접촉시키는 기회가 될 수도 있었다. "미친 듯이 바쁜" 나날이기는 했지만 로저는 노장 예술가들에게 의견을 말하면서 그들의 작품을 빌려달라고 요청했다. 이때 그는 예술가들을 결합시키는 것이 어렵다는 것을 실감했다. 하긴 그 자신도 수년 전에 예술가는 "지극히 개별적인 존재이며, 예술가로서의 자질이 클수록 더욱 그렇기 때문에 동료들과 어떤 목적을 위해 협력하기 어렵다"고 쓰지 않았던가? 아마 로저는 세잔에 대한 신뢰를 선포한 이후로 자신의 명성에 어떤 변화가 생겼는지, 또 노장 예술가들이 그의 지시는 말할 것도 없거니와 그와 함께 일하는 것조차 얼마나 힘들게 생각하는지 모르는 것 같았다. 윌리엄 로덴스타인 경에게 보낸 편지를 보면 그의 목적이 무엇이었고 그 목적을 달성하기가 얼마나 힘들었는지가 드러난다. 로저는 윌리엄 경에게 그래프턴 갤러리의 제안이 의미하는 바를 다음과 같이 설명했다.

젊고 활동적인 예술가들이 다룰 수 있는 실질적인 권한을 쥐게 된다는 뜻이지. 우리는 그들에게 제대로 주목받을 수 있는, 전에는 결코 경험하지 못했던 기회를 줄 수 있어. 하지만 일이 성공하려면 나로서는 자네같이 이미 명성을 쌓은 이들의 사명감에 의지할 수밖에 없네. 범위를 대폭 확장해서 일종의 분리 전시회 같은 것을 열고자 스티어와 통크스에게 제안을 했어. 하지만 이 사람들은 젊은 세대와 함께 선시되는 것을 마땅찮게 생각했다네. 그들은 "젊은 사람들이 NEAC에 들어올 수 있을 때까지 기다리게 하라"더군. 하지만 나는 그들을 기다리게 만들고 싶지 않네.

어쨌든 존이나 엡스타인도 있고 자네도 있지 않은가. 존은 이미 작품을 보내기로 약속했다네. 자네와 마찬가지로 나도 무작정 전시회를 열고 싶지는 않아. 나도 자네만큼이나 전시회를 좋아하지 않지. 하지만 우리가 좀더 완전한 삶의 방식으로 돌아가기 전까지는 그것이 유일한 소통 수단이 될 거라고 생각해. 나로서는 출품하는 이들 모두에게, 내가 그들의 작품을 공정하게 다룰 것임을 믿어달라고 요청해야 하네. 물론 자네에겐 그런 점이 문제가 되지 않을 거라 기대했어. 최고의 전시회를 원할 뿐 다른 뜻은 없네. 진정한 예술에 대해서만큼은 나는 편협한 사람이 아니라고 생각해.

이 편지를 쓸 당시 로저는 수년 만에 처음으로 휴가를 떠날 참이었고, 목적지는 콘스탄티노플이었다. 콘스탄티노플에서 그는 다시 편지를 보냈다.

로덴스타인에게

콘스탄티노플, 브리스틀 호텔

1911년 4월 13일

방금 편지를 받았네. 유감스럽게도 오해가 있는 것 같은데 나로서
는 오해를 일으킬 만한 말을 했다고는 생각되지 않네. 그래프턴에
서 열리는 현대 영국 미술전에 자네의 협조를 바란다고 충분히 설
명했지. 나는 자네가 날 충분히 알고 있으니 그런 전시회가 전반
적으로 자네에게 호의적일 것이며 무엇보다 자네의 작품이 진심
으로 환영받는다는 것을 알아줄 것이라고 생각했네.

여기서 내가 바라는 것이 무엇인지 더 자세하게 설명하기로 하지.
처음에 나는 그래프턴을 NEAC 회원들을 포함해 중요도가 높은
비아카데미 작품을 위한 분리 전시회에 활용할 수 있을 것이라고
생각했네. 그래서 이런 생각으로 스티어, 통크스와 접촉했지만 그
친구들이 합류하기를 꺼린다는 것을 알게 되었지. 그 뒤로 자네와
존, 엡스타인, W. 시커트의 작품에 젊은 예술가들의 작품을 합치
면 전시회가 가능하겠다고 생각한 거야. 그런데 이것만으로는 그
래프턴 갤러리를 채울 수가 없기 때문에 전시실을 나누어서 두 개
는 영국 그룹의 작품들로, 두 개는 영국에 좀더 알릴 필요가 있는
젊은 러시아 예술가들의 작품으로 전시회를 열자는 생각을 했던
걸세. 또 이 기획이 영국 예술가들에게도 큰 관심을 불러일으킬
거라고 생각했고.

예술가가 생계를 잇고 그림을 그리기 위해 출품하여 전시를 하고

토론에 부쳐진다는 것은 불행하면서도 불가피한 현실이지. 내 야망은 젊은이들과 보다 더 진보적인 작가들에게 지금까지보다 더 많은 기회를 주는 것일세. 다른 한편으로 이렇게 하려면 평균적으로는 자체 수지를 맞춰야 해. 나로서는 그래프턴 갤러리를 위해 실실적인 권한을 행사하고 책임을 져야 하기 때문에 여러 예술가에게 나를 믿고 권한을 위임해달라고 호소할 수밖에 없다네. 나를 잘 아느니만큼 자네도 내가 자네의 조언을 외면하지 않을 것이고 자네나 존, 매커보이가 무슨 건의를 하든 충분히 고려할 것임을 알 걸세. 자네가 협조해준다면 내가 얼마나 기쁘겠나. 또 나로서는 나를 신뢰하는 젊은 그룹을 찾아가 그들의 작품이 자네가 제안한 심사 위원회의 심사를 먼저 받아야 한다고 말하기가 어렵네. 그렇다고 그래프턴 갤러리에 대한 책임을 무시할 수도 없고 말이지. 이제 이 전시회에 자네가 합류하기를 내가 진심으로 바란다는 것을 알겠지. 자네가 참가하면 영국 예술에 유익할 뿐만 아니라 궁극적으로 자네의 지위에도 좋은 영향을 줄 것이라고 생각하네. 예술에서 진정 중요한 것을 아끼는 사람들이 충실히 협력하지 않는다면 상업주의는 언제나 우리를 짓밟을 것이네. 이제야말로 그런 협조를 위해 노력을 아끼지 말아야 할 때야. 자네의 협조를 구하지 못한다면 우리로서는 두고두고 아쉬울 걸세.

진심을 담아,
로저 프라이

월리엄 로덴스타인 경은 자신의 회고록에서 이때 협조를 하기 힘들었던 이유를 다음과 같이 밝혔다. "나는 여전히 NEAC가 가장 공감할 수 있는 기관이라고 느꼈다. 더욱이 뉴 갤러리에서 카와 할레가 하던 방식을 생각하면 프라이의 독재 밑에서 일하고 싶지는 않았다." 스티어와 통크스 역시 "이동하기를 꺼렸다". 사실 통크스 교수는 로저 프라이를 히틀러나 무솔리니 같은 존재에 비유했기 때문에 그런 반응을 보이는 것도 무리가 아니었다. 게다가 그의 전기 작가가 말한 대로 "오랜 기간 '전위적'이라며 독보적인 위치를 차지했던 NEAC가 학구적인 범주로 전락했다는 사실을 아는 것은 결코 유쾌한 일이 아니었다". 또한 "통크스가 프라이의 생각에 어느 정도 일리가 있다고 느꼈을지도 모른다는 의심"이 있었는데 그 점 또한 그에게는 거슬렸을 것이다. 그러나 노장 예술가들이 로저 프라이와 협조할 수 없었던 다양한 동기를 계속 추적할 필요는 없을 것이다. 로저는 크게 실망했으며 그가 보기에 "아주 단순하고 진실된 제안"이 그대로 받아들여지지 않는다는 것에 놀라기까지 했다. 이는 에게서 종종 엿볼 수 있던 순진함의 증거일지도 모른다. 하지만 이 일로 앞에서 언급한 다수의 예술가들과 소원해졌음에도 로저는 그들에게 원한을 품지 않았다. 그 사실은 몇몇 유명한 이름 앞에 아쉬움과 유머를 담아 따라붙곤 했던 "불쌍한 녀석 poor dear"이나 "친애하는 영감 dear old"이라는 수식어에서 단적으로 드러난다. 따라서 여러 해가 지난 다음 헨리 통크스가 여전히 살아 있는 것을 알았을 때 놀랐고, 그가 살아 있다면 왕립 미술 아카데미의 회장이거나 적어도 준남작 정도는 되었을 거라고 짐작하는 건 자연스러운 일이었다. 하지만 헨리 통크스 개인에 대해 로저 프라이가 품은 감정은 오로지 호감뿐이었다. 헨리 통크스 역시 만찬장에서 로저가 의자에 걸터앉아 라셀스 경에게 "삼면화에 대해 무언가"를 설명하는 모습을 보고 매료되었다. 통크스는 "프라이는 아주 매력적인 남자다. 최근에 그를 자주 보면서 말도 나누고 마음 놓고 훈계도 늘어놓는다"라고 쓰기도 했다.

그러나 1911년이 되자 난관이 닥쳤다. 놀랄 만한 난관이었지만, 그런 난관은 언제나 그의 안에 불굴의 에너지를 불러일으켰다. 찰스 홈스 경이 말한 대로 "어떤 어려움도 뜻을 관철하려는 그의 의지를 꺾지는 못했다." 로저는 거듭된 거절과 고된 잡무에도 불구하고, 노장 예술가들이 거리를 두더라도 전시회를 끝까지 추진하겠다는 결의를 굽히지 않았다. 앞에 인용한 편지는 그가 감당했던 수고의 한 사례에 불과하다. 그는 이것이 예술에 활력을 불어넣어줄 것이고, 더불어 젊은 예술가들에게 기회가 되어줄 것임을 확신했다. 그리고 콘스탄티노플에서 휴가를 보내는 동안 그의 머릿속은 제2차 후기 인상파 전시회를 위한 여러 가지 계획으로 가득 찼다.

IV

사소한 세부 사항으로 가득 채운 긴 편지를 쓰는 것도 휴가라 할 수 있다면 이것은 오랜만에 맛보는 휴가였다. 로저는 훗날 그에게 큰 의미가 될 친구들인 클라이브 벨 부부와 함께 새로운 나라를 둘러보고 있었다. 그는 비잔틴 예술에 관한 지식의 "빈틈을 메우는 중"이었고 후기 인상파 그림이 불러일으킨 미학적인 문제와 다가오는 전시회에 따른 온갖 실용적인 문제를 논의하고 있었다. 이 모든 일이 완벽한 휴가를 만들어주었다. 불행하게도 브루사에서 일행 중 한 사람인 버네사 벨이 병에 걸렸다. 이 긴급 사태는 로저 프라이의 또 다른 면모를 드러냈는데, 그는 척 봐도 경험 많은 사람 같았기에 미리 짐작할 수도 있었겠으나 그 진가가 드러나려면 병이라는 계기가 있어야 했다. 로저는 상황을 통제했으나 이는 힘들고 복잡한 일이었다. 튀르키예의 초라한 여인숙에 심각한 병에 대처할 만한 편의시설이 있을 리 만무했기 때문이다. 주인은 경계심이 강했고 의사는 무자격자였으며 간호사도 없었다. 하지만 로저 프라이는 자신의 진가를 발휘했다. 그는 잡일을 도맡아 했고, 지시하고 중재했으며, 몰두하면서도 당황하지 않았다. 신기하기만 한 그의 의학 지식이 모두 활용되었다. 로저는 평소 의약과 그 효능에 관심이 많았다. 하지만 대부분의 의사들과 달리 상상력이 풍부했고 모험심이 있었다. 인체와 그 기이한 특성들이 그를 사로잡았다. 또 고통에 대한 예민한 공감 능력 덕분에 상황을 예측하고 해결책을 제시하는 데 유별나게 빨랐다. 그는 가장 부적절한 재료들로 즉석에서 침대와 음식, 들것 등을 마련해야 했다. 그의 기지가 마음껏 발휘될 수 있는 상황이었다. 그는 과감히 부엌으로 뛰어들어 가서는 새로운 요리 한두 가지를 들고 의기양양하게 걸어 나오곤 했다. 시급한 문제를 해결하면 즉시 잊고 다음 일로 넘어갔다. 그것은 그림을 그리는 일이었는지도 모른다. 그는 나무나 우물로부터 영감을 받을 수 있는 안뜰에 이젤을 세워놓았다. 그는 그 일에 깊이 몰두해 있었다. 하지만 책을 읽고 있는 누군가의 존재를 잊을 정도로 몰두하지는 않았다. 무슨 책일까? 어떤 가치가 있는 책일까? 마치 그에게서 촉수라도 뻗어나와 주변에서 벌어지는 일들에 달라붙고 있는 듯했다. 그는 질문을 던졌고, 생각에 잠겼고, 동시에 놀라울 만큼 능숙한 솜씨로 하늘을 다듬었다. 물동이를 이고 가는 농촌 아낙네의 태도에 주목했고 전날 밤 도착한 영국인 가족을 빠르고 빈틈없는 눈썰미로 자세히 관찰했다. 그늘진 정원 한편에 병자를 위해 세워놓은 텐트를 유지하려면 설득해야 할 사람들이었다. 로저는 첫눈에 그들이 문제를 일으킬 부류임을 알 수 있었다.

그리고 병자가 있는 방에서 할 일을 마치고 나면 잠깐 드라이브하는 시간을 가졌다. 로저는 그 일대의 풍경에 열광했다. 튀르키예의 구릉지는 장엄한 멋이 있어 깊은 만족을 가져다주었다. 낭만적이지는 않았지만 말이다. 그곳에는 진짜 빛이 있었다. 런던의 뿌연 안개와는 다른 생생한 빛이었다. 구릉지의 구조가 선명하게 눈에 들어왔다. 그때 그는 운전사에게 차를 멈추게 하고 여인들이 물을 길을 때 쓰는 항아리는 어디에 가면 살 수 있는지 물었다. 또 머리에 두르고 있던 손수건은? 프랑스어와 회화책에서 눈여겨봐둔 튀르키예어를 섞어가며 로저는 토박이 주민들이 사는 마을로 가보자고 운전사를 설득했다. 그러면 얼마 지나지 않아 그는 들뜬 농부들 한가운데 서서, 모자를 뒤로 젖힌 채 손짓하고 웃고 있었다. 이어 항아리와 손수건을 산 로저는 그것들의 대담하고 투박한 양식이 잊혀가는 전통을 토대로 하고 있음을 짚어보았다. 러시아식일까, 그리스식일까, 아니면 중국식일까? 어떤 것이건 그것은 그 전통이 여전히 살아 있다는 사실, 그리고 브루사의 농민들이 교양 있는 영국인들을 부끄럽게 만들었다는 사실을 증명하는 것이었다.

그러자 그의 호텔방은 체스 말이며 약병이며 물감통과 뒤섞인 온갖 물건과 항아리와 비단으로 어지럽혀졌다. 환자는 그의 기술에 힘입어 회복되었다. 오리엔트급행은 만원이었고 로저가 첫눈에 정확히 간파했듯이 호전적인 대령은 자신의 구석 자리를 양보하려고 하지 않았지만(그가 양보하겠다고 하지 않았던가?) 그럼에도 그는 서 있을 수 없는 병자와 파손되기 쉬운 도자기 화물을 유럽을 가로질러 무사히 운반해냈다. 그 자신도 좌골신경통에 시달렸지만, 로저는 열차가 세르비아의 고지대를 덜컹거리며 달리는 동안 임시로 만든 받침대에 다리를 뻗고 주머니에서 책을 꺼내 소리 내어 읽었다.

그가 읽은 책은 프랜시스 콘퍼드^{Frances Cornford}의 작품이었다. 로저는 그 책을 아주 좋아했다. 그는 모친에게 다음과 같이 편지를 보냈다. "이 작품을 보면 콘퍼드가 위대한 시인은 아닐지라도 진정한 시인이라는 생각이 들어요. 스스로 사물을 느꼈고, 그것을 말로 옮기는 데 성공했죠. 그런 일이 극히 드물다는 게 이상해요. 막상 읽어보면 누구나 할 수 있을 것처럼 간단해 보이니 말이에요." 부심결에 한 말이지만 후기 인상파 운동은 결코 회화에만 국한되는 것이 아니었다. 그는 그 관점으로 책을 읽기도 했다. 그 결과 그는 어디서든 새로운 아이디어를 추적하게 되었다. 마치 점치는 막대로 수맥을 찾는 사람처럼 외층을 두드리고 그 밑에 숨겨진 샘이 없는지 진단하는 것 같았다. 막대는 길거리에서, 화랑에서, 그리고 책장 앞에서도 활기차고 예측 불가능하게 돌아갔다. 그러면 그곳에 현실이, 예술가가 끝내 말해낸 현실이 있었다. 때로는 프랜시스 콘퍼드에게서, 때로는 워즈워스나 마르그리트 오두Marguerite Audoux의 소설 『마리 클레르Marie Clare』에서 찾았는데, 내 기억이 맞다면 그 작품에는 단 한 개의 형용사도 사용하지 않고 늑대를 마주친 농부의 감정을 표현한 대목이 있다. 하지만 현실은 사람들이 기대하던 곳에 있지 않았다.

그는 신성을 모독하듯이 고전작품에 손을 댔다. 그리고 셰익스피어와 셸리의 작품에서 현실을 왜곡하고 불순한 연상을 도입하며 형용사와 은유로 흐름을 오염시키는 작가적 악습의 노골적인 사례들을 발견했다. 문학은 지나치게 껴입은 낡은 옷으로 몸살을 앓고 있었다. 세잔과 피카소가 길을 보여주었으니 작가들 역시 재현을 버리고 같은 방식으로 나아가야 했다. 하지만 로저는 후기 인상주의가 문학에 미치는 영향을 이론으로 개발할 시간이 없었고, 이 두 가지 예술이 새로운 이론을 나란히 전개할 수 있도록 '삽화가 풍부하게 수록된 브로드시트'를 모든 매장에서 1페니에 받고 판다는 구상도 재정 문제 앞에 좌절되고 말았다. 로저는 자신의 분야에서 더 자연스럽게 눈에 들어온 또 다른 사업에 관심을 돌렸다.

이번에는 후기 인상파 전시회를 통해 모인 젊은 예술가에게 화가가 아니라 실내장식가로서의 일거리를 찾아주는 데 관심을 기울였다. 전시회를 치르며 그가 확인한 바와 같이, 젊은 예술가들이 예술을 "주로 사회적 지위의 상징으로" 보는 개인 후원자에게 의존할 수밖에 없는 구조는 잘못된 것이었다. 로저는 기차 정거장이나 식당의 벽이 보통 사람들이 즐기는 보통의 삶을 묘사한 그림으로 채워지길 바랐다. 그래서 영국으로 돌아오자마자 버러 기술 전문학교의 운영진을 설득해 학생 식당의 벽을 장식하겠다고 나섰다. 젊은 예술가들에게는 밑그림을 그리도록 했고, 학교 운영위원회에게는 이 디자인을 수용하도록 했다. 그리고 1911년 가을, 버러 기술 전문학교의 학생들은 성자나 성모마리아 대신 런던 생활의 즐거움을 묘사한 그림을 보며 식사를 할 수 있게 되었다. 덩컨 그랜트, 프레더릭 에첼스, 버나드 아데니, 앨버트 루더스턴, 맥스 길, 그리고 로저 프라이 자신은 수영하는 사람과 축구하는 사람, 인형극, 서펜타인 연못에서 노 젓는 사람, 동물원의 동물 등 런던에서 흔히 볼 수 있는 풍경을 주제로 디자인을 제작했다. 이 그림들은 현재는 소실되었다고 전해지지만, 로저 프라이는 평소처럼 주로 그에게 맡겨진 조직 업무에 엄청난 정력을 쏟아부었고 그 결과를 보며 기뻐했다. 그해 가을에는 다음과 같이 기록했다.

"버러 기술 전문학교의 일은 대성공을 거두었다. 며칠 전 밤에는 이에 대한 열띤 토론이 있었는데 나는 그 행사의 개회를 부탁받았다. 매우 즐거운 자리였고 자유로운 발언이 오갔지만 전체적으로는 내 견해 쪽으로 돌아선 것처럼 보였다."

이날 로저가 한 연설은 기록으로 남아 있지 않지만 그가 개진한 '견해'는 1912년에 쓴 「예술과 사회주의 Art and Socialism」라는 글에서 찾아볼 수 있다. 훗날 출판된 『상상력과 디자인』에 포함된 이 글에서 "나는 사회주의자가 아니다"라고 말문을 연 로저는 현대 국가에서 예술가가 차지하는 지위를 자세히 언급하고, 어떻게 하면 이상 국가가 예술가의 역량을 최대한 활용할 수 있는지 찾아내려고 했다. 조리 있으면서도 미묘한 그의 주장에서 한 구절 인용할 필요가 있다면 "위대한 예술에는 언제나 공공성이 있고, 고도로 개성적인 표현이라고 해도 거기에는 늘 공동의 열망과 이상이 담겨 있다"는 말일 것이다. 태도는 늘 재검토되어야 했고, 고착된 태도는 언제나 의심스러웠다. 그러나 자신을 사회주의자나 민주주의자로 칭하지는 않았음에도 그는 예술과 사회의 관계에 대해 소신을 갖고 있었고 기술 전문학교 벽에 그린 그림은 그 소신을 현실에 적용하려는 노력이었다. 우리는 "현대적인 조건을 받아들이고 그 안에서 최선을 다해야 한다". 그는 서더크 지역에서 그 조건을 받아들였고, 대중이 기대했던 대로 더 큰 규모의 의뢰를 내놓지는 않았음에도 그 실험 자체에 큰 흥미를 느꼈다. 교양 있는 계층의 예술 사랑에 환멸을 느낄 때면 교육받지 못한 계층의 예술 사랑에 낙관했다. 실제로 로저는 그래프턴 스트리트보다 서더크에 예술에 대한 사랑이 훨씬 더 많다고 생각했다.

한편 그의 개인적인 그림 작업도 있었다. 작품의 자양분이 된 이 모든 이론의 바탕에는 그 자신의 "작은 감각petite sensation"*"이 있었다. 그것은 어떻게든 장애물에서 해방된 상태였다. 그는 그 겨울 내내 그림에 전력을 기울였다. 그림이 쌓이기 시작했다. 로저는 "방이 그림에 질식할 지경"이라고 썼다. 새 그림들은 농부의 항아리들과 부르사의 손수건들 사이에 놓여 있었다. 어떤 그림에는 5파운드라는 글씨가 아직 선명한 수표가 붙어 있었고 어떤 그림 옆에는 그리스도상이 거꾸로 서 있었다. 화가들은 학식과 교양을 갖춘 문화인이라는 명성에 개의치 않고 사물의 외관 밑에 깔린 현실을 파고들려 하고 있었다. 로저 프라이는 이와 별도로 수많은 부차적인 모험을 동시에 벌이고 있었다. 그는 열대의 태양 아래 사는 흑인 여성에게 어울리는 모자가 본드 스트리트의 오톨린 모렐Ottoline Morrell† 여사에게도 어울리는 머리 장식이라고 주장하고 다녔다. 좌골신경통의 새로운 치료법을 찾아냈으며, 그림이 그의 붓 아래에서 빠르게 자라나는 와중에도 그는 재현과 미학적 감정에 대한 난해한 쟁점을 논하고 있었다.

그는 1월 중 자신의 개인전을 열 계획이었다. 그는 늘 그렇듯 이

---

* "그림은 대상을 복사하는 것이 아니라 감각에 형체를 부여하는 것"이라고 말한 폴 세잔이 자주 사용한 표현으로 로저 프라이는 이 개념을 "깊은 정신의 요구에 답하는 통일된 내면적 구조의 발견"으로 규정했다.

† 1873~1938. 영국 귀족으로 사교계의 주역이었으며 올더스 헉슬리, T. S. 엘리엇, D. H. 로런스 등 수많은 문단 및 예술계의 인물과 친교를 맺었다.

계획에 대한 의구심을 담아 글을 남겼다. "경솔한 생각이 아닌지 걱정이 된다. 그래도 비용을 충당하고 지금 내 방을 질식시키고 있는 그림들을 몇 점이라도 내보낼 수 있으면 좋겠다. 어쩌면 그냥 나눠주는 게 더 간단할지도……" 그러나 그는 개인전에 큰 의미를 부여했는데 과거 어느 때보다 당시에 그림을 잘 그린다고 확신했기 때문이다. 이 작품들은 1912년 1월에 알파인 클럽에서 전시되었고 상당한 주목을 받았다. 물론 비웃음도 받았다. '후기 인상파'라는 꼬리표가 '옛 영국 수채화'라는 꼬리표를 계승했다. 박학다식한 교양인이었던 로저 프라이가 자신의 온갖 지식과 과학적 신념을 팽개치다니 놀랍다고 옛 신문 기사들은 전한다. 하지만 로저는 분명 진심이었고, 비록 저렴한 송판 재질에 그가 직접 칠한 저렴한 액자를 쓴 데다 그림 속 튤립 화분은 실제로 탁자에 놓였다면 당장 쓰러졌을 법하지만, 그림들은 볼 만했다. 언론의 평가는 호의적이었다. 하지만 다음의 편지가 보여주듯, 그가 깊이 존경하던 D. S. 매콜 씨가 그의 "전향"에 대한 의혹을 표명하자 로저는 상처를 받았다.

D. S. 매콜 씨께
더빈스에서
1912년 2월 3일

저는 물론 당신의 기사가 마음에 들지 않습니다. 부분적으로는 물론, 모방 화가라고 불리는 걸 좋아할 사람은 없기 때문이죠. 그 글은 겉으로는 충분히 그럴듯하고, 사실이라면 제가 저 자신에게 할 수 있는 말 중에서도 가장 불쾌한 말이 되겠지만, 스스로를 속이지 않기 위해서라도 최대한 공정하게 판단해본 결과, 저는 그것이 사실이라고 생각하지 않습니다. 저는 언제나 제 작은 감각을 표현해넣을 양식을 찾았어요. 제 초기 유화 중 하나는 본질적으로 후기 인상파의 작품이었지만 당시 너무 심하게 조롱받아 공개조차 하지 못했고 제가 더 현명하다고 여겼던 조언에 굴복하게 되었으며, 따분한 자연주의에 맞선 우리 젊은이들의 저항은 아케이즘으로 방향을 맞추게 되었죠. 이것이 좋지 않다는 것은 그 당시에도 알고 있었지만, 동시대의 다른 어느 작가보다 훨씬 더 의식적이고 밀도 높은 질감의 통일을 추구하고자 했던 저로서는 다른 배출구가 없었습니다.

이제 제 갑작스러운 입장 변화에 대해 말해보자면, 사실 그리 중요한 문제 같지는 않습니다만 당신은 사실을 정확하게 말하지 않았어요. 오래전 1908년에 저는 세잔과 고갱에 대한 홈스의 모욕적인 논조에 항의하기 위해 『벌링턴』으로 긴 편지를 보낸 적이 있습니다. 지금 다시 읽어보아도 그 글은 세잔과 고갱에 대한 저의 첫 반응이 지금과 정확히 같았음을 보이고 있습니다.

비판적이고 지적인 차원의 동의에서 실제 작업으로 나아가는 데에는 분명 시간이 필요합니다만, 저는 제 천장화에서 귀도 레니보다는 마티스를 더 많이 보았다고 말한 비평가들이 옳았다고 생각합니다. 사실 귀도 레니 얘기는 로스의 농담에 불과하다고 생각했고 전혀 진지하게 받아들일 수 없었어요. 그럼에도 그 작품은 제가 붓을 들기 훨씬 전, 1년 이상 전에 의뢰받고 설계한 것이었기에 약속과 전혀 다른 방향으로 바꿀 수는 없었습니다.

이 모든 것이 사소하고 개인적인 문제로 비칠지도 모르겠습니다만 단지 기록으로 남기려는 것뿐입니다. 만약 제 안에 때때로 표현을 향해 몸부림치던 작은 감각이 정말로 있었다면, 왜 당신은 그것이 언제, 어디서 모습을 드러냈는지 짚어주며 그 방향으로 밀어주지 않았던 겁니까? 그랬다면 진작 감사함을 느꼈을 텐데요. 이제 저는 맞든 틀리든 그 문제에서 빠져나올 길을 찾았다고 느낍니다. 이 새로운 자신감과 결심을, 그것이 지속되는 한 끝까지 고수할 생각이에요.

이 편지의 날카로운 어투는, 그의 그림에 대한 평가가 그의 글에 대한 그 어떤 평가와도 다른 방식으로 로저에게 영향을 끼쳤음을 보여준다. 그는 로우스 디킨슨에게 "자네는 창작할 수 있고 영향을 끼칠 수 있고 그 창작물을 다른 사람들에게 관철시킬 수 있네. 그건 정말 삶에서 얻을 수 있는 최고의 기회야"라는 편지를 보낸 적이 있다. "오랜 노력과 불확실성" 끝에 로저는 자신에게도 창작을 할 능력이 있다는 확신을 가졌고, 그 새로운 능력에 대해 조금이라도 의심받는 것은 그를 극심히 상처 입혔다. 편지가 보여주듯, 어떤 조건에서 그는 충분히 앙금을 품은 예술가가 되었을지도 모른다. 그러나 상황이 그리 유리하지 않았다. 예술가로서의 문제를 제쳐두고 그래프턴 스트리트에서 마주한 현실적인 문제에 대처해야 했기 때문이다.

V

제2차 후기 인상파 전시회는 1912년 10월 5일 막을 올렸다. 전시 도록의 서문에는 다음과 같은 말이 나온다.

이번 전시회의 범위는 2년 전의 것과 조금 다르다. 당시의 주요 목적은 새 운동을 이끈 "거장들"의 작업을 보여주는 데 있었고, 이들에게는 단지 편의상 '후기 인상주의'라는 다소 소극적인 명칭이 붙여졌을 뿐이었다. 이번 기획에서는 이 운동의 동시대적 전개를 보여주고자 한다. 그 발원지인 프랑스뿐 아니라 최근에야 성장하기 시작한 영국, 그리고 이 운동을 통해 오래된 토착 전통이 해방되고 되살려진 러시아까지를 아우른다.

비록 영국의 유명 예술가들이 협력을 거부하기는 했지만 이번에는 영국의 젊은 예술가들—스펜서, 그랜트, 길, 에첼스와 미스 에첼스, 버네사 벨, 아데니, 윈덤 루이스, 고어—이 포함되었다. 그리고 다시 한번, 자신이 맡은 프랑스 부문에 대한 소개말에서 로저는 제기될 반론을 미리 염두에 두고 이 운동의 배후에 깔린 사상을 설명하고자 최선을 다했다. 그는 다음과 같이 썼다.

그림이 얼마나 정교하게 시각적 환영을 만들어내는지를 숭상해 온 대중이라면 그 기술이 감정의 직접적 표현에 완전히 종속된 예술에 반감을 품은 것은 놀라운 일이 아니다. 솜씨가 서툴고 능력이 없다는 비난이 거침없이 쏟아졌고 그건 세잔처럼 독보적으로 완성된 예술가에게조차 마찬가지였다. 하지만 그 공격들은 목표를 완전히 빗나간 것이다. 이 예술가들의 목표는 그들 자신의 기술이나 지식을 보여주는 데 있는 것이 아니라 정신적인 경험을 회화적이고 조형적인 형식으로 표현하는 데 있을 뿐이기 때문이다. 이를 전달하는 데 있어 기술의 과시는 노골적인 무능력보다 오히려 더 치명적일 수 있다. 지금 이 예술가들은 결국 실제 외관의 희미한 반영에 불과한 것을 제시하려는 게 아니라 새롭고 결정적인 현실에 대해 확신을 심어주려는 시도를 하고 있다. 이 시도는 형태를 모방하려는 것이 아니라 창조하려는 것이며 삶을 흉내내려는 것이 아니라 삶에 상응하는 등가물을 찾아내려는 것이다. 즉 이들은 논리 구조의 명료함과 조형적 질감의 긴밀한 통일성을 통해, 실제 삶의 사물들이 우리의 실천적 활동에 호소하는 것과 유사한 생동감으로, 이해관계에서 자유로운 관조적 상상력에 호소하는 이미지를 만들려 한다는 의미다. 요컨대 그들의 목표는 환영이 아니라 현실이다.

대중은 다시 한번 현실의 충격에 노출되었고 다시 한번 분노를 터뜨렸다. 이번의 충격은 조금 약했다. 새로움이 사라졌기 때문이다. 로저 프라이 역시 이전에 품었던 환상을 어느 정도 잃어버린 상태였다. 대신 사업적인 측면에서는 온통 정력을 쏟아부을 만큼 바빴다. 제1차 전시회는 예상했던 대로 재정적으로 좋은 성과를 내지 못했었다. 따라서 그의 바람대로 전시회를 연례적으로 열기 위해 가장 중요한 것은 이번 전시회의 성공 여부였다. 많은 것이 그의 사업 수완에 달려 있었다. 문제는 그가 훈련을 받은 사업가가 아니라는 것이었다. 로저는 때로 자신에게 "겉으로 드러나는 커다란 무능함에 다소 가려졌지만, 대단한 사업 본능"이 있다고 생각했다. 데즈먼드 매카시의 후임으로 간사 역할을 한 레너드 울프*는 로저에 대해 다음과 같이 기록했다. "사실 그는 매우 기묘한 혼합체였다. 여러 사업을 집행하는 과정에서 그는 극단적으로 비사업적인 방식을 택했고 이런 처리 방식은 때때로 비참한 결과로 이어졌다. 예를 들어 그는 문서 기록을 남기지 않은 상태에서 계약을 맺곤 했다. 사업의 세부 사항에 관해서는 비범하고 기발했지만, 기획 자체에 대한 열정에 도취되어 정작 사업의 성패를 좌우하는 세부 사항은 대수롭지 않은 것으로 치부하는 경향이 있었다." 그 결과, 사업이 이루어지던 갤러리 지하층에서는 "혼란스럽고 우스꽝스러운" 장면들이 자주 벌어졌다. 러시아 그림의 상당수가 개막일에 맞춰 도착하지 못했다. 수수료율이 명시되지 않은 채 남아 있었으며, 그 결과 예술가들의 예상보다 수수료가 높다는 사실이 드러나자 당연히 그가 책임을 지게 되었다. 그리고 예술가

---

* 1880~1969. 영국의 정치학자, 작가, 출판업자로 이 평전의 저자인 버지니아 울프의 남편이었으며 아내와 함께 블룸즈버리 그룹 활동을 했다.

와 사업가로부터 각자의 이해관계를 잘못 관리했다는 비난을 받았을 때도 그는 회유적인 태도를 보이지 않았다. 레너드 울프는 다음과 같이 덧붙였다. "그는 넓은 의미에서 완전히 사심이 없었다. 다시 말해 그의 궁극적인 동기는 그 자신의 이익이 아니라 어떤 이념에 있었다. 계획을 짜고 실무를 진행하는 과정에서, 또 사심 없는 자신의 목표를 달성하기 위해 사업을 추진하는 과정에서 그는 독선적이고 무자비했다." 아이디어를 추진하기 위해 세부 사항을 뛰어넘는 데 익숙하지 않은 보통의 사업가들은 당혹스러워하며 항의했다. 그러나 그들은 당황할 뿐 아니라 강요를 당하기도 했다. 로저 프라이는 자신의 목표를 달성하기 위해 보통의 사업적인 거래에서는 좀처럼 사용되지 않는 세 가지 자질을 이들에게 행사했다. 로저의 서기는 그에 대해 이렇게 기록하고 있다. "일단 이야기를 시작하면 누구든 그에게 굉장한 매력을 느낀다. 또 그에게는 대단한 설득력이 있다. 사업 상담을 할 때 보통 이 두 가지만 있으면 충분했다. 하지만 그것으로 충분하지 않을 경우 제삼의 방어선이 등장했는데, 이것이 종종 사람들을 놀라게 한 것 같다. 로저는 유별나게 의지가 강하고 어마어마하게 끈질겼다. 실제로 사업적인 문제에 결심이 서면 그는 언제나 뜻을 관철시켰고, 그 목표를 추구하는 과정에서 무자비하다고밖에 할 수 없는 태도를 보였다. 지적인 측면에서 그는 내가 본 사람 중 가장 개방적인 사고를 갖고 있었지만 실무에서는 그렇지 않았다. 이것이 바로 사업에서 그와 '입장이 엇갈렸던' 이들이 그의 동기를 진심으로 오해하곤 했던 이유다."

하지만 그가 해결해야 할 난관이 지하층에서 부딪치는 사업가들에게서만 나오는 건 아니었다. 그 위의 갤러리에서는 온갖 종류의 사람들이 그림을 보고 갔다. 이들은 충격적인 현실을 접하면서 수많은 예상 밖의 정서를 경험하고 있었다. 로저 프라이가 갤러리에 얼굴을 비추기만 하면 이들은 그를 붙잡았고 설명을 요구했고 자신들의 기쁨이나 혐오감을 표현했다. 로저의 서기가 관찰한 바는 이렇다. "사람 다루는 솜씨가 능숙했다. 상대가 누군지는 상관없었다." 사람들이 몹시 화를 내는 경우도 있었는데 그러면 로저는 "교묘하고 정중하게 그들의 기를 눌렀다." 반면에 사람들이 예상 밖의 지적인 시각을 드러낼 때도 있었다. 그러면 로저는 그들을 데리고 갤러리를 돌면서 "대단히 흥미로운 강연을 펼쳤다". 그리고 매일같이 몰려드는 낯선 사람들 가운데서 옛 친구가, 이를테면 아널드 베넷이나 헨리 제임스가 모습을 드러내기도 했다. 그럴 때 로저는 이들을 포장 상자와 갈색 포장지가 널려 있는 지하층으로 안내해 차를 대접했다. 딱딱한 간이 의자에 앉은 헨리 제임스는 "마티스와 피카소가 불러일으킨 불안한 망설임을 복잡한 문장으로" 토로했고, 로저 프라이는 제임스에게서 배어나오는 구시대적 예의에 응답하듯 섬세하게, 세잔과 플로베르가 말하자면 같은 것을 추구했다는 의견을 이 위대한 소설가에게 전달하려 최선을 다했다.

하지만 이것으로 하루 일과가 끝나는 것은 아니었다. 갤러리가 대중에게 문을 닫으면 로저는 다시 그 문을 열어 유행을 주도하는 여성들과 화가, 시인, 음악가, 사업가 등 다양한 영역의 인사들을 불러모았다. 새로운 운동은 회화에만 국한되는 것이 아니었다. 프랑스의 젊은 시인을 몇 명 초대해 자신의 작품을 낭독하게 했다. 로저 자신이 시와 회화를 주제로 강의를 했다. 음악회를 열 때도 있었다. 이런 사교 파티에서 사교계의 명사와 미술계의 인사들이 어깨를 맞부딪쳤다. 그는 후기 인상주의가 대유행이 되었다고 기록했다. 다만 사람들이 정말로 세잔의 작품을 즐긴 것인지, 아니면 그렇게 해야 한다고 생각했을 뿐인지 의심스러워했다.

그의 열정은 늘 신랄한 상식의 물줄기에 의해 수정되었다. 세련된 겉모습 너머에는 일정한 회의주의가 숨어 있었다. 누구누구 부인은 매혹적이었고, "황홀경에 빠져 있었다". 그러나 정말 세잔의 작품에 사심 없이 열광한 것일까? 아니면 올여름 잠시 걸쳤다 버릴 일시적인 유행을 따른 것에 불과할까? 그는 글에서 속물주의와 그 증상, 즉 "올바른 견해의 가치를 믿고 누구를 존경해야 하는지를 알기만 하면 미학적 구원에 이를 거라고 생각하는 경향"을 자주 다루었다. 어쨌든 로저의 믿음은 더 깊이 뿌리를 내렸고 이 운동에서 그가 어떤 역할을 했던 1912년 마지막 날 제2차 후기 인상파 전시회가 막을 내렸을 때, 이 두 차례의 전시회가 예술가와 대중 모두에게 엄청난 인상을 남겼다는 점에는 의심할 여지가 없다.

8장 새로운 정열—오메가 공방

I

1892년에 로저 프라이가 불가능하다고 생각했던 많은 일들이 1913년에는 가능한 것처럼 보였다. 젊은 시절 그토록 억압적으로 느껴졌던 안정성이 무너지고 있었다. 후기 인상파 전시회는 세상에 다가오던 변화의 신호 중 하나였을 뿐이다. 그 변화는 무엇을 의미하는 것이었을까? 그는 1913년 로우스 디킨슨에게 보낸 짤막한 편지에서 특유의 방식으로 가설 하나를 던졌다. 영국에서 벌어지고 있는 변화가 6세기에 로마에서 일어난 변화와 매우 흡사하다는 것이었다. 당시 로마가 "절망적인 혼란 속에 있었다"며 그는 아래와 같이 덧붙였다.

그 시절 로마에선 기존의 낡은 태도, 그러니까 현대 대중 예술처럼 무미건조하게 물질주의적이고 어리석은 태도가 여전히 지속되고 있었고, 그 와중에 새로운 세기의 발효 작용이 진행되고 있었지…… 6세기에 새로운 현상은 종교적인 것이 아니었어. 새로운 흥분에 불과했지. 무엇에 대한 흥분이었을까? 바로 그 점이 어렵다는 거야. 무엇이 예술을 중세와 성 프란치스코의 영성으로 결정화시켰는지를 파악하는 것 말이네. 아무튼 그 문명의 생명력과 로마 예술은 죽어버렸어. 지금의 우리도 어쩐지 그와 비슷해. 이 새로운 운동 속 모든 사람은 살아 있고, 그들이 하는 모든 일에는 생명력이 깃들어 있고, 이런 점이 참 새롭지. 이것이 얼마나 갈까? 라파엘 전파처럼 용두사미로 그칠까, 아니면 여기서 무언가 영속적인 가치를 이끌어낼까?

변화는 로저 자신에게도 있었다. 다른 이들을 우러러보며 그들의 사상을 흡수하던 수줍고 학구적인 젊은이는 어느새 "독재적이고 무자비한 사람"이, 반역의 지도자이자 현대 영국 회화의 아버지가 되어 있었다. 어쩌면 이것은 변화라기보다 성장, 즉 비웃음을 살지라도 새로운 사상과 새로운 열정에 스스로를 열어두어야 한다는 신념에서 비롯된 자연스러운 발전일 수도 있다. '새로운 발효 작용'이 그의 안에 일어나고 있었다. 그는 명랑했고 희망에 차 있었으며 무척이나 활동적이었다. 새로운 운동은 그가 로우스 디킨슨에게 보낸 편지에서 설명했듯, 오래된 미학적 문제들이 새로운 방향으로 전개될 가능성을 제안하고 있었다.

나는 미학 이론에 계속 매달리고 있고, 회화를 이해하기 위해 시를 파고들고 있다네. 나는 내용이 무슨 기능을 하는지를 알아내고 싶어. 그래서 자네가 몹시 싫어할 이론을 하나 발전시키고 있는데 요지는 이걸세. 내용이란 단지 형식을 지시할 뿐이고 본질적인 미적 특성은 모두 순수한 형식과 관계된다는 것이지. 온갖 복잡한 느낌 중 유독 독특한 이 느낌만을 분석해내는 건 끔찍하게 어려운 일이네만 시가 강렬해질수록 내용은 전적으로 형식에 의해 다시 만들어지며, 그 자체로서의 별도 가치는 전혀 없어진다고 나는 생각하네. 자네도 알다시피 시에서 의미는 회화에서 재현되는 대상과 유사한 위치에 있어. 의미와 재현이 기묘하게 뒤섞인 혼합 예술이 있다는 것은 나도 인정하지만 그런 것은 특정하고 명확히 조건화된 감정만 일으킬 뿐이야. 이에 반해 음악과 순수 회화, 그리고 순수성에 접근한 시의 감정은 진정으로 자유롭고 추상적이며 보편적이지. 이해가 되나? 혹시 거부감이 드나? 이상한 것은 예술가가 이 사실을 아는 게 오히려 위험하다는 거야.

로저는 저녁 식사를 할 때나 토론을 할 때, 심지어 주말에도 이 이론을 발전시켰다. 그는 1912년 12월 커즌 경의 시골 저택에서 모친에게 편지를 썼다. "A. J. 밸푸어와 몰리 경도 이곳에 와주어서 우리는 즐거운 토론을 벌이고 있습니다. 제가 바라던 대로 밸푸어는 후기 인상주의에 대한 제 생각을 즉시 이해해주었어요. 비록 지금까지 그림을 좋아하진 않았지만 그 이론이 얼마나 논리적인지는 알아본 것이죠. C 경은 그것이 순전히 허풍이라고 단언했습니다. 격렬하긴 합니다만 매우 즐거운 논쟁이에요. 밸푸어는 제가 늘 짐작했던 대로 매력적인 사람이에요. M 경은 나이가 들어가고 있습니다. 나이에 비해 늙어 보이는 데다 밸푸어와 달리 지적인 민첩성은 애초에 지닌 적이 없었던 것 같더군요." 몰리 경은 후기 인상주의에 대한 로저의 생각을 "즉시 이해"하지 못했던 것으로 보인다. 하지만 예상외로 많은 사람들이 로저 프라이가 낸 시험을 통과했다.

그는 영국제도諸島를 뒤덮은 속물근성이라는 공통된 저주로부터 많은 이들을 기꺼이 예외로 삼으려 했다. 그는 많은 동조자와 친구를 만들었다. 이렇게 격렬하면서도 매우 즐거운 논쟁보다 그가 더 좋아하는 것은 없었다. 로저는 마침내, 그 자신의 과거에서 수많은 일화를 끄집어낼 수 있는 빅토리아시대의 위선이 끝나고, 진정한 사회가 가능해진 때가 가까워지고 있다고 느꼈다. 이것은 중간 정도의 재산을 가진 사람들의 사회, 진실과 자유 발언이라는 과거 케임브리지의 이상을 토대로 하면서도 케임브리지가 한 번도 그러지 못했던 방식으로 예술의 중요성에 깨어 있는 사회여야 했다. 프랑스에서는 가능한 것이 왜 영국에서는 불가능하단 말인가? 이런 배경 없이 예술은 번창할 수 없다.

영국의 젊은 예술가들은 문명이라면 마땅히 갖추고 있어야 할, 사상이 함께 논의되고 자신이 동등한 존재로 받아들여지는 사회를 갖지 못한 채, 교양이 없고 편협하며 자기중심적인 경향을 보였다. 이는 작품에도 치명적인 결과를 미쳤다. 로저는 늘 이런 문명의 중심을 발견할 것이라는 희망을 품고 있었다. 물론 자주 실망하기는 했다. 정말 사심 없이 세잔에 대한 열정을 품은 것으로 보이던 모임의 여주인이 유명 인사를 쫓아다니는 사람에 불과했다는 것을 갑자기 깨닫기도 했다. 그러면 그의 내면에 자리 잡은 옛 퀘이커교도의 기질이 되살아나, 그녀를 인간계급의 가장 밑바닥으로 추락시키곤 했다. 하지만 희망은 끊임없이 되살아났다. 다음 날 밤이면 대화를 좀 하고 분위기를 만들 줄 아는 누군가의 옆에 앉게 되었고, 문명의 중심은 다시 여주인의 집으로 이동하곤 했던 것이다.

그러나 1913년에 이르러 새로운 흥분, 어떤 일이 벌어지고 있다는 확신을 가졌을 때도 그는 결코 현실을 외면한 것은 아니었다. 적은 언제나 있었다. 학교의 깡패 같은 소년들과 피어폰트 모건, 사이비 예술가, 영국 대중이 혼합된 것 같은 그 적은 로저의 정신세계의 중심에서 너무 오랫동안 탄탄하게 자리를 잡고 있었기 때문에 결코 그가 손쉬운 유토피아라는 달콤한 꿈에 빠지도록 내버려두지 않았다. 보다 더 나은 세계를 원한다면 그것을 위해 싸워야 한다. 그리고 그는 실제로 싸웠다. 후기 인상주의를 위해서나, 옹호자를 필요로 하는 다른 어떤 일을 위해서나 신문 지면에서 끝없이 논쟁을 벌였다. 한 가지 예로 1912년에는 리젠트 스트리트가 헐리고 있었다. 『더 타임스』의 사설은 새 건물이 "예술에 희생되기를" 바란다는 기대를 드러냈다. 로저 프라이는 즉시 반박했다.

사설을 쓴 사람은 예술을 위해 희생하라고 우리에게 촉구한다. 마치 바로 그 태도가 모든 미학적 재난의 뿌리가 아니라는 듯이 말이다. 엄청난 장식으로 집 안을 채우는 여인숙 주인에서부터 좋아하지도 않는 옛 대가의 작품을 사들이는 백만장자에 이르기까지 우리는 누구나 예술 때문에 희생을 치르고 있다. 바로 그런 동기에서 나온 예술이야말로 모든 예술적 충동과 노력을 심각하게 마비시키는 것이다. 이처럼 황량한 미학적 "속물주의"가 건축에서 보다 더 파괴적으로 작동하는 곳은 없다. 우리는 필요에 따라 건물을 짓고, 건물을 위해 주머니를 희생한다며 그것을 순전히 무의미한 형식 덩어리로 뒤덮는다. 그렇게 하면 훌륭한 건축물이 될 거라고 기대하면서 말이다. (…) 스완 앤 에드가'와 나머지 건물을 원하는 만큼 판유리로 채우고 나서 정말 유능한 기술자에게 문제를 해결하도록 맡겨보라. 그러면 점잖기만 한 고고학적 사기작품 대신 진정 만족스러운 결과를 얻을지도 모른다. 다행히 런던에는 이미 정직한 방법으로 마무리된 건물이 하나 있다. 킹스웨이의 코닥 빌딩이다. 감탄을 금할 수 없는 이 매장은 순수한 합리성과 상식만으로도 다른 건물들을 부끄럽게 만들고 있다. 다른 건물들에는 없는 것, 즉 본질적인 양식의 위엄을 갖추고 있기 때문이다.

벌링턴 하우스에서는 로렌스 알마타데마의 작품 전시회가 다시 열렸다. 왕립 미술 아카데미의 회원들이 공공연하게 세잔을 비난하고 있던 때였다. 그렇다면 이게 바로 그들이 감탄하던 종류의 예술이었다는 말이 된다. 로저 프라이는 분개했다. 그는 그 전시회를 주제로 『네이션The Nation』에 한 편의 글을 실었다. 로저는 이렇게 포문을 열었다. "로렌스 경의 작품은 그가 성장한 시대의 순전히 상업적인 이상을 전형적으로 보여주고 있다. 그는 분명 로마제국이라는 흥미롭고 아득한 시대의 사람들이 가구와 옷은 물론 번쩍이는 대리석 별장까지 고급 향 비누로 만들었다는 인상을 전했다." 그리고 이렇게 덧붙였다. "그처럼 성실하고 유능한 상업가

*   런던 피커딜리 광장에 있는 백화점.

가 재산을 모으는 것을 탓할 사람은 아무도 없을 것이다. 그렇지만 예술가들은 불량 식품 방지법을 집행하기는커녕 그 위를 정부 인증 도장으로 뒤덮어 낙농 버터임을 보증하는 지배 계급의 태만과 무관심에 저항해야 한다." 끝맺으면서는 이렇게 말했다. "공로 훈장에서 알마타데마의 향 비누 냄새를 소독해내려면 과연 얼마나 걸릴 것인가?"

이 글은 놀랍도록 격렬한 반응을 불러일으킨 신호탄이었다. 시대가 변했고 한때 그토록 견고해 보였던 알마타데마의 대리석도 이제는 그렇지 않다는 걸 생각하면 몇몇 표현들은 다시 불러낼 가치가 있어 보인다. 필립 번존스 경이 공격의 선봉에 섰다. "다행히 이 시점에 알마타데마의 작품을 옹호할 필요는 없다. 거의 만장일치에 가까운 유럽적 명성이라는 안전한 토대 위에 서 있기 때문이다"라고 그는 썼다. 하지만 로저 프라이가 그 작품을 공격했고, 제지를 받았음에도 유감을 표하지 않았기에 예술 애호가들이 나설 수밖에 없었다. 월터 제임스 씨는 놀랄 게 있냐고 다그쳤다. "프라이가 최근 묻힌 왕립 미술 아카데미 회원의 유해 위에서 전쟁의 춤을 춘 것도 벌써 세 번째다." (나머지는 왕립 미술 아카데미의 회원인 E. A. 애비^{Edwin Austin Abbey}와 존 스완^{John Macallan Swan}으로 보인다.) 물론 그들은 후기 인상파를 옹호할 수 있는 사람이라면 무슨 짓이든 할 수 있다는 데는 모두 동의했다. 하지만 그런 로저라도 최근 사망한 위대한 예술가에게 던지는 악의적인 냉소가 후기 인상주의를 알리는 데 유익하기는커녕 해롭기만 할 뿐이라는 점은 깨달아야 한다는 것이었다. "현재 알려진 바로는 후기 인상주의가 진정한 예술에 실제적인 효과를 미칠 것이라고 믿는 사람은 아무도 없다"는 것이 리처드 허퍼드 Richard H. Herford의 견해였다. 그리고 윌리엄 리치먼드 경은 "예술 연구자이자 감식가, 비평가로서 프라이 씨의 지위는 그런 자멸적 이기주의를 여러 차례 더 감당할 만큼 탄탄하지 못하다"라는 말로 상황을 정리하며, "품위 있는 사회에서 거부당한다고 놀라서는 안 될 것"이라고 덧붙였다. 이 모든 반응에 대해 로저 프라이가 할 수 있는 답장이라곤 예술에는 서로 다른 두 가지 기준이 있으며 "국가는 양쪽 모두를 후원하든가, 아니면 차라리 예술에서 완전한 자유 경쟁을 허용하고 모든 보조금과 훈장을 예술가에게서 거둬들여야 한다"는 것뿐이었다. 당연히 왕립 미술 아카데미 회원들에게는 불쾌한 결론이었다. 이어 통크스 교수가 "로저 프라이 오합지졸"이라고 불렀던 무리—리턴 스트레이치와 클라이브 벨을 포함한— 가 합류하면서 싸움은 유쾌할 만큼 격렬하게 번져갔다.

오랜 불화에서 빚어진 비방과 그 격렬함은 후기 인상파 운동에 분명한 '독침'이 있음을 입증했고, 로저 프라이는 즐거웠다. 그는 윌리엄 경의 보이콧을 대단히 흡족해하며 인용했다. "가엾은 사람들, 완전히 이성을 잃어버렸군"이라는 것이 편지에 남겨진 그의 사적인 평이었다. 하지만 이 운동의 활력은 누구보다 젊은 예술가들에 의해 효과적으로 입증되고 있었다. 그들은 새로운 아이디어를 열심히 흡수하고 있었고, 조언과 비평을 듣기 위해 로저 프라이를 에워싸고 있었으며, 전시회를 조직해달라고 요구하고 있었다. 로저는 젊은 영국 예술가들에게 비범한 재능이 있다고 확신했다. 기회만 주어지면 그 기회를 활용할 수 있으리란 생각도 들었다. 하지만 바로 그것이 문제였다. 세잔의 작품에 격분하고 알마타데마의 작품에 환호하는 왕립 미술 아카데미가 있는 영국에서 이들이 어떻게 먹고살 희망을 가질 수 있단 말인가? 국가가 "성실하고 유능한 영리주의자"만 보상한다는 것을 증명하기 위해 『네이션』의 칼럼에서 통치계급의 무관심을 지속적으로 비난하는 것은 항상 가능했고 어쩌면 쓸모 있을지도 모르는 일이었다. 로저는 거의 매주 "정신적인 분야에 대한 관리들의 완벽한 무관심"을 뒷받침하는 증거를 새롭게 찾아낼 수 있었다. 그러나 버러 기술 전문학교에서의 실험이 그 어려움을 보여주었더라도, 무언가 실질적인 조처는 반드시 이루어져야 했다.

많은 아이디어가 떠올랐다. 그중 일부는 앞에서 인용한 「예술과 사회주의」라는 글에 나와 있다. 로저는 이 글에서 예술가가 재력가에게서도, 귀족에게서도, 그리고 "공적 자금을 관리하는 신사들"에게서도 아무런 희망을 걸 수 없다고 지적했다. 그는 "솔직히 말해서, 『올리버 트위스트Oliver Twist』의 범블 같은 관리나 왕립 미술 아카데미가 예술의 후원자가 된다면 상황이 지금보다 더 나빠질지조차 알 수 없다"고 잘라 말했다. 이런 이유로 그는 장차 도래할 위대한 국가, 곧 미래의 위대한 국가에서는 제도가 그렇게 마련되어 "모든 그림이 아마추어에 의해 만들어질 수도 있을 것"이라고 구상했다. 화가는 "보다 더 긴장도가 낮은 상태에서, 소박한 방식으로나마 예술적 역량을 꾸준히 발휘할 수 있는 어떤 공예를 통해" 생계를 이어가게 될 것이었다. 그는 이어서 말했다. "분명하게 예술이라 부를 수 있는 것들 말고도 수없이 많은 공예가 있다. 그런 일들을 하루에 짧은 시간만 수행한다면, 여가 시간에 다른 일을 추구할 자유가 생긴다."

구체성을 사랑했던 그는 자신이 생각한 바를 사실의 차원에서 시험해보기 위해 이 글의 몇몇 단락을 기차역 식당에서 썼다. 로저는 눈앞에서 본 것을 묘사했다. 그가 말한 대로 그것은 "가슴 아픈 목록"이었다. 창문은 절반이 스테인드글라스로 채워져 있었고, 스테인드글라스는 레이스 커튼에 가려져 있었고, 레이스 커튼에는 온갖 무늬가 얹혀 있었고, 벽은 린크러스터 월튼*으로 뒤덮여 있었고, 탁자에는 화려한 면포가 씌워져 있었다. 요컨대 그의 눈길이 닿는 모든 사물은 "습진 같은 발진"으로 덮여 있었다. 그리고 "이 가운데 제작자가 즐거운 마음으로 만든 것은 하나도 없고, 기쁨을 주기 때문에 구입된 것도 하나도 없다"고 이야기했다. 전시 자체가 모든 것의 목적이자 설명이었다. 그리고 이 전시에는 끔찍한 노고가 들어 있었다. 로저의 글은 미래에 가능할 수도 있는 비전을 제시하면서 끝을 맺는다. "물론 궁극적으로는, 공예와의 장기적인 접촉을 통해 예술에서 현재의 비현실성이 정화될 때 사회는 집단적 예술 판단에 대해 새로운 신뢰를 얻을 것이다. 또한 현재로서는 받아들일 수 없다고 생각하는 책임까지 과감하게 떠맡을 수 있을지 모른다. 그러면 사회는 자기만의 시인, 화가, 철학자, 그리고 심층 연구가들을 스스로 선택해 이런 남녀들을 새로운 유

---

*   프레더릭 월튼이 1860년에 특허를 받은 고급 벽 장식재.

형의 왕으로 만들어갈지도 모른다."

궁극적으로는 이런 일이 일어날지도 모른다. 하지만 1910년 시점에 이런 생각은 먼 꿈에 지나지 않았다. 1913년에 예술은 "아주 작고 소박한 사람들," 그러니까 로저 자신과 마찬가지로 "연간 수백 파운드의 수입으로 살아가는" 사람들에게 의존하고 있었다. 꿈을 현실로 바꿔야 하는 사람들은 바로 이들이었다. 기차역 식당과 그것이 상징하는 것을 부수고 그 자리에 무언가 다른 것을 들여놓는 것도 이들이 할 일이었다. 이야기를 나누는 중에 계획이 구상되었고, 회사를 만들고 공방을 시작하기로 했다. 젊은 예술가들은 사람들이 보기를 좋아하고 자기들은 만들기를 좋아하는 탁자와 의자, 카펫과 단지를 만들게 될 것이다. 이렇게 해서 그들은 생계를 꾸리고, 그 결과 시인이 시를 쓰듯 돈을 위해서가 아니라 기쁨을 위해 자유롭게 그림을 그리게 될 것이다. 그렇게 함으로써 "온갖 속박과 폭정으로부터" 예술의 자유를 단호히 주장하게 될 것이다. 그러면 뛰어난 재능을 지닌 수많은 이들을 유혹해왔던 엄청난 위험, 곧 "사랑을 판다고 말하는 매춘부처럼, 아름다움을 판다고 주장하는" 가짜 예술가가 될 위험은 사라질 것이다. 이 무렵 로저는 이런 계획을 실천에 옮기는 것이 힘들고 고될 것을 알고 있었다.

그는 예술가와 사업가 모두를 직접 겪어본 바 있었고, 이 둘을 하나로 묶으려고 노력하는 사람에게 주어지는 대가가 비난과 공격이라는 것도 알고 있었다. 하지만 "이 새로운 운동에 참여한 이들은 모두 생기가 넘치며 그들이 하는 일에는 생명이 깃들어 있다"는 것도 알았다. 어쨌든 젊은 예술가들이 존재했고 그들은 로저 프라이를 지도자로 우러러보았다. 그는 어떤 순간이 다가왔다고 믿었다. 이런 생각은 레스터에서 후기 인상파 전시회를 통해 입증되었다. 사람들은 그림을 보려고 몰려들었다. 로저는 "이렇게 열광하는 이유를 모르겠다. 나는 그곳에 가서 강의를 했다. 갤러리는 만원이었고 군중은 계속 서서 이례적인 관심을 보였다. 정말 이상한 일이고 때론 두렵기까지 하다"라고 기록했다. 예술가와 대중은 하나가 된 것처럼 보였다. 이 결합을 실질적인 성과로 만들기 위해 필요한 것은 오직 하나, 즉 양자를 이어줄 연결 고리뿐이었다. 이런 일이 일어나면서 그에게는 일종의 유산이 생겼다. 생전 처음으로 자신이 다룰 수 있는 조그만 자본이 생긴 것이다. 로저는 직접 모험을 강행해 회사를 설립하고 공방을 차리기로 결심했다. 그는 설명하고 해설하고 설득하는 일에 다시 한번 매달렸다. 그는 "1500파운드를 손에 넣었고, 계획을 밀어붙이고 있어"라고 로우스 디킨슨에게 편지를 보냈다. "벌써 건축가 한 사람이 주문서를 보내왔고 대규모 날염 회사에서는 디자인을 해줄 수 있는지 묻는 편지를 보내왔네. 아직 한마디도 발표하지 않았는데 이러는 걸 보면 아마 심리적으로 정확한 시점을 짚은 것 같아"라면서 로저는 이렇게 덧붙였다. "내가 왜 이렇게 힘들게 일하는지 누가 알겠나, 나도 모르는데. 어리석은 계획 같고 만족스럽게 해낼 자신도 없지만 어렴풋이나마 할 가치가 있는 일로 생각되네." 1913년 7월, 피츠로이 광장의 오메가 공방이 문을 열었다.

오메가 공방 쇼룸 개관 당시의 전경, © The Charleston Trust.

II

블룸즈버리의 광장들 가운데 아직 훼손되지 않고 품위를 지키는 몇 안 되는 곳 중 하나로서 이 광장은 오늘까지도 그대로 남아 있다. 고전적인 기둥과 프리즈를 갖추고 있고 중앙에는 거대한 항아리가 있지만, 토트넘 코트 로드의 굉음이 그리 멀지 않은 곳에서 들려온다. 로저 프라이가 공방을 차린 집은 오늘날에도 그 자리에 남아 있다. 조지 왕조 시대의 과거와 빅토리아시대의 과거를 지닌, 그 자체의 역사를 간직한 집이다. 한 여성은 어린 시절을 회고하며 이 집에 라파엘 전파 화가들이 모여들었다고 말했다. 하지만 로세티의 다리가 천장을 뚫고 나타났던 것인지 바닥이 주저앉아 저녁 식탁이 그 아래의 오수 구덩이로 처박혔던 것인지는 기억하지 못한다고 했다. 어쨌든 그 집에는 그 나름의 과거가 있었다. 그러나 이제 조지 왕조와 빅토리아시대의 유령들은 완전히 몰아내졌다. 문 위에서는 후기 인상파 거장 두 명이 거대한 존재감을 내뿜고, 실내는 온통 분주함과 혼란으로 가득 차 있었다. 젊은 예술가들이 디자인한 밝은 색의 친츠*가 있었고 채색한 탁자와 의자가 있었으며 로저 프라이 본인은 언제는 레이디 누구누구를, 또

---

*　꽃무늬가 날염된 광택나는 면직물. 커튼, 가구 커버 등으로 쓰인다.

언제는 버밍엄을 방문한 사업가를 이 방 저 방 안내하며 최선을 다해 구매를 설득하고 있었다. 하지만 이 단계까지 오기 위해서는 사업상 처리해야 할 일이 너무도 많았다. 그 일은 몹시 과중했으며 대부분 그에게 떨어졌다. 그는 "온갖 디자인과 완성품과 그것을 어떻게 팔지와 예술가들에게 어떻게 대가를 지급할지를 모두 고민해야 하고, 거의 감당할 수 없을 지경"이라고 디킨슨에게 편지를 썼다. 또 다른 편지에 더 자세한 내용이 담겨 있다.

돌아온 뒤로 할 일도 많고 만나야 할 사람도 많아서 어디서부터 손을 대야 할지 모르겠어. 무엇보다 이제 완전히 가동에 들어간 오메가 공방에서 일을 해야 하지. 제대로 조직을 갖추려면 엄청난 노력이 필요하다네. 예술가들은 참으로 매력적인 사람들이지만 실무에는 극도로 서툴러. 프랑스 예술가들이 실무에 무척이나 밝았던 것을 생각하면 이들이 이렇게나 매력적이면서도 막연하고 감당하기 어려운 영국인이 아니었으면 하고 바랄 때도 있지. 하지만 내가 이들을 다룰 수 있을 것 같고, 그 점이 무척 흥미진진해. 우리 직물은 지금 인쇄 중인데, 이를 맡은 프랑스 회사는 열정이 대단해서 기계적인 요소를 없애고 옛날의 단순한 방식으로 돌아가기 위해 모든 공정을 바꾸고 있어. 벌써 미국의 대형 회사에서 몇 가지를 주문해서 벽지로 활용할 권리를 달라고 하는데 그건 줄 생각이 없다네. 문제는 사람들이 우리 아이디어를 그대로 베껴서 부당하게 이용하려고 한다는 거지. 그런 사태를 막으려면 엄청난 사업 수완이 필요해. 전반적으로 상황은 흥미진진하면서도 제법 불안해. 이 일이 수익을 내지 못하면 나 자신이 어떻게 될지 알수 없고, 하물며 이미 여기에 생계를 의존하고 있는 예술가들이야 더 말할 필요도 없지. 그들이 이 공방에서 일주일에 30실링을 받기 전에 대체 어떻게 살았는지 모르겠어.

그가 말한 대로 상황은 "아주 흥미진진했다". 대중은 구매하기를 간절히 바랐고, 예술가들은 일하기를 간절히 바랐다. 로저는 이들의 작업이 지닌 탁월함에 놀랐다. 그는 로우스 디킨슨에게 "예술가들의 엄청난 창의력과 새로운 감각은 놀라울 정도라네"라고 말했다. "무엇보다 큰 문제는 내가 가진 힘을 제대로 결집해서 그로부터 실질적으로 최선의 결과를 끌어내야 한다는 것이네. 그게 정말 지독하게 어려운 일이거든." 그 마지막 말이 사실임은 곧 입증되었다. 오메가 공방은 7월에 문을 열었고, 10월에는 오메가에 고용된 세 사람을 포함해 네 명의 예술가가 잠재적인 후원자들에게 공개 서한을 발행했다. 글은 다음과 같이 시작되었다.

브레크녹 스튜디오 단지
브레크녹 로드, 북쪽

귀하께서 오메가 공방에 관심을 갖고 계신 것으로 알고 다음과 같이 불명예스러운 사실을 감히 제시드립니다.

이들은 상세한 내용을 열거했다. 첫 번째 협의는 "오메가 공방의 대표가 《아이디얼 홈 전시회 Ideal Home Exhibition》*에 있는 후기 인상파 전시실 장식을 비열한 속임수로 확보했으며, 그 과정에서 구성원인 윈덤 루이스와 외부 예술가 스펜서 고어를 희생시켰다"는 것이었다. 두 번째 혐의는 오메가 공방의 운영진이 "구성원 중 한 명이 오메가에서 기획하지 않은 전시에 출품하는 것을 막기 위해" 정보를 막았다는 것이었다. 그러나 서한은 이런 혐의 제시에 그치지 않고 오메가 공방과 그 대표에게 큰 손해를 끼칠 주장을 계속 늘어놓았다.

예술적 성향에 대해 말하자면, 그것만으로도 그 지붕 아래서 왕성한 예술 본능이 오래 머물기란 매우 어려울 것입니다. 그들은 아직도 예쁜 것을 우상처럼 떠받들죠. 빅토리아 중기의 나른한 목에 싸구려 녹황색 피부 위로 '포스트 어쩌고저쩌고'라는 옷을 걸친 꼴이란 말입니다. 그러나 길을 잃고 이탈한 탐미주의자들로 이루어진 이 패거리는 자신들의 시도가 즐거운 다과회 수준을 벗어나거나 더 많은 주목을 받기 위해서는 거칠고 남성적인 작업이 필요하다는 사실을 알고 있었기에 가능한 한 많은 인재를 외부에서 불러들여야만 했습니다.
영리하게 외부의 관심을 자극하는 데 익숙한 이들은 거래에 대한 관대함과 예술에 대한 배려를 입버릇처럼 주장하지만 우리 생각

---

* 『데일리 메일』 신문사에서 1908년부터 2009년까지 런던에서 열던 가정용품 전시회.

에 오메가 공방의 내부 작업에서는 그런 아량을 전혀 찾아볼 수 없습니다. 이 기업은 가장 지적인 계층이 제공하는 기회를 통해 중개인이라는 상어로부터의 해방을 약속하는 듯 보였습니다. 하지만 그사이 예술이라는 험한 바다에는 '위선 상어'라는 새로운 물고기가 나타났습니다. 소심하지만 탐욕스러운 언론적 괴물, 파렴치하고 말은 번지르르하며 무엇보다도 그 약함 때문에 해로운 존재. 더 이상 이 불행한 기관의 일부가 될 생각이 없기에, 밑에 서명한 우리는 그곳에서의 일을 포기하기로 결심했습니다.

프레더릭 에첼스, 윈덤 루이스, C. J. 해밀턴, E. 워즈워스

이 서한은 외국에 나가 있었던 로저 프라이에게 전달되었다. 보아하니 그는 크게 놀라진 않았다. 다음의 편지가 보여주듯, 그는 다시 한번 "이상하리만치 태연"했다. 그는 덩컨 그랜트에게 편지를 보냈다.

나 대신 싸우느라 고초를 겪고 편지까지 보내 주어 아주 고맙네. 자네가 핵심을 짚어낸 것으로 보이는군. 에첼스에 대한 자네의 생각에 완전히 동의하네. 나는 늘 그 친구가 낭만적인 충동에 따라 행동한다고 생각했지. 다만 개인적으로는, 그렇게나 친절했으면서 내 말을 들으려고도 하지 않고 나를 완전히 적대하게 되었다는 점이 조금 이해하기 어렵긴 해. 하지만 나는 정말 그 친구를 돕고 싶고, 그가 이 일을 조금만 더 이성적으로 보게 되면 우리도 그렇

게 할 수 있으리라 기대하네.

아이디얼 홈 전시에 대해서는 아직 아무 소식도 듣지 못했어. 성과는 있었는지, 언론 반응은 좀 괜찮았는지 궁금하군. 이곳은 무척 훌륭하고 우리는 정말 열심히 일하고 있네. 그게 무슨 의미가 있는지는 모르겠네만. 지금까지 내가 한 일이라곤 그저 관심 대상을 '조감도'로 찍는 것뿐인 걸까 싶어. 중세의 성과 멀리 보이는 아비뇽 시가를 외면하려 애쓰지만 그 빌어먹을 것들이 어떻게든 작품 속에 끼어들더군.

어쨌든 그림을 그리는 일은 인간이 감당하기에는 너무 어려운 작업이라는 결론에 이르렀네. 예술의 역사가 보여주듯, 그토록 많은 재능과 취향, 사유와 감정을 투자해도 결과는 완전히 지루하기 짝이 없을 수 있어. 그래서 오메가를 반기게 되네. 버젓한 접시나 제대로 된 직물을 만드는 것쯤은 인간의 지혜로 충분히 감당할 수 있으니까.

두세Henri Doucet가 자네에게 친근한 안부를 전하네. 당구를 치고 너무 피곤한지 방금 자러 갔어.

언제나 변함없이,
로저 프라이

하지만 서한은 신문에 보내졌고, 몇몇 친구들은 명예훼손으로 소송을 제기해야 한다고 로저를 다그쳤다. 아무 조치도 취하지 않고 가만히 있으면 오메가가 피해를 볼 것이라고 이들은 지적했다. 하지만 로저 프라이는 가만히 있었다. 그가 볼 때 어떤 법적 판단도 그의 명예를 회복시켜주거나 오메가의 정당성을 옹호해주지는 못할 것 같았다. 서신을 공개하는 일은 오히려 그 '신사들'을 광고하는 셈이 될 뿐일 거였고 로저는 그들이 그런 홍보를 은근히 즐기고 있는 게 아닌지 의심하곤 했다. 로저는 예전에『더 타임스』의 비평가가 말한 대로, 무결한 유일의 분류자인 시간의 판결을 따르는 것에 만족하기로 했다. 하지만 젊은 예술가들 스스로가 시간의 판결을 앞질렀다. 그들은 그 자리에서 곧바로, 가장 실질적이고도 단호한 신뢰의 증거를 그에게 보여주었다. 그들은 로저를 위해 계속 일할 준비가 되어 있었고, 더 놀라운 것은 로저 역시 그들을 위해 계속 일할 준비가 되어 있었다는 것이다. 이 사태는 찻잔 속의 태풍처럼 사그라들었다. 물론 때때로 작은 거품들이 다시 올라오는 것을 알아차리긴 했다. 로저는 덩컨 그랜트에게 이렇게 썼다. "루이스 일행이『뉴 에이지The New Age』의 비평가를 붙잡아두었네. 그가 재미있는 글을 썼는데 자네에게 보내니 읽어보고 돌려주게. (…) 루이스 일행은 지금 이 순간까지도[1914년 3월] 나를 헐뜯는 일 외에는 아무것도 하지 않고 있네. 이걸 본 브르제스카는 예술가들 사이에서 이렇게까지 보복심에 찬 질투는 지금까지 본 적이 없다고 말하더군."

하지만 그에게는 찻잔 속의 태풍보다 훨씬 더 중대한 문제들이 놓여 있었다. 오메가가 안겨준 '무엇보다 큰 문제'는 매우 현실적인 것이었다. 그리고 그 상황은 곧 큰 성공을 거둘 것이라는 조짐을 보여주었다. 주문이 들어오기 시작했다. 대중은 그것을 재미있어했고 관심을 보였다. 신문은 이 새로운 모험에 큰 지면을 할애했다. 기자들이 피츠로이 광장으로 파견되었고 그중 한 명은 초창기의 오메가에서 받은 인상을 기록으로 전했다. 그는 로저에게 공방 여기저기를 소개받으면서 기획 의도를 설명해달라고 요청했다. 로저는 "이제 가구와 직물에도 유희의 정신을 도입해야 할 때입니다"라고 말했다. "우리는 따분하고 쓸데없이 진지하기만 한 것들에 너무 오랫동안 시달렸어요." 그는 털실로 수를 놓은 쿠션을 집어 들고 물었다. "무엇을 표현한 물건이라고 생각하십니까?" 기자는 자신 없이 대답했다. "풍경을 묘사한 건가요?" 로저는 웃으며 "양배추 위에 누운 고양이가 나비와 노는 모습이에요"라고 대답했다. "아이디어는 빅토리아 중기의 것이지만 처리 방식이 빅토리아 중기와 다르죠. 예전의 디자인이 둔탁함과 경직됨으로 가득 차 있었다면 이 색채 디자인은 색과 리듬으로 가득 차 있습니다." 그것을 들여다보던 기자는 결국 나비는 알아보았지만 고양이는 끝내 찾아내지 못했다. 이어 로저는 기자에게 의자를 하나 보여주었다. 그는 그것이 "대화를 부르는, 재치 있는 의자"라며 "맥스 비어봄이 앉아 있는 모습을 상상할 수 있"다고 했다. 의자의 다리는 밝은 파란색과 노란색이었고, 검은 좌석 둘레에는 강렬한 파랑과 녹색의 선명한 띠가 둘러져 있었다. 확실히 보통의 의자보다는 훨씬 더 유쾌했다. 그다음에는 벽 장식을 보았다. 자줏빛 하늘과 밝은 달, 푸른 산이 들어간 풍경이었다. "한 가지 풍경에 질리면 쉽게 다른 풍경으로 바꿀 수 있습니다." 이어 로저는 서커스 그림이 그려진 병풍 하나를 꺼내 보였다. 긴 허리와 불룩한 목, 짧은 다리를 한 사람들을 보고 기자는 어리둥절해했다. "그래도 얼마나 재치 있습니까"라고 로저는 말했다. "예술은 의미를 가진 왜곡이에요." 기자는 흥미를 느꼈다.

두 사람이 위층의 커다랗고 흰 작업실로 올라가자 예술가 한 명이 천장에 작업을 하고 있었고 또 한 사람은 아이 방 벽에 장식할 것으로 보이는 "관절이 아주 유연한, 엄청나게 큰 너구리"를 그리고 있었다. 다시 아래층 전시장으로 내려가자 친츠와 쿠션, 전등갓, 정원용 식탁, 그리고 프랑스 예술가가 디자인한 "거미줄처럼 가벼운 비단으로 만든 눈부신 색깔의 드레스"를 보게 되었다. 로저 프라이는 여성복이라는 주제를 정면으로 다루고 있었다. 이 드레스에는 "커다란 잎사귀들이 빽빽이 얽힌 전원 풍경 속에서, 달빛 아래 처녀들이 추고 그 곁에 철학자와 농부가 서 있는 장면"이 디자인되어 있었다. 기자는 정말 아름답다는 데는 동의했지만 영국 여인들에게 이런 옷을 입을 용기가 있을까 하는 의문을 제기했다. 로저는 "아, 교육이 필요하죠"라고 대답했다. 그래서 마침내 기자는 자리를 뜨며, "일상의 사소한 것들에 아름다움과 세심한 장인 정신을 불어넣었기 때문에" 후대가 오메가 공방을 명예롭게 평가할 거라고 예언했다. 그리고 매우 흡족한 기분으로, 어떤 말이 더해지든 간에 오메가 공방 혹은 로저 프라이는 "분명 지성과 호기심을 자극했다"고 덧붙였다.

또 다른 방문객은 아널드 베넷이었다.

로저 프라이와 만나기로 약속하고 오메가 공방으로 올라갔다. 예정대로 2시 30분에 도착했다. 프라이가 밖에 나가고 없다는 말을 들었다. 그는 피츠로이 스트리트 아래쪽의 자기 화실에 있다는 것이었다. 나는 그곳으로 찾아가 벨을 눌렀다. 프라이가 문을 열었다. "들어와서 점심이나 먹지"라고 그는 말했다. 나는 "점심이야 이미 먹었지. 2시 반인데"라고 말했고 그는 "이상하군! 나는 1시 15분밖에 안 된 줄 알았네" 했다. 그러고는 위층으로 올라가며 거기 있는 아가씨를 부르면서 "지금 2시 반이야"라고 소리치는 것이었다. 마치 대단한 뉴스라도 된다는 양 말이다. 프라이는 자신의 이론을 자세히 해설했다. 그는 자신이 시작하기 전까지 영국에는 비전통적인, 즉 진정으로 독창적인 산업미술이 없었다고 했다. 그는 꽤 괜찮은 말을 많이 했고 설득력이 뛰어나고 합리적이었다. 이어 나를 피츠로이 광장에 있는 전시장으로 데려갔고 나는 소품을 몇 가지 샀다. 물건들이 점점 더 마음에 들어서 결국 두 꾸러미나 들고 자리를 떴다.

사람들이 겨드랑이에 꾸러미를 끼고 떠나기까지 로저 프라이는 꽤 괜찮은 말을 아주 많이 해야 했고 설득력이 뛰어나고 합리적이어야 했다. 하지만 오메가에서의 일 가운데 전시장 운영은 아주 작은 한 갈래에 불과했다. 그는 또한 사업가들을 상대해야 했다. 아널드 베넷의 기록에 따르면 로저는 바로 그 사업가 쪽에서 심한 반대에 부딪쳤다. 로저는 영국 회사들이 "함께 사업을 하자는 제안에 포복절도했다"고 전했다. 그가 디자인을 내놓아도 그들은 받아들이지 않았다. "어떤 회사에서는 그가 책임질 테니 그의 디자인으로 러그를 만들어달라는 말에 터무니없는 금액을 불렀다." 하지만 그렇게 웃어젖혔으면서도 사업가들은, 로저 프라이가 예견했듯이, 디자인을 재빨리 베끼는 방법을 알아냈고 이를 대중의 기호에 맞출 줄 알았다. 오메가의 원래 아이디어를 약화한 디자인이 가구점에 등장했고 보통 사람들에게는 그것들이 원본보다 오히려 더 잘 받아들여졌다. 그리고 오리지널은 독창성 외에 실용성도 갖추고 있어야 했다. 의자는 제 다리로 서 있어야 했고 염료는 바래서는 안 됐으며 직물은 줄어들어서는 안 되었다. 때로는 실패도 있었다. 금이 갔다. 다리가 떨어져 나갔다. 니스가 흘러내렸다. 로저는 성난 고객들을 달래면서 새로운 방법을 찾아야 했다. 그는 뒷골목에 있는 소규모 목수와 실내장식업자 들을 찾아다녀야 했다. 디자인을 충실히 구현하고, 실제로 쓸 수 있는 물건을 만들어줄 사람들이었다. 견적과 장부를 주시해야 했다. 종합하자면 "세부 사항들에 대한 사소하고도 거의 끝없는 걱정"이 있었다. 하루 일과를 마치면 "외판원 노릇까지 해야 한다"고 그는 로우스 디킨슨에게 말했다. "상류 사교계로 나가서 내 계획을 홍보하는 걸세. 내가 얼마나 바쁜지 짐작할 수 있겠지."

　로우스 디킨슨은 아마 그런 짐작을 할 필요가 없었을 것이다. 그리고 때때로 로저 프라이에게 돌아온, 사소하고도 거의 끝없는 걱정은 그로 하여금 자신이 "끝까지 버텨낼 수 있을지" 의심하게 만들었다. 그러나 다시금 그 일은 큰 흥분을 불러일으켰다. 그 일 자체로 해볼 만한 가치가 있었던 건 물론 만족을 모르는 그의 호기심을 자극하는 새로운 세계를 열어주었다. 그는 공장들을 찾아다녔고 직물, 카펫, 벽지, 가구 장인들과 면담을 했다. 그리고 제조업자가 직면한 문제점을 이해하려고 애를 썼다. 또 사물들이 어떻게 만들어지는지를 알게 되었을 때는 그것들을 직접 만들어보려는 흥분이 뒤따랐다. 그의 머리가 흥미로운 이론들을 방적해내는 동안 그의 손은 실체 있는 물체들을 다루느라 바빴으니, 그것은 자연스러운 분업처럼 보였다. 로저는 풀Poole로 내려가 도자기 제조에 대한 강의를 들었다. 얼마 지나지 않아 그의 작업실에는 손으로 만든 도자기들이 줄지어 늘어섰고 로저는 "손가락 사이로 흙이 올라오기 시작할 때면 정말 무섭도록 흥미진진하다"고 기록했다.

로저 프라이의 독자라면 기억하겠지만, 그에게는 마음에 드는 단어를 발견하면 지나치다 싶을 정도로 그 말을 애용하는 습관이 있었다. 그해 봄, 그 단어는 "흥미진진"이었다. 모든 것이 "흥미진진"했다. 그는 이탈리아로 휴가를 떠났다. 그리고 피에로 델라프란체스카*에 대한 자신의 견해를 수정했다. "르네상스 전성기의 어떤 인물과도 비교할 수 없을 만큼 뛰어나다. 극적인 내용, 혹은 형식 자체에서 분리될 수 있는 요소가 드문, 거의 순수한 예술가였다"는 것이다. 또 로저는 로마 북쪽에서 "아주 흥미진진한" 새로운 지역을 발견했다. 심지어 그가 버즈 커스터드 섬Bird's custard Island이라고 불렀던 영국조차—"나무 주위에는 먹물 같은 날카로

---

* 1415~1492. 이탈리아의 화가이자 수학자로 제단화를 많이 그렸으며 투시 화법의 이론가이기도 하다.

운 그늘이 드리워지고, 선명한 윤곽이나 밝은 색채라고는 찾아볼 수 없"는데도—어느 예술가가 이런 곳에서 작업을 할 수 있단 말인가?—그해 여름에는 "아주 흥미진진"했다.

무엇보다 오메가가 번창하고 있었다. 주문이 밀려들었다. 브레츠카는 그림을 몇 점 팔았고, 이언 해밀턴 여사는 스테인드글라스 창문과 모자이크 바닥의 제작을 의뢰했다. 프랑스와 독일의 제조업체에서도 주문이 들어왔다. 로저는 젊은 예술가들에게 일주일에 30실링을 지급할 수 있었다.

하지만 흥미진진한 일은 오메가에 국한되지 않았다. 상류 사교계는 그에게 아주 좋은 친구들을 안겨주었다. 파티가 있었고, 연극이 있었으며, 오페라와 전시회도 있었다. 런던은 새로운 사업들로 가득했다. 그는 러시아 무용을 보러 갔고, 그것은 물론 새로운 가능성, 그리고 음악과 무용과 장식을 결합한 온갖 방식의 조합을 암시해주었다. 그는 아서 밸푸어와 오페라를 보러 갔다. 슈트라우스의 〈아리아드네 ^{Ariadne auf Naxos}〉였고, 그는 열광했다. "난 슈트라우스가 바그너와는 비교할 수도 없을 정도로 순수한 음악가라고 생각해. 진심으로. 아직 내가 원하는 음악은 아니지만 그 방향으로 가는 길을 열어준다고는 생각하네." 당시에는 여러 방향의 길이 열리고 있는 것처럼 보였다. 그는 깊이 사랑에 빠져 있었는데, 그것이야말로 모든 일 중 가장 흥미진진한 것이었다. 퀘이커들이 사랑에 대해 정직해야 한다는 것을, 간접적으로는 사랑을 억압하는 일이 지닌 해악을 가르쳐주었기에 그는 완벽한 개방 속에서 그 흥분을 다른 이들과도 나누었다. 그가 삶에 대해 품은 새로운 희망과 그것이 자신에게 의미하는 바를 이야기할 때면 그와 가장 어울리지 않는 곳조차, 예를 들어 비오는 날 밤의 토트넘 코트 로드조차 환하게 빛나는 듯했다.

흥미진진한 여름은 그렇게 계속 지나갔다. 그가 로우스 디킨슨에게 편지를 쓰며 앉아 있던 길퍼드의 정원은 온갖 꽃으로 불타오르는 듯했다. "파란 지치와 빨간 양귀비, 노란색과 분홍색 수련이 한데 뒤엉켜 있고 줄리언과 패멀라는 빌려온 늙은 당나귀와 놀고 있네." 로저는 『맨체스터 가디언The Manchester Guardian』에 실린 골디의 글을 읽고 있었다. "친애하는 친구여, 정말 훌륭해. 자네가 그 누구보다 글을 잘 쓴다는 건 자네도 잘 알지 않나. 언제나 활기가 넘치고 유머러스한 데다 뜻밖의 면이 있고, 무엇보다 현실에 대해 그토록 아름답게 수동적이야. 내게 커다란 기쁨을 주었다네." 리히노프스키 공주, 오톨린 모렐 여사, 로우스 디킨슨, 중국 시인, 프랑스 시인, 사업가, 젊은 예술가 등 온갖 사람들이 그를 찾아왔다. 로저는 과거 어느 때보다 더 열심히, 더 큰 희망을 품은 채 일하고 있었다. 그가 추구해온 많은 것들이 손에 잡힐 듯 가까이 온 것 같았다. 문명, 곧 정신적인 것을 향한 열망은 소수 집단에만 정착되지 않고, 가난한 사람들 사이에서도, 부유한 사람들 사이에서도 돌파하듯 퍼져 나가는 것 같았다. 한편 로저는 자신이 종종 "자족적이고 고집 센 사람"으로 비친다는 것을 알고 있었고 또한 자신이 "다른 사람들의 목표에 대해 대체로 완전히 무관심"하다는 것을 자각하고 있었으며 또 "성공은 잃은 것에 비하면 너무 사소해 보"였지만, 그는 아내의 병 이후로는 가장 행복한 상태에 있었다.

로저는 한마디로 압축했다. "마침내 우리는 조금씩 문명화되고 있는 걸세." 그리고 당연히 전쟁이 찾아왔다.

9장 삶의 가장자리 — 전쟁 시기

I

1914년 8월이 되었을 때 모든 사람의 생활에 균열이 생긴 것은 불가피해 보였다. 하지만 무엇이 부서졌는지에 따라 그 파열의 양상은 달랐고, 로저 프라이는 활동가이자 사색가이자 공적인 인간이자 사적인 인간으로 다양한 삶을 동시에 살던 사람이었다. 전쟁은 그 모두에 영향을 미쳤다. 그는 "악몽 속에서 사는 것 같다"고 말했다. 그리고 첫 충격은 끔찍했다. 인류의 삶에 보다 문명화된 시대가 시작되고 있다고 믿게 되었는데 이제 그 희망은 끝난 듯했다. "삶에서 진정 가치 있는 이 모든 것이 미친 듯이 파괴되는 꼴을 보며 살지는 않기를 바랐다. 이제 막 조금 문명화되기 시작했을 뿐인데, 이제 모든 것을 처음부터 다시 시작해야 한다니……. 아, 프랑스만이라도 끼어들지 않고 슬라브족과 게르만족이 지옥 같은 인종 혐오에 빠져 있도록 내버려두었더라면! 우리 모두는 냉혹한 관료주의의 올가미에 걸려들고 말았다." 이 두 가지가 1914년 8월 로저가 쏟아낸 탄식이다.

그 충격이 그의 친구 중 몇몇과는 다른 방식으로 그에게 영향을 끼친 데는 이유가 있었다. 첫 충격이 가신 뒤 그는 로우스 디킨슨만큼 놀라지는 않았다. "아마 차이는 이것일 거예요. 저는 헬렌 이후로 이 세계가 상상할 수 있는 최악의 공포를 위해 만들어졌다는 사실을 알고 있었죠. 골디는 이게 어딘가에서는 멈출 거라고 생각해온 겁니다." 로저는 버네사 벨에게 편지를 썼다. "전쟁은 아주 특이한 방식으로 그의 세계를 무너뜨리는 것 같아요. 밤 10시쯤 노크 소리가 들리더니 데즈먼드가 목마르고 저녁도 굶은 상태로 나타나주었을 땐 정말 기뻤죠. 그래서 우리는 온갖 이야기를 나눌 수 있었어요……." 그와 몇몇 친구들 간의 차이는 이것뿐이 아니었다. 로저는 자신의 일을 바꿀 필요가 없었다. 더 열심히 해야 했을 뿐이다. 오메가 공방의 문제, 즉 예술가들에게 주당 30실링을 어떻게 지급할 것인가 하는 문제는 그 어느 때보다 더 큰 문제가 되었다. 같은 편지에서 그는 "테이블 작업에 열중하고 있어요"라고 말했다. 로저는 자신의 신념을 재고하거나 삶을 다시 세울 필요도 없었다. 그는 이미 오랜 세월 자신만의 적과 싸워왔고, 그의 삶은 그가 말했듯 악몽으로 가득 차 있었다. 그 적은 이제 더 위협적으로 변했고 악몽은 간헐적인 것이 아니라 끊임없는 것이 되었다. 따라서 로저에게 전쟁은 단절이라기보다 오랫동안 벌여온 투쟁이 강화된 것이었다.

전쟁이 삶의 여러 차원에 미친 여파는 그가 친구들에게 휘갈겨 쓴 일상적 소회들을 맞춰볼 때 가장 잘 드러날 것이다. 급히 쓰인 편지들이었고, 펜은 대화를 대신하기엔 너무나 빈약한 수단이었다. 그리고 피츠로이 스트리트의 화실에선 그 펜마저 자주 분실되었다. 어수선한 방이었다. 로저는 그곳에서 요리를 하고 잠을 자고 그림을 그리고 글을 썼다. 이젤 위에는 언제나 그림이 놓여 있었고 탁자에는 꽃이나 과일, 계란, 양파로 조합한 어떤 정물 구성이 있었다. 청소부에게 "손대지 마시오"라는 경고문을 붙여놓은 정물이었다. 로저는 전쟁 초기 몇 개월간 이런 환경에서 살았다.

"오메가는 아직 버티고 있지만 경비를 도무지 충당하지 못하고 있어." 1914년 8월의 한 편지는 이렇게 시작된다. 대영박물관의 한 도자기 전문가가 찾아오는 바람에 편지는 잠시 중단되었다. "자신이 본 현대의 어떤 도자기보다도 오메가의 제품이 훨씬 훌륭하다고 말하더군. 특히 청록색을 칭찬했네. 하지만 내가 볼 때 그 색의 아름다움은 계산의 결과라기보다 구워낼 때의 어떤 실수 덕분인 듯해." 이어 로저는 풀로 떠나 도자기를 빚고 유약을 칠하고 그림을 그려넣는 실습을 했다. 그는 식기 세트를 만들고 있었다. 숙소는 몹시 누추했다. 주철로 된 벽난로 장식에는 고전풍의 여성 부조가 새겨져 있었고 그는 이것을 없애버릴 방법을 찾아내야만 했다. 점토를 덧바르면 될 것 같았지만 그는 새벽부터 저녁까지 도자기 만드는 일에 매달리고 있었다. 더빈스에는 "살림을 거의 거덜내는" 피난민 가족이 함께 지내고 있었다. 그리고 로저는 "전쟁이 이번 겨울 안에 끝나지는 않을 것"임을 깨닫는다. "공포가 오래 지속되면서 생겨나는 일종의 무감각"이 그를 사로잡고 있었다. "아, 전쟁의 권태여. 사람을 죽이는 방식은 살아가는 방식에 비하면 얼마나 단조로운가." 영국의 위선에 대한 해묵은 의혹도 되살아났다. "지금 당장 [랭스 대성당 폭격에 대한] 진실을 모두 말할 수는 없지만, 어떤 폭격도 마지막 복원 작업만큼의 피해를 입히지는 못했다." 어쨌든 문명의 중심인 프랑스는 지지받아야 했다. 로저는 영국 병사들에게도 깊은 존경을 품고 있었다. "영국에 주둔한 병력을 지휘하고 있는 이언 해밀턴 경과 이야기를 했네. 그는 적에 대한 증오 같은 감정이 자신을 지배하도록 결코 내 버려두지 않는 진정 훌륭한 군인이야." 그렇게 편지는 그의 사적인 삶으로 넘어간다. 연필로 쓴 한 페이지에는 "내가 행복하거나 불행한 이유"라는 제목이 붙어 있다.

1915년, 오메가에 대한 대중의 관심이 되살아난다. 사람들은 집이 있어야 하고 그곳에 가구를 비치해야 한다는 사실을 새삼 깨닫고 있었다. 고객들이 돌아오기 시작했다. "우리 작업에 대한 평가와 호감이 높아지고 있는 걸로 봐서, 전쟁만 없었다면 지금쯤 장사가 상당히 잘되고 있었을 것 같다." 하지만 전쟁은 더 가까이 다가오고 있었다. 오메가의 예술가 중 하나인 두세는 전선에 나가 있었다. 로저가 매우 아끼던 친구 하나는 루시타니아호 사건*으로 아들과 며느리, 그리고 그들의 아이 여섯을 모두 잃었다. 로저는 그녀를 만나야 했다. 무엇이든 할 수 있는 일을 해서 그녀를 위로해야 했다. 4월에는 퀘이커 구제 기금 사업을 위해 누이들과 함께 프랑스로 갔다. 그는 두세를 만나려고 시도했다. 통행증도 없이, 주머니에 독일 대사의 부인이 써준 편지 한 장만 덜렁 넣은 채 전선으로 들어가는 모험을 강행했다가 스파이 혐의로 체포되었으며 이후 퀘이커 선교회 책임자의 중재로 간신히 풀려났다. 그러나 로저는 결국 두세를 만났는데, 두세는 그로부터 1~2주 후 사망하

---

* 1915년 5월 7일 1959명의 승객과 승무원을 태우고 뉴욕을 떠나 리버풀로 가던 중 독일 잠수함의 공격을 받아 침몰당한 여객선. 이 사건은 미국이 제1차 세계 대전에 참전하는 간접적인 계기가 되었다.

고 만다. 이어서 그는 로크브륀에서 시몽 뷔시Simon Bussy 부부와 함께 머물렀다. 거기서 그림을 그렸다. "내가 영국에서 기울였던 모든 노력이 전쟁 때문에 머지않아 실패로 돌아갈 거라는 사실, 그리고 이제 회화를 진정한 생업으로 삼아야 한다는 사실을 깨닫게 된다." 영국으로 돌아와보니 오메가가 기울어가고 있었다. "어쨌든 사람들이 필요로 할 수밖에 없는 모자와 드레스를 만들어서" 되살릴 수는 없을까? 그러나 이 계획에 착수되자마자 공습이 시작되었다.

어느 가을날, 로저는 "오메가의 모두가 공포에 빠져 있는" 것을 보았다. 맨 위층에 세 들어 살고 있던 참정권 운동을 하는 여성은 공습 내내 창밖을 보지 않고 타자기를 두드리고는 광장 위를 날아가는 체펠린 비행선을 못 봤다며 크게 실망했다. 그러나 관리인이 사직 의사를 밝혔고, 로저는 "가능하다면 공습에도 안전한" 새로운 거처를 찾아야 했다. 11월에는 자신이 그린 몇몇 작품으로 전시회를 열었다. 그의 예상과 달리 전시는 성공적이었다. "매일 30~40명이 방문한다네. 물론 팔리진 않고." 그리고 "비평가들 대부분이 나에게 몹시 화가 나 있었"지만 클로드 필립스 경만은 열광했는데 "주로 황제 그림에서 내가 의도하지 않은 '도덕적 메시지'를 읽어냈기 때문"이라고 했다. 한편 신문은 점점 더 역겨워졌다. "노스클리프Alfred Northcliffe†의 신문은 견딜 수 없을 정도야. (…)

---

† 1865~1922. 20세기 초에 신문과 잡지를 혁신한 언론인. 일간지의 인기를 바탕으로 정치권력을 휘둘렀다.

애스퀴스Herbert Asquith*가 전쟁 초기에 그를 불온한 인물로 처형했더라면 지금보다는 훨씬 나았을 텐데." 게다가 독일은 "어떤 수단도 가리지 않을 테세"였다. "국가에 대한 애착이 사람을 얼마나 비인간적인 지경으로 몰고 가는지 보여주는 사례지. 독일인들이 애초부터 비인간적이었을 거라 생각하지는 않네." 사적으로는 행복보다 불행을 훨씬 더 많이 겪었다. 그는 극심한 고통 속에 있었고, "내 삶의 중심과 의미 전체"가 파괴되었다는 느낌에 사로잡혀 있었다.

1916년이 되자 전쟁이 한발 더 가까이 다가왔다. 전쟁은 이제 민간인들에게까지 압박을 가하고 있었다. 고용인 문제는 심각한 수준이었다. 더빈스에서 그는 혼자 야영하듯 지냈고 아이들은 학교에 있었고 집은 그에게 너무 컸고 "말은 많지만 요리는 못하는" 무능하고 늙은 스코틀랜드 여자를 두고 있을 따름이었다. 로저는 설거지도 직접 했다. 반면 오메가는 놀라울 정도로 번창했다. "한 분기 임대료를 치르고도 은행 잔고가 27파운드에서 130파운드로 늘었다." 노르웨이와 스웨덴에서도 주문이 들어오기 시작했다. 캘리포니아에서는 "우리 도자기를 달라고 아우성이었다". 또 로저는 버클리 광장에 있는 방 하나를 꾸며달라는 주문을 받고 "원형 카펫과 상감 세공이 된 목제 탁자들"을 만들고 있었다. 하지만 바깥세상에서는 갈수록 사태가 악화되고 있었다. "양심적 병역 거부자에 대한 박해가 점점 더 잔혹해지고 있다." 로저는 이들

* 1852~1928. 1908년부터 1916년까지 총리를 지낸 영국 정치인.

을 위해 싸움을 시작했다. 커즌 경, 애스퀴스 부인과 주고받은 격렬한 서신에서 그는 이렇게 말했다. "끔찍하지 않습니까? 우리가 싸워 얻으려 했던 모든 자유를 잃어버렸다니. 영국은 곧 견딜 수 없는 나라가 될 것 같습니다." 어쨌든 오메가에는 양심적 병역 거부자 한 명이 일하고 있었다. 또 그는 친구들을 위해 추천서를 써주고 있었다. "저는 R. C. 트리벨리언 씨와 25년 동안 알고 지냈습니다. 진지하며 진정한 신념과 확고한 원칙을 지닌 사람임을 가장 강력하게 증언할 수 있어요." 아이들은 그에게 위로를 주었다. 부활절에는 옥스퍼드셔 부근에서 딸과 함께 자전거를 탔다. "패멀라는 함께 여행하기에 아주 즐거운 아이야. 마을 어슬렁거리고 가게 구경하는 걸 나만큼이나 즐거워하지." 비데일스에 있을 때는 아들이 "내가 강의할 때 잠자리에 들어줘" 그를 기쁘게 했다. 반데르벨데^{Lalla Vandervelde} 부인†과 급히 파리를 다녀왔고 장관들을 만났고 "몽파르나스역 뒤편에 있는 소규모 예술가들의 토끼굴"에 방문했다. 화가들은 모두 쇠라를 논하고 있었다. "알다시피……내가 그를 우리가 간과해온 위대한 인물이라고 생각하게 되었잖아. (…) 마티스의 새 작품들도 정말 대단했어. 그 어느 때보다 더 구조적이고 응축되어 있더군. 피카소는 한동안 방향을 잃었지만 그럼에도 변함없이 훌륭한 그림을 그리고 있고." 그리고 다시 영국으로 돌아왔고 풀에서 도자기 일에 매달렸다. 갈수록 그가 책임

---

† 1870~1965. 유럽 사회주의의 대표적인 인물. 1914~1939년 벨기에 연립 내각에 몸담았고 제1차 세계대전이 끝난 뒤에는 전후 평화 협상에 참여해 영향력을 발휘했다.

져야 할 일이 늘어났다.

오메가의 예술가들이 소집되고 있었다. 풀에서는 "어떤 날은 하루 열세 시간씩" 일해야 했고 "토요일에도 어두워질 때까지 텅 빈 공장에서 혼자 작업"했다. "마지막 순간에 반데르벨데 부인의 접시에 손잡이 다는 걸 깜빡했다는 사실을 깨달았네. 다시 준비를 하고 도자기가 굳을 때까지 기다려야 하는데 시간이 있어야 말이 지. 그래서 당장 진흙으로 띠를 만들어 손잡이로 다는 방법을 고안하게 됐네. 샌즈 양의 우산꽂이는 정말 끔찍한 작업이었어. 휘어지고 불룩 튀어나오고 당장이라도 무너질 것 같았지만 마침내 두드리고 짜내고 달래서 모양을 잡아냈지." 이어 그는 침대 틀에 매달려야 했다. "유약이 템페라 연단에 안 좋은 영향을 끼친 것 같네. 전혀 보지 못한 방식으로 흐르면서 응고되었어. 그래도 자세히 들여다보지 않으면 심각한 문제는 아니네." 고객들이 면담을 요청해서 공방으로 불려가는 일도 많았다. 이들 중에는 W. B.예이츠*가 있었다. 두 사람은 논쟁을 벌였다. "그와 미학에 대해 열띤 토론을 했네. (…) 너무 깊은 인상을 준 나머지 그는 실제로 리넨 제품과 카펫을 사갔어. 내 변증술의 승리라고 할 만하지 않은가."

이 무렵 로저는 몸이 "매우 불편"하다는 느낌을 받았다. 어딘가 잘못된 것 같았다. 의사는 감자와 쌀로 된 새로운 식단을 추천했다. 전쟁의 마모가 오랜 우정의 상처난 곳을 문지르기 시작했다. 맥태거트는 점점 더 반동적으로 변해갔다. 정치적으로는 공감

---

* 1865~1939. 아일랜드의 시인이자 극작가로 1923년 노벨문학상을 수상했다.

로저 프라이, 〈반데르벨데 부인의 아파트를 위한 디자인〉, 1916,
© The Samuel Courtauld Trust, The Courtauld Gallery London.

대가 있었던 로우스 디킨슨은 "예술에 대한 공감이나 이해가 없어서 그에 관한 이야기를 일체 할 수 없으며 내 작품은 그에게 농담의 소재에 지나지 않는다"고 말했다. 그는 성질이 나빠졌다. 예술공예협회 대표단의 방문은 분노를 폭발시켰다. "가식적인 겸손과 고상한 감정으로 가득 찬, 신랄하고 우울한 위선자 노인네 셋"이 벌링턴 하우스 전시를 위해 오메가에 작품을 고르러 왔다. "그들은 모든 일에 고상한 도덕적 고양감을 섞으려고 하는 영국인의 끔찍하고 조리 없는 감상성을 완벽하게 대표한다." 그리고 그 도덕적 감정에도 불구하고 그들은 "나를 어떤 컴컴한 벽장 같은 곳에 밀어넣으려 했고, 나는 정말로 화가 났다……." 전시회는 전반적으로 "도저히 믿기 어려울 만큼 광적인 허풍, 그리고 점잖은 척하는 난센스"였다고 했다. 대신 로저는 자신이 그리고 있던, 부팔마코^{Buonamico Buffalmacco}*를 모사하는 작품에서 위안을 얻었다. "연구할수록 놀라움을 금치 못하겠네. 내가 목표로 삼고 있는 바로 그 다음 단계처럼 보여. 쇠라보다 한 걸음 더 나아간 느낌일세." 로저는 스탕달을 열심히 읽고 있었다. 하지만 그해 겨울 그는 "지독한 외로움"에 시달렸다. "늙은 스코틀랜드 마녀"는 "점잖은 집안에서 자라 집안일에 대해서는 무엇이든 쟁반을 받쳐야 한다는 생각밖에 없는 하녀"로 대체되었다. 그래서 그는 점차 고독이라는 습관을 길러가고 있었고 "안전하며 중심이 되어준다고 생각했던 모

---

* 1315~1336. 피렌체와 볼로냐, 피사에서 활동한 이탈리아 화가로 캄포산토의 프레스코화로 유명하다.

든 것이 파괴된 잔해 속에서 무언가를 보존할 방법"을 찾기 위해 애쓰고 있었다. 그러나 그는 씁쓸했고 신경질적이었으며 때로는 "모든 싸움이 가망 없"게 느껴졌다.

1917년이 되자 공습은 더 심해졌다. 이는 피츠로이 광장의 직원들과 관련해 새로운 난관이 닥쳤음을 의미했다. 석탄 공급도 점점 어려워지고 있었다. "어떤 날은 6펜스치 연탄을 구할 수 있지만, 어떤 날은 그조차 불가능하다." 수도관이 얼어붙었다. 더빈스에서 로저는 끓는 물 한 양동이를 들고 지붕으로 올라가보았지만 수도관을 녹이는 데는 실패했다. 물이 벽을 타고 넘쳐흘렀고 목욕물은 차가운 채로 남아 있었다. 공습과 추위 속에서도 오메가는 중심으로 유지되어야 했다. 로우스 디킨슨의 연극이 그곳에서 상연되었다. 그는 그곳을 그림 전시에도 활용했다. 한번은 아이들의 그림을 전시하기도 했다. 로저는 "블랙컨트리의 여교사" 메리언 리처드슨을 만난 적이 있었다.

런던에서 자리를 얻어보려고 시내에 올라왔고, 반 아이들의 그림을 갖고 왔다고 했지. 이유도 듣지 못한 채 거절당했다고 했는데 그녀가 해온 일을 보고 나니 놀랍지도 않았어. 아이들이 상상한 것을 직접 표현할 수 있게 하는 방법들을 고안해냈더군. 눈을 감고 그리기 같은 것 말이야. 장담하는데 그림들은 정말 경이로웠어. 그중 다수가 뭐랄까, 초기 세밀화와 쇠라 작품을 혼합한 듯했는데 모두 절대적으로 개성 있고 독창적이었다네. 모두들 놀라워했어. 존이 들어와서 보더니 엄청나게 샘이 난다고 아주 솔직하게 말했네. (…) 아무튼 여기서는 정부에서 수십만 파운드의 비용을 들여가며 억압하고 있는, 진정한 원시 미술과 상상력의 끝없는 원천이 있다네. 세상이 이렇게 미친 듯이 뒤죽박죽되지만 않았다면 절대 믿을 수 없었을 거야.

로저는 전시실에서 "일종의 이브닝 클럽"을 운영하기 시작했다. "일주일에 한 번씩 모이는데 대성공을 거두었다네. 런던에서 더 흥미로운 사람들을 죄다 불러 모으고 싶어. 의자도 충분치 않고 더 구입할 생각도 없어서 밀짚으로 속을 채운 큰 마직 베개를 만들어서 방 둘레 벽을 따라 놓아두었지. [로저의 스케치] 어젯밤에는 예이츠와 아널드 베넷이 왔네." 아널드 베넷은 자신이 "1917년 3월 2일 금요일"에 방문했다고 기록한다. 리폼 클럽에서 혼자 식사를 한 뒤 로저 프라이가 새로 차린 피츠로이 광장의 오메가를 찾아갔다. 의자는 고작 두 개쯤. 나머지는 벽 근처 바닥에 던져놓은 납작한 캔버스 자루들이었는데 의자 대용으로 따로 만든 것이었다. 벽을 따라서는 아이들이 그린 그림이 전시되어 있었다. 관람객으로는 반데르벨데 부인을 비롯해 리턴 스트레이치와 또 한 명의 스트레이치, 예이츠, 보레니우스 등. 모두가 대단히 똑똑해 보였다."

그러나 공적인 세계에서는 아무런 위안도 찾을 수 없었다. "사악한 주문을 깨뜨릴 것은 아무것도 없을 것 같고, 우리는 문명의 완전한 쇠퇴 속으로 끝없이 표류할 것만 같다. 하루인가 이틀 전에는 해밀턴 부부와 저녁을 먹었는데, 군부 내의 지적인 의견 역시 내가 오래도록 품어온 것과 마찬가지로, 서부 전선에서 결정적인 승부가 날지에 대해 몹시 회의적이라는 것을 알게 되었다. (…) 백인이 짊어진 부담은 가련한 흑인이 아니라 믿을 수 없을 만큼 이상에 치우친 스스로의 어리석음이다." 로저는 치마부에가 그린 성 프란치스코를 모사하고 있었다. 그는 이 작업을 통해 치마부에에 대한 오해를 풀고 새로운 발견을 했다. "형태를 세밀하게 연구하다보면 엘 그레코나 세잔에게서 보이는 것과 같은 평면의 의도적인 일그러짐을 발견할 수 있고, 윤곽선에서도 동일한 종류의 연속성을 발견하게 된다." 로저는 초상화에도 손을 대고 있었고 "닮게 그리는데도 성격이 안 담기는 게 이상하다"고 말했다. 또 비올라 트리 Viola Tree 가 나타나지 않자 "모델들은 정말 골칫거리다. 오지 않는 사람을 기다리는 것만큼 사람을 뒤죽박죽으로 흔들어놓는 일은 없다"고 말했다. 자신의 그림에 대해서는 이렇게 성찰했다. "나는 이제야 내 그림에 대해 알아가기 시작했어. 마음을 매어둔 고리를 푸는 방법에 대해서 말이야. 항상 긴장 상태에 있는 나 같은 생물에게 그게 얼마나 힘든 일인지 자네는 모를걸." 통제에서 벗어난 사람들, 정신이상자들이 늘 그를 찾아온 것은 그 때문이었을까? 그의 "고쳐지지 않는 맨정신"이 그런 사람들을 끌어당기는 것 같았다. 조언을 구하고 또 건넸던 일들에 대한 기록이 이어진다. 살지도 죽지도 않는 오메가는 점점 더 무거운 짐이 되어가고 있었다. 공방에서는 하루가 온통 "끔찍하게 사소한 일들" 때문에 허비되고 있었는데 그중 하나는 유행하는 느린 말투로 말하는, "불쾌하고도 세련된 숙녀"와 함께 침대 커버의 안감을 고르는 일이었다. 그는 "이런 일에서 완전히 벗어날 길만 보인다면 당장이라도 그러고 싶"다며 신음했다.

그리고 봄이 왔다. 로저는 반데르벨데 부인과 점심 식사를 한 다음 에드워드 엘가와 버나드 쇼를 만났다. 버나드 쇼는 다음과 같이 기록했다.

엘가가 음악 이야기를 장황하게 늘어놓는 바람에 로저는 말없이 식사하는 수밖에 없었다. 마침내 로저는 그 특유의 아름다운 음성으로 말을 꺼냈다. "결국 예술은 한 가지뿐입니다. 모든 예술은 같아요." 그 이상은 들을 수 없었다. 식탁 건너편에서 으르렁거리는 소리가 들려왔기 때문이다. 그것은 엘가였다. 송곳니를 드러내고 온몸의 털을 곤두세운 채, 끔찍한 분노에 사로잡혀 있었다. "음악은," 엘가가 씩씩거렸다. "하늘에 쓰여 있는 걸 받아 적는 것이오. 그걸 빌어먹을 모방 따위와 비교해?" 로저는 앞에 있는 병을 들고 엘가의 머리를 내려치든지 천사처럼 완벽한 위엄을 보이든지 둘 중 하나를 선택할 수밖에 없었다. 로저는 두 번째 방법을 택했다.

그 후 로저는 반데르벨데 부인과 함께 덜위치로 갔다. "푸생의 작품들은 정말 장관이네. 정말이지, 얼마나 뛰어난 구성가인가. 또 세상에서 가장 뛰어난 루빈스의 작품도 있고, 나 스스로 진지하게 감탄하고 있음을 깨닫게 되는 귀도 레니의 작품도 있지."

로저는 정원에 목련나무가 있는 낡은 집을 한 채 장만해 덜리치에서 여생을 보낼까 하고 스쳐가듯 생각했다. 하지만 더빈스가 있었다. 하인은 없었지만 친구들은 여전히 찾아왔다. "게틀러가 와서 주말을 함께 보냈네. 우리는 예술에 대해 끝없는 대화를 나눴어. 게틀러는 참으로 열정이 넘치는 예술가야. 지극히 드물고 참신한 부류지. 사실 예술가는 '다른 종족'이야. (…) 내 사진과 복제화에 몹시 열광해주었어." 로우스 디킨슨도 왔고 클라이브 벨도 왔다. "우리는 함께 아주 즐거운 시간을 보냈네. 이 친구의 사유의 양과 흐름은 놀라울 정도고, 그 질도 점점 더 좋아지고 있는 것 같아." 정원사가 군에 소집되었다. 잡초가 무성해졌다. 로저는 잡초 뽑는 일에 직접 매달렸다. "메이너드가 잡초 뽑기에 집착하는 걸 완전히 이해하게 됐다. 일단 시작하면 멈출 수가 없다. 드디어 낫질을 제대로 배웠다. 이제는 꽃양배추를 심는 일을 끝내야 한다." 런던에서는 공습이 더 이어졌다. 한 차례 공습 때 그는 힐 가구점 지하실로 내려가 앉아 있어야 했는데, 그곳에서 그림 걸기를 맡았던 일은 "어처구니없고도 지루한 절차"였다. 또 다른 공습은 피츠로이 스트리트에서 창밖으로 지켜보았다. "청명한 푸른 하늘과 눈부신 빛 속 높은 곳에서 벌어지는 한 판의 게임 같았다." 보름달이 떠 있는 동안 그는 더빈스를 친구들의 자녀를 위한 대피소로 삼았다. "꽤나 번거로운 일이야. 몸 상태가 너무 안 좋아서 모든 준비를 어떻게 해야 할지도 잘 모르겠네." 쌀과 감자로 구성된 식단에도 속의 통증은 가라앉지 않았고, 그는 다른 의사를 찾으려고 했다. 로저는 "까마득히 많은 무력한 사람들을 언제나 돌보는 대신에 이제 누군가 나를 돌봐줬으면 좋겠다는 생각이 들기 시작해"라고 털어놓았다.

더빈스.

가을이 찾아왔고 로저는 정신없이 다른 일로 방해를 받는 와중에도 전시회를 위한 작품을 완성하려 애썼다. "정말 정신없었어. 어제 오후에는 (빛을 받으려고) 침대에서 그림을 그리고 있었는데…… 그랬는데…… 그랬는데…… 모두가 각자 자기 일로 한꺼번에 말을 걸어왔지." 꽃 그림을 주제로 한 전시회는 성공적이었다. 하지만 그 성공으로 기쁨을 느끼기는 어려웠다. 추위는 끔찍했다. 또다시 수도관이 얼었고, 뜨거운 물을 양동이로 퍼 날라 부어야 했다. "줄리언이 사나운 북풍을 뚫고 세 마일 떨어진 연못까지 나를 끌고 가서 스케이트를 타게 했는데, 막상 시작하고 나니 몹시 즐거웠다." 로저는 페일랜드에 계신 부모님을 방문했다. 그리고 아버지의 활력에 놀랐다. "방금 아버지와 함께 교황의 평화 제안에 대해 훌륭한 편지를 완성했다. 발표되어 좋은 효과가 났으면 좋겠다. 아버지는 전쟁 문제에서 통찰력이 뛰어나시다. 사람들이 어느 쪽에 설지는 참 알 수 없다."

그렇게 1917년이 이렇게 지나갔고, 로저는 공적으로든 사적으로든 삶을 계속 이어가려는 투쟁을 거의 견딜 수 없을 지경이라고 적었다. 그는 "내 삶의 슬픔과 무감각"에 대해 말했다. 그는 행복이 자신을 떠났다고 느꼈고, 이제는 "삶의 가장자리"에서 살아가도록 자신을 단련하는 중이었다.

1918년은 벌이라도 받듯이 한 편의 시를 쓰며 시작되었다. 시의 제목은 "나태 Accidia"였다. 나태란 "우울이라는 죄"라고 그는 설명했다. 우울한 사람은 삶을 즐기지 못하는 죄인이며 단테는 그들을 "영원한 안개와 암흑, 그리고 아마도 진흙"으로 벌한다고 했다.

나태는 크나큰 죄였고 반드시 맞서 싸워야 했다. 하지만 그것은 어려운 일이었다. 추위는 혹독했고, 식량은 점점 부족해지고 있었다. 토끼 한 마리를 선물로 받는 것은 매우 반가운 일이었다.

그런데 다시 한번 오메가의 상황은 놀라울 정도로 좋아졌다. 매출이 늘었고 로저에 따르면 "디자인 요청을 맡을 수 있는 사람이 나밖에 없었다". 임시로 하는 일거리도 늘어났다. 로저는 이즈리얼 쟁월의 연극 제작을 돕기도 했다. "온종일 극장에서 쟁월의 연극 총연습을 지켜보았다. 내가 꾸민 장면은 정말 큰 성공을 거두었다." 또 세르게이 디아길레프*를 만난 다음에는 "그가 새 발레작품을 위한 장식 업무를 맡길지도 모른다는 희망"을 품게 되었다. "일요일에는 '제국 건설자' 제임스 커리 경과 즐거운 시간을 보냈다. (…) 일요일 오후에는 수단 하르툼에 있는 그와 키치너^{Horatio H.} ^{Kitchener}†의 흉상에 새길 비문을 구상했다. 나로서는 이례적인 일이었지만 관청식 미사여구를 진실된 무언가로 바꾸려 노력하는 일은 재미있었다." 로저는 도네 부인을 위해 『리시스트라타^{Lysistrata}』‡의 번역을 시도하기도 했다. "무대에서 이런 외설이 가능하리라

---

* 1872~1929. 러시아 예술비평가, 예술 후원자, 발레 감독으로, 러시아 발레의 기초를 다진 인물.
† 1850~1916. 영국의 원수. 수단을 정복하고 보어 전쟁 당시 사령관을, 제1차 세계대전 초기에는 육군 대신을 지냈다.
‡ 고대 그리스의 아리스토파네스가 쓴 희극으로 아테네 여성들이 성 파업을 일으켜 남편들이 펠로폰네소스 전쟁을 끝내도록 한다는 이야기이다. 여기서는 프랑스의 극작가인 샤를 모리스 도네가 1893년에 자유롭게 각색해 유명해진 작품을 말한다.

고는 상상도 못 했다. 실제로 공연한다면 정말 재미있을 텐데 지금은 물론 누구도 할 수 없다. 고대 그리스인들이야말로 얼마나 문명화되었던가!"

하지만 로저의 건강은 악화되고 있었다. 그는 의사도 진단하지 못하는 심한 내부 통증에 계속 시달렸다. 그는 의사를 바꾸었다. "의사는 내가 황달을 앓았기를 몹시 바라는 눈치였지만 나는 그의 기대를 충족해줄 수가 없었다. 그는 온갖 낯설고 독한 약을 동원한 새로운 치료를 시작했는데 그 때문에 몹시 현기증이 난다. 사실 요즘 들어 상태가 꽤 좋지 않다." 그는 심지어 일주일쯤 쉬는 일까지 고려했다. "날씨가 좋으면 밖에 나가 앉아 있거나 식사가 끝난 후에 휴식을" 취하는 식으로 말이다. 그러나 휴식은 불가능했다. 통증은 점점 심해졌고, 그는 절망에 빠져 "대대적으로 광고된 엉터리 치료법에 의지했다. (…) 말하기도 민망하지만 효과가 있는 것 같다는 생각을 떨칠 수가 없었다".

공적인 상황은 전보다 더 악화된 것 같았다. "아, 우리 신문의 헤아릴 수 없는 추잡함이여!" 한때는 평화의 가능성을 볼 수 있었지만 "야비하게 음모를 꾸미는 정치인들이 결국 모든 것을 산산조각낼 것"이었다. 전쟁에 대한 견해에선 의외로 공감할 만했던 그의 부친은 쇠약해지기 시작했다. 그는 "상대가 들을 수 있을 만큼 큰 소리로 말하지도 못했고 근육 하나 제대로 움직일 수 없었다." 하지만 프라이 집안의 체질은 굴복을 몰랐다. 당장의 위험은 없었다. 한편 로저에게는 친구들이 큰 위안이 되었다. 그해 여름 로저는 앙드레 지드라는 새로운 친구를 사귀었다. 로저는 그를 길퍼드로 데려갔다.

의미 있는 사건이라곤 거의 없던 시절, 그는 내 삶에서 하나의 '진짜 사건'이었다. 나는 그를 오래전부터 그를 알고 있었던 것만 같다. 그렇지 않다는 것은, 그가 음악가일 거라고는 짐작조차 못 했다는 데서 분명히 드러난다. 그렇지만 내 버지널*을 보여주자 그는 자리에 앉아 옛 이탈리아 곡들을 모조리 연주했다. 그전까지 그 누구도 연주한 적 없는 방식으로, 내가 늘 그렇게 연주되기를 꿈꿔왔던 방식으로 말이다. 그의 취향과 감성은 너무나 내 복사판 같아서 우스울 정도다. 꼭 쌍둥이를 발견한 것만 같다. 물론 과장이지만. 우리는 수많은 부분에서 다를 것이고 그는 나보다 훨씬 더 재능이 많다. 그럼에도 관점의 면에서는 기이한 닮음이 있다. 하지만 우리는 주로 시에 대해 이야기했고 나는 그에게서 읽을 책을 엄청나게 많이 건네받았다. 한동안은 충분히 버틸 수 있을 것이다.

하이네, 체호프, 로드 던세이니, 콜레트, 해블록 엘리스, 로맹 롤랑, 슈라이너(『해양 기생생물Sea Parasitism』), 트리스탕 베르나르, 뒤르켕, 슐룸베르거, 피에르 웨버, 폴 포트, 레비브륄—이런 이름들이 노트에 휘갈겨져 있었다. 이 밖에도 낯익은 프랑스와 독일의 예술 전문가들이 쓴 통상의 학술서들이 더해져 있었다. 또 해리스

*　16~17세기 하프시코드의 일종.

가 쓴 『오스카 와일드의 삶Life of Oscar Wilde』을 읽고 있던 로저는 이렇게 반응했다. "놀라운 책이고, 끔찍하게 비극적이야. 영국에서 예술이 불가능하다는 내 신념을 확인시켜주는 작품이기도 하지. 이처럼 예술에 완강하게 저항하는 문명이 또 있을까. 자네는 또 집착이 도졌다고 하겠지만 그래도 자네가 이 책을 읽고 당시 무슨 일이 벌어졌는지, 그리고 영국 대중이 다시 한번 예술가를 물어뜯게 된다면 어떤 일이 벌어질지 알았으면 좋겠어."

1918년의 여름은 이렇게 흘러갔다. 평화는 한층 더 멀어진 것 같았다. 로저는 겨울을 날 살림살이를 점검했다. 전해에 쓰고 남긴 석탄이 112파운드 정도 남아 있었다. 그는 쟁반을 들고 일하던 하녀를 내보내고 대신 한 부부를 들였는데 이들을 "셰퍼드와 셰퍼디스"라고 불렀다. 아주 마음에 드는 한 쌍이었다. 그러나 여행은 점점 불가능해지고 있었다. 짐꾼도 택시도 없었다. 공책 한 쪽에는 기차역에서 더빈스까지 무거운 짐을 짊어진 채 앞장서 가족의 여행 가방을 나르는 어린 소년들의 행렬을 이끌고 가는 그 자신의 스케치가 있다. 오메가는 번창했다가 다시 침체되었다. 죽지도 않았고, 완전히 살아 있다고도 할 수 없었다. 그는 그런 싸움을 한 해 더 감당할 수는 없다고 느꼈다. "사실 나는 오메가를 폐업해야 한다고 생각하네. 너무 절망적이야. 계속 사비를 대고 있는데 더 이상 지탱할 수가 없어." 이후 10월, 그가 페일랜드에 가 있는 동안 부친이 세상을 떠났다. 그는 "죽음은 내가 두려워했던 것보다 훨씬 더 빨랐고, 훨씬 더 나았다"라고 기록했다. 그 죽음은 오랜 관계의 종말을 의미했다. 이들 부자는 공통점이 많았지만 차이

점도 적지 않았다. 그의 부모는 그의 실패를 함께 겪었지만 성공은 함께하지 못했다. 어쩌면 로저는 자신의 불행이 부친의 삶을 얼마나 슬프게 만들었는지 알지 못했을 것이다. 그리고 이제 모든 것이 끝났다. 로저는 그해 가을, 공적으로나 사적으로나 이전보다 더 낙심한 채 편지를 썼다. 로저는 "나의 가정적인 성향이 갈망하는 종류의 친밀한 동반관계"를 이루지 못했다고, "내가 원하던 결혼을 놓쳤고 대신할 수단도 없"다고, "폐허 속에서 무언가를 건져보려 애쓰면서 고통 속에 보낸 모든 세월이 헛된 것처럼 느껴"진다고 말했다.

그리고 마침내 가을이 지나면서 어두운 구름이 걷혔다. 그는 "막스 공*의 연설이 얼마나 훌륭한가!"라고 외쳤다. 평화가 눈앞에 와 있다는 사실은 믿기 어려울 지경이었다. 마침내 휴전 협정이 조인되었다. "엄청난 구원의 메시지가 아닌가? 하지만 이제부터 할 일이 얼마나 많을지…… 끝이 아니라 시작이라는 느낌이야."

---

* 제1차 세계대전 말기에 전쟁의 전권을 쥔 루덴도르프와 맞서가며 평화적 휴전 협상을 이끈 독일 문민정부의 지도자.

II

산만하고 서로 조화되지 않는 단장의 기록들이 보여주듯, 몇 년 간의 전쟁은 로저 프라이가 동시에 영위하던 여러 삶 속으로 난입 했다. 더 이상 세상이 전반적으로 문명화되고 있다고 믿을 수 없 었다. 전쟁은 오메가 공방을 이미 죽였거나, 곧 죽일 참이었다. 전 쟁은 영국 화가들이 힘을 모아 그래프턴 갤러리에서 개최하려 했 던 연례 전시회에 대한 희망도 앗아갔다. 개인적인 행복은 본래 어떤 전쟁의 사정권에도 들지 않는다지만 그것마저 다시 한번 그 를 비껴갔다. 그에게는 공적인 재난을 피해 숨을 안전의 중심이 없었다. 하지만 문명이나 예술, 인간관계라는 것은 설령 손상되더 라도 그에 대한 믿음을 스스로 포기하지 않는 한 전쟁으로 파괴 될 수 없었다. 그리고 그것은 불가능했다. 편지에서 볼 수 있듯, 로 저는 그런 가치를 위해 예전부터 해오던 싸움을 다양한 무기를 들 고 계속했다. 대부분 사업체나 공인, 개인 고객들을 대상으로 하 는 소박하고 실용적인 싸움이었다. 그는 요리를 했고, 설거지를 했고, 도자기를 만들었고, 카펫과 탁자를 디자인했고, 방문객에게 오메가를 안내했고, 양심적 병역 거부자들을 위한 일을 찾았고, 그들을 위해 정치인들과 싸웠고, 예술가들에게 일주일에 30실링 을 지급하기 위해 할 수 있는 일이라면 무엇이든 했다. 그리고 어떤 식으로든 그는, 비록 의자는 부족했지만, 오메가를 문명화된 어떤 형태의 사회가 잠시나마 깃들 수 있는 중심으로 만들기 위해 최선을 다했다.

그러나 그가 그 악몽 같은 현실과 가장 효과적으로 싸워낸 것은 자신의 두뇌를 통해서였다. 전쟁이 끝날 무렵 그는 "어쩌면 내 지적인 삶은 그 어느 때보다 더 왕성할지도 모른다"고 기록했다. 로저는 전쟁 기간 내내 글을 썼고 이런저런 대의를 대신해 신문사에 편지를 보냈으며 전국을 돌며 강연을 했다. 그의 편지들에서는 그 비평 활동이 거의 언급되어 있지 않다. "『벌링턴』에 실릴 글을 하나 쓰고 있어. 강연을 위해서는 기차 안에서 몇 자 끼적일 시간밖에 없었네." 그런 활동은 마치 당연한 일인 양 아무렇지도 않게 처리된다. 다만 전쟁 중 그가 페이비언협회*에서 발표한 「예술과 삶Art and Life」이라는 글을 보면 그가 단지 이성만으로 전쟁을 견뎌낸 것은 아니라는 사실을 알 수 있다. 그는 이 신문에서 "과감하게 축약된 예술사 개관"을 제시하며, 예술과 삶 사이에 직접적이고 결정적인 연관이 있다는 통상적인 가정은 결코 옳지 않다"고 결론 짓는다. 그는 예술과 삶은 두 개의 리듬이라고 말한다. '리듬'이라는 단어는 이후 그의 글에서 자주 나타나는데, 대체로 이 두 리듬은 구별되며, 종종 서로에 맞서 작용한다.

---

* 1884년 영국에서 결성된 협회로, 민주적인 수단에 의한 점진적이고 유기적인 사회 개혁을 강조했다.

이런 개관이 시사하는 바는, 예술이라는 특별한 정신적 행위가 때로는 삶의 영향을 받기도 하지만 근본적으로는 스스로 완결된 영역이라는 점이다. 물론 예술이 언제나 다소간 경제적 변화에 의해 좌우되어왔음을 인정하지만 그것은 예술의 존재 조건일 뿐, 그 방향을 지시하지는 않는다. 또한 특정한 조건하에서는 삶과 예술의 리듬이 일치하며 서로 큰 영향을 줄 수 있음을 인정한다. 그러나 대체로 이 두 리듬은 구별되며, 종종 서로에 맞서 작용한다.

편지들에서도 확인할 수 있었듯, 이 말은 로저 자신에게도 두 가지의 리듬이 있었음을 암시한다. 허둥대고 산만한 삶이 있었다면 고요한 삶도 있었다. 방문객이 찾아오고 전화벨이 울리며 사교계 여성이 침대 커버에 대한 조언을 구하는 와중에도 그는 피츠로이 스트리트에 있는 화실로 돌아가 조토에 대해 깊이 생각했고 부팔마코가 그린 그림을 감상하면서 "이것이 내가 목표로 하는 다음 단계다"라고 말했다. 그가 전쟁에서 살아남을 수 있었던 것은 이 두 가지 리듬을 동시에 유지했기 때문일 것이다. 그러나 이렇게 묻고 싶어지기도 한다. 두 리듬이 정말로 별개였을가? 미학 이론이 사적인 삶의 문제에까지 적용된 것처럼 보인다. 그가 거듭 주장했듯 예술가에게 거리 두기는 가장 중요한 필수 조건이다. 그런데 그것은 사적인 삶을 지속하기 위해서도 꼭 필요하지 않은가? 그 리듬은 소유라는 기형에서 벗어날 때만 자라나고 확장할 수 있다. 충만하고 즐겁게 살며, 안개와 암흑과 진흙 수렁으로 벌해지는 나태의 대죄에 빠지지 않기 위해서는 자신에게 아무것도 요구하지 않아야 한다. 가르침을 실행으로 옮기는 것은 어려운 일이다. 하지만 로저는 그 힘든 시기 동안 스스로를 몰아붙여 그 교훈을 익혔다. 그는 오랜 투쟁에 대해 이렇게 썼다. "그것은 나에게 일종의 죽음이었고, 지금까지 살아남은 것은 창백하고 실체 없는 유령이다." 하지만 1918년 12월, 1914년의 데즈먼드 매카시가 그랬던 것처럼 누군가 그의 문을 두드렸을 때 그를 맞아 준 이는 창백하고 실체 없는 유령이 아니었다. 로저는 코트를 입은 채 난로 쪽으로 몸을 웅크리고 앉아 글을 쓰고 있었다. 그는 초췌해 보였다. 더 나이가 들어 보였고 뺨은 움푹 들어갔으며 얼굴에는 전보다 주름이 많아졌다. 하지만 그는 여느 때와 다름없이 "온갖 주제에 대해" 이야기하고 싶어했고, 방은 훨씬 더 어수선했다. 필머 부인은 "손대지 마시오"라는 팻말의 명령을 충실히 따랐다. 아무것도 손대지 않은 것이다. 벽난로 위의 선반에는 먼지 쌓인 약병이 늘어서 있었고 프라이팬과 팔레트가 뒤섞여 있었고 어떤 접시에는 샐러드가, 다른 접시에는 굳은 물감의 찌꺼기가 묻어 있었다. 바닥에는 각종 서류가 나뒹굴었다. 그가 만들고 있었던 도자기들이 있었고, 오메가를 위한 직물 견본과 디자인들도 있었다. 그러나 팻말로 보호된 탁자 위에는 정물이 있었다. 거리 두기의 상징이자 파괴로부터 면역된 정신적 현실의 표식, 즉 불멸의 사과와 영원한 달걀들이었다. 로저는 반색하며 일을 멈추고 이야기를 시작했다. 하지만 친구가 떠나기만 하면 그는 쓰던 글을 마무리 짓곤 했고, 지저분한 실내에 빛이 들자마자 다시 그림 작업에 매달리곤 했다. 그의 이론이 어떤 것이든, 삶과 예술의 리듬을 잇는 연결 고리가 무엇이든 그 감각에 대해서는 의심의 여지가 없다. 그는 전쟁에서 살아남았다.

10장 상상력과 디자인—프라이의 미학

I

휴전 협정이 조인되었을 때 로저는 "끝이 아니라 시작이에요"라고 모친에게 썼다. 하지만 시작이 있으려면 끝도 있어야 하는법이다. 그리고 끝을 맺는 것은 어려운 일이었다. 오메가 역시 전쟁에서 살아남았지만 심각하게 손상된 상태였다. 물론 평화와 함께 사업에도 새로운 반등이 찾아왔지만 곧 직원 세 명이 독감에 걸렸고 회계감사관은 사업적이지 못한 부 관리에 불만을 터뜨렸으며 로저는 사재를 털어 일부 부채를 갚아야 했다. "오후 내내 비굴하게 매달린 끝에" 4파운드를 받고 의자 두 개를 파는 지경에 이르자 그 투쟁은 더 이상 감당할 가치가 없어 보였다. 1919년 3월 그는 투쟁을 끝내기로 결심했다. 그해 6월에는 오메가 공방에서 열린 물품 매각을 주관했다. 그리고 정가에는 구매하지 않던 사람들이 반값에 리넨과 도자기를 사는 모습을 씁쓸한 마음으로 지켜보았다. 그들은 그 실패를 얼마든지 성공으로 만들어줄 수 있었을 터다. 하지만 그는 성공 직전에 사업을 접었다. 어느 신문의 가십 기사는 다음과 같이 언급했다. "그가 왜 오메가를 포기하는지 아무도 모른다. 모두가 로저 프라이풍의 집을 원한다. (…) 아마도 자신이 디자인한 벽지를 바르고 살 수는 없었던 모양이다. 그의 모친은 광란에 가까운 그의 색채 배합을 싫어하고, 가족들 역시 그가 폐업을 할 때 "그것 봐, 내가 뭐랬어?"라고 말하고 싶어질 터였다." 가십은 이렇게 결론 지어진다. "그럼에도 나는 그를 존경한다. 그는 보기에도 좋다. 본인이 글로 쓴 초기 이탈리아 성인 중 한 명처럼 생겼다."

이 가십 기사는 실패가 남긴 상처를 무심코 건드렸다. 많은 사람이 오메가가 폐업했을 때 로저에게 "그것 봐, 내가 뭐랬어?"라고 말하고 싶어 입이 근질근질했을 것이다. 로저 프라이의 실패는 이번이 처음이 아니었기 때문이다. 이번 실패는 다른 때와 달리 불쾌한 후유증을 남겼다. 로저는 자신이 투자한 돈뿐만 아니라 친구들이 투자한 몫까지 날렸다. 찰스 홈스 경이 기록한 대로, 로저는 "후기 인상주의에 깊이 빠져 오메가 사업에 전념한 탓에" 주요 직책이나 임명에서는 대체로 "경쟁에서 밀려난 인물로 여겨지고 있었다". 다시 한번 그는 일정한 소득원이 없는 신세가 되었다. 훗날 자신의 성과를 돌아보면서도 그는 자신이 기차역의 식당을 덜 '습진같이' 만드는 데 기여했는지는 결코 확신하지 못했다. 진열장에는 눈에 띄는 변화가 있었는데도 말이다. 그에게 영국인은 언제나 독창적인 아이디어를 공격하고, 그것을 저속하게 만든 뒤, 무해해졌다 느끼는 순간 통째로 삼켜버리는 존재처럼 보였다. 로저는 『리스너The Listener』에 다음과 같이 썼다.

20년 전, 나는 바튼 씨가 그토록 열성적으로 옹호해온, 일상에서의 필요에 적용되는 예술을 만들자는 생각으로 오메가 공방을 차렸다. 이 공방을 운영한 소규모의 예술가 그룹은 입체파 디자인으로 실험을 하면서 가구를 매우 단순하게 설계하려고 노력했다. 또 바튼 씨가 칭찬한 질서와 투명성, 적응성에 새로운 감각을 불어넣기 위해 기하학적인 형태를 부여하려고 애를 썼다. 불행하게도 우리는 시대를 너무 앞질렀다. 우리가 20년 전 시도했던 바를 저급하고 무의미하게 모방한 물건을 사는 사람들은, 자신들이 새로운 운동의 물결 한가운데에 있다고 느끼고 있다.

속물근성은 뿌리 뽑을 수가 없었다. 오메가의 실패, 그리고 이와 관련된 몇몇 사건은 "이 야비한 나라에서" 예술은 가망이 없다는 로저의 확신을 굳히는 데 일조했다. 로저는 비통한 심정으로, 그리고 그럴 만한 이유를 가지고 글을 썼다. 하지만 지나치게 비관적이었는지도 모른다. 어쩌면 손턴의 말이 옳았는지도 모른다. 1938년 손턴은 "오메가 공방의 시도가 지닌 가치는 아직 제대로 평가받지 못했지만 오늘날 디자인에서 본질적으로 중요한 요소들 가운데 상당수는 이곳에서 비롯되었다"라고 말했다. 아마 오메가가 앞장서지 않았다면 응접실이나 식당용 가구 세트는 지금 훨씬 더 저급하고 무의미했을 것이며 찻집이나 레스토랑에 난무하는 무분별한 패턴들은 더욱 걷잡을 수 없어졌을 것이다. 그러나 오메가에서 맛본 그 어떤 환멸도 그 운동 자체, 그리고 영국의 젊은 예술가들의 능력에 대한 로저의 신념을 흔들지는 못했다. 로저는 그들에게 가장 일이 절실했을 때 일거리를 가져다주었고, 스스로 무척 흥미로워하는 실험들을 수행했다는 점을 되새길 수 있었다. 그는 적을 만들기도 했지만—

"내가 적을 잘 선택했다는 것만큼은 인정해야 해"라고 그는 썼다—새로운 친구들을 만들었다. 그리고 옛 친구들에게는 기자의 말처럼 "그럼에도 나는 그를 존경한다"라고 말할 이유를 훨씬 더 많이 만들어주었다. 로저 프라이가 아니라면 누가 혼자서 그 임무를 떠맡고 거의 성공에 가까운 단계까지 수행할 수 있었겠는가? 또 그가 아니라면 누가 온갖 난관과 환멸에도 불구하고 불굴의 의지를 불태우며 미래를 위해 신선한 프로젝트를 구상했겠는가?

그렇게 오메가 공방은 문을 닫았다. 후기 인상주의자들의 그림자는 또 다른 그림자와 합류해 사라졌다. 이제 피츠로이 광장에서는 오메가의 흔적을 찾아볼 수 없다. 거대한 여인들의 그림은 문간에서 철거되었고 건물에는 다른 사람들이 들어왔다. 하지만 로저가 제작한 제품의 일부는 여전히 남아 있다. 색칠한 탁자와 아이디어가 번뜩이는 의자, 식기 세트, 대영박물관에서 극찬한 청록색 대접 한두 개……. 그리고 혹시나 그 깊고 넓은 접시 중 하나가 우연히 깨지거나 사고로 파손되기라도 하면 런던 시내의 모든 점포를 샅샅이 뒤져도 그와 같은 물건을 찾을 수는 없을 것이었다.

오메가를 폐업하고 끝없는 긴장과의 싸움에서 벗어났을 때 로저가 느낀 안도감은 대단했다. 그는 자유를 얻었고 이 자유를 이용해 가장 먼저 휴가를 떠났다. 먼저 딸과 함께 잉글랜드의 레이크 지구로 갔는데, 그곳은 그의 취향에 맞지 않았다. "여기서는 그림을 그릴 마음이 거의 생기지 않는다. 모든 게 너무 풍경 같기만

하다." 레이크 시인들*의 오두막집은 그에게 아무 감흥도 주지 못했지만, 적어도 그는 윌리엄 워즈워스의 환영을 허락받을 수 있었다. "워즈워스를 보았다는 데 거의 의심이 없다. 나는 나무 밑에 누워 있는 늙은 양의 모습으로 그를 발견했다. 그의 곁에 앉아 그림을 그렸다. 워즈워스는 꼼짝하지 않았지만 내 등을 바라보며 간간이 기침을 했다."

이런 식으로 조국에 찬사를 바친 뒤 그는 해협을 건넜다. 고국으로 돌아가는 망명객이 된 기분이었다고 그는 말했다. 처음에는 실망했다. 프랑스는 "어느 모로 보나 중세로 돌아간" 것 같았다. 관료들은 전능해 보였고, 곧 철도조차 유지하지 못하게 될 것 같았으며, 담배를 구하기가 힘들어 하루에 여섯 개비로 연명해야 했다. 하지만 파리는 여전히 문명의 중심이었다. 파업도 있었고 관료와 정치인 들도 있었지만 예술가들도 있었다. 그는 드랭과 빌드라크를 만나 다시 그림에 대해 이야기를 나누었다. "드랭은 기법들이 죄다 너무 쉬워졌다고 불평한다. 자신의 솜씨를 거스를 만한 재료를 찾고 싶은 것 같았다. 그는 회화적 특징을 없애는 것에 대해 많은 말을 했다. 그가 무슨 말을 하는지 알 것 같다. 시각적 표현이, 매체를 통해 전달된다는 사실을 의식하지 못할 만큼 직접적으로 전달되길 바라는 것이다." 로저는 드랭의 그림을 한 점 구입했다. 피카소를 방문했을 때는 그의 작품을 보고 놀랐다.

---

* 영국 북서부의 호수 지대에 살았던 새뮤얼 테일러 콜리지, 로버트 사우디, 윌리엄 워즈워스에게 붙여진 호칭. 여기서는 워즈워스를 말한다.

놀라운 작품이다. 내가 나오기를 바랐던 바로 그런 작품이다. 상자 속의 거대한 핑크빛 누드화. 거의 단색에 가까운 핑크빛의 붉은 육체와 그것을 둘러싼 순수한 회색의 배경면. 그것들은 실물보다 훨씬 크고 모든 방향에서 거대했으며 거의 학구적인 방식으로 극도로 조형되어 있었다. "하지만 당신은 새로운 학파를 시작하는군요, 팔리지 않는 것들의 학파를"이라고 나는 말했다. 도대체 누가 이 괴물들을 걸 자리를 마련할 수 있을지 상상조차 할 수 없었던 것이다. 피카소는 무척 기뻐했고, 그것이야말로 그의 훌륭한 점이었다. 그는 늘 모두를 당황하게 만드는 일들을 서슴없이 해치운다. 명성 따위는 언제나 바닥에 내던져버린다. 그의 최근작 대부분의 방향성이 프라 바르톨롬메오와 라파엘로가 도달했던 것과 유사하다는 점은 무척 흥미롭다.

이후 로저는 당연히 루브르에서 긴 날들을 보냈다. 그는 버네사 벨에게 이렇게 썼다. "루브르에 있는 푸생의 작품을 붙들고 대부분의 시간을 쓰고 있어요. 지금은 아직 막연한 상태인 회화 공간 속 여러 유형의 '충만함'과 '비어 있음'이라는 서로 다른 개념을 다듬어내려고 애쓰고 있죠. 푸생은 그 어느 때보다 더 저를 매혹시킵니다. 그의 구성은 다른 누구의 것보다도 새롭고 분석 불가한 발견들로 가득 차 있는 듯해요. 볼록한 입체 덩어리가 그림 속에서 점유하거나 채우는 공간과 맺는 관계를 지배하는 원리가 무엇인지 알고 싶어요. 이해하겠나요? 사실 저도 아직이에요. 하지만, 붙잡을 수 없는 무언가의 희미한 빛을 포착했어요."

로저는 파리에서 아비뇽이 있는 남쪽으로 향했고, 남쪽으로 갈수록 점점 더 행복해졌다. 그의 두 눈은 영국에서 여러 해 굶주렸다는 듯 색채와 형태를 빨아들였다. 그는 "이 남부의 색깔을 다시 보니 너무도 흥분됩니다"라고 버네사 벨에게 편지를 썼다. "낡은 담장의 돌 조각 하나하나, 지붕의 기와 한 장 한 장이 지극히 알맞아 그대로 그리면 될 것 같아요." 10월인데도 들판에는 야생화가 잔뜩 피어 있었다. "가장 사랑스러운 데이지들인데, 우리네 것과 종은 같되 훨씬 크고, 밝은 분홍빛 꽃과 수북한 이베리스가 어우러져 있어요." 로저는 온종일 그림을 그렸다. 7시면 일어나 8시면 야외에 나가 그림을 그리다가 미스트랄*이 캔버스를 쓰러뜨릴 정도로 사납게 불면 할 수 없이 스페인 사람들이 경영하는 "믿을 수 없을 만큼 더러운 여인숙"으로 피신해야 했다. 처음에는 그들이 무뚝뚝하게 느껴졌지만 로저는 늘 그랬듯 그들과 친구가 되었다. 그는 마을 목수의 도움을 받아 미스트랄에 견딜 수 있는 특수 이젤을 만들었다. 그리고 이마저 뒤집히자 부엌에 자리를 잡았다. 그 부엌은 로저 프라이의 순례 같은 삶에서 수없이 많은 장면의 무대가 되었을 것이다. 그곳은 사람들이 평범한 거실처럼 사용하는 곳이기도 했다. 스케치북을 손에 들고 주방에 앉아 있으면 그가 작업 중이던 커다란 구도에 꼭 필요한 자세를 취한 사람이 나타나곤 했다. 밤이 되면 그들은 "완곡하게 '비올라'라 불리는, 실로 끔찍하게 시끄러운 기계식 피아노"를 쳤다. 세 곡의 선율을 끊

---

* 프랑스 남부의 지중해 연안 지방에 부는 건조하고 찬 북풍.

로저 프라이, 〈프랑스 남부 가을의 풍경〉, 1920.

임없이 반복했고, 젊은 남녀들은 파랑돌*을 매우 아름답게 추었다. 그러면 로저는 넋을 잃은 채 앉아 이야기하고 술을 마시고 스케치를 했다. 이것을 토요일 밤의 토트넘 코트 로드와 한번 비교해보라! 로저는 너무 바쁘고 또 너무 행복해서 영국의 대중과 속물들, '버즈 커스터드 섬'과 같은 옛 집착에 머물 틈이 없었다. 그는 자전거를 타고 레보 Les Baux로 향했다.

그곳에서 그는 한 차례 모험 같은 일을 겪게 된다. 레보라는 지역 자체가 "그림을 그리기에는 너무 연극적"이라 여겨져, 그는 곧 떠날 생각이었다. 그런데 우연히 한 식당에 들렀다가 외모가 아주 빼어난 젊은 남녀 한 쌍과 이야기를 나누게 되었다. 남자는 예술가였는데 그 아름다운 여자와 함께 도망쳐 나와 "아내와의 이혼이든 뭐든" 몇 가지 형식적인 절차가 마무리될 때까지 이곳에서 숨어 지내고 있었다. 두 사람은 이곳에 머물다 가라고 로저를 설득했고, "브르타뉴 출신의 과장스러운 연기자"가 애국적인 시를 낭독하는 행사에 함께 참석했다. 로저 프라이는 이에 격분했다. 그의 분노를 눈치챈 마을 학교의 여선생— 이름이 마리 모롱 Marie Mauron이라는 것은 나중에 알게 되었다— 은 농부들에게 프로방스의 노래를 부르는 것이 좋겠다고 강력하게 주장했다. 농부들이 노래를 불렀고, 로저 프라이는 열광했다. 이후 런던으로 보내는 편지는 한결같이 레보에서 보낸 완벽한 가을날에 대한 묘사로 가득차 있었다. "이곳 사람들이 얼마나 사랑스러운지 도무지 말로 전

---

* 프랑스 프로방스 지방의 춤.

할 수가 없군. 무엇보다 이곳에는 계급의식이 전혀 없어. 농부들은 상대를 완전히 평등하게 대해준다네. 그리고 어떤 의미에서는 그들 모두가 예술가처럼 보인다네. 그러니까, 모든 농부가 제법 현대적인 이 시들을 알고 있고, 그 시를 아름답게 노래한다는 점에서 말이야." 로저는 노래하던 이들과 친구가 되었고, 이들을 통해 시인들도 만났다. 그중에서도 가장 뛰어난 시인은 "방 한 칸짜리 오두막에 사는 늙은 농부"였다. "마침 그가 저녁으로 사과 스튜를 준비하고 있길래 함께 불을 지피고 요리를 도왔지. 그는 그러는 내내 시에 대해 이야기하며 좋아하는 시를 읊조렸다네. 그는 프로방스어*의 최고 권위자였어. 호메로스의 서사시를 프로방스어로 옮겼고 현재는 단테를 번역하고 있다고 하더군. 대단히 격조 있는 인물인 데다 매너도 아주 훌륭하고, 또 자신이 위대한 예술가라는 사실을 분명히 인지하고 있었어." 그다음에는 그 아름다운 커플의 결혼에 대한 묘사가 이어지고, 그 이후에는 이어진 연회에서 다른 시인과 친해진 이야기가 나온다. "아주 흥미로운 사람인데 실제 이름을 아는 이는 아무도 없다네. 생활 습관이 독특해서 그저 '자연인'이라고 불리지. 완전히 혼자 살고 있고 온갖 동식물에 열정을 품고 있다네. 무엇보다 거미를 좋아해서 채집해 방에서 기르는데 그 방이 거미줄로 도배돼 있다시피 해. 자신의 거미들에게 바치는 매력적인 시를 프랑스어로 쓰기도 했지. 놀라운 것은 그가 프랑스문학에 매우 박식할 뿐 아니라 완벽한 취향으로

---

* 유럽의 이탤릭 어파에 속한 언어. 남프랑스의 프로방스 지방의 언어이다.

작품을 비평하기도 했다는 사실이야. 이 사람은 모자를 쓰는 일이 없는데, 언젠가 미스트랄에 모자가 날아간 뒤로 다시는 쓰지 않겠노라고 맹세했다더군." 편지는 이렇게 끝난다. "이 모든 이야기가 자네에게 몹시 따분하게 들릴지도 모르겠군. 이런 농부들과 저녁을 보내는 일이, 말하자면…… [유명한 문인보다] 훨씬 더 편안하고 행복하다는 사실에서 오는 즐거움을 내가 제대로 전할 수 없어서 말이야. 사실 이들은 무엇이 가치 있는지에 대한 생각이 우리와 같고, 출세주의 같은 개념이 전혀 없다는 점에서 우리와 같은 부류일세."

로저는 여러 해 전 베네치아에서 시먼즈, 브라운, 그리고 곤돌라 사공들과 어울릴 때 맛보았던 것과 같은 기쁨과 안락함을 느꼈다. 그리고 오메가나 토트넘 코트 로드를 기준으로 삼아 그와는 더 철저하게 다른 분위기를 발견했다. 거미든 시든 자신의 개성을 마음껏 펼칠 수 있었고, 출신과 교육 수준의 차이가 더 이상 의미를 지니지 않는 분위기였고, 단칸방에 살며 사과를 끓이는 "위대한 예술가"는 주변 환경에 자연스레 녹아들어 있었다. "어떤 의미에서는 그들 모두가 예술가처럼 보"였기 때문이다. 그리고 마치 모든 일이 반복된다는 듯 또다시 낯선 여행자를 우연히 만났다. 이번에 만난 이는 마리 모롱이었는데, 이 우연한 만남은 그의 인생에서 가장 소중한 두 친구를 만나게 하는 계기가 되었다. 그는 생레미에서 모롱 부부와 함께 미사에 참여했고, 샤를 모롱과는 가장 결실이 풍부한 미학 논쟁을 이어가게 된다. 레보에서의 만남은 로저의 모험 가운데서도 매우 중요한 자리를 차지했다.

그는 짐칸에 이젤을 묶고 자전거로 레보에서 마르티그까지 이동했다. 로저는 혼자 여행하는 것이 좋다고 했는데, 그래야 풍경에 온 마음을 쏟을 수 있기 때문이었다. 그의 삶에서 풍경이 매우 중요하다는 말은 과장이 아니다. 그는 풍경의 변덕과 기분, 사나움과 매력을 마치 인간을 대하듯 하나하나 분석했다. 시골의 분위기는 거의 인간의 분위기만큼이나 그에게 영향을 주었다. 그는 자신이 그런 분위기에 "끔찍할 만큼 민감"하다고 말했다. "분위기야말로 가장 실제적인 것이 아닌가?"라고 그는 썼다. 그에게 레보는 지나치게 극적이었다. 마르티그는 그에 비해서는 장점이 있었지만 베네치아와 너무 비슷했다. 그래서 그는 엑스로 옮겼다. 그가 "성지"라고 부른 세잔의 고향이었다. 그의 비판적인 눈에는 그곳 역시 지나치게 극적으로 보였다. "이곳은 빛이 굉장히 뚜렷해서 시각이 조금만 바뀌어도 색조가 엄청나게 변합니다. 아비뇽 주변 시골에서 느껴지는 날카로운 조형성은 이곳에 없어요." 레보와 그곳 농부 시인들의 삶을 경험하고 나자 그가 머물고 있던 점잖은 호텔의 부르주아적 분위기를 견딜 수 없게 됐다. 그 자신이 속한 계급의 인습을 더 이상 참을 수 없었던 것이다. 그는 주위를 둘러보다가 운송업자들이 묵는 여인숙을 발견했다. 자갈길 위로 짐을 싣고 드나드는 카트 소리가 새벽마다 잠을 깨울 만큼 시끄러웠지만, 그곳의 사람들은 완전히 그의 취향이었다. 로저는 이곳에서 지역의 고미술품 거래상과 가까워졌고, 그를 설득해 자신의 그림 몇 점을 가게의 쇼윈도에 전시했다. "주위에서 곧바로 술렁거리는 소리가 들렸다. 조르조 바사리가 떠오를 정도였다. 나이 지긋한 감정가 한 명이 다른 이들을 데려왔고, 이어 화가들이 몰려와

'영국인 화가의 그림은 어디 있소?' 하고 물었다." 로저는 이렇게 외쳤다. "따분하고 거만한 영국인들의 무관심과 얼마나 대조적인 가! 예술에 대한 이곳의 관심이 런던 전체의 관심보다 더 크다!"

세잔은 심지어 그를 관광에까지 나서게 만들었다. 성지에서 성로로 향하는 순례를 떠난 셈이었다. 로저는 그 위대한 화가의 집을 방문해 다락까지 파고들었으며 그곳의 정원사를 설득해 정원을 거닐었다. 하지만 정원사는 세잔이라는 이름을 들어본 적조차 없었다. 이어 엑스의 상점을 돌아다니며 주인들에게 세잔에 대해 물었지만 그들은 세잔을 좀 괴짜였던 늙은이로 기억하고 있을 뿐이었다. 로저는 조금 우울해졌다. "세잔이 이곳에서 살다가 떠났지만 이 작은 소시민적 일상에는 아무런 흔적도 남기지 않았다는 사실이 내게는 몹시 기묘하고 섬뜩하게 느껴졌다." 그는 연관성 추적을 포기하고 자신의 캔버스로 관심을 돌렸다. 예술 이야기를 나눌 사람은 없고 모두가 정치만을 입에 담았던 얼어붙은 전쟁 시기가 지나자 색채와 형태가 다시금 그를 사로잡았다. 다시금 화방의 매력에 미끄러져 들어간 그는 버네사 벨에게 다음과 같이 편지를 썼다. "테르베르트(회색빛 녹색)를 가장 많이 쓰고 있어요. 카드뮴(노란색 안료)이나 로즈 매더(진홍색 안료)는 거의 손도 대지 않죠." 그 말들은 화실에서 몇 시간이고 중얼거리던 것처럼 계속해서 흐른다. 그리고 작업에 얽힌 문제가 다시금 표면으로 드러났다. "나무랄 데 없는 비평가인 내가 왜 내 작품 앞에서는 이렇게 쩔쩔맬까요? 누구나 그런 법일까요? 이번에는 뭔가 해냈다고 느끼는 발작 같은 순간과 완전한 혐오감 사이를 왔다 갔다 합니다."

어쩌면 그는 그 자신을 "보이는 대상에 지나치게 종속된 상태에 내맡겼는지도" 모른다. "푸생이 말했듯 화가는 대상 위에 서 있어야 하는데 난 그렇지 않은 것 같아요. 하지만 대상에 종속되어 있는 이 시기가 훗날 형태와 색채를 더 자유롭게 쓸 수 있도록 새로운 가능성을 채워줄 것이라고 봅니다. 어쩌면 저 스스로를 설득하고 있을 뿐인지도 모르지만요. 나는 매일 보는 것에서도 쉽게 흥미진진함을 느끼니까요." 이번에도 그가 즐겨 쓰는 단어는 '흥미진진'이었다. 생트빅투아르산은 끊임없이 그 감정을 불러일으켰다. 그를 지배했고 완전히 빨아들였다. 로저는 계곡에 앉아 신문지로 두 다리를 덮고 산을 그렸다. 그는 그것을 이렇게 묘사하려고 했다. "내가 본 산 중에 가장 아름다워요……. 온통 하얀 가운데 푸른빛을 내는 그늘과 분홍빛의 바위들……. 난쟁이 참나무의 녹색 숲, 밝은 갈색을 띠는 오렌지, 그리고 회색 덤불이 무성한 강둑……." 말들은 늘 그렇듯 그의 뜻에 따라주지 않았다. 펜과 잉크로 남긴 스케치가 이어진다. 편지에 적은 어떤 말도 그곳의 아름다움이나 그곳 생활이 주는 조화로운 만족감을 온전히 담지 못했다. 버네사 벨이 반드시 그곳으로 와야 했다. 그녀는 가족을 그곳으로 옮겨와야 했다. 로저는 집을 하나 찾았다. 방을 세어보았고, 개조 계획을 세웠고, 정원과 올리브 나무와 강을 하나하나 묘사했다. 그 동네에는 분명 아이들이 영국에서보다 훨씬 더 잘 배울 수 있는 학교도 있을 것 같았다. 그곳에서 사는 게 미친 짓이 아니고 무엇이겠는가?

하지만 결국 가을이 되자 로저는 댈메니 애비뉴로 돌아왔다.

II

오메가의 폐업은 또 다른 변화를 가져왔다. 이제 길퍼드의 집은 너무 컸기 때문에 그는 누이 마저리의 도움을 받아 런던에서 다른 집을 찾았다. "홀러웨이 교도소가 훤히 내려다보이는 캠던 타운 변두리의" 집이었다. 두 사람은 1919년 그곳에서 함께 집을 꾸렸다. 전쟁이 끝난 직후 거처를 옮기는 것은 힘든 일이었다. 그는 리놀륨 가격이 터무니없다고 탄식했고, 여러 업체가 연달아 그의 가구 운반을 거절했다. 그러다가 마침내 스미스필드에서 빌린 정육 운반 차량 두 대가 더빈스로 도착했다. 로저의 감독 아래, 몸에서 피비린내를 풍기기는 했지만 매력 있었던 짐꾼들이 중국 조각상과 이탈리아 캐비닛, 흑인 가면, 그리고 더빈스의 넓은 방들을 온갖 색채와 양식으로 빛내던 모든 단지와 접시를 홀러웨이로 안전하게 옮겨주었다.

로저는 댈메니 애비뉴 7번지 캠던 타운의 집이 "끔찍할 정도로 보존 상태가 좋다"고 넋두리했다. 전 주인이 지나칠 만큼 철저하게 빅토리아풍으로 장식해놓았기 때문이다. 다행히 로저는 풀의 숙소에서 고전풍 여성 부조를 없애는 법을 익혀두었다. 빅토리아 양식의 벽지는 스텐실을 덧칠해 지웠다. 홀러웨이 교도소 감시탑의 엄숙한 시선 아래 중국 신상이 우뚝 선 분수 옆으로 "끝없이 펼

처지는, 아름답게 설계된 정원"이 있었는데 그는 이곳에 앉아『아테네움』에 실을 기사를 썼다. 주제는 빅토리아시대의 가구에 관한 것이었다. 그는 "지금까지 내가 쓴 글 중에 최고라고 생각해요. 엄청난 고생과 노력이 동반되긴 했지만"이라고 편지를 썼다.

이런 비평 원고가 뭉텅이로 쌓였다. 질서나 주제에 대한 아무런 고려도 없이 찢겨 나가 내던져진 것들이었다. 로저는 20년 동안 예술에 대해 강의를 하고 글을 써왔지만『조반니 벨리니』와『레이놀즈의 담론』판본을 제외하곤 책을 출간하지 않았다. 이처럼 낡고 혐오스러운 퇴적물로 한 권의 책을 엮어내는 작업을 시작하게 된 것은 누이동생의 "완곡하면서도 끈질긴 압박" 덕분이었다. "나에게 책을 만드는 일이란 오래된 글들을 바구니에 쏟아붓고 흔들어 섞는 것과 같다." 누이가 압박을 가하고 R. R. 태틀록이 "헌신적이고 인내심 있는 노동"으로 작업을 도운 끝에,『상상력과 디자인』이라 불린 책은 마침내 하나로 모아졌다. 이 책은 옛날에 써놓은 원고들로 이루어져 어렵고 매력적이지 않은 형식을 갖고 있었다. 글들은 건축, 사회, 오토만, 그리고 그 밖의 온갖 주제를 다루고 있었다. 그 결과 이 책은 수많은 짧은 글들을 엮을 때 발생하는 삭제, 변형, 반복이라는 결함을 가질 수밖에 없었다. 그런데 이 책이 어떻게 일반 독자의 주목을 받았을까? 그림을 본 적도 별로 없고, 그림이 책이나 음악보다 훨씬 더 접근하기 어렵다고 느끼는, 시각적 감수성 없는 사람들은 왜 이 책에 끌렸을까? 전문가들에게 매력적인 이유야 자명하다. 그들을 완전히 몰입하게 만드는 탁월한 미학 에세이가 들어 있기 때문이다. 그리고 실제로 그림을

로저 프라이, 〈댈메니 애비뉴 7번지의 정원〉, 1924.

그리는 화가들을 위해서는 세잔과 프랑스 후기 인상파, 클로드에 대한 글도 있다. 로저 프라이의 비평이 일반 독자에게 소설 같은 도취나 추리물 같은 흥분을 주는 이유는 무엇일까? 회화 예술을 제외하고는 다른 어떤 것도 다루지 않는데 말이다.

과거의 이런 문제에 대해서는 책장을 다시 넘겨볼 때 떠오르는 한 독자의 답을 조심스레 제시할 수 있을 뿐이다. 아마 첫 번째 이유는 로저가 회화를 다른 예술과 다르게 만들기 때문일 것이다. 회화는 문학도, 전기도, 음악도 아니다. 그의 글의 주제는 오로지 회화 예술이었다. 그리고 그는 그 접근을 결코 쉽게 만들지 않았다. 회화는 지극히 난해한 예술이다. 로저는 "좋은 그림은 지성만이, 그것도 커다란 어려움 속에서 이해할 수 있는 음악이자 멜로디"라는 미켈란젤로의 말을 인용했다. 이로써 호기심이 자극된다. 감각이 일깨워진다. 그는 우리 모두에게 감각이 있다고 전제한다. 필요한 것은 그 감각을 신뢰하는 것뿐이었다. 러스킨이나 페이터의 언어적 기교 없이 그가 어떻게 감각을 일깨우는지, 어떻게 지면에 색채를 불러오고, 나아가 형태와 그 관계들까지 옮겨놓는지, 어떻게 일화나 산문시 하나 없이도 이전에 결코 보지 못한 것들에 눈뜨게 하는지는 문학비평가가 시간을 두고 풀어야 할 문제들이다. 그가 사람들의 눈을 뜨게 한 것은 분명하다. 그리고 거기서 시작되는 것은, 소설의 대가가 인간의 정념을 분석하는 것만큼이나 흥미로운 인간의 감각에 대한 분석이다. 마치 그림에 대형 확대경을 대고 들여다보는 것 같았다. 그는 문제를 해명하고 규정한다. 색채와 구조가 드러나자 학습은 쉽고도 무의식적으로 그 저

장고를 풀어놓기 시작한다. 그는 다른 그림들을 떠올린다. 로마에서 본 것과 베이징에서 본 것, 흑인 가면을 떠올리기도 하고 또 최근 파리에서 본 마티스나 피카소의 그림을 생각해내기도 했다. 그리하여 전통이, 보이지는 않지만 바탕에 깔려 있는 연결이 모습을 드러냈다. 그리고 여러 갈래에서 수렴해오는 관념들의 충돌 속에서 하나의 이론이 형성된다. 이것이 도움이 될 수 있다. 감각을 아무런 통제 없이 축적하기만 하면 예리함이 사라지겠지만 이성을 통해 그것들을 시험하는 일은 오히려 그것을 강화하고 풍요롭게 한다. 하지만 이론이 아무리 매력적이라 한들—그는 "나 자신의 감각을 설명하고 싶어서 못 견딜 지경"이라고 썼다—그 이론 또한 통제하지 않으면 그 이상의 경험을 가로막는 껍데기를 형성하게 된다. 이론은 언제나 사실과 맞닿아 있어야 한다. 그 충돌은 이 정교하고 복잡한 구조물에 치명적일 수 있다. 그러나 그것은 중요하지 않다. 그 위험은 반드시 감수해야 한다. 실제로 위험을 감수해야 한다는 점이 로저의 글을 읽을 때 느끼는 흥분의 적잖은 비중을 차지한다. 언제라도 자신의 눈이 발견해낸 것들과 마주할 때면 그는 자신이 틀렸고 생각을 바꿔야만 한다고 고백했다. 더 많은 감각을 검토했다. 오래전에 고갈된 우리 독자의 감각이 아니라 그 자신의 감각을 말이다. 그의 감각이 샘솟는다. 그것은 그가 만들어냈다가 버려둔 이론에 의해 새로워졌을지도 모른다. 로저는 감각에 대해 끝없는 수용력을 지녔던 것 같다. 마침내 우리는 직접 보든 그가 보는 것이든 상관없이, 책을 내려놓은 뒤 다음 버스를 타고 내셔널 갤러리로 갈 수밖에 없게 된다. 기적처럼 불붙은

'보고자 하는 욕망'을 충족시키기 위해서다.

그에게는 독자를 자극하는 힘 외에도 또 하나의 재능이 있었다. 바로 암시하는 힘이었다. 가장 치열한 추적이 진행되고 있을 때조차 "고도로 개인적인 리듬에는 큰 위험이 도사리고 있다. [예술가가] 끊임없는 노력으로 다루기 어려운 새 소재를 늘어늘이지 않으면 그것은 틀에 박힌 것이 될 것이다"라거나 "철저히 준비를 거치지 않고서는 전문성의 최종 단계를 흉내조차 낼 수 없다"와 같은 말들이 불쑥 치고 들어와 무거운 의미를 남긴다. 그 말들은 그림의 이면으로 나아가며, 우리가 읽는 동안 반쯤은 의식적으로 탐색하는 풍부한 배경을 형성한다. 그래서 로저 프라이의 글을 읽을 때 화실에 홀로 차단되었다는 느낌이 들지 않는다. 다른 이름으로 불릴지라도 책에는 도덕과 행위가 존재하며, 먹고 마시고 사랑을 나누는 삶의 소음이 페이지 저편에서 웅웅거리며 속삭인다. 그리고 이 모든 것을 관통하는 것은, 빈틈없는 성실성과 열렬한 믿음이 기묘하게 뒤섞인 비평가 자신의 성격이다. 그는 마지막 순간까지 논리적으로 사유할 것이며, 그 한계에 이르면 정직하게 "지금으로서는 이 희미한 예감 이상의 것을 말할 수 없다"고 인정할 것이다. 그러나 이성이 멈추어야 한다면, 그 이성 너머에는 현실이 있다. 그가 이성을 벗게끔 하는 것이 없다면 믿음을 저버리게 하는 것 역시 없다. 심미적 감정은 그에게 지극히 중요한 것인 듯했다. 그 이유는 로저 자신도 말하지 못한다. "심미적 감정을 경험하는 사람은 그것이 독특한 '현실성'을 지니고 있다고 느낀다고만 말할 수 있을 뿐이다. 그것은 심미적 감정을 삶에서 무한히 중요한 문제로 만든다. 이를 설명하려는 시도는 어떤 것이든 나를 신비의 심연으로 떨어뜨릴 것이다. 나는 그 심연의 가장자리에서 멈춘다." 하지만 그가 멈춘다면 그것은 늘 미래를 바라보는 태도 속에서다. 독자인 우리는 늘 다가올 무언가에 대한 예감 속에 남겨진다.

로저 프라이의 비평이 가진 매력을 설명하려는 이런 시도는 현역 화가들뿐 아니라 다른 이들도 그의 마력에 사로잡혔음을 보여주는 방법이 될지 모른다. 그는 수많은 주제를 풀어놓았고, 온갖 사람들이 그 추적에 가담했다. 그중에서도 가장 뛰어난 사람들 가운데 하나는 계관 시인 로버트 브리지스Robert Bridges였다. 안타깝게도 이 계관 시인의 편지는 전해지지 않는다. 그러나 그 요지는 로저 프라이의 답장을 통해 짐작할 수 있다.

댈메니 애비뉴
1924년 1월 23일

선생님께서 제 책을 비평해주셔서 기쁩니다. 제가 온전히 이해했는지, 제대로 응답할 수 있을지는 의문이지만요. 무엇보다 미학에 대한 제 시도(분명히 밝힌 대로 시도와 제안일 뿐이죠)는 선생님의 비평에 비해 훨씬 더 경험적이고 훨씬 덜 철학적입니다. 저는 아주 일찍이, 예술작품 앞에서 우리가 느끼는 감정은 여러 종류이며 우리는 대체로 그 혼합의 성격을 구분하는 데 실패한다는 확신에 이르렀습니다. 이 혼합된 감정에서 서로 다른 요소가 무엇인지 발견하기 위해, 또 그중에서 변치 않고 가장 지속적인, 즉 근본적인 감정이라고 생각하는 것이 무엇인지 알아내고자 노력했습니다. 저는 이 '지속적'인 감정이 언제나 형식에 대한 관조와 연관되어 있음을 발견했습니다. (물론 이런 점에서 색채는 미학적 형식의 일부입니다.) 또한 형식에 대한 관조에서 연유하는 감정이 삶과 연관된 어떤 감정보다도 더 보편적이며 (개별적인 역사에 의해 특수화되거나 물든 정도가 덜하며) 정신적으로 더 깊고 의미심장한 것으로 보였습니다. (이런 의미에서 음악의 엄청난 효과는, 음악이 단순한 생리적 자극에 불과할 수 있음을 인정하더라도 그렇습니다.) 따라서 저는 형식에 대한 관조가 특히 중요한 정신적 훈련(선생님의 말로는 "영적 유희"겠지요)이라고 생각합니다. 형식의 방향과 연속성, 리듬 등에 대한 분석은 미숙한 이들이 형식에 대한 관조에 도달하도록 돕는 보조 수단일 뿐이며 그것 자체로 무언가를 설명하는 것은 아닙니다.

미학적인 이해가 특별히 정신적인 기능이라는 데 동의한다고 해서 그것이 도덕과 어떤 연관이 있다는 말은 아닙니다. 진리에 대한 관조 역시 정신적인 기능이지만 제가 볼 때는 전적으로 비도덕적인, 즉 도덕의 영역 밖에 있는 것입니다. 사실 저는 (엄밀한 의미의) 도덕에 어떤 정신적 특징이라도 부여하길 거부하고 싶습니다. 도덕은 오히려 시민생활의 메커니즘이며 집단생활을 견딜 수 있게 만드는 규칙이기에 인간의 행위와 직접 관계를 맺을 뿐입니다. 우리가 동류 인간에게 품는 감정이 정신적 성격을 지닌다는 점은 인정하겠습니다. (사랑이 정신적 건강의 기능이고 증오는 정신적 질병의 기능이듯이) 그리고 그런 감정이 선행이나 악행으로 이어질 수 있다는 점도 인정합니다. 하지만 행동으로 드러나지 않고 "정신 상태"로 남아 있는 한 그것들은 좋거나 나쁠 수는 있어도 도덕과 연관될 수는 없습니다. 어떤 경우든 도덕과 무관한 정신적인 기능이 있다는 것을 인정해야 한다고 생각합니다.

섹스에 관해 말해보죠. 섹스는 내분비선과 마찬가지로 하나의 선행 요인, 하나의 자극(모차르트가 썩은 사과 냄새를 맡을 때처럼)일 수 있습니다만 분명 미학적 이해의 일부는 아닙니다. 저는 위대한 작품일수록 성에 호소하는 모든 요소를 필연적으로 버리게 된다고 봅니다. 성공적으로 포르노그래픽할 수 있는 것은 오직 형편없는 예술뿐입니다. 그것이 출발점이었을 수는 있으나 작품이 완성에 이르면 더 이상 눈에 띄지 않게 됩니다. 물론 예술가의 진정한 의도에 둔감한 사람들은 더 쉽게 접근 가능한 것에 대한 미미한 유혹만으로도 엉뚱한 길로 빠질 수 있습니다. 훌륭한 시라고 해도 그것을 이해하지 못하는 사람이 읽는다면 그에 포함된 어휘의 이중 의미에 정신을 빼앗길 수 있는 것처럼 말이죠. 어떤 사람들은 벨라스케스의 〈비너스Rokeby Venus〉를 보고 성적 감정이 부추겨진다고 상상해볼 수는 있습니다. 반면 그 그림을 이해하는 사람이라면 그런 생각은 전적으로 불가능합니다. 작가가 암시한 의미와 너무도 동떨어져 암시될 수조차 없지요. 회화와 관련해서 말하자면, 여성 누드에 지속적으로 관심을 갖는 것이 성적 감정의 결과라고 생각하는 선생님의 판단은 완전히 잘못되었다고 봅니다. 단지 여성 신체의 조형성이 회화적 구성에 유달리 잘 맞을 뿐입니다. 그 단순성 때문에, 남성 신체보다 훨씬 더 그렇죠. 물론 일반적으로 인간 신체의 조형성은 회화적 감각을 유독 자극합니다. 호랑이의 몸보다는 덜 자극적일지 몰라도 쉽게 접근할 수 있는 자연 현상 중에는 가장 자극적인 대상이죠. 제 답변이 선생님의 의도에 어긋 난다면 그것은 선생님의 설명이 매우 간결했기 때문입니다. 언젠 가 시간적 여유를 두고 함께 이야기를 나눠봐야겠습니다.

계관 시인에게 보낸 이 편지는 활력과 다양성을 더해가며 전개 되던 그의 논쟁이 전쟁에서 살아남았음을 보여주기에 충분할지 도 모른다. 그가 전쟁 동안 더 증대되었다고 말했던 지적 삶의 예 리함이, 전쟁에서 평화로 이어지는 어려운 과도기를 건너는 데 도 움을 주었음에는 의심의 여지가 없다. 하지만 이런 치열함은 앞에 놓인 난관을 날카롭게 인식시켜주기도 했다. "맙소사, 이 반동이 가져올 세상이란—중세로 회귀하면서 중세의 소박함과 아름다 움은 빼놓는 격이다." 로저는 1920년대 초, 불안과 공포 속에서 그 런 반동의 징후를 포착했다. "유럽이 당면한 문제는 더 이상 권력 투쟁이 아니라 상호 협력하여 남아 있는 문명을 최대한 보호하는 것이다. 독일이 무너진다면 유럽에는 아무런 희망도 없을 것이며, 독일이 다시 서는 것을 지속적으로 막는 것은 너무도 미친 짓이라 이해할 수가 없다." 다음과 같은 말도 했다. "내 생각에 인간을 괴 롭혀온 모든 신앙 가운데(신앙은 가장 끔찍한 고통이다) 민족주의가 가장 괴물 같고 잔인하다." 그는 결코 눈멀거나 귀가 닫혀 있지 않 았다. 비록 자신의 정치적 입장을 정리해 밝히기 위해 새로운 명칭을 만들어내야 했을지도 말이다—"나는 개인주의적 아나키스트다"라는 발언은 1925년의 것이다. 물론 그의 모든 공감은 국제연맹의 창설을 위해 싸우던 로우스 디킨슨에게로 향해 있었다. 그는 디킨슨의 설득으로 당시 파리에서 열렸던 수많은 지식인 모임 가운데 하나에 참석했다. 하지만 회담들은 그저 도덕적 분노의 폭발로 보였다. 그리고 도덕적 분노는 '정신적 낭비'에 불과했다. 그의 진정한 투쟁은 다른 곳에 있었다. 20년대 초반, 샤를과 마리 모롱에게 보낸 일련의 긴 편지는 로저 프라이가 '그것', 즉 문명이 다시 시작하려면 싸울 필요가 있음을 얼마나 분명하게 깨달았는지 보여준다.

이 무렵 편지들을 지배하는 표현은 '군중herd', 즉 "엄청난 피암시성 때문에 그 어느 때보다 더 무도한 정치인들들의 손아귀에 놓인" 군중이었다. 군중은 적의 자리를 대신했다. 군중이 곧 적이었으며, 규모는 어마어마하게 부풀고 물리적 폭력성도 증대되어 있었다. 한쪽에는 군중, 다른 한쪽에는 개인—한쪽의 증오와 또 한쪽의 신뢰—로저가 즐겨 쓰던 말로 하자면 이것이 '수면 아래서 진동하는 리듬'이었다. 그가 보기에 불합리한 감정의 거대한 덩어리는 영국만이 아니라 프랑스까지 위협하고 있는 듯했다. 예상 가능한 일이었지만 말이다. 로저는 프랑스가 "위대한 사상가들의 영광이었던 객관성"을 잃어버렸다고 한탄했다. 그리고 이런 감정주의, 이런 비이성은 오직 과학으로만 맞서 싸울 수 있다고 보았다. 우리는 우리의 본능을 이해하고 우리의 감정을 분석하기 위해 애써야 한다. 그것이 로저 프라이가 설파하고 실천한 신조였다.

그는 독서의 범위를 확장했다. 지대한 관심을 갖고 윌프레드 트로 터Wilfred Trotter의『군중의 본능Instincts of the Herd』을 읽었고 이를 모든 친구들에게 강하게 추천했다. 행동주의자들의 글을 읽었고, 심리 학자들의 글을 읽었다. 그러면서 "우리에게 무엇보다 필요한 것 은 참된 심리학이다. 공허한 말에 이끌리는 고집 세고 폭력적이며 이상주의적인 이 동물들을 이해해야 한다"고 주장했다. 그는 이 모든 독서에서 암시되는 이론을 여러 논쟁과 편지에 쏟아냈다. 모 롱 부부에게 보낸 편지에서 두 군데만 인용해도 그의 머릿속에 들 끓던 사유의 흐름을 보여주기에 충분할 것이다.*

1920년 3월 2일

선량한 뒤아멜은『라 누벨 레뷰La Nouvelle Revue』에서 과학을 향해 고 함치며 도덕적 봉기와 선함 등을 강조하고 있습니다. 저는 이런 태도가 몹시 위험하며 본질적으로 반동적이라고 봅니다. 인간은 선의만으로 도덕적으로 고양될 수 없으며, 그것은 예술 세계에서 스스로의 힘만으로 성장할 수 없는 것과 마찬가지입니다. 인간 안 에서 변화하는 것은 오직 풍습뿐이며, 이 풍습을 바꿀 수 있는 것 은, 특정한 목표에 도달하는 수단을 우리에게 보여주는 과학이 유 일합니다.

---

* 로저 프라이는 이 대목과 이어지는 편지들을 프랑스어로 작성했다. —원주

그리고 같은 해에 다시 다음과 같은 편지를 보냈다.

무엇보다도 저는 지름길을 찾다가 막다른 골목으로 빠지고 마는 인간의 조급함이 두렵습니다. 결코 길을 잃게 하지 않는 유일한 길은 과학뿐입니다. 그리고 과학은 인간에게 가장 큰 덕목들을 요구하죠. 어떤 시련에도 흔들리지 않는 겸허함과 완전한 무사욕 말입니다. 그래서 평범한 사람들은 과학을 쓸모 있을 때만 받아들이거나 해악(예를 들면 전쟁)으로 인식하고 언제나 부정적으로 봅니다. 저는 인간 지성이 만든 것 중 라듐 발견 이후 전개된 물질 이론만큼 아름답고 웅장하며 인상적인 것이 없다고 생각합니다. 저는 그 이론을 거의 이해하지 못하지만, 그 광대함과 대담함을 알아볼 만큼은 충분히 이해하고 있습니다.

하지만 과학적인 방법이 인간의 혼란을 질서로 바꿔줄 유일한 수단으로 보이게 되었다고 해도, 예술 또한 언제나 존재했다. 회화와 음악, 문학에는 지속되는 현실이 자리하고 있었다. 그는 1920년대 종교에서의 신비주의 회귀와 정치에서의 민족주의 회귀를 우려와 함께 목도했다. 하지만 이론가를 계속 혼란에 빠뜨리는 역설의 하나로서, 그는 예술이 쇠퇴하기는커녕 그 어느 때보다 더 활력에 차 있다는 것을 직접 목격한 증거들을 통해 믿을 수밖에 없게 되었다.

젊은 시절 현대 예술을 혐오하고 옛 이탈리아 대가들에게 전적으로 몰두해 있던 저는 이제 진정한 르네상스를 보고 있습니다. 우리는 예술에 있어 실로 비범한 시대를 살아가고 있어요. 저는 제 판단이 옳다고 확신합니다. 파리에서 저는 그때까지 거의 알지 못했던 예술가 조르주 루오를 발견했습니다. 그는 분명 역대의 위대한 예술가 중 한 명입니다. 저는 그의 드로잉을 오늘날 몇몇 표본만 남아 있을 뿐인 중국 당나라 미술과 비교할 수밖에 없습니다. 아니요, 우리 시대를 폄하하는 사람들에게는 인내심이 없습니다. 그들은 우리가 거대한 가짜 예술의 세계, 곧 공식적이고 과장된 관제 미술을 발전시켜왔고, 그 결과 진정한 예술은 점점 더 은밀한 것이 되어 이단적 종파처럼, 혹은 중세 시대의 과학처럼 숨겨야 하는 것이 됐다고 말합니다.

로저는 옛 열정 그대로 열정을 다해 모롱 부인에게 편지를 썼다. 전쟁 전에 그가 디킨슨에게 던졌던 의문, 즉 새로운 발효와 운동이 지속될 것인가 아니면 "라파엘 전파처럼 용두사미로 그칠 것인가" 하는 의문은 여기서 답을 얻었다. 반동적인 경향이 표면에서 시끄럽게 난무하며 감정적 혼란을 일으킴에도 불구하고 영국에는 그 어느 때보다 더 "정직한 예술가들"이 많은 것처럼 보였다. 반면에 적 또한 과거 어느 때보다 강했다. 1920년 그는 영국엔 "예술가에게 거의 아무런 자원도 없다"라고 썼다. 이론이 늘어가는 가운데 그는 과학과 심리학의 도움을 받아 군중에 맞서 개인을 강화하려 노력했다. 또 그는 집세를 내고 그림을 팔기 위한 개인들의 사적인 싸움에서 그들을 도와야 했다. 그는 "왠지 나설 수 있는 사람이 나밖에 없는 것 같다"라고 말했다. 예술가와 사업가라는 이중의 자격에서 그는 없어서는 안 될 사람이었다. 그래서 신비주의나 민족주의의 폐해와 행동주의, 심리학을 다루던 편지는 알랭과 버트런드 러셀, 플로베르를 인용하는 중에 갑자기 끊어지며 "나를 찾는 사람이 수없이 많다"고 외친다. 그는 전시작품 배치위원회에 나가야 했다. 또한 새로운 모임을 결성하려는 중이었다. A와 B와 C는 모두 편지로 그를 괴롭히고 있었다. A는 지방 미술관의 사무 담당자였다. "그는 내가 내려가서 강연을 해주길 바란다. 그리고 그쪽에서는 정말로 열의가 넘치는 듯하다……." B는 작품 대여 도서관을 겸한 화랑을 시작하고 싶어하는 젊은 예술가였다. 훌륭한 아이디어지만 돈이 필요했다. 예술가들은 로저 프라이라면 돌에서도 돈을 짜낼 수 있을 거라고 생각하는 듯했다. 그다음 C가 있다. 그는 진정 재능이 있지만 "사생활에서 끔찍한 혼란에 빠져 있었다". 편지에서 C는 벌써 아이가 셋이나 되며 곧 한 명이 더 태어날 예정이라고 한탄했다. "아, 이렇게 사랑스러운 사람들이 왜 이렇게 현실감각이 없을까요?" 로저는 신음하며 말을 끊는다.

편지 속 알파벳의 각 글자는—그 알파벳은 적어도 스물여섯 자로 이루어져 있었는데—군중의 지배에 맞서 정신적 삶을 보호하려고 애쓰는 개인을 의미했다. 따라서 이들 각각은 그에게 일정한 요구를 할 권리가 있었다. 로저는 다음과 같이 말했다. "개인은 얼마나 희귀한 존재인가! 가면 갈수록 집단으로서의 인간성에 대해서는 아무것도 이해하지 못하게 된다. 내가 근본적으로 믿는 것은 오로지 일부 개인들의 가치다. 내 종족의 운명으로부터 이렇게까지 자신을 떼어놓을 권리가 없다는 것을 알지만, 나는 정치적인 가치는 한 번도 믿어본 적이 없었다." 로저는 점점 더 개인으로 관심을 돌려갔다. 그 개인은 시계를 훔친 나이 든 부랑자일 수도 있었는데 그가 템플 가든스 벤치에 앉아 있는 것을 로저 프라이가 발견했다. 로저는 그 사람 옆에 앉았다. "얼마나 황홀한 대화를 나누었는지! 전과가 있는 늙은 부랑자와 나눈 대화였는데, 꼭 이야기해야겠어." 이 늙은 부랑자는 자신이 어떻게 시계를 훔쳤으며 어떻게 감옥에 가게 되었는지를 설명해주었고, 이야기는 "이 사람들이야말로 얼마나 호감 가며, 부르주아보다 도덕적으로 우월한가!"라는 감탄으로 끝난다. 문명이 지속되려면 반드시 도움을 받아야 할 사람들이 바로 이들이었다. 그래서 비록 "예술가들 사이의 질투와 의심이 이들을 돕는 것을 거의 불가능하게 만들"지라도 로저는 위원회에 참석하고 그림을 걸고 전시회를 기획하고 돈을 구걸하고 부자들을 설득해 그림을 사도록 하려고 뛰어다녔다. 많은 편지가 갑자기 끊기는 데서 입증되듯이.

그는 강연을 하러 떠나기도 했다. 강연을 통해 그는 생계를 유지하고 가족을 부양했을 뿐 아니라 사람들이 자신의 가장 희귀한 재능, 사심 없는 삶, 정신적인 삶을 즐기도록 북돋우기도 했기 때문이다. 그는 늘 그러듯 자신의 뜻을 분명히 하기 위해 이렇게 썼다. "나는 '정신적'이라는 말을, 단순히 살아 있는 유기체로서의 존재를 넘어서는 모든 인간의 능력과 활동이라는 의미로 사용한다." 그리하여 로저는 난롯가에서 기관지염을 달래는 대신 1, 2월의 추위 속에서 던펌린으로, 버밍엄으로, 그리고 옥스퍼드로 예술 강의를 하러 떠나곤 했다. 청중이 그의 강의에 고마워했다는 것은 지역 신문에 익명으로 실린 짧은 글이 증명한다.

아름다움이 깨어났다. 그 젊은 목소리를 들었다.
한때 천박한 애송이가 앉아 있던 자리에 그녀를 앉혔다.
아름다움이 진리요, 진리가 아름다움이다. 이것이
지상에서 우리가 알 수 있는 전부…….
당신의 도움으로 우리는 그것을 알았다.

III

그리고 물론, 언제나 그의 개인 작업이 있었다. 델메니 애비뉴의 화실은 널따란 정원이 보이는 기분 좋은 방이었고 마저리 프라이의 감독하에 비교적 깔끔하게 유지되었지만, 불행하게도 그의 그림으로 가득 차 있었다. 로저는 그림을 사려는 사람이 아무도 없다고 불평했다. 1920년에 연 개인전은 완전히 실패했다. 스케치 다섯 점만 팔렸고, 그는 쓰라리게 실망했다. "다시는 전시를 열지 않을 겁니다." 로저는 모롱 부인에게 편지를 썼다. "그림은 계속 그리겠지만요. 캔버스가 마르면 말아서 보관할 겁니다." 로저는 자신의 개인전이 실패한 것은 부분적으로 영국 대중이 예술에 둔감하기 때문이고, 또 전쟁의 후유증에 따른 주정주의가 대중과 화가를 모두 "초현실주의자들의 인도 아래 무턱대고 낭만주의로" 내몰고 있기 때문이라고 여겼다. 문명 국가인 프랑스에서조차 사이비 예술가와 출세주의자가 판을 쳤다. 1925년 헬렌 안레프Helen Anrep에게 보낸 편지에는 파리의 만찬장에 대한 재미있는 묘사가 나온다. 여기서 로저는 신新-신비주의를 주창하는 사람을 만났고 다소 악의적으로 그가 속내를 털어놓도록 유도했다.

맙소사, 이곳 예술계의 출세주의와 상업주의라니! 예술은 심각할 정도로 타락했고, 젊은이들 모두 출세하고 주목을 끌겠다는 집념에 사로잡혀 있는 듯합니다. (…) 식사가 끝난 뒤 저는 그와 단둘이 있게 되었고 그에게 '젊은이들'의 사상에 대해 집요하게 캐물었어요. 뻔뻔할 정도로 열린 태도와 공감을 보여주자 그가 속내를 모두 쏟아놓았습니다. "우리는 전쟁 속에서 젊음을 보냈고 그 때문에 나이 든 세대보다 더 진지해졌습니다. 우리는 신을 찾는다는 조건하에서만 삶을 받아들일 수 있어요. 신을 찾으려면 모든 것을 황무지로 만들어야 합니다. 그래야 그분을 뵐 수 있죠. 저는 삶을 받아들였습니다. 돈이야 거래로 벌 수 있고, 술에 취하는 것도 신을 제외한 모든 것이 공허하다는 사실을 알기 때문입니다. 우리는 모든 것을 뒤죽박죽으로 만들고 분란을 위한 분란을 어디에서나 일으키려 합니다. 그래야 신이 계신 황무지에 갈 테니까요." 어쩌고저쩌고……. 이것이 바로, 보시다시피, 신-신비주의랍니다.

과학과 플로베르를 경멸하는 신-신비주의는 로저 프라이에게 무척 혐오스러운 것이었다—그 젊은이는 "플로베르라니, 그에 대한 관심은 내가 건물 관리인에게 주는 관심정도밖에 안 된다"고 말했다. 초현실주의와 낭만주의가 표면을 휩쓸고 있는 가운데 로저는 점점 더 자신이 "정통 고전주의라는 외딴섬에 홀로 남겨져 있다"고 느끼게 됐다. 이 표현이 화가로서 그 자신의 작업에 대해 지니는 의미는 버네사 벨에게 보낸 편지에 담겨 있다. 그것은 본인의 그림에 대한 숙고된 견해를 담고 있으므로 인용해볼 만하다.

나는 점점 더 나 자신에 대해 큰 자부심을 갖게 되고 있어요. 적어도 나는 해마다 더 많은 힘을 얻고 있다고 생각하고, 그것이야말로 사람이 걱정해야 할 전부죠. 당신이 내 작품을 크게 좋아하게 되지는 않겠지만 갈수록 존중하게 될 것이라고는 생각합니다. 거기에는 내가 예술의 세계에서 오랫동안 방황하고, 벗겨내고, 다듬어온 결과로 생겨난 수많은 소재들이 숱하게 감춰져 있으니까요. 이런 특징은 오직 점진적으로만 드러나는 것이라고 생각합니다. 나는 당신이든 누구든 보는 순간 경이감에 사로잡히게 만드는 작품은 결코 만들지 못하겠지만, 조용한 관조의 기쁨만은 맛보게 해줄 수 있을 거라 생각해요. 대부분 그냥 지나쳐버리고 마는 의미 있는 성질을 이것 또는 저것이라고 알아보았다는 사실에서 오는 기쁨 말입니다."

이는 터무니없는 과대평가가 아니다. 이 평가가 옳은지 그른지는 미래의 미술비평가들의 몫으로 남겨져 있다. 하지만 그 평가가 그의 삶에서 회화가 차지한 공간을 과소평가하고 있다는 것은 분명하다. 이는 그가 자신의 작품에 대한 찬사라면 어떤 것이든 열렬하면서도 애처로운 기쁨으로 기록해두었다는 데서 반복해 드러난다. 영국에서 그를 경멸했다면, "천재에 대한 속물적 숭배"로 그만큼 고통을 당하지 않은 프랑스에서는 그를 진지하게 받아들였다. 아무도 그의 작품을 칭찬하지 않는 상황, 그리고 전후의 예술은 중세의 과학처럼 은밀하게 존재해야 한다는 확신에 짓눌렸을 때도 로저는 계속 그림에 매달렸다. 그는 버지니아 울프에게 이렇게 썼다. "우리는 글쓰기와 회화 같은 사적인 예술만 가질 수 있을 뿐이에요. 심지어 회화조차 거의 지나치게 공적인 매체죠." 캔버스를 보관하기 위해 방을 따로 빌려야 하고, 그 캔버스들마저 말아두어야 했을 때도 그는 그림을 그렸다. 그 캔버스들이 예술작품으로서 어떤 가치가 있든 간에 그의 글이 회화 작업으로부터 이익을 얻었다는 점에는 의심의 여지가 거의 없다. 그는 자신의 붓으로, 흔히 비평가를 창작자로부터 갈라놓는 그 단단한 껍데기를 깨뜨렸다. 화가의 문제가 곧 자신의 문제였기에 그것들을 깊이 이해했고, 모험적으로 탐색했고, 무엇보다도 애호가의 비평가가 아니라 화가의 비평가가 될 수 있었다.

20년대 초 델메니 애비뉴의 화실은 로저가 현실을 관조하는 상아탑이자 적과의 싸움에서 유일하게 효과적인 무기들을 단조하던 병기고였다. 이성과 질서로 군중의 감정주의와 혼란에 맞설 필요가 그 어느 때보다 절실했다. 그가 디킨슨에게 말했듯, 정치적

인간이 괴물이라면, 예술가는 그 어느 때보다 더 독립적이고 자유로우며 개인적이어야 했다. 하지만 집 안에 딸린 방이 화실만 있는 것은 아니었다. 정원이 보이는 식당도 있었는데, 그곳에서는 정원에는 그가 좋아하는 아이리스가 중국 조각상이 보이는 분수 위로 고개를 끄덕이고 있었다. 덩컨 그랜트가 장식한 식탁에는 그가 손수 제작한 접시가 있었고 식탁 주위로는 그가 직접 디자인한 의자가 있었다. 1920년 무렵 식사에 초대받은 사람이라면 거의 누구나 원고*를 손에 든 채, 말라르메 Stéphane Mallarmé의 시 번역에 생긴 공백을 메울 적당한 어휘를 찾고 있는 그의 모습을 보았을 것이다.

샤를 모롱은 이 공동 번역서의 머리말에 다음과 같이 썼다. "로저 프라이의 큰 기쁨 중 하나는 시에, 특히 말라르메의 시에 있었다. 그는 자신이 맞닥뜨린 어려움을 감추지 않았다. 그런 어려움을 마주하지 않는 사람이 어디 있겠는가? 하지만 새로운 광채를 누구보다 집요하게 추적해온 그는 이 시인의 가장 난해한 구절에 갇혀 있으면서도 마음을 격분시키며 동시에 기쁘게 만드는 신비로운 아래쪽의 반짝임에 끌린다고 느꼈다…… 참된 기쁨임을 확신하자 로저 프라이의 첫 번째 충동은 그것을 다른 사람들과 나누는 것이었다. 따라서 손님은 저녁 식사 자리에 앉기 전에, 말라르메를 영어로 옮기는 일을 돕는 그 위험한 즐거움을 함께하지 않겠

---

* 이 원고는 파리에서 분실되었다. 행인의 짐을 노리는 도둑이 오해했던 것으로 보인다. 그러다가 생레미에서 재탄생했다. ─원주

느냐는 제안을 받곤 했다.

> 순수하고 활기차며 아름다운 오늘은
> 몽롱한 날갯짓 한 번으로 우리를 찢어놓을 것인가
> 흰 서리 아래 굳게 얼어 잊힌 호수를
> 갇혀 있던 투명한 얼음의 비상을!*

이런 시를 어떻게 옮길 수 있단 말인가? 정확한 의미는 고사하고 정확한 발음도 찾을 수 없었지만, 말라르메의 시는 로저의 깊고 울림 있는 목소리를 타고 식당을 장엄한 공명으로 채워갔다. 말라르메는 그의 수호성인 가운데 세잔과 동일 선상에 있었다. 물론 말라르메에 대한 이야기는 논쟁으로 이어졌다. 회화와 글쓰기라는 예술은 서로 나란히 인접해 있었고 로저 프라이는 언제나 이 경계를 기습적으로 넘나들었다. 그는 작가들의 문제에 대해서는 전혀 아는 바가 없다고 조심스레 밝혔지만, 그렇다고 해서 회화라는 다른 예술을 토론하는 데 주저하지는 않았다. 그는 그런 무책임함 자체를 즐겼다. 이런 태도는 속박되지 않은 그 자신의 사색적인 재능을 마음껏 탐닉하게 만들어주었다. 아마 그는 글쓰기 예술에서 흠을 발견하는 것을 마냥 불쾌해하지는 않았을 것이다. 적어도 영국에서는 문학이 스스로 대단히 우월하다는 태도를 취하고 있었고 그로 인해 예술가가 단순한 삽화가로 전락하는 일도 흔

---

*　말라르메의 시 「백조 Le Cygne」의 제1연.

버네사 벨, 로저 프라이와 샤를 모롱의
『말라르메 시선집 Some Poems of Mallarmé』을 위한 디자인, 1936.

히 있었다. 그래서 그는 문학에 대해 비뚤어진 생각으로 깔보는 면이 있었다. 그는 문학을 어느 정도나 예술로 간주해야 하는지 묻곤 했다. 작가들에게는 양심이 부족하다고 보았다. 객관성이 부족했고, 화가가 물감을 다루듯 언어를 다루지 않았다. "우리가 회화를 대하듯 글쓰기를 대하는 작가는 제럴드 브레넌 Gerald Brenan 이 거의 유일해요. 그러니까, 그는 모든 것이 자신이 묘사하는 생각과 감정에서가 아니라 자기의 산문의 소재에서 나와야 한다고 믿는다는 것입니다." 이런 점에서 영국의 소설은 대부분— 몇 권 안 읽긴 했지만— 프리스의 〈더비 데이 Derby Day〉* 수준에도 이르지 못했다는 것이다. 작가들은 도덕주의자들이고 선전원들이었으며 "선전은 의미의 미세한 결을 찾아내기도 전에 삶에 대한 관조적 침투를 차단한다. 또 지나치게 단순화한다". 디포의 단순성은 그를 기쁘게 했다. 헨리 제임스의 복잡성도 그를 만족시켰다. 하지만 그 사이에는 얼마나 큰 낭비가 있고 얼마나 큰 혼란이 있으며 뒤섞인 동기와 불순한 욕망이 얼마나 어지럽게 얽혀 있는가!

이런 점에서 그는 문학의 안전한 안내자는 아니었다. 로저는 카펫의 뒤집힌 면을 보는 사람이었지만, 바로 이런 이유로 늘 예기치 못한 문양을 드러나게 했다. 그리고 그의 이론 중 많은 것이 두 가지 예술 모두에 유효했다. 디자인, 리듬, 질감은 세잔과 마찬가지로 플로베르에게서도 찾을 수 있었다. 그는 책을 한 권 집어 들

---

* 윌리엄 파월 프리스가 1856년부터 1858년까지 15개월간 엡섬 경마장의 전경을 그린 대형 유화.

고 마치 그림인 양 불에 비춰 보면서 화가의 눈으로 보기에 그 책의 어디가 부족한지를 보여주곤 했다. 그는 E. M. 포스터의 『인도로 가는 길 Passage to India』에 크게 감동했다. "질감이 무척 놀라워요. 정말 아름다운 글입니다. 그렇지만, 아, 그가 신비주의자가 아니었다면, 혹은 책에서라도 신비주의를 좀 떼어둔다면 좋을 텐데……. 예술작품에서 가치가 있다고 할 만한 의미가 있다면 그것은 예술가 자신이 전혀 모르는 것일 거라고 저는 확신합니다. 자신의 생각과 감정을 설명하려드는 순간 가장 중요한 것을 놓치게 되거든요." 대상을 실제보다 더 흥미롭게 만드는 "시화詩化, poetisation", 즉 정확한 비평 용어로 규정할 수 없는 작가적 개성에 대한 강요 역시 그가 다른 친구의 작품에서 발견한 또 다른 죄였다. 그래서 그의 시선은 신작과 고서, 대작과 소품을 가리지 않고 비추었다. 그 빛은 간헐적으로, 또 불규칙하게 떨어졌다. "제라드 홉킨스에 대해서는 내가 옳다고 확신해요." 그는 마찬가지로 마르그리트 오두에 대해서도 자신이 옳다고 확신했다. 프루스트를 처음 읽었을 때 그는 끝없는 기쁨을 느꼈다. 그러다가 그는 생각을 바꾸었다. "프루스트는 지나치게 꼼꼼하고 어리석은 것 같아요. 점점 참기 힘들어집니다. 러스킨을 두고 3년이나 작업할 수 있는 정신이라니!" 발자크에 대해서도 같은 생각이었다. "프루스트 다음으로 접하자니 참으로 기묘한 생물이에요. 다만 그는 삶의 순전히 외적인 조건에서 일종의 질감, 그것도 아주 단단한 질감을 만들어내긴 합니다. 어떤 대상이나 인물의 내면으로 들어가진 못하지만, 전체적인 파놀마를 앞으로 밀고 나가긴 해요. 그래서 2페니짜리 보급판 『악의 꽃Fleurs du Mal』에 다시 의지하고 있답니다. 대중에게 배포되다니 참으로 이상한 책이죠. 대단한 천재이긴 해요. 그렇지만 위대한 천재가 있음에도 낭만주의는 정말 지루하죠. 격렬한 경험을 하는 것이 의무처럼 되다보니 가짜로 꾸며지는 경향이 생겨요, 어쩔 수 없이. 하지만 보들레르가 고양이나 올빼미, 단순한 사물에 대해 말할 때는 문체가 정말 대단합니다."

이론은 곧 닥쳐올 듯하지만, 매달린 채로 그대로 두어도 되는 법이다. 분석하고 설명하고 이론을 세우는 것은 로저로서는 떨치기 어려운 유혹이었다. 다른 한편으로 그는 자신의 감각을 탐사할 욕구가 없는 사람들을 거의 부러워하기도 했다. 비평하는 것보다 창작하는 것이 훨씬 나았고, 아마 창작을 위해서라면 무의식이 필요했을 것이다. "예술가에게 이론은 위험합니다. 아예 모르는 편이 훨씬 좋아요." 많은 논쟁은 그렇게 끝나곤 했고, 그는 자신이 "아무것도 모르는" 예술에 대해 지나치게 단정적이고 어쩌면 근거도 불충분한 비판을 쏟아놓은 데 대해 사과하곤 했다. 그 다음 편지에는 비평이 아니라 그 자신의 산문시 실험이 담겨 있곤 했다. 이 실험은 별로 성공적이지 못했다. 기술에 대한 그의 관심이 감각을 식게 했는지도 모른다. 기계로 만든 것과 손으로 만든 것을 구분해주는 그 미세한 떨림이 사라져 있었다. 하지만 그의 실천이 어떤 실패를 겪었든, 그의 이론이 얼마나 주의를 분산시켰든, 가장 무모하게 경계를 넘나들 때조차 그는 예술이 지닌 헤아릴 수 없는 중요성에 대한 자신의 감각을 전달했다. 어떤 지점에서는 조금 나아간 듯했고 또 어떤 지점에서는 난관에 부딪혔다.

하지만 어떤 경우든 결론은 없이 오로지 새로운 노력을 위한 끊임없는 욕구만 존재했다. 예술가에게 무슨 일이 닥치든 이것 자체는 책에서, 그림에서, 건물과 단지, 의자, 책상에서 계속되었다. 예술가는 스스로 천재 행세를 덜 할수록 더 겸허해지고, 더 초연하고 무관심할수록 로저 프라이가 '멋쟁이 a swell'라고 불렀던 존재가 될 가능성은 더 커졌다. 비록 아주 보잘것없는 일원일지라도, "세잔과 플로베르를 일종의 수호성인으로 보는" 형제단의 일원이 되는 것이다.

IV

수호성인은 1920년대의 온갖 이단성―상업주의, 신비주의, 출세주의―에도 불구하고, 아니 어쩌면 바로 그 때문에, 그 어느 때보다 더 굳건히 자신의 성소에 자리하고 있었다. 그리고 영국 대중의 속물근성이나 왕립 미술 아카데미의 어리석음, 관료들의 소심함이라는 오래된 적들도 여전히 그 자리에 있었다. 그렇지만 취향에는 점진적인 변화가 일고 있었다. 아마 로저는 그런 변화를 맞으려고 무언가를 한 것인지도 모른다. 그는 1921년, 내셔널 갤러리가 고갱의 작품을 구입했다는 놀라운 사실을 기록했다. 그는 "10년 전 나는 고갱의 작품을 전시했다는 이유로 '점잖은 사회'에서 배척당했다. 이제 그들은 고갱을 받아들이지만, 동시대 예술가들에 대한 증오는 조금도 줄지 않았다"라고 썼다. 동시대 예술가들의 작품을 구입하는 것은 그의 의무였고, 그는 그것을 실제로 실천했다. "내가 옛 대가의 작품 하나를 내셔널 갤러리에 팔아서 구입했던 현대 회화들이 그 배타적인 사회에 진입하기까지는 오랜 시간이 걸릴 것이다. 아마 패멀라는 생전에 거기서 볼 수 있을지도 모르겠다." 영국인들 사이에 예술에 대한 진정한 사랑이 있을지에 대해 로저는 여전히 회의적이었고, 광고와 출세 외에는 어떤 신념도 없는 사이비 예술가들이 왜곡된 모조품을 진짜처럼 떠넘기는 행태에 분개했다. 그러나 그는 여전히 분개할 수 있었지만, 그의 분노는 과거보다 더 자주 다른 성찰들에 의해 누그러졌다. 관리들이 편협해지고 반동적으로 변한 것은 으레 있는 일이었다. 다른 한편 재능은 각기 달라도 모두 로저가 존중하는 목표를 지닌 마크 게틀러와 매슈 스미스, 맥나이트 코퍼, 덩컨 그랜트 같은 예술가들이 있었다. 그는 과거 어느 때보다 더 유망하고 진지한 젊은 영국 화가들의 집단이 있다고 생각했다. 그리고 그는 어디서나 개인 자격으로 활동하는 사람들—무작위로 몇 명만 거론한다면 마이클 새들러 경, 힌들리 스미스, 메리언 리처드슨 등—을 만났는데, 이들은 군중에 맞서 개인의 싸움을 이어가고 있었다. 이 모든 것이 그를 크게 고무시켰다. 그리고 나머지 문제에 대해서는, 과학자들이 인간 본성은 자신의 행동에 거의 책임이 없음을 보여주었다. "나는 나 자신에게 아주 관대하기 때문에 타인에게도 관대해야 하네"라고 로저는 말했다. 이 무렵에 보낸 편지에서 그는 친구들에게 "사리 분별 sagesse"의 필요성을 반복해서 강조했고 자신도 그 미덕을 갖추려고 노력했다. "사물을 있는 그대로 바라보고, 자기 자신을 위한 어떤 선입견도 갖지 않는 것. 이 얼마나 큰 자유인가!" 과거 관심을 갖던 본인의 명성에 대해서도 이제 거의 생각하지 않았는데, 다만 그것은 자유를 가로막는 장애물로서 때때로 제거해야 할 것으로 여겨졌다. 그는 피카소를 두고 감탄하며 그가 "명성 따위는 언제나 바닥에 내던져버린다"라고 썼다. 자유란 그가 가장 열망하는 가치를 요약한 단어였다. 그리고 어쩌면 끝없는 탐색과 방황 끝에 그는 그 자유를 향해 나아가고 있었는지도 모른다. 이런 점에서 상투적인 표현들은 자리 잡을 틈이 없었다. 그는 예술가로서도, 비평가로서도, 정치인이나 예언가로서도 자신의 초상을 고정해두려 하지 않았다. 다만 그가 발자크에 대해 했던 말을 인용한다면, 그는 "삶의 순전히 외적인 조건에서 일종의 질감을 만들어"냈다. 봄이 되자 그는 이탈리아로, 스페인으로, 프랑스로 떠났다. 겨울이 되면 으레 신음하며 런던으로 끌려 돌아왔다. 그리고 다시 강의를 하고 글을 썼으며 외식을 하고 파티에 참석했다. 어느 파티에선가 낸시 애스터 여사*는 그를 악마로 여겼고 그는 "그 기대에 부응하기 위해 최선을 다했다". 또 다른 자리인 오거스틴 비럴Augustine Birrell의 80세 생일 축하연에서는 프랜시스 비럴Francis Birrell의 모습을 보고 기뻐했는데, 그는 "이것이 어떤 공식적인 자리라는 사실을 전혀 의식하지 않은 채 낡은 정장

---

* 1879~1964. 미국 태생의 영국 사교계 명사로, 영국 최초로 여성 하원 의원을 지냈다.

에 구겨진 와이셔츠를 입고 넥타이랍시고 빨간 끈을 매고 왔다". 또한 "훌륭했던 나이 든 오거스틴"의 재치에 즐거워했다. "그는 사람들이 기대한 느낌과 다른 자신의 느낌을 말하는 것만으로도 우리를 폭소하게 만들었고, 마침내 동석한 사람들과 자신의 연설에 대해서조차 거의 잊어버린 채 우리가 선물한 셰익스피어 책 속의 판화만 유심히 들여다보고 있었다." 시간의 자투리들은 말라르메로, 체스로, 『벌링턴』으로 채워졌고, "생활에 너무 쪼들렸기 때문에" 전문 지식을 활용한 이런저런 임시 일들로도 채워졌다.

그렇다고 이런 외적인 구조가 다른 생활, 가령 그의 신념에 따르면 살아 있기 위해 끊임없이 변화해가야 하는 또 하나의 삶인 개인적 삶을 옥죄도록 내버려두지는 않았다. '초연함detachment'이라는 말이 이 말년의 세월이 가져오고 있던 변화를 규정하는 데 있어 다른 말들과 마찬가지로 적당해 보인다. 이런 태도는 말로는 나타낼 수 없고 느낌으로 아는 것들이 흔히 그렇듯, 스치듯이, 그리고 부수적으로 느껴진다. 그것은 1920년 로우스 디킨슨에게 보낸 편지에 분명히 표현되어 있다. 피사나 프로방스 같은 곳에서 두 사람이 집을 공유하자는 오랜 계획이 다시 한번 검토 대상이 되었다.

진지하게, 나의 말년을 위한 훌륭한 생각이네. 나는 그 세월을 이전의 그 어느 때보다 더 충만하고 풍요롭게 만들 작정이거든. 터무니없는 생각일지 모르지만 나이가 들면서 해방감이나 편안함에 대한 묘한 감각을 느끼게 됐어. 욕망과 야망에서 오는 시기와 불안은 사라졌거나 줄어들었네. 이기심도 여전히 남아 있지만 달라졌지. 날카로움은 덜하지만, 어쩌면 더 사소해졌는지도 몰라. 사실 지금도 젊은 예술가들과 접촉을 유지하고 싶어. 하지만 갈수록 나는 고요와 햇살 쪽으로 기울고 있네. 그저 이탈리아 건축물의 벽처럼 평화롭고 넉넉한 풍경을 보고 싶을 뿐이야. 이제 내가 무엇을 이루고 싶은지 알게 되었으니 비교적 고립된 상태도 감당할 수 있을 것 같네. 그리고 그렇게라면 우리는 서로를 계속 지탱해줄 수 있을 것 같아. 심지어 의견 차이조차 우리의 지성을 잠들지 않게 해주는 원동력이 될 테지.

그러나 초연함은 은둔을 의미하지는 않았다. 디킨슨에게 말했듯이 그의 노년은 다른 시기들보다 더 풍요롭고 다채로울 것이었지, 더 공허하거나 빛바랠 것이 아니었다. 그리고 예순을 앞두자 미학적 경험을 끊임없이 고쳐나가는 것이 미학적인 삶을 유지해준다는 그의 주장은 정서적인 생활에서도 정당한 것으로 보였다. 새로운 경험들이 오래된 경험들을 잇달아 대신했고, 새롭게 방향이 설정되었다. 삶의 순전히 외적인 조건들이 어느 정도 단단한 질감을 지녀야 한다고 하더라도 그 위에 어떤 껍데기가 형성되도록 내버려두어서는 안 되었다. 모든 감각이 음미되어야 하고, 어떤 것도 즉각적으로 배제되어서는 안 되었지만, 한편으로는 하나의 균형에 도달한 듯 보였다. 감성과 지성, 상상력과 디자인 사이의 균형이었다.

11장 변형─말년

I

    '변형'은 로저 프라이가 비평 글을 모아 책으로 만들 때 선택한 제목이었는데, 이는 이전의 그 어떤 시기보다 더 풍요롭고 충만할 그의 마지막 10년을 가리키기에 적절해 보인다. 실제로 이 시기에 대해선 빠르고 단편적인 스케치만 가능할 뿐이다. 로저는 1925년 퐁티니에서 보낸 편지에서 다음과 같이 썼다. "내가 이 사람들과 느끼는 가장 큰 차이는, 나에게는 호기심이 있고 그들에게는 없다는 점입니다. 나는 새로운 경험을 하고 싶어요. 거대한 미지의 세계로 들어가고 싶어요."

    예상할 수 있듯이, 만족을 모르는 이런 호기심의 유일한 제약은 몸이었다. 오메가 활동으로 인한 오랜 긴장과 풀 구역에 있는 추운 공장에서 도자기를 만들며 보낸 시간, 프라이팬에서 풍기는 물감 냄새를 맡으면서 손수 지어 먹은 변변찮은 식사가 건강을 해쳤다. 로저는 원인을 알 수 없는 극심한 통증에 시달렸다. 하지만 이런 고통마저도 그의 호기심을 자극했다. 단순한 소화불량일 수도, 암일 수도 있었다. 모든 가설은 실험되어야 했고 어떤 것도 성급히 배제되어서는 안 됐다. 로저는 "아픈 사람은 많은 의사를 만나보고 자신의 결론을 얻어야 한다"고 생각했다. 그는 통증의 완화를 구하는 환자라기보다는 새로운 발견을 추적하는 과학자에 가까운 태도로, 지칠 줄 모르는 낙관 속에서 의사를 전전하며 온갖 치료법을 써보았다. 자격을 갖춘 의사에게서 효험을 보지 못하면 돌팔이 의사에게 의지하기도 했다. 검은 상자와 바늘을 갖고 다니는 사람에게 혈액 몇 방울을 제출했다. "정신 감응에 따라 진동하는 일종의 무선 수신기"를 가지고 다니는 신사에게 자문을 구했다. 소견은 다양했고 로저는 어떤 소견이 나오든 온전히 마음을 연 상태에서 귀를 기울였다. 그는 이런 시도들 가운데 한 가지를 전하면서 "너무나 기묘해서, 더 알아내고 싶었네"라고 편지를 보냈다.

클라이브 벨은 이런 기질에 대해 다음과 같이 말했다. "이렇게 우스꽝스럽고 때로 불길하기까지 한 태도는 개방성의 과장으로, 로저를 동료로서 가장 즐거운 사람 가운데 하나이자 자기 세대에서 가장 주목할 만한 사람으로 만들었다. 만약 진지한 연구자가 로저의 관점에 반박하며 그의 전반적인 미학을 위태롭게 하는 의견을 낸다면, 가령 조토나 세잔이 볼품없는 예술가라는 의견을 개진한다고 해도 로저는 주의 깊고 공감 어린 태도로 귀 기울여 들었을 것이다. 그리고 그 반응은 예의에서가 아니라 진심으로 진실을 열망하는 마음에서 나왔을 것이다." 자연스럽게 전설이 생겨났다. 로저 프라이가 믿는 것에 한계가 있을까? 사람들은 시험해 보고 싶어 했다. 예술작품의 가치를 시험할 수 있는 과학적인 방법이 있지 않겠느냐는 제안이 나왔다. 소문에 따르면 그는 "끈에 추를 매달아 세잔과 자신의 그림 위에 놓고 흔들면서 눈대중으로 그 진동의 범위를 재려고 애쓰고 있었다". 이어 그의 아들은 사우샘

스턴 워터에서 요트를 타다가 조류의 이상 혹은 자기 시계의 이상을 보고했다. 그러나 그의 아버지에게는 훨씬 더 불길한 설명이 가능해 보였고 이는 심지어 그럴듯하기까지 했다. 이때 로저는 천문학에 대한 책을 읽고 있었다. "그는 우리가 '암흑성'의 영향권 안에 들어와 있으며, 그것은 머지않아 지구와 충돌해 행성을 완전히 소멸시킬 가능성이 크다고 추론했다." 그가 그려낸 이 재앙의 모습은 너무도 설득력 있어서 홀러웨이 로드로 손님을 태우고 가는 버스 위에도 그런 파멸이 드리워진 것처럼 보였다. 그는 수많은 치료법을 직접 찾아내 친구들에게 추천했다. 그중에는 특허 의약품은 물론이고 환약이나 연고뿐 아니라 사프란색의 조끼도 있었는데, 소문에 따르면 결핵으로 시달리는 여자에게 그것을 입고 "일출 때 바다 위 절벽에서 동쪽을 보고 서 있"으라고 지시했다고 한다. 클라이브 벨이 전하는 다음의 일화가 로저의 개방성을 잘 보여 줄 수 있을 것이다.

이탈리아를 단체로 여행하고 있었는데 볼로냐에서 일행 중 한 사람이 병에 걸렸다. 로저가 파리에서 막 도착했을 때는 작은 체구의 이탈리아인 의사가 병실에서 환자를 돌보고 있었다. 파리로 다시 돌아가기 전, 리용역 부근에서 로저의 눈길을 끈 것은 신비로운 치료제가 들어 있다는 화려하고 다채로운 색깔의 튜브였다. 로저는 기차에 올라 직접 하나를 복용하고는— 정확히 어떤 목적으로 그랬는지는 모르겠다— 포장에 인쇄된 글씨를 꼼꼼하게 읽었다. 이 내용에 만족한 로저는 자신의 조끼 주머니에 들어 있는 것이야말로 만병통치약이라고 여기게 되었다. 이런 연유로, 이탈리아 의사가 진찰을 마치고 처방전을 쓴 뒤 의과대학 교수와의 진료를 잡아두었을 때, 로저는 조금 머뭇대며 자신이 파리에서 사용해볼 가치가 있는 무언가를 가져왔다고 말했다. "뭐에 듣는 약인데요?" "모든 병에요." 로저는 눈 하나 깜빡 않고 대답했다. "지나치군요." 조그만 의사가 말했다.

그러므로 1923년 여러 치료법에 실패한 뒤, 로저가 에밀 쿠에에게 자신의 몸을 맡기기로 한 것이 놀라운 일은 아니다. 하지만 흥미로운 일이었다. 그에게는 무의식이라는 "망할 것"에 대한 타고난 반감이 있었다. 그리고 "우리 퀘이커 혈통의 거대한 완고함과 자주정신"은 그것에 자신을 맡기는 일에 반발했다. 다른 한편으로 새로운 실험이 그의 호기심을 자극했다. 낭시에 있는 커다란 창고에서 그 이상한 남자 주변으로 몰려든 낯선 사람들에 대한 인간적인 흥미도 있었다. 로저의 말에 따르면 쿠에는 식료품점 직원처럼 보였고 너무 단순하고 명랑하며 진실해 보여서 침울한 환자들마저 웃음을 터뜨리며 그를 "세속의 예수 그리스도"처럼 믿게 되었다. 이들은 자신에 대해 거리낌 없이 이야기했다. 기적이 매일 일어났다. 절뚝발이가 똑바로 걷게 되었고, 농아였던 어느 영국 여인은 갑자기 감각을 회복했다. 처음에 로저 프라이는 초연하면서도 호의를 지닌 구경꾼일 수밖에 없는 것처럼 보였다. "나처럼 외부 지향적이고 분석적인 사고를 가진 사람이 마음을 내어 맡기기란 무척 어려운 일이다." 매일 하루 여섯 시간씩 간이 의자에 앉아 "잘될 거야"라는 말을 반복하면서 자신의 회의적인 태도가 "본능적이고 불합리"하다는 것을 인식하려 애썼다. 마침내 그 효과가 나타나기 시작했다. 고통은 사라졌고, 로저는 이어서 무의식 이론을 개발하게 되었다. 그 이론은 물론 예술에 적용되었다. 낭시의 모임은 그가 비문명 사회의 예술에 관심을 쏟는 데 일조했다. 그는 마지막 슬레이드 강의에서 이런 메시지를 전했다. "무의식의 개발은 시각예술에서 좀더 순수하고 강한 표현을 낳을 수 있으며, 지적이고 정신적인 서구 예술을 보충해줄지도 모릅니다." 쿠에를 마음에 둔 채 그는 마르세유의 식민지 박람회로 향했고, 그곳에서 흑인들을 보면서 "동물로 사는 법을 망각함으로써 우리가 얼마나 많은 것을 잃었는가!"라고 외쳤다.

하지만 무의식에 대한 이런 실험들은 1923년 12월, 전혀 다른 종류의 능력을 요구하는 요청으로 방해받았다. 진위가 논쟁 중인 다빈치 그림 사건에서 전문가로서 증언하기 위해 낭시에서 파리로 가야 했다. 그는 다섯 시간 동안 본신문과 반대신문을 받았다. 시아신트 링로즈Hyacinthe Ringrose 라는 사람은 익살스럽고도 집요했다. "대중이 당신의 그림보다 글에 더 관심을 보인다는 것을 알고 있나요?" "네." "파리에서 상을 받은 적이 있습니까?" "아뇨, 결코 그런 모욕을 받은 적 없습니다." "존 러스킨의 책을 읽어본 적은 있나요?" "읽은 지 아주 오래되었지만, 쓸데없는 말을 엄청나게 많이 했다는 기억은 납니다." "때때로 당신의 견해를 바꾸었나요?" "네." "지금도 견해를 바꿀 가능성이 있습니까?" "그러기를 바랍니다." 말다툼이 한참 더 이어진 끝에 링로즈는 로저로부터

"일종의 개인적인 고백"을 이끌어냈다.

젊었을 때는 이탈리아 대가들이 내가 올바른 기술이라고 생각하는 것을 이미 파악해냈다고 믿었습니다. 당시 나는 그림에 올바른 길과 잘못된 길이 있다고 생각했죠. 솔직히 고백하자면, 나는 생각을 바꿨습니다. 이제 나는 그림에 올바른 길과 잘못된 길이 있다고 믿지 않고, 가능한 모든 길이 있다고 봅니다. 예술가라면 누구나 자신의 매체로 표현하는 자신만의 방법을 만들어내야 하죠. 옳거나 그르다고 할 단 하나의 길은 존재하지 않습니다. 어느 방법이든 예술가의 마음에서 우러나는 생각을 끝까지 일관되게 표현한다면 옳은 것입니다.

이어 로저는 표현 매체에 대한 매우 명료하고 기술적인 논고를 이어갔다. 염료와 점토에 대해, 엄지손가락의 사용에 대해, 리듬이란 무엇이며 움직임이란 무엇인가에 대해 말했고 링로즈와 재판에 나온 전문가들을 상대로 예술 전반과 레오나르도 다빈치에 대해 수준 높은 강의를 했다. 그 뒤 그는 다시 낭시로 돌아가 간이 의자에 앉아 최면을 계속했다. 이듬해 스페인을 여행할 때도 열차 구석 자리에 앉아 멍하니 "잘될 거야"라고 중얼거리는 그의 목소리가 들리곤 했다.

여기서 신체의 다른 측면에 관해 가능하면 로저 본인의 목소리로 언급할 필요가 있다. 그가 말하는 사랑과 사랑의 "많은 방법"은 언제나 아주 단순했고 개방적이었으며 심지어 당당하기까지 했다. 그 결과 그의 아들이 학창 시절 당황해했던 것과 같은, 일상적 기준의 기묘한 전도가 나타났다. 신체에 자연스러운 자리를 허용하는 것보다 그것을 억압하는 것이 훨씬 더 비도덕적이었다. 신체의 자연스러운 자리는 당시의 부르주아적 관습에 의해 완전히 비례를 잃을 만큼 왜곡되어 있었다. 로저는 젊은 시절의 회피와 위선에 대해 오로지 경멸만을 품고 있었다. 누군가 신체를 부적합한 곳으로 끌어들이면, 예컨대 화가가 성적 감정을 자극하는 데 예술을 사용하면 그는 혐오감을 느꼈고 그런 신체의 왜곡에는 '포르노그래피'라는 말밖에 붙일 수 없다고 말했다. 그가 통념을 뒤집을 때마다 그러했듯, 이런 정직함은 현실에 대한 새로운 감각으로 이어졌다. 로저는 스쳐가는 관계를 숨기려 하지 않았다. 그런 관계에는 즐거움이 있었고, 어쩌면 필요도 있었으며, 분명한 오락성도 있었다. 하지만 덧없이 지나가지 않는 사랑, 즉 육체와 정신이 뒤섞여 구분되지 않는 상태로 변모한 사랑은 그런 정직함 덕분에 한층 더 진지해졌다. 그리고 로저보다 그와 같은 관계의 중요성을 절감한 사람은 아무도 없었다.

이 무렵 그에게 깊이 영향을 준 경험이 있었고, 그는 이에 대한 기록을 남겼다. 그의 소견을 소개하기 위해서는 그 자신과 한두 명의 친구만을 위해 쓰인 문서를 읽고 난 뒤 기억에 남는 정도의 윤곽만을 제시할 수 있을 따름이다. 당시의 환자들 중에는 젊지도, 예쁘지도 않았지만 재치 있고 공감 능력 풍부한 프랑스 여성이 있었다. 그런 상황에선 자연스레 생겨나기 마련인 우정이 로저와 그녀 사이에 싹텄다. 이후의 일들은 자연스러운 귀결이었다.

로저는 어려운 상황—그 여자는 병이 있었기 때문에 두 사람은 종종 떨어져 있었다—에도 불구하고 이 관계가 두 사람 모두에게 특별한 가치를 지녔다고 믿을 수 있었다. 그러던 중, 어떤 이유에서도 설명할 수 없는 갑작스러운 광기의 발작 속에서 그녀가 스스로 목숨을 끊었다. 이 비극을 일으킨 것은 그가 아니었다. 유가족이 확인해 준 바에 따르면 로저는 그 여자에게 일찍이 겪어보지 못한 행복을 안겨준 사람이었다. 이 사건은 로저에게 엄청난 충격이었다. 이후 로저는 이 "비극적인 이야기"를 프랑스어로 기록했는데, 그 일부를 인용하자면 다음과 같다.

내 마음속에는 두 개의 상반되는 원칙이 끝없이 싸우고 있다. 사랑을 통해서, 오직 사랑을 통해서만 우리는 분명한 현실, 진정한 실체로 채워진 세계, 영원하고 불멸하며 최종적인 영혼과 실체들로 이루어진 세계에 닿거나 닿는다고 믿는다. 그 밖의 모든 영역은 전적으로 상대성의 지배를 받는다. 여기에는 끊임없이 변하는, 그리고 절대 반복되지 않는 상호관계만이 존재한다. 이 두 가지 경험을 서로 조화시키려는 노력은 모두 헛된 것으로 보인다. 이두 세계는 공통된 관점을 갖고 있지 않다. 여성에게서는 사랑이라는 영원한 삶의 원칙이 보통 다른 문제에 우선한다. 그녀는 종종 전적으로 사랑에 속하곤 한다. 그녀가 지금의 나와 같은 처지에 놓였다면 정신이 온전한 상태에서도 스스로 목숨을 끊었을 거라고 믿는다. 그러나 나는 그러지 않는다. 상대적 삶이라는 또 다른 원칙은 우리 인간 세상에서 절대 사라지지 않는다. 나는 그 원칙 위에 나 자신을 지탱하고 삶을 가능하게 해주는 철학을 조금씩 형성해나갔다. 진정으로 지혜로웠던 여자를 본 적이 있는가? 지혜로웠던 남자들은 있었다. 그리고 지혜란 우리 안에서 정의를 요구하는 모든 것을 완전히 포기할 때 얻을 수 있는 것이다. 우리는 우리 고유의 개성까지도 믿지 않기로 체념해야 한다. 우리의 모든 성격은, 다른 모든 것과 마찬가지로, 유전과 환경이 만들어낸 우연한 결과이다. 공포와 비난이라는 모든 관념을 제거해야 한다. 허영을 가장 은밀한 구석까지 추적해 완전히 짓밟아야 하며, 그럴 때 삶은 비로소 평온해진다. 나는 노자가(그가 그 인물이 맞다면) 이런 심오한 진리를 말할 수 있었던 유일한 철학가라고 생각한다.* 모든 자만심은 외부의 현실을 왜곡한다. 삶이란 자신의 자아를 완전히 개의치 않게 되는 법을 배우는 기나긴 과정일 뿐이다. 그리고 광기란 완전히 갇혀버린 상태에 불과하다. 지혜는 모든 왜곡의 제거이며 우리와 다른 것을 받아들이는 것이다. 그것은 환경에 대한 적응의 승리이다. 그것은 행복이 아니다. 그런데 도대체 어떤 악마가, 우리가 행복할 권리를 갖고 태어났다는 이 치명적인 생각을 우리 안에 불어넣었단 말인가? (…) 나는 회복될 것이다. 나는 그것을 안다. 또 하나의 우스꽝스러운 광경을 선보일 생각은 없다. 더 이상 사랑받지 않는다는 것, 더는 희망도 야망도 없다는 것의 맛을 음미할 것이다. 지혜는 우리가 그 가르침에 어떻게 복종

---

* 노자는 "노산崂山의 계곡 사이를 흐르는 물의 이치를 아는 사람은 자연에 순응할 줄 아는 사람이다"라고 말했다.─원주

해야 하는지도 가르쳐야 한다. 이것이 철학의 마지막 단계이자 가장 어려운 단계다.

II

로저는 그해 늦여름 생레미에 사는 모롱 가족과 함께 지내기 위해 그곳으로 갔다. 그곳에서의 생활은 당시 그가 견딜 수 있다고 본 유일한 삶의 형태였다. 그는 작은 농가에서 지내며 직접 집안일을 했고, 농부들이 "상상할 수 있는 가장 문명적이고, 회의적이며, 유머러스하고 호의적인 사람들"임을 알게 되었다. 이들은 이교 세계로부터 직접 내려온 사람들이며 그 세계의 지혜를 지니고 있었다. 이처럼 고대 문명에서 꽃핀 공산주의는 그의 기질에 맞았다. 누군가 샐러드를 필요로 하면 옆집 텃밭에서 채소를 가져오며, 이웃들도 차례로 같은 일을 한다고 로저는 기록했다. 얼마 지나지 않아 그는 새벽 4시에 시장에 나가 강낭콩이 얼마를 받을지를 정확히 맞혀 시장 아낙네들에게 존경을 받게 되었다. 무척 더웠고, 바라볼 만한 풍경이 있었다. 무한히 섬세한 조각길 무늬를 지닌 석회암 언덕의 표면, 아몬드 나무와 올리브 나무가 만들어낸 사각형 구획들의 복잡함. 그는 스스로를 다그쳐 일을 했다. 반쯤 어두운 방에선 포도 덩굴 잎 사이로 빛이 떨어졌다. 샤를 모롱은 시력이 악화될 위기로 그 방에 앉아 있어야 했는데 그 빛에 관심이 생긴 로저는 모롱의 초상화를 그리기 시작했다. 두 사람은 미학에 대해 토론했고 체스 게임을 했으며, 함께 E. M. 포스터의 『인도로 가는 길Passage to India』을 번역하기 시작했다. 그는 매콜 부인에게 "사람은 새로운 감각을 기억 위에 계속 쌓아올릴 때에만 배울 수 있습니다"라며 편지를 보냈고, 어쩌면 "우리는 다른 사람들이 근심을 극복하도록 도울 때만 자신의 근심을 잊을 수 있습니다"라고 덧붙였을지도 모른다. 편지에서 충분히 입증되듯, 이런 것이 그의 주요 관심사 중 하나였다. 그러나 한동안은 "삶의 강렬한 기운"이 사라지고 악몽이 앞장서고 있었다.

그는 행복할 수 있는 사람이었고 동시에 매우 불행해질 수도 있는 사람이었다. 댈메니 애비뉴를 찾는 방문객들은 종종 그가 통증으로 괴로워하는 모습을 보았다. 로저는 "잘될 거야"라는 주문을 외는 것을 포기했다. 쿠에의 마법은 더 이상 효력을 발휘하지 못했다. 과거의 강박증 또한 되살아났다. 영국에서 예술은 불가능하다는 생각, 아무도 그의 그림을 사지 않는다는 생각, 어쩌면 그림을 포기해야 할지도 모른다는 생각. 런던 사회는 점점 더 지루해졌다. 사람들은 여전히 그를 초대해서 괴롭혔고 그는 갈수록 안절부절못했다. 받아줄 중심을 잃은 그의 에너지는 감당하기 어려운 것이었다. 전화기 너머로 들려오는 그의 목소리가 있었다. 그는 수많은 탐험 중 하나를 막 겪고 돌아온 상태였다. 그는 "진정한 재능"(시, 그림, 혹은 그중 어떤 것도 아닌)을 지닌 "사랑스러운 사람"(스페인 사람, 프랑스 사람, 포르투갈 사람 또는 맨체스터 변두리 사람)을 만났는데, 행정 당국은 그대로이고 영국 대중도 늘 그런 존재여서, 그는 굶주리거나 심지어는 전혀 어울리지 않는 환경에 둘러싸여 있었다. 무언가 조치가 필요했다. 강의를 해야 했고 강당을 빌려야 했고 안내장을 돌려야 했고 부자들이 강제로라도 후원하게 만들어야 했다. "무언가 조치가 필요"하다는 그 목소리는 명령조였고, 의지가 약하거나 시간이 없는 사람들에게는 두렵게 들렸다. 그에게 위안거리는 예술밖에 없었다. 젊은 영국의 화가들이 있었다. "매슈 스미스는 올겨울 눈에 띄는 도약을 이루었다." 그림들도 있었다. "수년 전 엘더 갤러리에서 본 뒤 줄곧 갖고 싶어했던 작은 마티스 작품 하나를 구입했다." 이론은 늘 빠지지 않았다. "디자인에서 가장 중요한 것이 무엇인지 감을 잡아가고 있습니다. 즉, 입체적 차원에서 덩어리와 공간 사이의 상호작용을 극대화하는 것이죠. 무슨 말인지 아시겠나요? 말하자면 덩어리와 공간이 서로를 상대로 끝까지 작동하도록 만드는 거예요. 라파엘로나 티치아노의 그림을 보면 내 말이 무슨 뜻인지 알 겁니다."

마침내 로저는 그에게 오랜 세월 결핍되어 있었던 것을 행복하게 발견해냈다. 그것은 여러 해에 걸쳐 자라나는 두 사람 사이의 친밀감이라는 중심이었다. 그 가능성은 1926년에 나타났다. 그는 친구로 지내는 모롱 부부에게 "부당한 법 때문에 결혼할 수가 없어요"라고 편지를 보냈다. 그 법은 무시해야 했다. 그는 그 사실을 강조할 필요도, 숨길 필요도 없을 만큼의 단순함으로 법을 무시했다. 로저는 실제로 1926년부터 생을 마칠 때까지 헬렌 안레프와 함께 살았다. "부족한 것은 형식뿐입니다. 나는 여태껏 지금 우리가 나누고 있는 것만큼 완벽한 공감대를 느껴본 적이 없어요." 이 사실은 공식 결혼 서류를 주저 없이 무시할 수 있을 정도로 매우 중요했다.

로저는 때때로 교육적인 분야나 그 밖에서 분개한 도덕주의의 흔적을 발견했지만, 윌리엄 리치먼드 경이 그를 점잖은 사회에서 배척했던 시절 이후로는 영국에서조차 환경이 개선되었다는 것을 부인할 수 없었다. 젊은 세대가 사적인 영역에서 빅토리아시대의 "환상적 청교도주의"를 성공적으로 몰아내고 있음을 발견하는 일은 그를 기쁘게 했다. 그는 전과 다름없이 종종 강의에 초대받았다. 안주인들은 여전히 그를 초대해서 귀찮게 했다. 그리고 시간이 지나면서 그는, 이상하리만치 마음에 거슬리는 일이긴 했지만, 영국에서도 그의 그림을 사는 사람들이 상당히 많다는 사실역시 받아들이지 않을 수 없었다.

형식 없는 결혼에 나타난 외적인 변화로는 또 한 번의 이사가 있었다. 로저는 버나드 스트리트에서 지하철 역 맞은편 러셀 호텔의 테라코타 타일 장식이 옆으로 보이는 집을 마련했다. 그는 모롱 부인에게 "보시다시피, 하느님께서 친히 내 삶에서 모든 단조로움을 피하게 해주고 계십니다"라고 편지를 보냈다. 그리고 다시 한번 그림, 단지, 흑인 조각상, 오메가 의자와 탁자들이 재배치됐다. 편지에는 "사물들이 서로 맞아떨어지게 하고, 그것들이 취하는 새로운 가치를 보는 일은 아주 재미있어요"라는 말도 있었다. "이 거대한 안녕, 이 비범한 안락과 평온"이라 묘사한 행복은 모든 것에 새로운 가치를 부여했다. 본능적으로 삶을 즐기기 위해 태어난 것처럼 보였지만, 그는 역경 속에서 삶을 용감하게, 또 철학적으로 즐겨야 했다. 이제 긴장을 풀 수 있을 것 같았고, 즐길 거리는 끝이 없어 보였다. 이 무렵 보낸 편지에서 그는 "나는 온갖 사소한 것에서 점점 더 기쁨을 맛봅니다"라고 썼다. 이제는 그런 것들을 분석하는 일도 거의 그만두었다. 로저가 그것들을 그토록 충만하게 즐길 수 있었던 것은, 또 그것들을 기록하는 과정에서 언제나 갈망하던 예술가의 모습에 가장 가까이 다가갈 수 있었던 것은 어쩌면 바로 이런 이유에서였는지도 모른다. 이런 생활의 예를 몇 가지 든다면, "그저 파리 시내를 거닐다가 낡은 대문이나 루이 14세 양식의 발코니와 마주치는 것", "튀일리 정원을 한가로이 거닐다가 매점 하나를 지키는 통통한 여인을 바라보게 되고, 커다란 스튜 냄비를 가운데 두고 가족과 둘러앉아 있는 그녀가 낙엽을 쓸고 있는 인부들에게 '맛있게 드세요'라고 인사를 건네는 모습에서 소박하면서도 탐욕스러울 만큼 삶을 긍정하는 소박한 감각과 유머를 느끼는 것", 머리를 하면서 "네일 아티스트와 고객의 관계를 살피는 것", "프랭탕 백화점에서 손자들에게 줄 장난감을 사는 것", 불을 붙인 뒤 "불꽃이 커다란 통나무를 움켜쥐듯 붙잡고, 둘러 핥으며 나무에 구멍을 내고 예쁜 금빛 동굴을 만드는 모습을 지켜보는 것", "형용할 수 없이 복잡 미묘하고 엷은 적갈색 소스 속에서 희미하게 빛을 내는 햄 두 조각을 먹는 것", 이런 일들이 일상을 풍요롭고 충만하게 해주는 사소한 것들 가운데 일부였다. 또 사람들과의 "기묘한 접촉들"도 있었다. "왜 내가 나이 지긋한 목사들의 신뢰를 불러일으켜야 했을까? 하지만 그는 그림에 대해 기묘하고도 변덕스러운 열정을 지닌, 다정한 노인이었다. 그는 '입체파와 미래파 예술가들이 몹시도 우려됩니다. 언젠가는 그들에 대한 설교를 할 작정이에요'라고 말했다. 그래서 내가 가지고 있는 입체파 화가들의 작품을 보여주겠다는 제안을 할 수밖에 없었다." 또 예술가를 후원하는 귀부인이 있었는데 그는 '청색 시대'의 피카소 작품을 보더니 "세기의 명언이라 할 만한 말"을 내뱉었다. "중국인이 그린 것이라면 아름답다고 생각해요. 하지만 프랑스인이 그린 거라면 정말 멍청한 작품이에요." 또 언제나 변함없이, 영원토록 진지한 미국인 여자가 있었는데 그녀는 "하느님이 도우시길 바라건대, 미국 여학생 300명에게 미술을 가르치면서 그 최후의 한마디를 필사적으로 찾고 있었다. 이 사람은 사물을 보는 능력이 전무하면서도 축복받은 최후의 한마디를 간절히 듣고 싶어했다. 하지만 로저 프라이는 그 말을 거부했다. 훈장을 받은 프랑스 교수에게 당구를 배우는 기쁨도 있었다. 자신만의 체계로 룰렛 게임을 해서 열두 시간 만에 가까스로 1프랑을 벌어들이는 즐거움도 있었고, 이후 배를 타고 영국으로 돌아가면서 프랑스 선원들의 말다툼을 듣는 재미도 있었다. "'이봐, 넌 나보다 더 못생겼잖아!' 이 말을 듣고 내가 재미있어하자 선원은 나를 향해 돌아서서 '그렇지 않습니까, 선생님, 저 친구가 저보다 더 못생겼죠?'라고 물었다. 내가 '아름다움에는 두 가지가 있죠. 하느님께

---

* 파블로 피카소의 활동 기간 중, 주로 검푸른 색이나 짙은 청록색의 색조를 띤 그림을 그리던 1901년부터 1904년까지를 일컫는 표현.

서 제가 그 사이를 판단하지 않게 지켜주시길'이라 대꾸하자 한바탕 웃음이 터졌고 싸움은 끝났다." 그리고 물론 풍경과 바다 풍경, 도시 풍경이 주는 끝없는 즐거움이 있었고 "순수한 햇빛의 특별한 감각"을 맛보는 단순한 즐거움도 있었다. 그래서 그는 일상생활의 공통된 결을 이루는 사소한 일들을 빠르고 가볍게 써내려갔다. 사소한 것들이지만 거기서 맛보는 즐거움은 과거 어느 때보다 그의 말년을 더 충만하고 풍요롭게 만들어주었고, 그의 글쓰기를 점점 더 풍부하고 유머러스해지게 하는 데도 한몫했다.

III

이렇게 한가로이 여름을 보내고 로저는 자신의 "외부 지향적이고 분석적인" 정신을 억지로 글쓰기라는 과업에 붙잡아두기 위해 몇 번이나 신음해야 했다. "그래요, 글을 써야 한다는 건 알죠. 그렇지만 아시다시피 그건 그림을 그리는 것과는 완전히 다른 집중을 요하잖아요. 둘 사이에는 사실상 일종의 대립이 있습니다." 로저는 아이디어가 넘쳐났지만 그 아이디어를 자리에 앉아 써내려간다는 것은 "지독한 노동과 고통"을 의미했다. "내게는 타고난 소질이 얼마나 적은지, 또 내 문장이 흘러가는 방식을 내가 얼마나 드물게만 마음에 들어하는지. 실은 내 문제 자체에 얼마나 진절머리가 나는지…… '조형적인' 같은 단어들이 끔찍하게 반복되는 것을 보고 다소 충격을 받았습니다. 하지만 설명을 분명히 해야 한다면 도대체 무엇을 할 수 있겠습니까? 과학자가 다른 말로는 대체할 수 없는 정확한 용어를 사용하듯 정확한 단어를 사용해야겠죠."* 이런 신음과 함께 그는 우호적인 압박 속에서 자리에 앉아 다음 저서 『변형』을 준비했다. 그는 "내가 '변형'이라는 말로 제안하고 싶은 것은 형태가 미학적 구조의 일부가 되는 과정에서 발생하는 온갖 변이들의 총체"라고 설명했다. 과거의 비평과 강의는 여느 때처럼 많이 "재구성되고 다듬어졌"으며, 독자는 아마 그가 글을 쓰면서 겪은 강도 높은 노동과 고통의 흔적을 발견하게 될 것이다. 많은 구절이 반복되고, 정확한 용어가 없는 감각을 정확하게 설명하기 위해 흉측한 단어들을 새로 만들어 끌어다 써야 했다. 모호함을 줄이고 논의를 한발 더 진전시키는 데 필요하다고 생각하면 "즉" 또는 "다시 말해서"라는 표현을 덧붙여 문장의 형태를 망치는 것도 서슴지 않았다. 화려한 필치로 독자를 유혹하려는 시도는 하지 않았다. 그러나 미술에 대해 글을 쓰고 미학 이론을 세운 사람 가운데, 추적을 흥미롭게 만들고 발견을 실감나게 만드는 이런 힘을 지닌 이가 또 누가 있겠는가? 그리고 다시, 일반 독자는 묻게 된다. 도대체 그게 어떻게 가능했을까? "미학의 몇 가지 문제"라는 제목은 매력이 없다. 미학의 문제는 허공으로 흩어져 사라지기 쉽다. 예술에서 표현이 무엇을 의미하는가 하는 문

---

* 1928년 로저는 로건 피어솔 스미스가 펴낸 『해야 할 말 Needed Words』에 「예술 관련 논의 Words Wanted in Connexion with the Arts」라는 글을 기고했다. S.P.E. 논문 번호 XXXI. —원주

제는 멀고도 모호하다. 그러나 이론을 앞으로 밀고 나가는 과정에서, 논의는 그 미묘함과 구불구불한 전개 때문에 그 굴곡을 따라가는 것 자체가 매혹적일뿐더러, 진행과정에서 견고한 대상을 수없이 스치고 지나가 그 자체로 단단함을 획득한다. 이때 이론은 우리가 보고 만질 수 있는 무언가로 변한다. 그림은 언제나 마치 기적처럼 손 닿는 곳에 있어 스포츠맨의 태도나 벽에 드리운 그림자, 또는 나이 든 위제스 공작부인의 캐리커처를 통해 정확한 도달 지점을 보여준다. 그리고 그로부터 한발 더 밀고 나갈 수 있다.

그러면 이 오르막길에서 보이는 전망은 아주 새롭다. 카펫의 무늬가 뒤집혀서 보인다. 논쟁적인 것이 많고, 의심스러운 것도 많다. 소설은 "심리적 깊이"를 다룰 수 있는 능력을 부여받는다. 시는 관능적 호소를 할 수 없는 것으로 선언된다. 새로운 가치들이 제안되고 새로운 전망들이 드러난다. 그리고 마침내, 깨끗이 닦이고 광나게 손질되어 그 어느 때보다 더 풍부한 빛 속에서 이젤 위에 놓인 듯, 렘브란트의 〈책상에 앉은 티투스 Titus aan de lezenaar〉가 우리 앞에 놓인다. 하지만 로저 프라이의 묘사는 결코 맥락을 벗어나지 않는다. 가령 학생이 사용하는 책상의 목재를 그려내는 데서 보이는 그의 놀라운 환기능력은 단순한 묘사능력이 아니다. 그 힘은 앞서 전개된 논쟁과 분석이 빚어낸 마찰에서 나오는 것이다. 하지만 이런 이유로 화려한 문장을 보여주지는 않더라도 그 빛은 더 깊은 곳에 자리한다. 산문 자체의 조직 속에 스며들어 있는 것이다. 그리고 물론 유머가 있다. 클로드 필립스 경을 향했다가 다시 교양 없는 사람, 속물, 예술가를 대하는 국가의 방식 등 오래된 강박들로 옮겨다니는, 신선하고도 끊임없는 정신의 유희가 있다. 이 모든 것은 우리를 이끌어 마지막 페이지에서 현재의 순간과 살아 있는 예술가에 이르게 하고, 다시 한번 '다음엔 뭐가 나올까?' 하고 묻게 한다.

사과의 녹색이나 책상의 빛남, 또는 복잡하게 얽힌 추상적 선들의 대조와 조화를 제시하는 능력의 본질이 무엇이든 갈수록 많은 사람이 그의 마력에 사로잡혔다. 비평가로서 로저의 명성은 꾸준히 올라갔다. 그런 성장을 가늠하기는 어렵다. 흔히 그렇듯 훈장이나 관직 임명으로 평가할 수 있는 것이 아니기 때문이다. 그러나 그가 젊은 예술가와 비평가들 사이에서 차지한 비범한 위상을 입증하는 증거들은 점점 늘어났다. 그의 사후에 케네스 클라크 경은 "시대의 기호가 한 사람에 의해 바뀔 수 있다면, 그 변화는 로저 프라이가 이끈 것이다"라고 기록했다. 로저와 비교될 수 있는 다른 비평가는 러스킨이 유일했다. 로저와 비교되는 다른 비평가로는 러스킨이 유일했다. 하워드 해네이 Howard Hannay는 다음과 같이 기록하고 있다. "그가 사망할 당시, 예술계에서 로저 프라이가 차지한 위상은 유례가 없었고, 그에 견줄 수 있는 유일한 사례는 명성이 절정에 달했을 때의 러스킨뿐이다. 학자들이 현대 예술에 대한 그의 견해에 귀를 기울인 것은 그가 그들보다 고대 예술을 더 많이 알았기 때문이고, 예술가들이 그의 역사적 개관에 주목한 것은 그것이 현대 회화를 조명했기 때문이다."

이로써 젊은 세대 중 가장 적절한 판단을 할 수 있는 사람들에게 그는 흥분과 자극을 불러일으키는 예언자적 능력을 어느 정도 갖춘 위대한 비평가로 보였다. 하지만 로저 프라이는 그 자신이 자주 한탄하곤 했던, 생전에 성인처럼 추앙받게 될 운명을 두려워할 이유가 없었다. 권한을 쥔 당국자들이 그 또는 그의 견해를 받아들이는 데는 여전히 큰 어려움이 있었다. 이에 대한 증거는 1927년, 옥스퍼드에서 슬레이드 교수직이 다시 공석이 되었을 때 선출자들이 또다시 그를 배제한 사건에서 드러났다. 이때의 경험은 그가 인정했듯이 "가벼운 충격"을 주었다. 그는 그 자리가 자신의 이론 몇 가지를 정식으로 체계화할 기회를 주었을 거라며 아쉬워했다. 그리고 그가 물려받지 못한 "빅토리아시대의 악덕" 때문에 일정한 독립성을 유지하고 있었다고는 해도, 안정된 수입이 있었더라면 반가웠을 거라는 사실을 인정했다. 하지만 괴로워하기보다 오히려 재미와 흥미를 느꼈다. 그가 여전히 그 나이 든 사람들의 마음에 두려움을 불러일으킬 수 있었던 것일까? 로저는 다음과 같이 기록했다. "브리지스의 말에 따르면 옥스퍼드의 심사위원들이 나의 비이성적임을 두려워한다고 한다. 나의 진짜 죄가 터무니없이 이성적이라는 데 있지 않다는 듯이 말이다. 이렇게 음산한 존재로 여겨진다니 오히려 즐겁기도 하다. 이 도깨비 가면 뒤에 얼마나 온화하고 조심스러운 기질과 신중하고 보수적인 성향, 그리고 노인의 지혜가 숨어 있는지를 알면 그들은 부끄러워 얼굴을 들지 못할 것이다. 하지만 그들을 놀라게 하는 재미를 위해서라도 이 가면은 계속 쓰고 있도록 하자." 혹은 심사 위원들이 형식에 유난히 예민한 후각을 지니고 있어서, 로저에게는 그런 것이 없다는 사실을 간파했기 때문일까? 이유가 무엇이든 그는 거부당했고 다시 한번 모친에게 실패했다는 소식을 전해야 한다는 생각에 가슴 아파했다. 그도 인정했듯 빅토리아시대의 양육 방식에 길든 그의 열등의식은 아직 완전히 가신 것이 아니었다. 그 증거로 그는 60을 넘긴 나이에 사자 꿈을 꾸었다. 잠에서 깨어났을 때 그는 이 꿈을 분석하면서 그 사자를 아버지 에드워드 프라이 경과 영국 대중에 동시했다. 이런 해석은 그가 두 존재에 의해 얼마나 심하게 억압되어왔는지를 보여주었다. 그리고 닥터 마틴이 그의 내장신경통의 원인을 청교도적 양육의 영향으로 설명하며 그의 생각을 확인시켜주었을 때, 그는 기뻐했다. "늘 조기 훈련의 폐해가 어딘가 드러나야 한다고 생각해왔는데, 역시나 여기 있네요." 하지만 하이게이트와 서닝힐의 흔적이 꿈속에 되살아나긴 했어도, 빅토리아적 정신은 점차 증발하고 있었다. 시간이 지나면서 그와 모친의 관계도 변했다. "어머니는 믿을 수 없을 정도로 변했다"고 그는 기록했다. 그는 모친과 어떤 주제로든 이야기할 수 있었고 모친의 재치에 큰 즐거움을 느꼈다. "그런 모습은 아버지가 어머니에게 얼마나 엄청난 압박을 가했는지를 보여준다"고 말했다. 예전의 억압은 사라졌고, 옥스퍼드 심사 위원들이 그를 받아들이지 않았다는 사실을 털어놓아야 했음에도 모친과 이야기하는 것은 "진정한 즐거움"이었다.

IV

    옥스퍼드대학이 그를 거부했다면 런던대학은 그를 받아들였다. 로저는 이 시기에 청중이 자신의 예술 강의를 들으려고 퀸즈 홀을 가득 메운 것을 보고 깜짝 놀랐다. 벌링턴 하우스에서 열린 겨울 전시회가 그런 기회를 제공했다. 플랑드르 미술, 프랑스 미술, 이탈리아 미술을 주제로 강의할 때마다 강연장은 가득 찼다. 수강생 한 명의 기록에 따르면 청중은 "열광적이었고 완전히 몰입해 있었다". 놀라운 일이었다. 그해 겨울 저녁마다 푸르스름한 안개로 가득한 퀸즈 홀에는 병색이 역력한 군중의 재채기와 기침 소리가 그치지 않았다. 그들을 상대로 한 오락거리라곤 연미복을 입고 긴 막대기를 든 채 하얀 스크린 앞에 서 있는 신사 한 사람뿐이었다. 어떻게 소통이 가능했을까? 어떻게 정신적인 세계가 이렇게 어울리지 않는 환경에 나타날 수 있었을까? 해네이가 말했듯, 처음에는 "개성" 즉 "한 인간 전체의 매력" 덕분이었다. "그가 그림의 한 부분을 가리키며 '조형성'이라고 중얼거리기만 해도 마법적인 분위기가 형성되었다." 중얼거리듯 말하던 그의 목소리는 온화하고도 세련되었으며 유머러스했다. 그 목소리는 그의 글에서는 그다지 감지되지 않았던 관용과 폭 넓은 경험을 전달했다. 머리가 돈 이론가라거나 불가능한 신념의 무책임한 옹호자라는 평판을 지닌 그 인물의 도깨비 가면 뒤에 놓여 있던 것이었다. 하지만 강의를 계속할수록 그 신념들이 여전히 살아 있음을 분명히 알 수 있었다. 많은 청중은 연미복을 입었음에도 "허리에 띠를 두른 채 단식하는 수사"처럼 보이는 이 강연자가 자신들을 새로운 종류의 종교적 수행으로 이끌고 있다고 추론했을지도 모른다. 그는 "세상의 칭찬과 비난에 무관심한 채" 고된 삶을 살아가는 예술가들을 새로운 종류의 성자로 찬미했다. 영적으로 가난해야 하고, 겸손해야 하며, 자기 신념에 완강하게 충실해야 하는 이들이었다. 일탈에 대한 처벌도 선언되었다. 그가 거짓되게 굴면 곧 "영감의 주요 원천으로부터 차단된다"는 것이었다. 프라이 가문 여러 세대를 통틀어 정신의 권리를 그보다 더 열정적으로 설파하거나 엄중하게 파멸을 선고할 수 있었던 사람은 없었다. 그러나 그는 곧 "슬라이드를 보세요"라고 말했다. 스크린에는 흑백으로 된 그림들이 나타났다—렘브란트와 샤르댕, 푸생, 세잔의 작품들이었다. 그리고 강연자는 막대기로 가리켰다. 그의 긴 막대는 믿을 수 없이 예민한 곤충의 더듬이처럼 떨리며 "리드미컬한 구절", 어떤 연속, 혹은 어떤 대각선 위에 멈춰 섰다. 이어 그는 청중에게 "보석 같은 음조들", "공단예복 옷자락의 오목한 곳에 깃든 옥색과 황옥빛", 빛을 덧없이 창백하게 만드는 색조들을 계속 보여주었다. 스크린에 비치는 흑백 슬라이드는 안개를 뚫고 빛을 띠며 실제 캔버스의 입자와 질감을 가지는 것처럼 보였다.

이 모든 것은 그가 자신의 저서에서 되풀이해 설명한 것이다. 하지만 여기에는 차이가 있었다. 다음 슬라이드가 스크린 위로 넘어갈 때, 짤막한 멈춤이 있었다. 그는 그림을 새삼스레 응시하고는 즉시 필요한 단어를 찾아냈다. 그리고 마치 처음 본 것처럼, 방금 막 눈에 들어온 것을 즉석에서 덧붙였다. 이것이 아마 그가 청중의 시선을 사로잡는 비결이었던 것 같다. 청중은 감각이 번개처럼 닿아 형성되는 순간을 목격할 수 있었다. 로저는 지각이 일어나는 바로 그 순간을 드러내 보일 수 있었다. 이렇듯 짤막한 멈춤과 감각의 분출을 거쳐 정신적 현실의 세계가 드러났다. 푸생, 샤르댕, 렘브란트, 세잔의 작품 속에서 유럽의 고지대와 저지대가 모두 연결되고 어떤 방식으로든 하나의 전체를 이루며 퀸즈 홀의 커다란 스크린 앞에 펼쳐졌다. 마침내 강사는 안경 너머로 한참을 바라보다가 말을 멈추었다. 그는 세잔의 후기 작품을 가리키고 있었지만, 당혹스러워하고 있었다. 그는 고개를 저었다. 지팡이는 바닥을 짚은 채였다. 그는 그 작품을 분석하는 것은 자신의 능력을 벗어나는 일이라고 말했다. 이어 "다음 슬라이드"라고 말하는 대신 청중을 향해 머리를 숙여 인사했다. 청중은 물이 빠져나가듯 흘러나갔다. 이들은 두 시간 동안 여러 그림을 보았다. 그중 하나는 강사 자신조차 의식하지 못했던 그림이었다. 스크린을 배경으로 서 있는 남자의 윤곽과 연미복 차림으로 잠시 멈춰 서서 숙고하다가 다시 막대를 들어 가리키는 금욕적인 모습이었다. 그것은 다른 그림들과 함께 기억에 남게 될 이미지였고, 훗날 많은 청중에게 위대한 비평가의 초상으로 기능할 거친 초벌 스케치였다. 깊은 감수성을 지녔으되 이성이 더 이상 침투할 수 없는 지점에서는 멈출 줄 아는 엄격한 정직성의 소유자, 동시에 자신이 본 것이 거기에 분명히 있다는 것을 다른 사람들에게도 확신시켜주는 남자의 모습이었다.

로저는 강의의 성공에 놀랐다. 아마 그가 영국 대중을 오판한 것인지도 모른다. 어쩌면 그들은 특이한 방식으로, 그가 인정했던 것보다 더 큰 예술 감각을 지니고 있었는지도 모른다. 아무튼 "일정한 조건 아래에서는 영국 대중은 '고급 취향'의 것들에 관심을 보이게 된다"는 사실이 있었다. "로저 프라이에게는 다른 사람에게 예술의 중요성을 느끼게 만드는 힘이 있었다. 화려한 수사나 대중에 영합하는 태도가 없는데도 그는 청중의 관심과 호기심을 높은 수준으로 유지할 수 있었다." 그가 강의할 때는 모든 계층과 직업을 망라하고 사람들이 퀸즈 홀을 채웠다. 홀을 채우는 데서 그치지 않고 버나드 스트리트까지 가득 메울 기세였다. 로저는 이런 강의 하나를 마친 뒤 편지를 썼다. "나는 늘 그렇듯 전화에 파묻혀 있고, 사람들이 끊임없이 나를 붙잡고 있습니다. 누구 양은 내 마티스 작품을 보러 와도 되는지 묻고, 또 누구 씨는 여러 대가들에 대해 자문을 구합니다……. A는 내가 가지고 있는 블라맹크 작품을 빌리고 싶어하고, B는 아들을 미술 학도로 키우는 문제를 두고 나와 상담하려 합니다." 그리고 편지들이 있었다—엄청나게 많은 편지들이. 어떤 여학생은 다음과 같은 편지를 보냈다. "존경하는 프라이 선생님. 학교 미술 선생님을 따라 단체로 페르시아 미술전을 가봤어요. 많은 그림이 눈길을 끌었는데 입에 집게손가락을 댄 인물들이 특히 눈에 띄었습니다. 동물들이 서로 물어뜯고 있는 그림도 있었지요. 이것이 어떤 의미가 있는 건지, 무엇을 상징하는 건지 선생님께서 설명해주시면 정말 고맙겠습니다. 또 하나는, 우리가 흔히 기르는 고양이도 페르시아에서 온 건가요?"

로저는 여학생들의 질문에 대답하는 일을 즐겼다. 그는 조언을 해주는 일 또한 즐겼다. 그는 "공책으로 무장하고 정보를 찾아온 일단의 미국 여교사들에게" 자신의 방들을 보여주었고, 이어서 중국 도자기에 관심이 있는 "맨체스터에서 온 아주 지적인 젊은 이"를 맞이한 뒤, 그다음에는 벌링턴 하우스에서 열리는 이탈리아 전시회를 준비하기 위한 위원회 모임에 참석하곤 했다. 거기서 다시 『벌링턴』의 위원회 회의로 자리를 옮겼고, 저녁에 집에 가면 "러시아 이콘 전시를 여는 문제에 대해 조언을 구하려는" 누군가가 기다리고 있었다. 이것이 그의 평범한 하루 일과였다. 그러니 이런 날들이 한 철 계속된 끝에 그가 "런던은 도저히 안 되겠어!"라고 외친 것도 이상한 일이 아니었다. 이는 해마다 2월이나 3월이 되면 억제할 수 없이 불쑥 튀어나오는 외침이었다. 조금이라도 평화를 얻고 싶다면 런던으로부터, 그 유혹과 혼란으로부터 달아나야 했다. 계속 강의를 하기 위해서도 그럴 필요가 있었다. 근원에서 다시 힘을 길어와야 했고, 그림들을 다시 보아야 했다. 그래서 베를린으로, 튀니지로, 시칠리아로, 로마로, 네덜란드로, 스페인으로, 그리고 무엇보다 몇 번이고 프랑스로 떠났다. 옛 그림들을 다시 한번 봐야 했고, 새롭게 봐야만 했다. "오후는 루브르에서 보냈어요. 내 모든 생각과 이론을 잊고 모든 것을 마치 전에는 본 적 없었던 것처럼 보려 했죠. 그래야 발견이 가능하니까요. 각 작품은 새롭고 이름 없는 경험이어야 합니다."

이런 방식은 30대 때나 60대 때나 똑같았다. 화랑이 문을 열자마자 찾아가서 여섯 시간 동안 꾸준히 전시장을 돌며 그림 하나하나를 차례로 보고, 연필로 거친 메모를 남겼다. 그러다 어느덧 점심시간이 된 것을 보고 놀라곤 했다. 그리고 옛날처럼 자신이 받은 인상을 일행의 것과 비교했고 거기서 형성된 이론을 영국의 친구들에게 편지로 보내는 편지에 휘갈겨 적어놓았다. 1928년 베를린에서 버네사 벨에게 보낸 편지에서는 이렇게 말했다. "너무 많은 것을 본 탓에 미적 감정이 완전히 소진되고 있어요. 내 평생 이렇게 고된 일은 처음인 것 같아요. 이 미술관들의 풍부함이 사람을 그렇게 몰아붙이는 거겠죠." 그 뒤로는 그가 보고 메모한 작품들의 긴 목록이 이어진다. 멘첼이 있었고 리베르만이 있었고 트뤼브너가 있었다. "훌륭한 세잔의 작품들"이 있었고 마네가 있었고 이집트 예술이 있었고 중앙아시아의 예술이 있었다. 베를린에는 그림과 조각, 세밀화로 가득 찬 화랑이 열 곳이나 있었던 반면 대영박물관에는 몇 개의 진열장밖에 없었다. 이런 광경에 자극을 받아 저절로 이론이 만들어지기 시작했다. 어쩌면 너무 빠르게 형성된 것이어서 결국 폐기해야 할지도 몰랐다. "사실 나도 내가 뭘 하려는 건지 모르겠어요. 새로운 미학에 대한 온갖 모호한 암시들이 머릿속에서 끓어오르고 있는 듯한 기분이에요."

강의 자료가 수집된 것은 이처럼 그림 바로 앞에서였다. 새로운 미학의 막연한 암시는 이렇게 새롭고 형언할 수 없는 경험으로부터 생겨났다. 이런 상태에서 불확실한 요소를 제거해야 했다. 서서히 끓고 있던 생각들을 모아 논쟁이라는 질긴 끈으로 엮어내야 했다. 그리고 강의를 마치면 입 밖으로 쏟아낸 말을 다시 고쳐 쓰는 단조롭고 고된 작업이 시작되었다. 완고하고 붙잡히지 않는 그 단어를 찾아내야 했고, 만들어내야 했으며, 감각을 "감싸 안아야" 했다. 이렇게 해서 프랑스 미술, 플랑드르 미술, 영국 미술에 대한 책들이 차례로 나왔다. 개별 화가들을 다룬 책들이 있었고 예술의 한 시대 전체를 다룬 책들도 있었다. 페르시아 미술과 중국 미술, 러시아 미술에 대한 글도 있었고 건축에 대한 팸플릿, 예술과 심리학에 대한 팸플릿도 있었다. 이 모든 책과 에세이, 기사들이야말로 그를 당대 가장 최고의 비평가라고 부를 근거가 되는 작업들이었다.

글을 쓰고 강의를 하기 위해서는 그림을 "마치 처음 보는 것처럼" 볼 필요가 있었듯이 친구들도 만나야 했다. 자신의 생각은 다른 사람들의 정신 위에 스케치되어야 했다. 이론은 토론될 필요가, 그것도 되도록 샤를 모롱처럼 그 이론을 뒤엎을 만한 사람과 할 필요가 있었다. 설사 친구가 그 이론을 뒤엎을 능력이 없다고 해도 공유해야 했다. 마리 모롱이 말했듯, "그는 너무 사교적이어서 무엇이든 즐거운 것이 있으면 즉시 그것을 주변 사람들과 나누고 싶은 욕구를 느꼈다". 함께 나누고 싶다는 욕망, 두 쌍의 눈으로 보고, 누군가를 곁이나 적어도 펜이 닿는 거리에 두고 싶다는 마음이 편지를 쓰게 만드는 동력이었다. 이런 편지를 모두 인용하는 것은 불가능하다. 처음도 중간도 끝도 없기 때문이다. 풍경에 대한 스케치나 르와야에 사는 소시지 제조업자의 아내의 모습, 혹은 자신이 자신의 그림에서 무엇을 말하려 하는지를 가리키는 몇

줄의 메모가 덧붙어 있기도 하기 때문이다. 하지만 편지들과 달리 엽서 한 장만큼은 온전히 인용할 수 있다.

에든버러로 가는 기차 안에서. 에든버러로 다음의 것을 보내줄 수 있는지요? 첫째, 여행용으로 아주 좋은 내 베레모. 둘째, 피카소의 조각 슬라이드들, 그 기묘한 것들요. 아마 위층의 '생명력vitality' 시리즈에 있을 텐데 여전히 한꺼번에 책상 위에 놓여 있을 겁니다. 셋째, 흑인 두상. [스케치] 아무 특징도 없는 아주 텅 빈 얼굴입니다. 거실의 낡은 프랑스식 서랍장 위에 두고 온 '흑인' 강의 자료에 들어 있어요. 열차 객실은 거의 난방이 되지 않는군요. 빌어먹을 영국인들.

"빌어먹을 영국인들"— 이제 영국인에게만 해당되는 말은 아니었다— 영국은 언론의 자유가 허용되는 유일한 국가라고들 떠들어대지 않던가? 하지만 이 말은 전기 작가들이 흔히 묘사하는 것과 달리, 그가 본능적으로 자기와 같은 인간들을 사랑하는 부류는 아니라는 암시를 준다. 그와 같은 부류의 인간들은 때로 그를 놀라게 하고 충격을 주었다. 숱 많은 검은 눈썹 아래에서 번뜩이던 그의 눈이 갑자기 한 군데로 고정될 때면 로저는 판사였던 그의 부친만큼이나 위압적인 표정으로 판결을 내리곤 했다. "자네는 그들의 타고난 야만성을 부추기고 있어." 순수한 마음으로 낚시책을 건네준 찰스 홈스 경에게 그가 던진 이 말은, 그와 함께한 몇몇 난처한 순간들을 떠올리게 한다. 로저는 자신이 "구제불능으로 사교적"이라고 말했다. 그에게 친구들은 너무도 중요해서, 그들과 함께하기 위해 마을에서 마을로, 화랑에서 화랑으로 떠도는 즐거움마저 기꺼이 포기하곤 했다. 해마다 봄이면 "영국으로 돌아가지 않고 스페인과 모로코 쪽으로 그냥 계속 떠돌아다니고 싶은 마음이 간절하다……"라고 외치곤 했다. 그러나 문장은 늘 이렇게 끝났다. "망할 인간들이 런던에 살고 있으니 결국 나도 런던으로 질질 끌려 돌아가는 수밖에."

이 친구들의 이름을 나열하면 너무 길 것이다. 명단에는 화가와 작가, 과학자, 예술 전문가, 정치인 등 유명한 이름이 다수 포함될 것이다. 하지만 또한 기차에서 만난 낯선 사람, 여인숙에서 만난 사람, 괴짜인 시인과 우울한 학부생 들의 이름도 여럿 포함될 것이다. 로저는 이들의 이름을 잊는 경우도 많았다. 이름은 그에게 점점 의미가 없어졌다. 그는 때때로 사교계에 나갔지만 늘 환멸을 안고 돌아왔다. 그는 버지니아 울프에게 보내는 편지에서 이렇게 말했다. "당신의 옛 친구가 그 매력적인 공주에게 갔는데 (…) 환상이 깨진 채 돌아왔어요. 그는 이제 모든 귀족이 덕이 있긴 해도 참을 수 없이 지루하다는 사실을 알게 되었고, 더는 그들을 견디지 않겠다고 했습니다. 방금 말한 공주는, 불모의 해안에서 절박한 마음으로 던진 마지막 그물이었어요." 전쟁이 끝나자 온갖 사람들이 기분 좋은 자리에 함께 모여 세상 모든 일을 이야기하는 모임을 만들겠다는 그의 옛 꿈은 포기해야 했다. 사람들은 너무 궁핍했고 시간 여유가 없었으며 더구나 영국인들은 공적인 자리에서 일반적인 사상을 논의하는 데 재능이 거의 없었다. 아마 그가 꿈꾸던 사회의 가장 나은 대안은 퐁티니에 존재했을 것이다. 그는 퐁티니에서 열린 세션에 여러 차례 참석했고 그것들을 대단히 즐겼다. 그중 한 모임에 대해서는 다음과 같이 썼다.

헬렌 안레프에게
1925년 9월 7일

퐁티니에서는 오늘 모임을 마쳤어요. (…) 지난 토요일에야 마침내 모롱과 내 차례가 돌아와, 논의를 추상적인 차원에서 끌어내릴 수 있었답니다. 나는 내 경험론에 대해 상세히 풀어 설명했고 "사유의 천상"에서 이루어지는 그 모든 놀라운 전개를 부러움과 감탄을 담아 지켜보았으며, 그러나 영국인으로서 내 "경험론"을 완전히 벗어던질 수는 없었다고, 아무리 전진하고 싶어도 한 번에 한 발밖에 뗄 수 없었다고 말했습니다. 이런 말들이 그들을 꽤 즐겁게 했어요. 이어 모롱이 문학의 아름다움에 대한 글을 낭독했는데 그 글은 (그뢰투이젠의 오귀스틴을 제외한다면) 이번 퐁티니 데카드에서 본 것 중에 가장 독창적이고 훌륭한 논문이었어요. 유려한 필치에 아주 투명한 글이었고 논지의 전개가 완벽한 데다 독창적인 아이디어가 가득했죠. 그가 낭독을 마치자 좌중은 너무 열광한 나머지 보통은 박수를 치지 않는 토론 자리에서조차 모두 박수를 보냈어요. 이렇게 과학적 정신이 마침내 결정적인 발언권을 얻어 추상론자들과 형이상학자들에 대해 분명한 우위를 점했습니다. 우리 두 사람이 변증법적 기교의 안개 속에 있던 문제를 햇빛 아래로 드러낸 거죠.

놀라운 재치를 지닌 사람들이더군요. 페르난데스와 파야르는 즉흥적으로 알렉상드랭°을 연기하거나 주어진 리듬으로 즉석에서 노래를 만들어 불렀어요. 어느 날 밤인가는 사회자들더러 모자에서 뽑은 주제로 2분씩 강연을 하라고 했는데, 그 주제라는 것이 죄다 터무니없었죠. 나는 '샤를 뒤 보스의 선구자로서의 이크티오사우루스'라는 주제를 던졌습니다. 이어서 음악 홀 공연이 펼쳐졌는데, 곡예사들은 믿기 어려운 묘기를 하는 척 실제로는 아무것도 하지 않았죠. 하지만 그중 마르탱 쇼피에는 최고였어요. 다소 엄숙한 브르타뉴 사람으로 미숙한 비국교도 목사 같은 얼굴이었고 특기는 두 가지였어요. 샤토브리앙(에 대해서는 매우 훌륭한 논문을 낭독했죠)과 찰리 채플린이었는데 특히 발동작 흉내가 뛰어났답니다. 또 파브르뤼스도 마음에 들었어요. 대단히 부유하며 극도로 정밀하고 형식적인 젊은이로 현대사에 대해 아주 뛰어나면서도 비애국적인 저술을 했죠. 나를 보더니 에라스뮈스처럼 생겼다고 하더군요. 더 바랄 게 없죠.

하지만 런던에서는 별 의욕이 없었다. 런던이 그에게 매력적이었던 이유는, 옛 친구들과 새 친구들이 함께 어울리는 조촐한 파티를 열기가 쉬웠기 때문이다. 이름의 중요성은 점점 줄었지만 사람 자체는 점점 더 중요해졌기 때문이다. 사람들이 얼마나 중요했는지, 삶의 시작부터 끝까지 그가 어떻게 우정 속에서 살아왔는

° 프랑스 시와 희곡에서 주로 이용된 12음절 시.

지, 편지마다 그가 어떻게 친구들을 칭찬했는지—이 모든 것은 이름의 목록으로는 전할 수 없다. 어떤 친구들—로우스 디킨슨, 데즈먼드 매카시, 버네사 벨, 필리파 스트레이치, 모롱 부부, 누이 동생 마저리 등—이 두드러진다고 해도, 그들은 서로 다른 세계에서 왔고, 서로 다른 언어를 사용하는 수많은 사람들로 둘러싸여 있었으며, 그들 가운데서 누군가를 가려내거나 그가 각자에게서 무엇을 얻었는지 말하는 것은 불가능하다. 그러나 이들과 어울리는 것은 로저의 가장 큰 즐거움 중의 하나였다. 버나드 스트리트로 이사할 때 로저는 "조촐하지만 얼마나 근사한 파티가 되겠어요?"라고 썼고, 그 조촐한 파티들 가운데 하나는 많은 경우를 대표하는 사례로 삼을 수 있을 것이다.

손님들은 그가 글을 쓰는 모습을 보았다. 그는 시간 가는 줄을 잊고 있었고, 강의를 끝내려 애쓰고 있었다. 그러나 그는 글쓰기를 멈추고 이야기를 시작하게 된 것을 무척 기뻐했다. 방은 예전과 다름없이 지저분했다. 잉크병과 커피잔, 교정지, 붓 들이 책상에 쌓여 있거나 바닥에 널려 있었다. 그리고 그림들도 있었는데 어떤 것은 액자에 끼워져 있었고 어떤 것은 벽에 기대어 서 있었다. 눈밭의 유령 같은 개를 그린 드랭의 그림과 항구의 배들을 그린 마티스의 푸른색 그림도 있었다. 흑인 가면과 중국 조각품과 접시들이 있었는데 희귀한 페르시아 도자기와 행사에서 동전 한 닢에 집어온 값싼 농민 도기들이었다. 언제나 새로이 눈길을 사로잡는 것들이 있었다. 그림일 수도 있었고 흐릿하게 사람 얼굴이 그려진 조그만 나무판자일 수도 있었는데, 아마 조토 작의, 장례

행렬에서 운구된 단테의 초상화 같았다. 방은 붐볐고, 로저는 그 토록 예민한 감수성을 지녔음에도 신체적인 안락에는 이상하리 만치 무관심했다. 의자는 한창 때가 지난 것들이었다. 맞은편 지하철역의 엘리베이터는 끊임없이 그 요란한 쇳소리를 냈고 거리의 아크등에서 뿜어져 나온 섬광이 안으로 들이쳤으며 그가 "버나드 스트리트의 찬송가"라고 부른 소리가 옆집의 스피커에서 시끄럽게 울리고 있었다. 하지만 그것은 중요하지 않았다. 당시 조촐한 파티 중 하나에 대해 그는 다음과 같은 편지를 보냈다.

만찬은 대성공이었죠. 야생 오리가 약간 질겼지만 우리 친구들은 그렇게까지 비판적인 사람들이 아니에요. 식사를 마친 뒤, 우리는 선이 절대적인지 아닌지를 놓고 옛 케임브리지 사도회식으로 본격적인 존재론적 토론을 시작했답니다. 샤를 모롱과 내가 현대 과학을 대표해 올리버 스트레이치와 레너드 울프가 신비주의자임을 보여주는 데 성공했어요. 이 두 사람은 모든 것이 인간의 본성에 전적으로 상대적이라는 점, 그리고 사물 자체에 대해 말하는 것은 아예 불가능하다는 점을 받아들이지 못했습니다. 모든 관계와 분리된 채 존재하는 사물의 '실체'라는 것이 있다고 상정하는 중세적 사고 습관을 뿌리 뽑는 게 어렵다는 건 정말 이상한 일이에요. 그러면서도 사실 그런 개념들은 어떤 의미도 지니지 않죠. 불쌍한 올리버는 자기가 그런 곤경 속에 있다는 생각에 큰 충격을 받았습니다. (…) 어쨌든 즐거운 대화였습니다. 철학적 논의는 초반에 자유로운 비판이 몇 가지 끼어들면서 한결 다채로워졌어요.

올리버는 논쟁에서 상당히 상처를 입었지만 어느 정도 동정심을 자아냈죠. 그가 "하지만 정말로 사악한 인간은……"이라고 말하자 다시 사냥에 불이 붙었고, 논의는 거침없이 질주해나갔답니다.

이런 언급은 그런 많은 대화의 골격으로 기능할지도 모른다. 그리고 목소리도 웃음도, 로저 프라이 자신도 없이 가능한 한도에서 그 골격에 피와 살을 붙이기 위해 파티가 끝난 뒤 그가 자리에 남아 "소리 내어 생각하기"라는 것을 하면서 썼던 편지들에서 몇 구절을 인용할 수 있을 것이다. 그는 오간 말들과 시간 부족으로 미처 하지 못했던 말들을 되새겼고, 철학, 종교, 과학, 예술을 가로질러 질주하다가 마침내 순수한 가십거리 속에서 유쾌하게 끝을 맺었다. 신비주의부터 시작해보자.

신비주의에 대해 그렇게 흥분하지 말았어야 했는데. 하지만 계속할 수밖에 없어요. 신비주의에 대한 완벽한 정의를 찾아냈기 때문이죠─그것은 곧 신비를 제거하려는 시도입니다. 원시적 정신에는 신비라는 것이 존재하지 않아요─그런 정신에게 신비주의란 너무도 완전하고 무한히 확장될 수 있는 것이라서, 언제나 모든 현상을 설명해낼 수 있죠. 과학은 신비를 받아들이고, 그다음에 그것을 해명하려고 할 때 비로소 시작되는 것입니다. 하지만 그럼에도 과학은 언제나 신비를 증대시키는 방향으로 작용하죠. 하나의 새로운 통로가 밝혀질 때마다 그 너머의 세계를 향하는 새로운 전망이 열리니까요. 과학이 성립하려면 신비를 받아들이면서도,

동시에 해명하고 싶어할 만큼 충분히 불편해해야 합니다. 너무도 복잡한 균형이다보니 드물다는 것도 이상한 일은 아니고, 거의 모든 사람은 지금도 마음속으로는 원시인이죠. 우리에겐 여전히 과학적인 방법이 있지만 당분간 그에 대한 신뢰는 잃어갈 모양입니다.

종교에 대해서는 다음과 같이 언급했다.

종교에 대해 말하자면, 당신이 그 어려움에 대해 충분히 알지 못한다는 생각을 지울 수가 없네요. 종교가 예술이 하는 것처럼, 객관적 타당성이란 개념 없이 하나의 가능한 해석일 뿐이라고 주장했더라면 모두 괜찮았을 겁니다. 그것이 바로 예술가가 하는 일이니까요. 그러나 종교들은 모두 과학이 하려는 일, 즉 단 하나의 보편적으로 타당한 구조를 발견하는 일을 하는 척하죠. 바로 여기서 모든 문제가 생겨납니다. 종교가 더 보편적인 타당성을 향한 노력을 가로막아온 게 바로 그 때문이에요. (…) 내 느낌으로는 종교가 대부분 욕구 충족에 너무 깊이 매몰되어 있는 것 같습니다. 이런 경향은 무엇보다도 우주에 대한 사심 없는 탐구(과학)와 관조(예술)를 가로막아왔죠. 인간이 사심 없는 태도를 곧바로 가질 수는 없었기 때문에 종교가 그럴 수밖에 없었다는 점을 의심하지는 않아요. 그러나 이제는 물러나야 한다고 생각합니다. 그리고 '신'이라는 말을 재해석하는 것이든 그와 비슷한 어떤 방법이든, 종교를 인간의 진정한 행복과 함께하도록 만들 수는 없다고 생각해요. 그렇게 생각하는 게 어떤 신앙에서 탈출했던 기억 때문만은 아닌 것 같습니다. 그것은 아주 점진적이고 대체로 고통 없는 과정이었거든요. 내게는 갑작스러운 충격도 없었고 신앙을 잃었다는 절망도 없었다는 이야깁니다.

문명에 대해서는 다음과 같이 말했다.

나는 문명의 진정한 의미, 혹은 문명이 무엇을 의미해야 하는지에 대한 새로운 생각을 탐색하고 있습니다. 그것은 개인이라는 존재가 실제로 존재하는가 하는 문제와 관련되어 있어요. 내가 보기에 앵글로색슨족 거의 전체는 개인으로서 존재할 능력을 상실한 것 같습니다. 특히나 미국에서는요. 그들은 벌이나 개미 같은 사회적 곤충이 되어버렸습니다. 말 그대로 인류로부터 상실된 존재가 되었어요. 그리고 미래의 커다란 문제는 이런 추세가 확산될 것인가, 아니면 아직 존재하고 있는 사람들, 즉 주로 지중해 주변 사람들에 의해 저지될 것인가 하는 것입니다. 우리는 앵글로색슨 세계가 완전히 붕괴하기를 희망해야 해요. 아랍인과 튀르키예인 들은 아직도 순수하죠. 이 생각이 좀더 분명해지면 이와 관련된 글을 쓰고 싶습니다. 문제는 사람들이 자기 주변에 명확한 공간을 허용받는가, 아니면 사회가 그것을 침범해 모두를 벌집의 육각형 칸 속으로 짜 넣는가 하는 것이죠.

이어 문학을 언급했다.

왜 사람들은 고전을 되풀이해서 읽지 않을까요? 가장 진정하고도 가장 쉽게 접근 가능한 기쁨이 거기에 그대로 놓여 있는데도, 왜 새롭다는 이유로 이류, 삼류에나 신경을 쓰는 걸까요? (…) 그래요, 『파르마의 수도원 Chartreuse de Parme』에 대한 당신의 말은 옳아요. 초반만 지루할 거라고 생각했는데 뒤에 가서도 계속 칼부림 소동 같은 게 반복되면서 지루해지더군요. 소설가들이 난폭한 장면들을 매우 아껴 쓰는 데는 분명 이유가 있다고 생각해요. 그런 장면은 단순한 우연의 요소를 키워서, 작가가 마음만 먹으면 어느 쪽으로든 이야기를 틀 수 있다는 사실을 인지하게 하기 때문이겠죠. 반면 문명화된 생활의 평범한 흐름 내에 머문다면 어떤 상황이든 적어도 겉보기에는 논리적인 필연성을 띤 것처럼 전개되기 마련입니다. 물론 우연은 언제나 작용하지만 우연의 효과는 최소화되고 불가피한 연속성에 대한 감각이 강화되죠.

나는 지금 플로베르의 서간문을 처음부터 끝까지 읽고 있습니다. 인물들이 얼마나 섬세한지, 또 얼마나 마음 깊이 그를 사랑하게 되는지! 그 편지들을 경멸하면서 플로베르가 타고난 작가가 아니라고 말하는 요즘의 '최신 유행' 젊은이들을 떠올리면 격분하게 됩니다. 겨우 열여덟에 쓴 편지들조차 타고난 작가만이 이룰 수 있는 화려함과 열정, 그리고 자유로움으로 가득 차 있잖아요.

로저는 작가를 성직자와 예언자, 그리고 공급자로 나누는 새로운 분류를 생각해냈다.

플로베르는 당연히 문학의 성직자를 자칭했죠. 이는 문학을 신성한 소명으로 여기는 사람들을 뜻합니다. 내가 어느 쪽에라도 속한다면 나는 성직자예요. 물론 혼합된 표본도 있지요. 이런 점에서 버나드 쇼는 대체로 예언자이지만 공급자의 기미가 살짝 배어 있습니다. 웰스Herbert George Wells는 주로 공급자이지만 예언의 기운을 약간 지녔고요. 초기 시나 소네트에서의 셰익스피어는 성직자였지만 후에는 거의 순수한 공급자가 되었고, 디킨스도 마찬가지였죠. 아뇨, 이건 아주 훌륭한 분류법이고, 생각할수록 더 마음에 들게 될 겁니다.

로저는 릴케의 작품을 읽고 있었다.

전반적으로 나는 릴케를 대수롭게 여기지 않아요. 과장이 너무 심하죠. 지나치게 효과 연출에 집착합니다. 사물 그 자체는 그가 온갖 감정의 배음overtone을 억지로 덧씌워 만들어놓은 것보다 훨씬 더 흥미롭지요. 하지만 나는 그가 사물을 받아들이는 방식에 있어 나와 나누는 큰 분기선의 다른 편에 서 있다는 것은 알아요. 당신은 주된 음보다 배음이 더 울리는 걸 좋아하죠. 나는 먼저 단단한 블록들로 이루어진 구조물이 있고, 그다음에 배음이 그것을 수정하게 했으면 좋겠습니다. 대략 그런 셈이죠, 그렇지 않은가요?

『신뢰Confidence』를 읽고 나서는 헨리 제임스에 대해 다음과 같이 말했다.

그의 후기 작품들에서 보이는 질감의 풍부함은 없지만, 대신 대단히 우아한 심리적 구조를 지닌 작품입니다. 당신은 맥스의 위트를 거의 손으로 만질 수 있을 것 같다고 했죠, 그렇다면 나는 제임스의 심리적 구조를 거의 그려낼 수 있을 것 같다고 하겠습니다. 아마도 나는 사물의 이런 측면을 과도할 정도로 느끼는 편인 것 같군요. 푸생의 디자인 속 대위법 같은 특별한 즐거움을 얻으니까요. 내가 예술에서 순수하게 "지적인" 인간이라는 세간의 평가에 과연 진실이 있는지 궁금합니다. 수학자가 방정식의 타당성을 인지할 때처럼, 형식적인 상관관계의 적절성을 흥분해서 알아차리는 그런 인지를 말하는 것일까요? 물론 그런 면이 없지는 않지만 나는 또 그런 특징이 거의 없는 무언가를 좋아하기도 하지요. 어쨌든 여기에는 기준을 가진 사람[헨리 제임스]이 하나 있습니다. 중심 관념에서 결코 벗어나지 않죠. 모든 것이 밀도 높고 촘촘하게 짜여 있어요. 내가 성실한 예술을 좋아하는 건 사실입니다. 아, 당신은 내가 지독한 윤리주의자라고 하겠죠. 하지만 그게 납니다. 어쩔 수 없어요…….

그는 또 리빙스턴 로우스의 『도원경으로 가는 길The Road to Xanadu』을 읽다가 다음과 같은 느낌을 받았다.

놀랍도록 기발한 작품입니다. (…) 언젠가 내가 『문학 속 상상력』을 쓰게 된다면 크게 도움을 받을 것 같아요. 콜리지의 거의 모든 이미지가 어디서 왔는지를 실제로 분석해냈거든요. 그 무리 가운데서 진정으로 시각적인 시인은 그가 유일하다는 점이 분명해짐니다. 비교를 위해 셸리도 조금 읽어보았는데, 날카롭거나 결정적인 감각들이 모두 비참할 만큼 결여되어 있더군요. 키츠조차도 콜리지에 비하자면 훨씬 덜 시각적이었습니다. 그는 거의 인상파였어요. 한 메모에서 그는 창밖으로 보이는 황혼 녘의 풍경과 유리창에 비친 난롯불을 함께 보는 것만으로 스스로를 즐겁게 했던 일을 기록했죠. 그러니 그는 분명 시각을 갖고 놀 줄 아는 사람이었던 겁니다. 〈늙은 뱃사람의 노래 The Ancient Mariner〉는 이미지들의 색채감이 놀라울 정도예요.

그리고 자연스레 회화로 넘어갔다.

시몽 뷔시가 입체감에 대해 말하기 시작하기에 내가 플랑드르풍으로 그린 초상화 두 점을 보여줬습니다. 나더러 그것들을 일부러 골랐다고 하더군요. 이탈리아 회화의 평면성과 플랑드르 회화의 입체감을 대비해 보여줄 수도 있었을 거라고도 했습니다. 그리고 어느 쪽이든 중요하지 않다고 했어요. 내가 그런 것들을 상상해내고 그에 대해 들떠버리는 일종의 몽상가라는 뜻이었죠. 나는 나만 그런 것이 아니라 비평에선 흔히들 그런다고 말해주었습니다. 그랬더니 코웃음을 치면서, 내 말에 따르면 조토 역시 위대한 예술가가 아니냐고, 그런데도 그의 작품은 완전히 평면적이지 않았느냐고 반문하는 게 아니겠습니까. 그래서 디퍼지션* 사진 한 장을

* 그리스도를 십자가에서 내리는 그림.

꺼내서 보여주었습니다. 맙소사, 얼마나 천재적인지! 그렇게 해보는 것만으로도 흥분을 주체할 수 없었어요. 처음에 그는 평면적인 그림이라고 단언했고, 그래서 나는 전적으로 선형이며 인물들이 서로를 감싸안듯 얽혀 있는 두초의 작품을 보여주었고, 마침내 그는 큰 충격을 받았습니다.

이런 문장들은 실제 그의 목소리를 되살리는 데 도움이 될 수 있다. 하지만 그 목소리는 간혹 끊긴다. 음악이, 회화를 비평할 때 자주 그를 도와준 음악이 있었기 때문이다. "조형적 구절"이라는 표현은 음악의 '작은악절'이라는 말에 빗대어 만들어진 것으로, 대가들이 길고 지속되는 구절을 구사한다면 그보다 못한 이들은 한 번에 얼굴 하나, 혹은 옷자락의 주름 하나 붙들어내는 데 급급하다는 뜻이었다. 그리고 게인즈버러는 "결코 산문으로 진술하지 않는다. 그것은 마치 음악이 어디론가 흐르고 있다는 듯이 변환된다". 로저는 하프시코드를 축음기로 바꾸고 음반을 신중하게 골라 들으면서 논평을 덧붙였다.

음악가들이 우리를 위해 더 열심히 일해주지 않는다는 건 정말 납득하기 어려운 일입니다. 우리는 옛 음악 전반을 아우르는 상설 연주회에 주기적으로 방문해야 해요. 그래야 적어도 그게 어떤 것인지는 알 수 있을 테니까요. (…) 몬테베르디의 〈오르페오 Orfeo〉*

* 근대적인 오페라의 출발점이 된 작품으로 1607년에 초연되었다.

에는 몹시 깊은 감동을 받았습니다. 깊이 감동하려면 실제의 감정적 상황과 일정한 거리를 두어야 한다는 것을 알게 되었어요. 그래서 도스토옙스키 같은 작가들과 늘 문제가 생기는 거고요. 글루크가 아주 위대한 음악가는 아닐지 모르지만, 세상에, 선율에는 얼마나 뛰어난 재능을 가졌는지. 또 감정에 있어 얼마나 정확한지! 고대 그리스에 대한 18세기적 관념은 참으로 매혹적입니다. 전혀 사실이 아닌 달콤함과 부드러움이 덧씌워지지만, 그렇다고 해서 그 윤곽의 웅대함이 손상되지는 않죠. 내가 선을 끊지 않는 예술작품을 좋아하는 것은 부분적으로는 내가 음악적으로 충분히 민감하지 못하기 때문이기도 해요. 하지만 회화에서는 렘브란트나 결국 세잔처럼, 오히려 그 선을 깨뜨리는 이들을 가장 사랑한다는 사실도 알고 있습니다.

로저는 오페라 〈발퀴레 Die Walküre〉도 보았다.

글쎄요, 처음에는 끝까지 앉아 있을 수 없겠다는 생각이 들었습니다. 시작부터 뚜렷한 이유도 없이 감정을 최고조로 끌어올렸으니까요. 하지만 차츰 어리석은 이야기에는 바그너가 무엇을 표현하려 했는지를 보려는 정도 이상의 관심은 두지 않게 되었고—얼마나 철저한 표현주의자던지, 공립학교식 심리학은 또 얼마나 따분하던지!—그 감정에 조금도 흥미를 갖지 않겠다고 스스로 거부한 끝에, 동기들이 서로 얽혀드는 방식과 오케스트라의 놀라울 만큼 아름다운 음색에서 커다란 즐거움을 끌어낼 수 있었답니다. 조르

비제의 〈카르멘Carmen〉은 파리에서 미술을 공부하던 시절 이후로 보지 못했고, 오페라에 대해서는 여전히 희미한 퀘이커적 양심의 가책을 품고 있었어요. 하지만 정말 매우 대단한 작품입니다. 오페라의 영역에서 모든 것을 담아내도록 훌륭히 설계되어 있으며, 오직 오페라에서만 제대로 표현될 수 있고 무대에는 전혀 어울리지 않을 만큼 많은 드라마를 품고 있죠. 이 작품은 내 예술 혼합 이론을 정확하게 보여줍니다. 거의 완벽에 가깝죠. 음악은 음악을 따로 의식하고 싶어질 만큼 두드러지지는 않으면서도 언제나 상황에는 정확히 부합하니까요.

신비주의와 종교, 과학, 회화에 대한 토론을 마치고 축음기에서 흘러나오는 "뛰어난 예술가 우드하우스 여사의 바흐 연주 솜씨"까지 듣고 나서 그는 "바흐의 음악이 거의 나를 크리스천으로 만들 뻔했다"라고 말했다. 모임이 끝나고 지하철이 끊어지기 전에는 반드시 "자유로운 비판" 즉 순전한 가십을 나눌 시간이 마련되어야 했다. 가십가로서 로저는 소문에 완벽하지 못했다. 말하자면 그는 존스를 의미하면서 스미스라고 말하곤 했다. 스미스 가문에 대해 전반적으로 분노를 품고 있으면서도, 특정한 스미스나 존스 개인에게는 묘하게 관대한 태도를 보이기도 했다. 그럼에도 불구하고 수다는 계속되었다. "그날 저녁 주로 자네에 대해 이야기를 꾸며내며 웃었네. 들었어도 개의치는 않았을 거야." 마지막 말은 적어도 로저에 관한 한 사실이었다. 그는 친구들의 사소한 결점을 즐겼고, 그들이 패러디되고 희화화되는 것을 재미있어했고, 그런 이야기에 자기도 한 술 더 떠서 기발한 이론이나 부정확한 일화를 덧붙이곤 했다. 그는 쉽게 웃었고 점점 더 웃음을 소중히 여기게 되었다—"인생을 '눈물의 골짜기'니 '불같은 시련'이니 하는 관점은 기쁨을 누릴 줄도, 그리고 가능하다면 남의 기쁨을 방해하는 데서 질투 섞인 쾌감을 느끼는 법도 배우지 못한 사람들에게서 나온다고 나는 확신한다". 그럼에도 불구하고 로저는 "내가 중요하게 여기는 즐거움이란 오직 번뜩이는 진지함을 동반한 즐거움뿐"이라고 말했다. 그러므로 친구들을 놀린다고 해도 결코 그들을 깎아내린 적은 없었으며, 훌륭한 질주는 대개 칭찬으로 끝을 맺었다. 데즈먼드 매카시의 재치에 대한 칭찬이나—"매카시야말로 인생에 대한 가장 뛰어난 상상력과 가장 따뜻한 유머를 가졌다는 데 전적으로 동의하네."—케임브리지 시절의 친구인 찰스 생어에 대한 칭찬으로 말이다.

찰스 생어가 왔어요. 정말 대단한 분이죠. 그는 지금까지 쓰인 유언법 관련 저작 가운데 가장 위대한 책을 출판 과정에서 직접 살펴보고 있는데, 그 분량만 자그마치 2000쪽에 이릅니다. 우리가 눈을 돌리고 있는 사이에 그가 늘 해내는 일들이 바로 이런 것들이죠. 그러고는 태연한 얼굴로 물리학자를 위한 수학책을 거의 다 집필했다고 말하는 겁니다. 책에는 원자와 그 밖의 문제들을 다루는 데 필요한 모든 수학적 장치가 들어 있는데, 소수의 전문가를 제외하면 이해해볼 엄두조차 낼 수 없을 정도예요. 이어서 그는 올랜도에 관해, 전염 이론에 관해, 그리고 기번에 관해 훌륭하게 논했죠. 어떤 주제에 대해서든 그는 누구보다도 흥미로운 지식을 갖고 있어요. 당신은 내

정신이 제법 잘 갖춰져 있다고 생각하겠지만, 그의 정신에 비하면 내 것은 가구도 없이 임대로 내놓은 노동자의 오두막에 불과합니다. 진심으로 내가 지금껏 만난 사람 중 그가 가장 놀라운 지성(가장 독창적이라고는 하지 않겠지만)을 갖췄다고 생각해요. 그런데도 그가 대중에게는 전혀 알려지지 않았고, 아마 앞으로도 그럴 것이라니!

그렇게 로저가 실내화 바람으로 문간에 서서 한 '사도'에 대한 칭찬을 늘어놓으면서, "오래되고도 훌륭한 케임브리지 사도회식 토론"은 막을 내렸다.

1930년대에 들어서자 대화하던 이들 몇몇이 빠져나가기 시작했다. 찰스 생어가 죽었다. 맥태거트도 죽었다. 그는 클리프턴 위쪽 구릉지에서, 지나치게 진지하고 엄숙하던 소년의 마음을 뒤흔들어 모든 것을 의심하게 만든 사람이었다. 윌슨 목사의 일요 설교부터 왕국과 공화국, 로세티의 그림, 말하자면 "태양 아래 존재하는 모든 것"에 이르기까지. 아이러니하게도 이들은 전혀 다른 결론에 이르렀다. 50년 뒤 로저 프라이는 모든 제도를 불신하게 되었다. "그러나 제도라는 것은, 그것이 무엇을 대표하든 그 자체로 [맥태거트에게] 거의 종교적인 숭배심을 불러일으켰다." 두 사람은 민감한 화제를 피했고 만나면 주로 과거 이야기를 했다. 하지만 1935년* 맥태거트가 세상을 떠났을 때 로저 프라이는 그의

---

* 존 엘리스 맥태거트는 1925년에, 로저 프라이는 1934년에 사망했다. 저자의 착오거나 출판사의 오식으로 보인다.

장례식에 참석했고, 헬렌 안레프에게 다음과 같이 썼다. "어느 정도는, 어떤 의미에서는, 내가 그를 매우 깊이 사랑했기 때문이기도 했겠지만—아니, 그렇다고 할 수는 없죠. 우리의 기질은 근본적으로 너무 달랐고, 그의 애정은 내 것보다 더 따뜻하고 덜 비판적이었으니까요—그보다는 그가 내 인생에서 가장 지속적인 우정을 나눈 이들 중 하나였고, 같이 있으면 언제나 마음이 편해지는 사람이었기 때문에 몹시 동요됐습니다." 장례식에서는 베토벤의 〈창조 찬가Hymn of Creation〉, 바흐의 〈목가곡Pastorale〉과 합창곡 하나가 연주되었고, 이어서……

스피노자의 말, 혹은 그와 비슷한 말이 낭독되었어요. "자유로운 사람은 다른 무엇에 대해서보다도 죽음에 대해 가장 적게 생각하며, 그의 모든 지혜는 삶을 관조하는 데 있다."[+] 그러니까 이번에만은 정말로 알맞은 말이 나온 셈입니다. 바흐의 합창곡이 연주되는 동안 관은 보이지 않는 장치로 문을 통과해 어디론가 천천히 이동했어요. 이렇게나 최신식이고 위생적이며 과학적인, 기계로 만들어져 기계에 의해 작동되는 시신 처리 방식이 거대한 구덩이의 추함과 함께하는 '흙에서 흙으로' 의식보다 열 배는 더 인상적이고 더 진정한 상징으로 느껴진다는 건 참으로 이상한 일이죠. 그 오래된 방식은 우리를 둘러싼 무한성을 거의 암시하지 못하기 때문입니다. 이에 비해 문을 지나 미지의 세계로 느리고도 조용하게

[+] 바뤼흐 스피노자의 『에티카』에 나오는 표현.

이동하는 이 방식은 정말 극적이었죠. 사물의 불가피한 기계성과 그 거역할 수 없는 힘 앞에서 인간의 저항은 얼마나 무력한지를 보여주는 완벽한 상징입니다.

그리고 그는 1월 21일 헬렌 안레프에게 보낸 편지에서 이렇게 끝맺는다.

삶에 대한 나의 믿음은 전적으로 비합리적이며 근거 없는 것입니다. 그 믿음은 내가 볼 수 있는 어떤 것에도 기대지 않고, 어떤 정당화도 찾지 않아요. 그것은 동물들이 살아 움직이게 하는 믿음이고, 어쩌면 원자들이 따르는 믿음일지도 모르죠. 그러니 삶이 지속되는 동안 지속되는 이 '살아가는 일'을 나는 서둘러 해나가야만 합니다.

다행히 젊은 세대, 즉 그의 자녀와 친구들의 자녀 들이 성장하면서 살아가는 일을 지속하는 데 큰 도움이 되었다. "그들에게는 존경심이란 게 없다"라고 로저는 기록했다. 하지만 그들은 그의 세대에 비해 크게 진전되어 있었다. 아이들이 어렸을 때 로저는 아름다운 청록색의 황산구리 용액을 만들거나 플라스티신으로 막은 토관을 응접실 벽난로에 올려 석탄가스를 만들며 화학의 기초를 가르쳤다. 그는 울워스에서 산 쇠사슬과 프라이팬을 몸에 단 채 번쩍거리며 아이들의 파티에 나타나곤 했는데 그런 화려한 복장은, 화려한 복장들이 으레 그렇듯 정신적인 닮은꼴을 드러냈다.

로저의 경우 그 닮은꼴은 의심의 여지 없이 돈키호테였다. 나중에 그는 케임브리지에 있는 젊은이들의 방에 찾아가, 자신이 어렸을 때 어른들을 대하던 태도를 떠올리며 기쁘게 외치곤 했다. "그들은 우리의 존재를 굳이 의식하지도 않은 채, 자기들의 관심사와 삶의 즐거움에 대해 이야기했다." 하지만 이 말은 틀렸다. 젊은이들은 로저의 존재를, 그의 유머와 기행을, "엄청난 진지함"과 그에 못지않게 엄청난 즐기는 힘을 똑똑히 의식하고 있었다. 그는 즉시 자신의 관심사와 문제로 뛰어들었다. 젊은이들에게 말라르메 번역을 돕도록 했고, "대단한 퀘이커식 신중함과 지적 정직성"으로 몇 시간씩 논쟁을 벌였다. 체스를 두면서 체스를 통해 자신의 미학관을 이해시키기도 했다. 당시 대학생 중 한 명이었던 줄리언 벨은 "그는 신뢰를 얻는 데 놀라울 만큼 뛰어난 사람이었다"라고 썼다. "주된 이유는, 언제나 상대의 생각을 토론에 부칠 만큼 진지하게 받아들이고 동의하지 않을 때는 반박했기 때문이다. 그는 사유하는 즐거움을 함께 나누게 했다. 또한 시를 분석하며 그 안에서 무슨 일이 일어나고 있는지 보여주는 몹시 유용한 능력이 있었다. 자신의 기쁨을 상대와 공유하는 데 그렇게까지 뛰어난 사람은 본 적이 없다. 그는 먹는 것이나 마시는 것, 사람들, 연애 등 주제를 가리지 않고 언제나 즐길 준비가 된 것처럼 보였다. 나는 그와 있을 때 단 한 번도 지루함을 느끼지 않았다. 그는 결코 늙어가며 세상을 저주하는 사람이 되지 않았다."

로저 프라이도 칭찬을 돌려주었다. 그 역시 줄리언 벨에게 깊은 애정을 품고 있었고, 그를 "젬 스티븐 이후로 내가 알게 된 가장 홀륭한 인간"이라 불렀다. 줄리언과 그의 친구들과의 대화를 막 끝낸 뒤, 로저는 자기 세대보다 젊은이들과 있을 때 훨씬 더 편안하다는 사실을 곱씹게 되었다. 젊은 사람들은 그가 "내 세대의 관점에서 얼마나 기묘할 만큼 멀리 이동해왔는지"를 깨닫게 했다. "옛 친구를 만나는 것이 즐겁지 않았던 것은 아니지만, 그 만남은 내가 얼마나 젊은 세대에 합류해 있는지를 보여주었을 뿐이다."

V

1932년 케임브리지에서 학부생들과 논쟁하는 로저 프라이에 대한 줄리언 벨의 묘사 옆에는 같은 해 봄 그리스에서 지식의 빈틈을 메우고 있는 또 하나의 로저 프라이가 놓일 수 있다. 강의와 비평, 방송 출연을 위해 끊임없이 밀려나 있던, 적어도 범위만큼은 대단히 방대한 한 권의 책이 그의 마음 한구석에 자리하고 있었다. 그리고 그리스가 그의 지식의 공백 중 하나였기에 그는 1932년 그곳으로 향했다. 이때 그가 도달한 결론은 마지막 슬레이드 강의에 담겨 있다.

여행 그 자체에 대해서는 오래된 기억을 완성해주는 듯한 작은 장면들, 흩어진 기억들만 남아 있을 뿐이다. 이를테면 쌀쌀한 봄날 저녁의 베네치아, 궁전들을 향해 손을 흔들며 말하는 로저 프라이의 모습 같은 것들. "그 늙은 사기꾼 러스킨은 저 모든 것에 대해 장을 할애해놓았지요. 그는 지나치게 도덕적이었어요, 참 안타까울 노릇입니다. 모든 것이 정합적으로 맞아떨어져야 한다고 봤죠. 저 까다로운 궁전들조차 도덕적으로 선해야 했는데, 세상에, 전혀 그렇지 않아요. 그저 채색된 돌의 단면에 불과하죠." 이어 푸른 그림자를 드리운 분홍빛 도는 잿빛 산들을 미끄러지듯 지나가는 달마티아 해안 항해. 그리고 비바람 불던 그날 저녁 자줏빛으로 물든 아크로폴리스를 처음 마주했을 때, 경이로운 충격 속에서 그가 내뱉은 "정말 멋져, 어마어마하게 멋져 Awfully swell-awfully swell". 이어 독일 선원들에 비해 "교양 있고 세련된" 프랑스 선원들에 대한 기쁨, 그리고 미술관. 미술관은 실망스러웠다. "구성이 없어요. 불가사리 모양이잖아요. 선이 얼마나 가는지 보세요, 게다가 배경도 없고요." 그리고 어느 화창한 오후에는 비잔틴교회로 향했다. 오후 3시, 한 노인이 신문을 읽고 있었고 농촌 여인들은 커다랗고 노란 꽃을 느릿느릿 따고 있었다. 로저는 조그만 회화책을 꺼내 들며 그들에게 말을 걸었다. 교회 천장의 모자이크에 새겨진 하얗고 엄정한 그리스도 형상을 올려다보며 이렇게 외쳤다. "짐작했던 것보다 훨씬 낫군." 그런 뒤 즉시 이젤을 펼치고 그림을 그리기 시작했다. 그런 뒤 수니온 곳으로 가서는 잔디 위에 쪼그려 앉아 주머니칼로 아주 작은 푸른 아이리스를 캐냈다. 그는 그리스 아이리스가 서픽에서 자랄 거라고 생각한 것일까? "글쎄, 해보고 지켜볼 수밖에." 델포이에서는 운전사와 논쟁을 벌였다. "저희는 반드시 그 수도원을 봐야 합니다." 운전사는 반대했다. 수도원은 길에서 20마일이나 벗어나 있었다. "상관없어요. 새벽에 출발하면 됩니다.""길이 아예 지나갈 수 없게 돼 있다니까요.""상관없어요. 위험은 감수할 겁니다.""지난번에 그곳에 간 차가 낭떠러지로 굴러떨어졌다고요." 결국 설득된 운전사는 그에 응했다. 펠로폰네소스를 가로지르는 길은 절벽을 따라 굽이치고, 곳곳이 움푹 파이고 바퀴 자국이 나 있었으며, 승객들은 좌우로 내던져지고 위 아래로 튕겨올랐다. 그러나 차가 흔들릴 때면 언제나 로저 프라이와 누이가 앉은 앞좌석에서 이런저런 이야기 조각들이 흘러나왔다. 교도소 개혁, 정치, 꽃, 맥스 이스트먼의 책, 새, 여러 사람들에 대한 이야기⋯⋯. 한 편지에는 이렇게 적혀 있었다. "프라이 남매는 새벽부터 이야기를 시작합니다. 온종일 멈추지 않고 말을 했죠." 결국 이 편지의 작성자는 로저 프라이에 대한 자신의 견해를 수정할 수밖에 없었다.

그런 견해들 가운데서도 가장 끈질긴 것 하나의 내용은 이랬다. "'나'는 언제나 가족과 온갖 형태의 가부장제를 증오해왔다. 가족적 감정은 거의 없고, 사람이 미래로 나아가는 것이 가족을 통해서라는 감각 또한 거의 없다." 그것이 바로 하나의 견해였다. 그 견해는 가정생활에서의 공포에 대한 수많은 일화와 그 공포로부터 벗어나려 했던 시도들로 구체화되었다. 그래서 로저는 그의 혈육 가운데 누구와도 농담을 즐기거나 비밀을 나눈 적이 없으리라고 여겨지는 게 자연스러웠다. 그 견해는 그의 누이 앞에서 무너졌다. 그러나 그는 이렇게 반론했을지도 모른다. 그녀는 그의 누이가 아니라 하나의 개인이라고. 차가 이리저리 흔들리고 튀어오르는 동안 대화와 웃음의 파편들이 뒤쪽으로 튀어나왔다. 그러다가 길이 꺾이는 지점에서, 사이프러스나 포플러가 하나의 패턴을 이루고 회화에 알맞은 강세가 형성되는 순간이 왔다. 두 개의 손이 동시에 올라갔고 차가 멈췄으며 남매는 말없이 앉아 그림을 그렸다. 하지만 나무 하나 없이 각지고 지나치게 극적인 그리스의 풍경에는 무언가가 부족했다. 로저는 감탄하고 분석했지만 사랑에 빠지지는 않았다. 그런 헌사는 그가 프랑스를 위해 따로 남겨 둔 것이었다.

여러 해 동안 그는 남쪽에 집을 갖는 꿈을 꾸었다. 그 집은 "꽤나 근사한 곳, 넉넉한 공간과 보기 좋은 돌과 온갖 즐거운 재료들을 쓸 수 있는 곳"일 거라고 상상했다. 이 반복되는 꿈은 그의 주머니 사정에 맞게 조정되어야 했다.—"자동차는 가질 수 있을지 몰라도, 결코 그 모든 걸 다 할 수 있을 만큼 부유해지지는 못할 거야." 그러나 그의 꿈은 대체로 실현되곤 했는데, 물론 그의 자동차를 꿈이라 부를 수 있을 때의 이야기다. 그것은 중고 시트로엥이었다. 아주 빠르게 달릴 수 있고, 아주 갑작스럽게 멈추는 차였다. 그 차는 그를 겨자밭 한가운데로 내던졌다. 차는 열기로 후끈거리는 이탈리아 도로에서 고장이 나고 말았으며 로저는 땅바닥에 등을 대고 누운 채 "차 내부를 어설프게 들쑤시고 있었다". 그러나 그 차 덕분에 그는 서쪽의 아름다움을 발견했다. "영국 회화, 아니 적어도 영국 풍경화가 이 지역에서 나왔다는 건 전혀 이상한 일이 아니다. 나무가 바라는 방식, 토양에 속해 있는 방식, 계곡의 공간을 채우는 방식, 그리고 그 위의 장엄한 구름 효과까지 모든 것이 저절로 배치된 듯 보인다." 차는 그의 안에서 점점 커져가던 조국에 대한 존중을 한층 더 키워주었다. 차에는 짐가방부터 이젤, 물감 상자, 오지그릇, 가구까지도 억지로 실을 수 있었다. 그가 헤어핀 같은 마시프 상트랄의 급커브를 서른 개나 무사히 통과한 뒤, 먼지를 뒤집어쓴 낡은 고물차를 몰고 호텔 앞에 멈춰 섰을 때 르와야의 부르주아들이 놀란 데는 다 이유가 있다. 서퍽으로 가져가 적응시킬 생각으로 커다란 프로방스식 주방 기구를 꼭 껴안고 있었던 것이다. 무엇보다 시트로엥은 계속해서 그를 생레미로 데려다주었다. 1931년에 로저는 이곳에서 유명한 유적이 내려다보이는 자그마한 농가를 한 채 구입했고, 이 집을 샤를과 마리 모롱 부부와 함께 사용했다. 프로방스의 그 모퉁이를 로저는 어떤 조상적 기억에서 솟아나기라도 한 듯한 열정으로 사랑했다. 로저는 자기 몸속에 남부의 피가 흐르고 있다는 믿음을 가지려고 무던히도 애를 썼다. 그 근거로는 마리아벨라라는 모친의 이름과, 그녀가 지닌 남부 특유의 어두운 인상이 있었다. 비록 가족의 족보는 그의 생각과 달리 그가 전적으로 영국인이며 순수한 퀘이커교도임을 보여주었지만, 로저는 "마저리와 나는 늘 이곳에서 태어난 것 같다고 느낀다"고 기록했다. 그가 좋아한 게 단지 풍경만은 아니었다. 그는 자연주의적이고 계급의식 없는 사회를 사랑했는데, 그곳에서는 샐러드를 공동으로 나누었고 모든 농부가 하나의 개인으로서 존재했다. 올리브 나무를 손질하는 노인은 파리나 베를린, 런던의 시민들보다 오히려 더 문명적인 인간이었다. 버나드 스트리트에서 전화벨이 울리고 이웃집 확성기가 울부짖으며 지하철 문이 천편일률적인 런던내기들의 무리 앞에서 열렸다 닫혔다 하는 와중에도 이 농가는 이성과 문명의 중심으로서 언제나 그의 마음속에 자리 잡고 있었다. 그는 런던의 모든 젊은이들이 볼셰비키가 되고 정치 이야기만 하게 될 때, 그곳에서 생을 마칠 생각이라고 했다. "자, 더러운 정치 얘기는 관두고 시골의 그 집 얘기나 하지." 이런 말로 정치 논쟁 하나는 끝이 나곤 했다.

물론 농가에도 가구를 들여야 했다. 난롯바닥으로 쓰기 위해 커다란 돌 하나를 창문을 통해 끌어왔고 의자와 탁자는 부근 시장에서 구입했다. 돌기둥과 항아리는 동네에서 구해왔고, 그는 "톱으로 갓 자라낸" 플라타너스 나무 네 토막으로 직접 침대를 만들었다. 요리에 관해서는, "쇠고기 스튜를 만들었는데 기가 막혀요. 5일은 먹을 수 있을 테니 이제 완두콩 같은 걸 좀 끓이기만 하면 되겠죠"라고 의기양양하게 선언했다. 냄비를 지켜보는 동안에는 책을 읽거나 글을 쓸 수 있었다. "참으로 행복한 곳에 당도했어요"라고 그는 말했다. 밤새 그는 바닥을 높인 소파에서 잠을 자면서 문 하나를 열어두었고 "아무것도 없는 곳으로 곧장 이어지는" 그문 너머로 나이팅게일이 지저귀고 개구리가 우는 소리를 들었다. "그런데 녀석들은 리듬이 제대로 자리 잡기도 전에 늘 깨뜨려버린단 말이죠." 그러다 그가 잠에서 깨면 눈앞에는 "완벽한 풍경이, 끝없이 정교하게 다듬어진 세부와 우연한 조화로 가득한 풍경"이 펼쳐져 있었다. 그는 온종일 소나무 아래에서 그림을 그렸다. 모기에 물리지 않기 위해 두 다리는 『에클레뢰르 드 니스 Eclaireur de Nice』 신문으로 덮고 얼굴에는 베일을 뒤집어썼다. 그림을 그리는 동안 후투티들은 마치 가문의 문양 같은 흰 날개로 공중에 멋진 곡선을 그렸고 저희들끼리 아주 빠르게 "호우호우호우" 하는 소리를 주고받았다. 올리브 나무 사이에서는 손주들의 재잘거리는 목소리가 들렸고 아이들은 이따금 인형들의 모험에 관한 기묘한 이야기로 할아버지를 방해했다. 마침내 그는 집 안으로 들어가 이웃들과 수다를 떨고 체스를 두었으며 샤를 모롱과 미학에 대한 논쟁을 이어갔다.

여기서 편지의 문장 하나를 인용해도 좋겠다. 수많은 변형 가운데 일부가 어떤 방법을 거쳐 최종 결론에 이르렀는지를 밝혀주기 때문이다. "샤를 모롱은 너무도 분석력이 뛰어나서, 때로는 그의 산성 acid을 견뎌낼 만한 긍정적인 구축은 아예 불가능한 것이 아닐까 싶어지곤 합니다. 당신도 나에게서 비슷한 느낌을 받을지도 모르겠어요. 어떤 전체를 그대로 받아들여 분해하지 않고 보고 싶을 때조차 내가 분석을 계속해나간다고요. 나는 가능한 한 끝까지 분석하지 않고서는 마음이 명쾌해지지 않아서, 내가 소중히 여기던 생각들까지 파괴해버리는 그의 행위에도 박수를 보낼 수밖에 없습니다." 로저 프라이의 모든 저서 가운데 이론을 산으로 부식시켜 파괴하는 것이 얼마나 가치 있는지를, 그렇게 남아 있는 긍정적인 구축이 얼마나 견고한지를 통해, 적어도 일반 독자들에게는 입증해 보이는 책은 『세잔』(1927)이다. 케네스 클라크 경은 이를 걸작이라 불렀으며, 이토록 심원하고 풍요로우며 완벽한 만족을 주는 에세이에 어울리는 말은 그 말뿐인 듯하다. 이 책은 두 번에 걸쳐 아주 꼼꼼하게 집필되었는데 처음에는 프랑스어로, 그다음에는 영어로 쓰였다. 적어도 여기서 이론은 남김없이 소멸되었으며 비평가는 창조자가 되었다. 만약 로저 프라이가 사물 자체보다 예술작품에서 창작의 충동을 느꼈다면 그것은 예술작품이 하나의 지적 문제를 제함으로써 그 강렬한 호기심 즉 "분해하고 분석하고자 하는" 욕망을 충족시켰기 때문일 것이다. 하지만 사물 자체와 직접 맞닥뜨릴 때 그 욕망은 지나치게 활발해지거나 지나치게 분리되어 있어서, 어쩌면 예술가라면 그래야 할지도 모를 방식으로, 경험 자체에 완전히 그리고 무의식적으로 몰입하는 것을 방해했다. 아무튼 『세잔』은, 그것을 비평이라 부르든 창작이라 부르든 상관없이 그 배후에 있었던 끝없는 수정 작업과 분석을 정당화해주는 것처럼 보인다. 물론 거기에는 순수한 미적 호기심 이상의 것이 들어가 있다. 공감과 경험이 있었기에 비평가는 전기에 고작 한두 문장으로만 언급된 소심한 작은 인물을 시간과 환경의 맥락 속에 배치할 수 있었다. 우리는 그가 엑스에서 소시민적 존경성의 껍질 속에 숨어 있는 모습을 보다가, 이어 한 걸음씩 그 껍질에서 벗어나 마침내 "군중에 맞서는 개인적 역량의 위대한 주역"이 되는 과정을 보게 된다. 그것은 주인공이 유혹에 시달리고 언뜻 넘을 수 없어 보이는 장애물과 맞서는 다른 드라마들과 흡사한 "감동적인 드라마"다. 이 이야기, 즉 이중의 이야기는 장인의 솜씨로 자연스럽게, 가장 세심하게 주의를 기울인 채 펼쳐진다. 빈 캔버스부터 무한한 복잡성을 지닌 완성작에 이르기까지 인물이나 그림의 전개가 이토록 면밀히 추적되며 섬세하게 묘사된 적은 일찍이 없었다. 모든 요소는 하나하나 구별되어 최종 구성에서 각자 필수적인 역할을 지니고 있음을 보여준다. 하지만 분석이 아무리 세밀하다고 해도 그것은 해부가 아니다. 오히려 그것은 혼돈과 무질서 속에서 전체에 필요한 부분들을 끌어모아 하나로 결합하는 일이다. 그리하여 마침내 사과와 식탁과 빵칼이 하나로 모였을 때, 그것은 물질에 대한 인간 정신의 승리로 느껴진다. 우유병과 생강 단지는 변형된다. 이런 평범한 사물들이 산 같은 위엄과 음악의 선율을 부여받는다. 하지만 이런 길고도 어려운 계시와 재구성의 작업 속에서 비평가 자신의 정체성은 소진된다. 그가 자기와 무관한 언급이나 과시를 함으로써 재구성 작업에서 자신의 기여를 드러내고 주목을 끄는 일은 결코 없다. 자주 충돌하는 두 가지 재능, 즉 분석의 재능과 감수성의 재능은 여기서 서로를 고양한다. 각각 기여할 뿐 어느 쪽도 지배하지 않는다. "세잔에게서 발견되는 한없이 엄격하고 추상적이며 대단히 까다로운 지성, 그리고 극도의 섬세함과 민첩한 반응성을 지닌 감수성 사이의 조화는 여기서 장인적인 솜씨로 드러난다." 이 말은 로저 프라이 본인에게도 적용된다. 꽃은 그 색을 유지하고, 현미경은 그 투명성을 유지한다. 그리고 더 이상 덧붙일 것이 없어 보이더라도, 회화 예술이 한계까지 탐구된 것처럼 보일지라도, 이 에세이는 다음과 같이 끝을 맺는다. "그러나 항상 명심해야 할 것은, 이런 분석은 예술작품의 궁극적이며 구체적인 현실 앞에서 멈추며, 아마도 작품이 위대할수록 그 객관적 실체의 더 큰 부분을 손대지 않고 남겨두어야 한다는 점이다."

매끄럽고 완결되어 보이는 대부분의 책들이 그렇듯 『세잔』 역시 저자에게 혹독한 노역과 절망을 치르게 했다. "오, 주여, 이것이 얼마나 지겨운 작업인지!"라고 그는 외쳤다. "내가 보기엔 형체도 없는 빈약한 덩어리 같고, 전부 처음부터 다시 시작하고 싶다." 단어들과 그 모호함과의 투쟁은 평소보다 더 심했다. 그리고 때로는 의심이 들었다. 세잔은 과연 로저 프라이가 믿었던 것만큼 위대한가? 그는 스스로를 속이고 있었던 것은 아닐까? 로저는 "마치 처음 보는 것처럼" 다시 그림을 보러 갔다. 그러자 그의 확신은 그 어느 때보다 더 강해졌다. "그는 얼마나 위대한가! 그에게는 '가장 위대한 것들'의 중후함과 깊이가 있다……. 이것이야말로 '거대한 것'이다." 이제 모든 권위자들이 그의 견해를 따르게 되었음에도 그는 자신의 생각을 바꾸지 않았다. 그는 약간의 흥미를 섞어가며, 권위자들이 내셔널 갤러리를 위해 세잔의 그림 한 점을 구입했다고 기록해두었다.

하지만 『세잔』이 로저 프라이의 저서들 가운데 마치 생트빅투아르 산*처럼 견고한 구조로 빛에 잠겨 두드러진다고 해도, 그 산에서 그렇듯이, 그 책으로부터 다른 지역의 풍경들이 시야에 들어오기 시작했다. 로저는 언젠가는 반드시 시간과 에너지를 들여 대작 집필에 착수해야 한다는 생각을 마음 한구석에 품고 있었다. 내셔널 갤러리를 위한 책, 곧 예술의 초기 시대부터 현대까지 전체 역사를 망라하는 책이었다. 그는 망설였다. 주저한 이유 중 하나는 이것이었다. "내가 해야 할 어떤 말에 대해서든 예전보다 훨씬 자신이 없어졌다. 조금만 더 깊이 파고들어도 얼마나 소심해지

---

*   프랑스 엑상프로방스에 있는 산으로 세잔이 그린 적 있다.

는지 참담할 지경이다. 너무 많은 것이 보여서 결국 아무 말도 할 수 없게 되는 것이다." 그래서 그는 그림을 그리고 글을 쓰고 강의를 했으며 다시 한번 옛 그림들을 보기 위해 이탈리아로 떠났다.

그가 보고 생각한 모든 것을 글로 옮기기 위해선 어떤 촉매가 필요한 듯했다. 그러나 마침내 1933년, 그에게 기회가 찾아왔다. 케임브리지 슬레이드 교수직을 제안받은 것이다. 그가 오랫동안 갈망해왔으나 여러 번 거절당한 자리였다. 하지만 이번에는 처음에 그 제안을 거부했다. 기회는 그가 그런 인정을 더는 필요로 하지 않을 때, 그리고 그것을 기뻐했을 사람들이 이미 세상을 떠난 뒤에 찾아왔다. 케임브리지 역시 가장 큰 매력을 잃었는데 로우스 디킨슨이 1932년에 죽었고 그를 대신할 사람은 아무도 없었기 때문이다. 로저는 버네사 벨에게 "내 인생에 그와 같은 관계는 또 없다는 걸 당신이 잘 알 거라 생각했어요"라고 썼다. "내 젊은 시절 내내 가장 위대하고 가장 친밀한 친구였죠. 나는 그의 영향과 비범한 공감에 이루 말할 수 없이 많은 빚을 지고 있어요. 우리 세계에서 중요하게 여겨지는 모든 것을 형성하는 데 그가 차지했던 자리를 이제야 알기 시작했습니다. 내가 생각했던 것보다 훨씬 더 커다란 자리였더군요. 그는 나이가 들면서 더 섬세하고 재치 있고 매력적인 사람이 되었던 것 같아요." 그를 대신할 사람은 아무도 없었고, 로우스 디킨슨이 없는 케임브리지 역시 로저의 비판을 완전히 피해가진 못했다. 학부생들 사이에 미적 감각이 전혀 없다는 사실은 그들의 방에서 드러난 "야만적인 추함"을 통해 고통스럽게 입증되었다. 로저는 마리 모롱에게 "세상에, 대학 교수들의 삶이란! 매력적이고 지적인 사람들이지만, 이토록 인습에 얽매여 있고 무조건적으로 보수주의를 고수하는 태도에 심한 충격을 받았습니다"라고 탄식했다. 하지만 슬레이드 교수직 제안은 매우 호의적인 표현으로 이뤄졌고, 약간의 망설임 끝에 그는 그 제안을 수락했다. 그는 편지에서 "전체적으로는 좋은 기회라고 생각해요. 그동안 품고 있었던 몇몇 생각을 더 깊이 있게 발전시켜야 할 것 같네요"라고 썼다. 로저는 곧 "중국 예술에 완전히 빠져들었고, 배울 것이 너무 많아 제때 해낼 수 있을지조차 모르겠다"고 했다. 그는 "미학에 대한 자신의 이론을 대강 시대순으로 이집트에서 현대 예술까지 전 세계의 시각 예술에 적용"하겠다는 계획을 세웠다. 마침내 그는 젊은 시절 로마에서 실제 그림들 앞에 앉아 노트를 수없이 채우면서 마음속에 축적해온 생각들의 덩어리를 응결시키고자 했다. 그것은 케네스 클라크 경이 마지막 강의 서문에 쓴 것처럼 "로저 프라이가 사랑한 유형의 지적 모험"이었으며, 그 규모가 얼마나 방대하든 그는 열정을 다해 그 일에 뛰어들었다. 하지만 그는 67세였고, 그런 일을 시작하기에는 인생의 늦은 시기에 있었다. 그는 종종 자신이 늙어가고 있음을 느끼기 시작했다고 불평했다. "사람은 어느 순간 온몸이 삐걱거리는 걸 느끼기 시작하는 법이야. 그게 바로 그거지. (…) 이건 사람들에게 말하지 마. 사람들이 몰랐으면 좋겠어." 그가 늙고 있다는 사실을 알아채기란 어려운 일이었다. 진행 중인 일이 많아질수록 에너지가 더 커졌기 때문이다. 심지어 그가 일하고 있다는 사실조차 알아차리기 어려웠는데, 동시에 너무 많은 활동들을 병행하고 있었기 때문이다. 그 무렵 클라이브 벨이 쓴 편지에는 로저의 하루가 이렇게 묘사되어 있다.

일어나 아침 식사를 하기도 전부터 동기부여가 되어 있습니다. 아침을 먹고 나면 슬그머니 틸턴으로 가서 샘 코톨드를 만나 강의 건을 조율하고, 힌들리 스미스에게 전화를 걸죠. 점심때까지는 버네사의 화실에서 그림을 그려요. 점심 식사 자리에선 의사가 아무것도 먹지 못하게 한다며 신음하고 불평합니다. 로티에게 환자식을 준비하게 해놓고는 정작 로스트 비프와 자두 타르트로 푸짐한 한 끼를 즐기죠. 그다음에는 힌들리 스미스의 컬렉션을 살펴보기 위해 급히 시퍼드로 갔다가, 이른 차 시간에 맞춰 돌아와서는 버네사와 덩컨을 끌고 월밍턴으로 가서 풍경화를 그립니다. 저녁 식사 후에는 말라르메의 시 몇 편을 대강 훑어보며 그것을 자신이 무운시라 여기는 형식으로 한 자 한 자 번역하죠. 취침 시간에 이르러서는 "오, 줄리언, 체스 한 판 할 시간은 있겠네"라고 말하고요. 새벽 한 시 반에 창밖을 내다보면 마치 무덤 같은 테라스의 침대에 누워 촛불을 밝히고 책을 읽는 늙은이의 모습이 눈에 들어와요. 그는 콜팩스 여사와 점심 식사를 하기 위해 아침 일찍부터 서둘러야 했죠. 내가 옷을 입는 동안 그는 1층 창문 너머로 줄리언에게 이렇게 외친답니다. "가기 전에 잠시 〈목신의 오후 L'Apris-Midi d'un fame〉를 한번 훑어볼 시간은 있을 것 같은데."

로저는 한 손으로는 체스를 두고 다른 한 손으로는 말라르메 번역을 교정하는 산만한 와중에 그 첫 번째 강연을 써내려갔다. 이것이 하루의 일이었든 즐거움이었든 — 일이 어디서 끝나고 즐거움이 어디서 시작되는지 말하기는 어려웠지만 — 충만한 하루였던 것은 분명했다. 케네스 클라크 경이 말했듯이, 그와 함께 있으면 "때때로 톨스토이의 '무엇이 예술인가?'라는 물음에 대한 적절한 대답은 '무엇이 예술이 아닌가?'라는 반문이라는 느낌이 들었던 것처럼, '인생이란 무엇인가?'라는 물음에 대한 적절한 대답 역시 '무엇이 인생이 아닌가?'인 듯 보였다". 로저는 모든 것을 끌어들이고 흡수하고 조사했다. 몸은 삐걱거릴지 모르지만 정신은 그 어느 때보다 더 넓게, 더 마찰 없이 작동하는 듯했다. 그것은 바늘 한 땀, 지퍼 한 칸, 천장의 그림자까지 모든 사소한 것에 손을 뻗어 붙잡았다. 각각은 조사되어야 했고, 검토되어야 했다. 마치 그런 사소한 것들을 불가사의한 영역에서 구출함으로써 삶을 더 단단히 움켜쥐고, 그로부터 합리적이고 문명화된 즐거움을 한 방울 더 길어올릴 수 있다는 듯이. 그리고 모호한 진술을 좋아하지 않았던 그답게 여기에는 그가 직접 내린 정의가 이어질 수 있겠다. "내가 말하는 인생이란…… 어떤 시대의 사람이든 그들의 삶이 완전한 자의식에 이르고, 우주 전체에 대한 관점과 동류 인간과의 관계에 대한 개념을 갖게 될 때, 그들이 주변 환경에 대해 보이는 일반적이고 본능적인 반응이다." 1933년에 그는 "5년만 더 살 수 있다면, 인생은 내가 기대할 수 있는 모든 것을 나에게 해준 셈이 될 것이다"라고 썼다.

VI

오직 한 가지 주제만은 만족을 모르는 그의 호기심을 벗어나는 것으로 보였다. 그것은 바로 그 자신이었다. 분석은 거기서 멈춰서는 듯했다. 어쩌면 인간의 본성은 우리가 심리학에 대한 지식을 더 쌓을 때까지 설명할 수 없는 것인지도 모른다. 우리는 매우 기이한 동물인 인간에 대해 이제 막 무언가를 알기 시작했을 뿐이라고 그는 거듭 주장했다. 물론 그는 청교도적 성장과정의 영향이나, 때때로 자신 안에 불쑥 나타나는 열등의식의 기원에 대해 가설을 내놓는 일을 즐겼다. 그리고 현재에 비해 과거에는 거의 관심이 없었지만, 요청을 받으면 기억할 수 있는 일들을 적어보려 했다. 미완성 자서전의 한 대목은 "처음 떠오르는 것은 하이게이트에 있던 놀이방 창밖 느릅나무 잎사귀 위로 어른거리는 햇빛이다"라는 말로 시작된다. 그는 많은 광경을 기억할 수 있었고, 여기저기서 재미있는 사건이나 인물을 떠올려냈다—가령 스케이트를 타는 아버지의 모습이라든지, 딸기 코에 작고 붉은 눈을 가진 피어몬트 모건이 이탈리아에서 그림을 사들이는 모습이라든지. 그러나 중심인물은 여전히 모호한 채로 남아 있었다. 자신을 설명해달라는 요청을 받았을 때는 이렇게 썼다. "이 문제에 대해서는 많이 안다고 할 수 없어요. 좀처럼 내 관심을 끌지 않거든요." 헬렌 안레프에게 보내는 편지에서 그는 이렇게 이어갔다. "당신은 내가 거칠다고 했고, 혹시 충동적이지는 않은지 알고 싶다고 했죠. 나도 물론 이유는 잘 모르겠습니다만, 나는 왜 내가 충동적인 편이긴 해도(이 점은 나도 싫고 당신도 싫어할 것 같지만) 거칠지는 않다고 여겨왔을까요? 아뇨, 분명 거칠지는 않습니다. 지극히 이성적이고, 신중하며, 합리적이죠. 내가 거칠어 보이는 이유는 내가 세상의 통상적인 관념이나 가치를 그대로 받아들이지 않고 나만의 것을 고수하기 때문일 거예요. 하지만 나는 차라리 '충동적'이라고 말해야 했겠지요. 즉 내게 호소하는 어떤 것에 의해 다소 갑작스럽고 툭툭 끊기듯이 움직이는 성향 말이에요. 이런 기질은 내 안에 어떤 낭비적이고 일관되지 않은 것이 들어 있다는 암시라고 생각하고, 그 점을 나 역시 안타깝게 생각합니다. 그러니 그것을 용서해주시기를—아, 가능하다면 고쳐주시기까지를 바랍니다."

중심인물에 대한 이 같은 무관심—그 자신은 오히려 외부의 모든 것에 점점 더 관심을 기울이고 있었다—에는 그 나름의 매력이 있었다. 그것은 그를 자기 인식 없는 존재로 만들었고, 그 자신도 즐기던 젊은이들의 불손한 웃음에 더없이 좋은 표적이 되게 했다. 중산층 호텔의 점잖은 투숙객들 사이에서 프로방스식 냄비를 끌어안고 있는 그의 모습이 불러일으킨 놀라움 역시 그는 전혀 알아차리지 못했다. 하지만 이런 태도에는 결점도 있었는데, 그는 자기 자신을 무시하듯 때로는 다른 사람들 또한 무시했기 때문이다. 따라서 어떤 출처에서든 로저 프라이에 대한 그리 호의적이지 않은 묘사를 모으는 건 충분히 가능한 일이었다. 물론 그런 모습은 서로 모순되기도 했다. 어떤 사람들에게 그는 진정성이 없어 보였는데, 자신의 견해를 지나치게 빨리 바꾸었기 때문이었다. 그의 열정은 첫인상을 매우 흥미롭게 만들었지만, 곧 그의 비판적인 감각이 작용하며 두 번째 인상은 실망을 안겼다. 어제의 백조가 오늘의 거위로 바뀌는 것은, 자연스럽게도 그리고 종종 요란하게, 그 당사자에게 강한 반감을 불러일으켰다. 다른 사람들에게 그는 지나치게 무자비하고 독재적인 인물로 보였다. 히틀러나 무솔리니, 스탈린처럼 말이다. 어떤 생각에 몰두하거나 어떤 대의에 사로잡히면 그는 타인의 감정을 무시하고 반대 의견을 압도해버렸다. 누구나 자신과 같은 견해를 가져야 하고 그런 견해를 실현하는 데 똑같은 열정을 내야 한다는 태도였다. 변덕스럽고 충동적이며, 완강하고 거만하다─호의적이지 않은 묘사는 그런 방향에서 그려졌을 것이다.

그리고 그런 평가들 속에 어느 정도 진실이 있다는 것을 그는 가장 먼저 깨달았다. 충동적이라는 것은 그 자신도 알고 있었다. 완고하기도 했다. 무엇보다도 이기적일지도 모른다고 그는 두려워했다. "갑자기 깨달았어요"라고 로저는 썼다. "내 안 어딘가에 자리한 기묘하게 뒤틀린 이기심을요. 그것은 내가 어릴 적 내 물건을 갖고 놀고 싶어하던 이저벨과 애그니스를 상대로 느꼈던 분개 속에서 드러나곤 했죠." 또 그는 "성미가 급하고, 까다롭고, 인색하고, 잔소리꾼이고, 기타 등등"이라고 했다. 아마 정신분석을 받았다면 도움이 되었을지 모른다. 혹은 일반적으로 사람의 본성이란 분석되거나 치료되기에는 너무도 비합리적이고 본능적인 것인지도 모른다. 특히 그의 경우에는 말이다. 그는 인간의 정신이 이성에 대해 본래적으로 둔감하다는 사실을 한탄하곤 했고, 스스로를 고문하듯 옭아매는 인간들의 기이한 도덕성을 조롱하곤 했고, 그리고 장차 인간들이 "모든 품위와 선함은 사람들이 점차적으로 자기 자신을, 특히 지적 호기심과 예술에 대한 사랑을 즐기기로 결심하는 데서 비롯된다"는 단순한 진리를 받아들일지 혹은 그렇지 않을지 사유하곤 했다. 인류 일반에 대한 이런 사유 속에서 로저 프라이는 특별히 자기 자신을 놓치고 있었다. 그는 완결되고 완성된, 또는 어떤 식으로든 완벽한 인간의 초상 앞에 앉는 일은 분명 거부했을 것이다. 그는 고정된 태도를 혐오했고, 꾸며진 자세를 의심했고, 숭배의 치명적인 효과를 지적하는 데 재빨랐다. 그럼에도 불구하고, 그가 원하든 원하지 않든, 그는 친구들에게 큰 사랑을 받은 한 남자의 초상 앞에는 앉지 않을 수 없었을 것이다. 진실은 그가 자신을 알았던 사람들의 마음속에 가장 따뜻한 애정과 존경을 불러일으켰다는 사실을 인정하게 한다. 여러 편지의 표현들을 종합해 말하자면, 나를 다시 일으켜 세우고 삶의 새 출발을 가능하게 해준 사람은 바로 로저 프라이였다. 내 모든 친구들 중 나를 가장 적극적이고 상상력이 풍부한 방법으로 도와준 사람도 그였다. 사람들은 그의 배려심과 인간미, 그리고 깊은 겸허함에 대해서도 계속해서 말한다. 그래서 그는 적을 만들었고 지인들을 잃었지만, 그 깊은 이해의 표면에 드러난 기묘한 충동성과 무자비함 덕분에 오히려 친구들을 더 굳게 붙잡을 수 있었다. 하지만 또 다른 삶도 있었다. 예술가로서의 삶이었다. 그는 이 분야에서 자신의 행위에 대해 사과할 필요를 느끼지 않았다. 예술 작업은 예술 작업일 뿐 다른 무엇도 아니었다. 개인적인 고려 사항은 그곳에서 아무런 의미도 없었다. 위원회에서 그가 까다로운 사람이라는 점은 쉽게 짐작할 수 있다. 그는 타협 없이 의견을 내놓았다. 그것은 재치 있고 신랄했으며 때로는 깊은 신음 한 번으로 충분히 표출되기도 했다. 권위에 대한 존중이라곤 없었다. "누군가 그에게 '이것이 틀림없이 옳아요. 전문가들은 누구나 그렇게 말하니까요. 히틀러도 그렇게 말하고 마르크스도, 그리스도도, 『더 타임스』도 그렇게 말한다고요'라고 말해보았자 그는 '글쎄요, 한번 보죠' 하고 말 것이다. (…) 결국 그 누군가는, 얼마나 강력한 권위로 뒷받침되는 의견이든 여전히 헛소리일 수 있다는 사실을 깨닫고 자리를 떠나게 될 것이다."* 그는 당연히 예술가와 예술비평가들에게 심한 공격을 받았다. 그는 옛 거장들만 중시한다거나, 혹은 최신 유행만 좇는다는 상반된 비난을 받았다. 언제나 생각을 바꾸었으며 친구들의 작품에 대해서는 완고할 만큼 편파적이었다. 그의 의견을 무가치하게 만들었어야 할 여러 결점들에도 불구하고, 어떤 이유에선지 그의 말에는 무게가 실렸다. 로저 프라이는 영향력이 있었고, 그 영향력은 명성이 절정에 달했을 당시의 러스킨 이후 그 어떤 비평가보다 더 컸다는 데 의견이 모아졌다.

그것을 뒷받침하는 어떤 직함도 없이 어떻게 그만한 영향력을 갖게 되었는지는 화가들 자신이 판단해야 할 문제다. 그 영향의

---

* E. M. Foster, "Art: Woolf on Fry", *TIME*, November 11, 1940.―원주

효과는 그들의 작품에 드러나 있으며, 그것이 좋든 나쁘든 간에, 그것이 하찮았다고 주장할 사람은 아무도 없다고 해도 좋다. 적어도 외부인의 눈에 그가 영향력을 지닌 비결은 그의 사심 없는 태도에 기인하는 것으로 보였다. 로저는 그 자신의 정의를 빌리자면 예언자나 공급자가 아니라 성직자에 속했다. 인물과 정치, 성공과 실패를 무시함으로써 그는 다른 어떤 비평가보다도 더 깊이 그림 자체로 파고든 듯 보였다.

이런 모습 외에 외부인이 직접 관찰한 다른 특징을 추가할 수도 있을 것이다. 그는 아부하지 않았다. 그에게도 친구는 있었고, 어떤 사람들을 다른 사람들보다 더 좋아하지 않았다고는 할 수 없다. 하지만 끼리끼리 서로를 추켜세우는 패거리라는 게 존재한다면—몇몇 관찰자들에 따르면 실제로 존재한다는데—그들은 첫 만남에서 로저 프라이를 추방했을 것이다. 그는 적의 작품뿐 아니라 친구들의 작품에 대해서도 정직하게 말했다. 작품을 대할 때는 오랫동안 면밀히 살펴보았고 마음에 드는 부분이 있을 때는 감정에 치우치지 않고 아낌없이 칭찬했다. 대신 마음에 들지 않을 때는 입을 다물거나, 한마디의 비판으로 일축했다. 그의 초연함과 사심 없음은 그 자신의 작품에 대한 태도에서 가장 인상적으로 드러났다. 로저에게 자신의 그림은 자신의 비평에 비할 수 없을 만큼 중요했다. 그는 스스로 표현했듯 자신에게 "작은 감각"이 있다는, 또는 마침내 그것을 표현해냈으리라는 희망을 결코 잃은 적이 없었다. 그는 이젤에 캔버스를 올려놓고 평가를 기다렸다. 그러나 평가는 호의적이지 않았다. 그가 가장 찬사받고 싶어했던 사람들에게서 찬사받지 못할 때가 있었다. 그가 그 침묵을 얼마나 예민하게 의식했는지는 그의 편지에 끊임없이 드러난다. 하지만 그런다고 달라질 것은 없었다. 그는 자신의 그림은 벽을 향해 세워두고 자신의 작품에 찬사를 보내지 않은 사람들의 작품으로 방향을 돌렸다. 작품을 대할 때는 태도가 늘 한결같았고 마음에 들면 칭찬을 했는데 그것은 친구의 작품이라서가 아니라 그것을 존중했기 때문이었다. 로저는 "나 자신에 대해 한마디 하자면, 누군가 훌륭한 작업을 하고 있는 것을 보고 질투나 시기의 고통을 느끼지는 않는다. 좋은 그림을 보면 그저 기쁠 뿐이다"라고 기록했다. 아마 여기에 비평가로서 그가 영향력을 발휘하는 비결이 있는지도 모르겠다.

하지만 "인간의 정신생활의 리듬에 대해서 우리는 거의 아는 것이 없다"라는 그의 말이 상기시키듯, 인간으로서 그가 끼친 영향은 그 이면에 놓인 비밀을 추측하려는 시도의 위험성을 일깨워준다. 그는 자신의 모든 지식을 동원해서도 예술작품에 깃든 비밀을 추측할 수 있을 거라고는 믿지 않았다. 그리고 인간은 예술작품이 아니다. 읽힐 수 있는 책이나 벽에 걸릴 수 있는 그림을 의식적으로 만들어내듯이 자기 삶을 구성해내는 게 아니다. 로저 프라이를 한 인간으로서 평가하려는 비평가의 과제는, 세잔의 그림들이 그에게 던졌던 어떤 과제보다도 훨씬 더 어렵다. 하지만 그의 성격은 매우 뚜렷했으며, 각각의 면모는 언제나 어떤 긍정적인 흔적을 남겼다. 그는 당대의 보편적인 삶에서 무언가 보기 드문 것을 대표했다. "로저 프라이의 죽음은 문명의 커다란 손실이다"라고 E. M. 포스터는 썼다. "현재 살아 있는 사람 중 정확하게 그의 자리를 대신할 사람은, 다시 말해 그만큼의 역량을 갖춘 사람은 아무도 없다." 그는 글쓰기로 당대의 기호를 바꿔 놓았고 후기 인상파를 옹호함으로써 영국 회화의 흐름을 변화시켰으며 강의를 통해 예술에 대한 사랑을 말할 수 없이 확산시켰다. 또 그를 아는 사람들의 마음에 매우 풍요롭고 복잡하면서도 뚜렷한 인상을 남겼다.

우리는 잠시 그의 과업을 스스로 시도해보고, 그가 1866년에 작업을 시작해 68년 동안 엄청난 에너지와 창의성으로 이를 지속한 한 명의 예술가였다고 가정해볼 수 있을 것이다. 그러면 아마도 그 작업에 형태를 부여한 몇 가지 성질을 추려낼 수 있을 것이다. 되풀이해서 등장하며 전체적인 패턴을 강조하는 몇몇 표현들이 있다. "좋은 그림을 보면 그저 기쁠 뿐"이라는 그의 말이 출발점이 될 수 있을 것이다. 이런 말들은 하이게이트에 있는 자신의 사적이고 특별한 정원에 앉아 꽃봉오리가 피어나는 순간을 지켜보던 어린 소년을 떠올리게 한다. "초록색 주머니에서 빨간 꽃송이가 피어나는 모습을 지켜보는 것보다 더 짜릿한 기분은 없을 거라고 나는 생각했다." 정원의 어린아이에게 진실이었던 것은 전 생애에 걸쳐 그 남자에게도 진실이었다. 언제나 곧 피어날 듯한 봉오리가 있었고, 언제나 그에게 순수한 기쁨을 주는 어떤 꽃이 있었다. 하지만 그 자신의 예술작품, 즉 그의 삶의 구성을 분석하려는 비평가라면 그 꽃이 빨간 꽃송이로 갑작스럽고도 완전하게 터져 나오지는 않았다는 점을 기록해야 한다. 장애물이 많았다.

우리는 겨울날의 연못을, 그리고 그의 성장과정에서 오랫동안 그를 옥죄고 속박했던 "기본적인 인간미의 결여"를 떠올린다. 이어 서닝힐과 그곳의 매질이 있었고, 그는 그곳에서 평생 지속될 폭력에 대한 혐오를 배웠다. 클리프턴과 "그곳의 천박한 부르주아적 체면"으로부터는 속물적이고 인습적인 것에 대한 불관용이 생겨났다. 물론 케임브리지는 자유를 의미했다. 그러나 그곳에서도 다시 한번 본성이 그를 방해했다. 자연은 그에게 순수한 기쁨을 누릴 능력을 주었지만, 동시에 의심하고, 추론하고, 분석하고, 해부하며, 어쩌면 그 순수한 기쁨을 파괴하기까지 하는 재빠른 정신도 주었다. 그가 마침내 모든 능력을 그림에 쏟아붓기 시작한 것은 많은 시간과 기질을 소모시킨 뒤였다. 그러므로 비평가가 기록해야 할 것은 꾸준하고 중단 없는 발전이 아니라, 여러 방향으로 뻗어 나간 일련의 출격과 우회다. 한쪽에서 감각이 손짓을 하면 다른 쪽에서는 훈련과 이성이 부른다. 퀘이커교도, 과학자, 예술가가 차례로 이 구성에 손을 보탰다.

그러고는 행복이, 숱한 난관을 해결해줄 수단이었던 행복이 그를 떠나갔다. 그에게는 중심점이 없었다. 그는 가장 가혹한 조건 속에서, 지극히 엄청한 요소들로 그림을 만들어내야 했다. 그를 위협하던 것은 바로 "이기심에 갇히는 것"이었다. 하지만 "삶은 너무도 절박"했다. "사람은 새로운 감각을 기억 위에 계속 쌓아올릴 때에만 배울 수 있"다는 것이었다. 그는 이 밖에도 여러 활동에 뛰어들었고 이런 것들을 추구하는 과정에서 "모든 열정은, 심지어 빨간 양귀비에 대한 열정조차도 사람을 조롱의 대상으로 만들 수 있"다는 사실을 다시 한번 실감하게 되었다. 또 열정을 느낀다는 것은 조롱뿐 아니라 고통에도 자신을 내맡기는 일임을 알게 되었다. "가장 위대한 예술가들의 삶에서 그들로 하여금 언제나 새로운 문제와 씨름할 수밖에 없게 만드는 정신적 고통과 불안한 노력"도 결코 부족하지 않았다. 여기서 중국 철학자의 말이 들려온다. "자연인은 사물의 본성에 저항하고, 노자를 아는 이는 그 틈새로 흐른다." 사람은 초연함을 익혀야 한다. 하지만 초연함은 물러남을 의미하지는 않았다. "새로운 경험을 하고 싶습니다. 저 바깥에 있는 거대한 미지의 세계로 나가고 싶어요." 비평가가 주목하듯, 그는 이처럼 실험과 수정, 끊임없는 방향 재설정을 통해 놀랄만한 성공을 거두며 수많은 예술가들이 그림과 삶에서 겪는 운명, 즉 반복을 피해갔다.

생레미의 개구리들처럼 그는 리듬이 완전히 고정되기 전에 그것을 끊어버렸다. 따라서 비평가는 예술가가 나이를 먹어갈수록 더 풍요롭고 대담한 디자인을 하게 된다는 것을 깨닫는다. 새로운 리듬과 주제가 나타난다. 예술가는 점점 덜 의식적인 상태가 되며 그로써 더 넓은 범위의 감정에 접근하게 된다. 우유병과 사과, 양파 같은 평범한 사물을 자신의 테마로 끌어들이고 그것들에 독특한 현실감을 부여한다. 이로써 우리는 그 그림의 형성에 기여한 몇 가지 과정들을 가려낼 수 있다. 그러나 "항상 명심해야 할 것은, 이런 분석은 예술작품의 궁극적이며 구체적인 현실 앞에서 멈추며, 아마도 작품이 위대할수록 그 객관적 실체의 더 큰 부분을 손대지 않고 남겨두어야 한다는 점이다." 이런 경고의 말들과 함께, 로저 프라이를 다루는 비평가는 지팡이를 바닥에 내려놓고 가리키던 손짓을 그만두게 될지도 모른다. 그러나 강연자는 세잔의 후기 작품 하나에 이르러 고개를 숙이며 "이 작품을 분석하는 것은 내 능력을 벗어나는 일"이라고 말했음에도, 다음 날이면 미술관으로 가서 마치 처음 보는 것처럼 그 그림을 다시 보려고 했다. "오직 그렇게 할 때만 발견이 이루어집니다."

의식적인 노력에 의해서는 아니지만 때로는 사람들 또한 마치 처음 보는 것처럼 대하기도 했다. 그런 순간 가운데 하나가, 공교롭게도 마지막이었던 그 순간이 지금도 기억에 떠오른다. 1934년 7월 하순의 어느 여름 저녁이었고, 한 친구는 그림을 한 점 가져와 로저 프라이의 감정을 받고 싶어했다. 드가의 작품일까, 아니면 단지 모사작품에 불과할까? 캔버스는 로저 앞의 의자 위에 세워져 있었다. 그가 늘 같은 나무들을 바라보는 바로 그 방 안, 이전에도 와츠의 그림과 피카소의 그림, 학교 아이들의 그림, 물감이 채 마르지 않은 캔버스들이 수없이 놓였던 바로 그 자리였다. 다시 한번 그의 눈은 몹시도 고요하고 관통하는 듯한 시선으로 그 캔버스에 고정되었다. 다시 한번 그 눈은 현실의 세계를 탐험하는 동안 자기만의 생명을 이어가는 것처럼 보였다. 그리고 다시 한번, 그것이 그의 발견의 여정에 도움을 주기라도 한다는 듯, 그는 몸을 돌려 웃고 떠들고 다른 것들에 대해 논쟁했다. 두 세계는 아주 가까이 있었다. 그는 아무런 방해도 받지 않고 한 세계에서 다른 세계로 넘어갈 수 있었다. 정물과 웃음, 멀리서 들려오는 도로의 웅웅거림과 바로 앞에서 들리는 목소리까지, 그는 그 모든 진동에 반응했다. 그의 존재는 방 안의 모든 것에 대한 감응을 증폭시키는 것처럼 보였다. 하지만 그 모든 진동의 중심에는 무게감과 고요가 있었고, 그의 얼굴에도 종종 그를 "옛 대가들의 그림 속 성자처럼" 보이게 하는 무엇인가가 깃들어 있었다. 그러나 그는 웃음 짓는 성자였고, 삶을 끝까지 즐기는 성자였다. 그는 "경건함이나 신성함은 선을 악취나게 만들지만, 성자다움은 선을 바람직하게 보이게 하는 상상력이다"라고 쓴 적이 있다. 그는 친구들과 함께 앉아 웃으며 그림을 바라보는 그 순간에도 선을 바람직하게 보이도록 만들었다. 그렇지만 "빨간 꽃송이가 피어나는 모습을 지켜보는" 그 순수한 기쁨은 어떻게 말로 옮길 수 있을까? 그를 아주 잘 아는 사람들은 그런 감각을 요약하려고 하지 않는다. 그들은 로저 프라이가 지닌 독특한 '현실성'이 그를 그들 삶에서 무한히 중요한 문제로 만들었다고 말할 수 있을 뿐이다. 그리고 여기에 로저의 말 한마디를 덧붙일 수 있을 것이다. "이를 설명하려는 시도는 어떤 것이든 나를 신비의 심연으로 떨어뜨릴 것이다. 나는 그 심연의 가장자리에서 멈춘다." 그러나 이미 늦었다. 그는 마음을 정했고, 다시 한번 길을 나섰다.

로저는 생레미로 갔다. 그는 샤를 모롱과 작업했고, 말라르메를 번역했고, 올리브 나무 사이에서 그림을 그렸다. "햇빛이 끊임없이 내리쬐고, 파리가 물지만 않는다면 지상의 낙원이 따로 없을 거예요"라는 편지를 집으로 보냈다. 다시 한번 르와야가 있었고, 낭만적인 풍경에 대한, 그리고 호텔의 부르주아적 품위에 대한—"빅토리아시대의 안식일이 영원히 이어지는 듯했다"—평소의 투덜거림이 이어졌다. 그런 다음 헬렌 안레프와 함께 프랑스를 차로 여행하며 "셀 수 없을 만큼 많은 로마네스크 양식의 교회"를 보았고 "그중에는 놀라울 만큼 아름다운 것들도 있었다". 버네사 벨에게 보낸 마지막 편지에서 그는 그녀의 마지막 방문에 감사를 표했고—"이렇게 즐거웠던 적은 없었던 것 같아요"—"해를 거듭할수록 점점 더 중요해진" 오랜 우정에 대해서도 감사를 전했다. 그는 겨울 동안 열심히 작업에 매진할 계획이라고 알렸으며, 슬레이드 강의에 몰두하고 있었다. 그는 미래에 대한 계획과 희망으로 가득 차 있었다.

로저는 9월 첫 주에 집으로 돌아갔다. 귀가한 날 저녁에 그는 버나드 스트리트에 있는 방에서 일을 하고 있었고, 무언가를 가지러 가려고 일어났고, 미끄러지며 넘어졌다. 이전에도 한 번 넘어진 적이 있었는데 그때 그는 이렇게 썼다. "이상하게도 그전부터 계속 위협이 다가온다는 느낌을 받았었어요. 넘어지고 나니까 '이거구나. 나 죽는구나'라는 생각이 가장 먼저 들더군요. 하지만 거의 즉시 정신을 차리고 상황을 파악하기 시작했습니다." 그런데 이번 사고는 아주 심각했다. 대퇴부가 골절된 것이다. 며칠 동안 극심한 고통 속에 누워 있었지만 그의 생명력은 강했고, 그는 회복되는 듯 보였다. 그러다 갑자기 심장이 멎었고 그가 옮겨져 있던 왕립 자선 병원에서 9월 9일 오후 숨을 거두었다.

9월 13일, 마침 유난히도 아름다운 날에 그의 시신은 화장되었다. 그의 친구 맥태거트가 화장되었을 때 그는 "문을 지나 미지의 세계로 느리고도 조용하게 이동하는 이 방식은 (…) 사물의 불가피한 기계성과 그 거역할 수 없는 힘 앞에서 인간의 저항은 얼마나 무력한지를 보여주는 완벽한 상징입니다"라고 기록했다. 로저 프라이의 시신이 같은 문을 지날 때는 아무런 의식도 없었지만 음악은 연주되었다. 바흐의 합창곡과 합창 전주곡, 그리고 프레스코발디의 G단조 푸가였다. 친구들에게 건네진 한 장의 종이에는 〈코머스Comus〉*의 몇 행과 『변형』의 한 구절이 인쇄되어 있었다. 그리고 마지막으로, 그의 친구가 화장되었을 때 그가 알맞은 말이라고 했던 스피노자의 문장이 실려 있었다.

자유로운 사람은 다른 무엇에 대해서보다도 죽음에 대해 가장 적게 생각하며, 그의 모든 지혜는 삶을 관조하는 데 있다.

*   존 밀턴의 가면극.

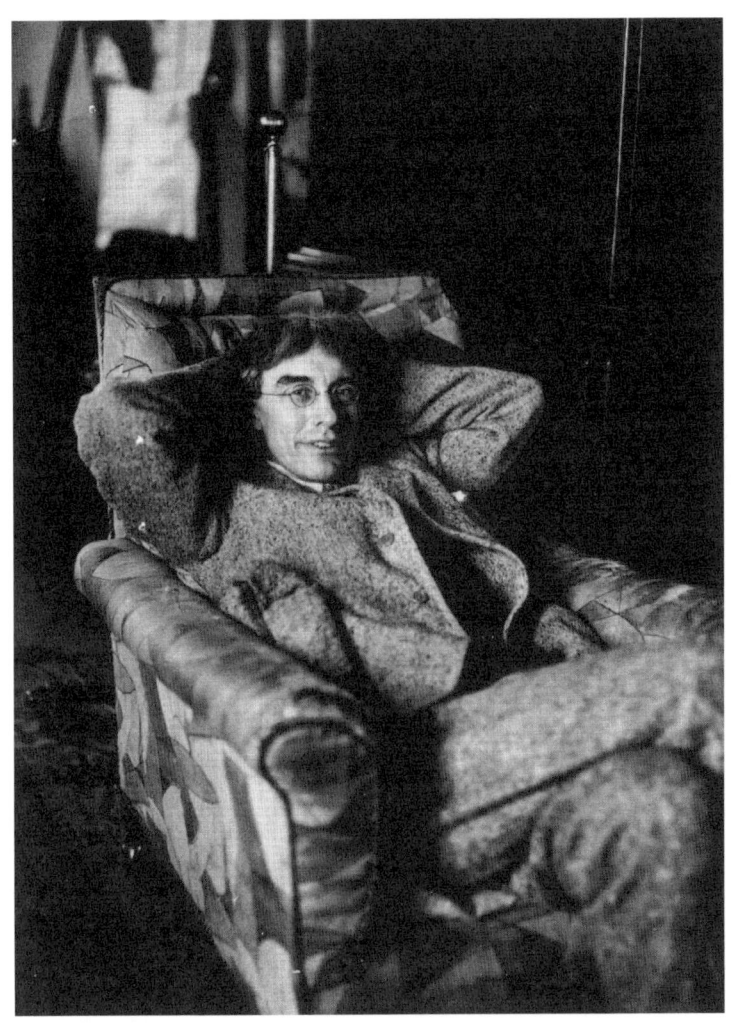

로저 프라이, ⓒ The Charleston Trust.

옮긴이의 말

『로저 프라이』는 모더니즘을 대표하는 작가인 버지니아 울프가 생전 마지막으로 출간한 책으로 그의 작품 중 유일하게 전기물에 해당한다. 로저 프라이와 버지니아 울프는 당대 최고 지식인들의 모임인 블룸즈버리 그룹에서 함께 활동하며 세대를 초월한 우정을 쌓았다. 울프는 프라이와 한때 연인관계였던 버네사 벨의 동생으로, 이 평전을 통해 로저 프라이의 생애, 특히 그가 화가이자 '후기 인상주의Post-Impressionism'라는 말을 처음 사용한 미술비평가로 성장한 과정을 추적하고 있다. 케임브리지대학의 트리니티 칼리지와 킹스칼리지를 졸업한 인물들을 중심으로 모인 블룸즈버리 그룹에서는 미학과 철학의 문제에 대해 토론했는데, 여기서 프라이에게 강한 인상을 받은 울프는 그의 독특한 미학세계가 어떤 바탕에서 어떻게 전개되고 완성되었는지에 관해 작가적·동지적 관심을 갖고 이 평전을 쓴 것으로 판단된다.

버지니아 울프는 편지와 비평문 등 자료에 근거한 객관적 접근과 개성 및 정신적 변화에 초점을 맞춘 심리적 접근을 두 축으로 삼아 로저 프라이의 삶과 성장과정을 추적한다. 울프는 프라이의 세계관이 형성되는 과정을 탐색하는 데 있어, 그의 가치관이 어떻게 변화했는지에 무게중심을 둔다. 하이게이트의 어린 시절이나 서닝힐·클리프턴에서의 학창 시절은 퀘이커교도 가문이 지닌 한계를 깨닫는 시기로 그려지고, 케임브리지 시절은 보다 자유로운 외부세계를 향해 나아가며 예술가로서의 미래를 설계하는 시기로 묘사된다. 특히 케임브리지의 비밀 결사체인 '사도회Cambridge Apostles' 에서의 활동은 프라이의 성장에 있어 결정적인 역할을 한다. 화가이자 예술비평가로서의 프라이를 만나기에 앞서 그의 주변 인물들이 지닌 중량감에 먼저 시선을 빼앗기기 쉽다. 그는 사도회나 블룸즈버리 그룹에서 평생지기였던 로우스 디킨슨Goldsworthy Lowes Dickinson, 존 맥태거트John Ellis McTaggart, 버네사 벨뿐만 아니라 버트런드 러셀, 올더스 헉슬리, T. S. 엘리엇, 존 메이너드 케인스 등 세계적인 명사들과도 교류했다. 이는 케임브리지라는 공간이 지닌 위상을 대변한다. 프라이는 그 밖에도 버나드 쇼, 앙드레 지드, 윌리엄 버틀러 예이츠와 친분을 맺었으며 총리를 포함한 당대의 거물들도 그의 주변에 즐비하게 포진해 있었다.

"어느 정도 전설적인 인물"의 "알려지지 않은 세계를 향한 섬세하고 면밀하며 객관적인 항해"라는 『뉴욕 타임스 북 리뷰The New York Times Book Review』의 서평*은 이 책의 성격을 단적으로 드러낸다. 버지니아 울프는 섬세한 문체와 감수성으로 잘 알려져 있지만, 이 책에서는 그의 다큐멘터리적인 서술 방식을 엿볼 수 있다. 울프는 "인간의 정신생활의 리듬에 대해서 우리는 거의 아는 것이 없

---

*   Edward Alden Jewell, "Virginia Woolf's Life Of Roger Fry," *The New York Times Book Review*, December 1940, 102.

다"라는 프라이의 말을 거울삼아 "인간으로서의 영향력"에 깔린 비밀을 추정하는 것이 위험하다는 점을 염두에 둔 것으로 보인다. 이런 바탕에서 울프는 로저 프라이의 미완성 자서전을 인용하는 것으로 서술을 시작하고 있으며, 객관적인 거리를 유지하기 위해 프라이가 부모 및 친구들과 주고받은 수많은 편지를 그대로 인용한다. 울프가 전하는 프라이 본인의 말과 글을 통해 그가 집안의 청교도적 가치관과 빅토리아시대의 가풍에 얼마나 많은 영향을 받았는지, 또 그로부터 벗어나기 위해 끊임없이 노력했음에도 그 잔재가 얼마나 강하게 남았는지 느낄 수 있다. 동시에 편지를 소통과 이해의 수단으로 선택한 로저 프라이가 뛰어난 서간문 작가라는 것도 알 수 있는데, 이런 면모는 특히 프라이의 저서『상상력과 디자인』에 잘 나타나 있다.

로저 프라이는 비록 본인의 의도와는 다르게 초상화에 뛰어나다는 평가를 받았지만, 자연스러운 풍경화를 좋아했고 추상화를 포함해 실험적인 작품에도 매진했으며 독창적인 관점과 상상력으로 자신만의 감각세계를 탐험하는 데 중점을 두었다. 하지만 화가보다는 비평가로서 더 높은 평가를 받았다. 특히 폴 세잔을 알고 난 뒤, 그의 정신세계는 감각을 중시하는 방향으로 나아갔다. 그는 "그림은 대상을 복사하는 것이 아니라 감각에 형체를 부여하는 것"이라는 세잔의 말에 크게 공감한 것으로 알려진다. 그의 저서『세잔』에서 알 수 있듯, 프라이는 세잔을 통해 사물에 내재하는 아름다움과 소통하는 기쁨을 맛보았으며, 그 감동은 '파리 아방가르드'로 불리는 프랑스 신진 화가들을 높이 평가하는 계기가 되었다.

로저 프라이가 화가보다 비평가로서 결정적인 힘을 갖게 된 배경은 무엇인가? 예술작품을 바라보는 그의 발상에는 어떤 지속적인 가치가 있는가? 프라이의 보편적인 관점과 독특한 견해는 그 시대의 예술관을 얼마나 바꿔놓았는가? 젊은 시절 '옛 대가들'*에 심취했던 그가 어떻게 후기 인상파를 중심으로 한 새로운 사조에 깊이 쏠리게 되었는가? 오메가 공방에서 주도한 디자인의 혁명은 당대 대중에게 어떤 영향을 주었는가? "당대의 기호가 한 사람에 의해 바뀔 수 있다면, 그 변화는 로저 프라이가 이끈 것이다"†라는 케네스 클라크 경의 평가는 어떤 배경에서 나왔는가? 이상의 질문이 버지니아 울프가 프라이의 미학 이론과 더불어 이 평전에서 밝히고자 하는 핵심 문제다. 쥘리앙 아카데미에서의 경험, 여러 나라를 수시로 여행하는 가운데 옛 거장들의 작품을 접하며 비평가로서의 안목을 키우는 과정, 그리고 파리 방문을 거듭하며 예술의 새로운 흐름에 눈을 뜨는 여정에 대한 묘사는 기존의 인습에서 과감하게 벗어나 독자적인 미학을 형성하며 젊은 예술가들의 리더로 우뚝 선 프라이의 세계를 가감 없이 보여준다. 그리고 여기서 친구와 적을 동시에 만들며 자신만의 세계를 확고히 한 그의 개척자적인 면모가 드러난다.

로저 프라이의 글쓰기 재능은 그가 1903년부터 세상을 떠날 때

---

*   1800년 이전, 특히 16~18세기에 유럽에서 활동한 대가를 가리키는 말.

†   Ian Chilvers, *Oxford Dictionary of Art and Artists* (Oxford: Oxford University Press, 1990).

까지 『벌링턴』에 지속적으로 기고한 비평문을 중심으로 그 진가를 드러내고 있으며, 슬레이드 교수직을 향한 끊임없는 도전은 미학 이론에 대한 그의 집착이 비평가적 자질과 불가분의 관계에 있음을 말해준다. 특히 울프는 프라이가 여론의 뭇매를 맞아가며 강행했던 후기 인상파 전시회《마네와 후기 인상파》를 조명함으로써 그가 시대를 앞서가는 선구자였음을 드러낸다. 반 고흐, 고갱, 세잔, 피카소, 마티스, 로댕과 같은 예술가들이 미술사에 찬란한 이름으로 남기까지, 당대의 조류와 맞서 싸우며 이들의 예술적 가치를 대변한 프라이의 역할이 지대하다고 해도 과언이 아니다.

헬렌 쿰과의 결혼생활 중, 아내의 질병에 따른 프라이의 번민과 아내를 회복시키려는 초인적인 노력은 그가 얼마나 성실하고 진지한 인간형인지를 대변해주고 있다. 프라이가 기존의 예술관과 관료 당국에 반감을 가졌던 배경에는 영국인과 미술계에 대한 불만, 그리고 피어폰트 모건과 메트로폴리탄 미술관으로부터 경험한 물질주의적인 세계에 대한 비판이 자리한다. 울프는 이런 프라이의 내적 배경을 토대로, 그가 주위의 비난에도 굴하지 않고 끊임없이 견해를 수정하며 자신의 미학 이론을 완성해 가는 과정을 감정 이입과 함께 논리적으로 그려낸다. 하지만 울프는 균형 잡힌 시선으로 프라이의 까다로운 성격, 끊임없이 지식을 드러내려는 면모, 완고하고 비타협적인 태도까지 함께 묘사함으로써 입체적인 인간으로서의 프라이를 보여주고 있다.

로저 프라이의 마지막 10년은 끊임없는 변모를 거듭한 끝에 도달한 완숙기로, 버지니아 울프는 이 시기를 "과거 어느 때보다 풍요롭고 충만한 시절"로 설명한다. 또한 울프는 프라이가 끝없는 지적 호기심을 지녔으며, 속세의 이해관계를 벗어난 초연한 태도를 취했다는 점을 강조한다. 프라이의 『변형』을 통해 드러나듯, 그는 끝없는 관점의 변화와 혁명적인 발상의 전환을 통해 대표적인 비평가 반열에 올랐다. 울프는 그의 예술적 생애를 객관적이면서도 섬세한 심리 추적을 통해 서술했고, 자칫 역사 속에 묻혔을지도 모를 예술가를 특유의 글솜씨로 조명해냈다. 이 책이 "영국 비평가의 생애와 내면을 탁월하게 조명한 업적"이라는 평가는 타당한 것으로 보인다. 출간된 지 80여 년이 지났지만 시대를 초월해 빛이 바래지 않는 예술가와 그의 미학을 다룬 평전이라는 점, 당대의 예술관이 어떤 과정을 통해 오늘날에 이르렀는지를 입체적으로 조명한 작품이라는 점, 그리고 독자들에게 여전히 사랑받는 작가 버지니아 울프의 저술을 부족한 번역으로나마 국내에 처음 소개한다는 점에 이 책의 의의가 있다고 생각한다.

박병화

연보

1866   12월 14일 런던 하이게이트에서 에드워드 프라이 경과 마리아
        벨라 호지킨 프라이의 둘째 아들로 태어남.

1877 11세   애스콧 서닝힐 하우스에 있는 예비학교에 입학.

1881 15세   브리스틀에 있는 클리프턴 학교에 입학. 이곳에서 훗날 유명한
        철학자가 되는 존 엘리스 맥태거트와 우정을 쌓음.

1885 19세   케임브리지대학 킹스칼리지에 과학 장학금을 받고 입학. 아펜
        니노 문학회에 가입해 활동함. 평생에 걸쳐 가장 끈끈히 교류한
        로우스 디킨슨과 친구가 됨.

1886 20세   미술 협회에 참여하고 전시회를 보러 다니는 등 본격적으로 예
        술에 관심을 갖기 시작. 케임브리지의 예술 슬레이드 교수인 존
        헨리 미들턴을 만나면서 16~18세기 이탈리아 미술에 사로잡
        힘. 스케치와 유화를 그리기 시작. 과학 학위를 위해 공부하고
        있었음에도 자신의 진정한 소질은 예술에 있다고 느낌.

1887 21세   사도회에 가입. 가족들은 하이게이트를 떠나 베이스워터로 이사.

1888 22세   자연과학 시험에서 우등으로 학사 학위를 받았음에도 과학자
        가 아닌 예술가로 살고 싶다고 부친에게 고백함. 절충안으로 케
        임브리지 실험실에 남는 동시에 미들턴의 지도 아래 석고 조형
        과 인체 드로잉을 배움.

1889 23세   베이스워터의 본가에서 생활하며 애플가스 아틀리에에서 프
        랜시스 베이트에게 그림을 배움. 토인비 홀에서 소묘를 주제로
        강의함.

1891 25세   2월 피프 휴스와 함께 처음으로 이탈리아를 방문함. 로마, 시칠
        리아, 피렌체, 베네치아 등 각지를 여행하며 에트루리아 미술에
        빠짐. 비평가 존 애딩턴 시먼즈와 초기 베네치아 회화의 권위자
        허레이쇼 브라운과 교류하며 예술적·정서적 확장을 이룸.

1892 26세 파리의 쥘리앙 아카데미에서 그림을 배움. 프랑스 회화에 별다른 인상을 받지 못한 채 유학생활을 NEAC의 회원으로 선출됨.

1893 27세 R. C. 트리벨리언과 함께 첼시의 보퍼트에 집을 얻음. 『아테네움』『파일럿』 등 여러 주간지에 예술비평을 싣기 시작.

1894 28세 케임브리지대학에서 레오나르도 다빈치에 대해, 브라이턴 대학과 이스트본 미술학교에서 이탈리아 미술에 대해 강연하며 미술 강연자로 인기를 얻음.

1896 30세 12월 3일, 미술 학도이자 NEAC 동료 출품자인 헬렌 쿰과 결혼. 비제르테, 피렌체, 베네치아, 알프스 등을 거치며 후년 가을까지 긴 신혼여행을 함.

1897 31세 헬렌이 폐 질환을 진단받음. 외국에서 지내라는 의사의 충고에 따라 로마로 떠나 로우스 디킨슨, R. C. 트리벨리언과 함께 지냄.

1898 32세 봄이 되어 런던으로 돌아왔으나 헬렌의 병이 정신착란으로 악화되어 보호시설에 위탁함.

1899 33세 첫 저서인 『조반니 벨리니』 출간. 헬렌이 회복되자 도킹 부근에 집을 얻어 데려옴.

1901 35세 3월, 첫 아이인 줄리언이 태어남. 『아테네움』에 수석 미술비평가로 위촉되어 일주일에 한두 편씩 칼럼을 실음. 『먼슬리 리뷰』에 조토에 관한 논문 두 편을 기고.

1902 36세 둘째 아이 패멀라가 태어남.

1903 37세 햄프스테드 윌로우길 22번지로 이사. 위기에 처한 『벌링턴』의 투자 확보에 힘쓰며 재기에 큰 역할을 함.

1904 38세 케임브리지의 슬레이드 교수직에 지원했으나 탈락. 출장차 미국에 처음 방문했다가 메트로폴리탄 미술관의 회화 총감독 자리를 제안받음.

1905 39세   내셔널 갤러리 관장직의 유력한 후보로 떠올랐으나 임명이 연
기되며 결국 미국으로 떠남. 메트로폴리탄 미술관에서 유럽 회
화에 전권을 행사하며 큐레이터이자 고문으로 활동. 18세기 중
엽 영국 예술을 주도한 조슈아 레이놀즈 경의 담론집에 새로
머리말과 주석을 달아 『레이놀즈의 담론』을 출간.

1906 40세   런던의 뉴 갤러리에서 세잔의 작품을 처음 제대로 접함. 이 순
간을 인생의 전환점으로 정의했을 만큼 세잔에게 큰 영향을
받음.

1907 41세   메트로폴리탄이 소장할 미술작품을 구입하기 위해 J. P. 모건과
함께 이탈리아를 여행.

1908 42세   NEAC의 심사 위원직을 사임.

1910 44세   1월 버네사 벨, 클라이브 벨과 우연히 만난 후 꾸준히 우정을
쌓으며 블룸즈버리 그룹에 합류. 2월 J. P. 모건과의 불화로 메
트로폴리탄 미술관을 떠남. 4월 헬렌을 위해 길퍼드에 직접 집
을 설계하여 지었으나, 회복될 기미가 보이지 않자 점차 희망
을 놓게 됨. 그래프턴 갤러리로부터 전시를 기획해달라는 요청
을 받고 작품을 선정하기 위해 파리로 떠남. 11월 그래프턴 갤
러리에서《마네와 후기 인상파》를 개최.

1912 46세   알파인 클럽에서 최초의 개인전 개최. 10월 그래프턴 갤러리에
서《제2차 후기 인상주의 전시회》를 열어 프랑스, 영국, 러시아
의 현대 미술을 소개.

1913 47세   7월, 예술가들에게 창작 역량을 발휘하면서도 재정적 안정을
누릴 수 있는 길을 마련해주고 싶다는 목표 아래 피츠로이 광
장에 오메가 공방을 설립.

1918 52세   10월 부친 에드워드 경 사망.

1919	53세	전쟁 시기 동안 어렵게 지켜왔던 오메가 공방을 끝내 폐업. 프랑스에서 휴가를 보내며 드랭, 피카소, 빌드라크와 교류. 누이 마저리와 런던의 캠던 타운에 집을 얻음. 1909년부터 써온 미술 비평을 엮어『상상력과 디자인』출간.
1920	54세	개인전을 개최했으나 재정적으로는 성공하지 못함. 샤를 모롱과 함께 말라르메의 시를 번역. 이는 1936년 출간됨.
1923	57세	스페인의 카스티야를 여행하며 쓴 글과 스케치를 모아『카스티야 단상』출간.
1926	60세	비평집『변형』출간. 러시아 출신의 예술 후원가 헬렌 안레프와 함께 살기 시작.
1927	61세	『플랑드르 미술』『세잔』출간. 케임브리지 킹스칼리지의 명예 회원이 됨.
1929	63세	애버딘대학에서 명예 법학 박사 학위를 받음.
1931	65세	생레미에 집을 구매.
1932	66세	그리스를 여행함. 강연집이자 이론서인『프랑스 예술의 특성』『회화와 조각 예술』출간.
1933	67세	케임브리지대학의 예술 슬레이드 교수로 취임. 미학 이론의 연대기를 정리하는 작업을 계획.
1934	68세	9월 13일 자택에서 낙상으로 사망.
1939	73세	사후 케임브리지에서 했던 강연을 모은『마지막 강연』출간.

찾아보기

로저 프라이

초판인쇄 2026년 2월 4일
초판인쇄 2026년 2월 11일

지은이 버지니아 울프
옮긴이 박병화
펴낸이 강성민 이은혜
책임편집 이주영 태서현
편집 양나래 심예진 최유진
관리 편집보조 김유나 김지우
마케팅 정민호 박치우 한민아 이민경 박진희 황승현 김경언
브랜딩 함유지 김은솔 박민재 이송이 박다솔 조다현 김하연 이준희

펴낸곳 (주)글항아리 | **출판등록** 2009년 1월 19일 제406-2009-000002호
주소 경기도 파주시 문발로 214-2, 4층
전자우편 bookpot@hanmail.net
전화번호 031-955-2689(마케팅) 031-941-5161(편집부)

ISBN 979-11-6909-507-5 03160

www.geulhangari.com